존 웨슬리의와 성례전

오레 보르겐 지음 | 조 종 남 옮김
서울신학대학교 웨슬리신학연구소 편저

신교횃불

| 차례 |

저자의 서문 · 12
인용한 책의 약자 (List of Abbreviations) · 16

1부 서론

1장 : 서론
1) 성례전에 관한 연구 현황 · 29
2) 웨슬리의 성례전 신학의 주요한 원 자료들 · 36
3) 본 웨슬리와 신학 · 53
4) 본서의 주제와 연구 방법 · 68

2부 성례전의 성격

2장 : 성례전의 성격
1) 성례전에 대한 정의 · 74
2) 표증(the sign) · 75
3) 상징하는 실체 · 80
4) 표증(signum)과 실체(Res)의 관계 · 81
5) 성례전에서의 그리스도의 현존 : 화체설과 공유설 · 86
6) 타당성(validity) · 101

3부
성례전의 역할

3장 : 하나님의 구원사역과 성령의 역사 · 117
4장 : 효과적인 표증 · 예수의 속죄 · 127
5장 : 은총의 효과적인 수단_ 적용된 예수의 속죄 · 143
    1) 은총의 수단들
6장 : 은총의 효과적인 수단_ 세례 · 182
7장 : 은총의 효과적인 수단_ 성찬 · 265
8장 : 천국의 효과적인 표적_ 예수의 대속 · 315
    천국의 대한 확인(possession of its purchase Assured)
    세례와 성찬
9장 : 효과적인 희생_ 수용된 예수의 대속 · 341
    1) 세례
    2) 성만찬

4부
결론

10장 : 간결한 결론 · 339

| 권두사 |

　웨슬리 신학연구소는 한국 교회가 당면한 문제들을 직시하면서, 18세기 영국교회와 사회를 수난의 위기에서 구원하고 갱신하였던 웨슬리 신학이 오늘의 현실에 하나의 대안을 제시할 수 있다고 확신합니다. 그러나 유감스럽게도 한국에는 웨슬리 신학의 소개가 충분히 되고 있지 못합니다. 이에 서울신학대학교 웨슬리신학 연구소가 저명한 웨슬리신학 서적들을 번역하여 출판함으로써 한국 교회와 신학계에 공헌하고자 하는 바입니다.

　이번에 번역된 저서는 우리 연구소의 웨슬리신학 저서 출판사업의 세 번째 저서로 나오는 책입니다. 이 책은 스웨덴 감리교회의 감독인 보르겐 박사가 선교사역에서 성례전의 역할의 중요성을 새삼 인식하고, 웨슬리가 18세기의 영국교회와 사회를 새롭게 변화시킨 도구가 설교 외에 또 하나가 성례전이었던 것을 직시하고 웨슬리의 성례전 신학을 소개한 책입니다. 그는 특히 성례전 연구의 직접적인 배경과 자료들을 통하여 세례와 성만찬에 대한 웨슬리 신학의 풍부함과 충만함을 소개하고 있습니다.

사실 웨슬리에게는 복음주의 신앙(evangelicalism)과 성례전 주의(sacramentalism)는 별개가 아니라 하나였습니다. 이것이 웨슬리의 성결운동, 부흥운동의 원천이요 동력이었던 것입니다. 그런데 후대 감리교회가 말씀은 강조하되 성례전의 역할은 강조하지 않게 되고, 웨슬리의 성례전은 신학적 구조 속에서 조직적으로 연구된 일도 별로 없었습니다. 이에 이 책은 성례전이 오늘의 선교와 예배에 얼마나 귀중한 역할을 하는 가를 우리에게 상기시키며, 예배의 갱신이 요청되고 있는 오늘의 교회에 큰 공헌을 할 것으로 생각합니다.

이 기회에, 이 책의 귀한 가치를 인식하고 이를 번역하신 조종남 박사와 이 번역사업을 재정적으로 도와주신 길보른재단 조창연 대표이사에게 깊은 감사를 표합니다. 본 연구소의 웨슬리신학 저서 출판사업이 한국교회와 신학계의 갱신에 크게 공헌하기를 간구합니다.

2019년 2월

황덕형,
신학박사, 웨슬리신학 연구소 소장.

| 역자의 서문 |

웨슬리는 열렬한 복음 전도자였다. 그러나 그는 설교 뿐 아니라 성례전 역시 중요하게 여김으로써 이 두 가지의 기틀 위에서 누란의 위기에 있던 18세기의 영국교회와 사회를 새롭게 변화시킨 신학자였다.

그는 오직 성경 한 책의 사람으로서 말씀선포에 전념하면서 또한 매주 성만찬에 참여하였다. 그리고 그를 따르는 사람들에게 예배의 중심에 성만찬이 있게 하라고 권고하였다. 그러므로 그에게는 복음주의 신앙(evangelicalism)과 성례전 주의(sacramentalism)가 별개의 것이 아니라 하나였다. 이것이 웨슬리의 성결운동, 부흥운동의 원천이요 동력이었던 것이다.

그런데 후대 감리교회가 하나님이 하나로 연합시키신 것을 둘로 쪼개 놓는 일을 하고, 말씀은 강조하되 성례전의 그 중요한 역할은 강조하지 않게 되었다. 이후 지금까지 웨슬리의 성례전에 대한 신학은 신학적 구조 속에서 조직적으로 연구된 일이 없었다.

스웨덴 감리교회의 감독인 보르겐 박사는 웨슬리신학과 선교사역에서 성례전의 역할이 가지는 중요성을 새삼 인식하고 웨슬리의 성례전 신학을 소개하였다.

이 책은 성례전 연구의 직접적인 배경과 자료들을 통하여 세례와 성만찬에 대한 웨슬리 신학의 풍부함과 충만함을 소개하고 있는 보르겐 박사의 저서이다. 또한 그는 이 책에서 웨슬리의 성례전, 특히 세례와 성만찬에 대한 웨슬리 학자들의 해석에 대하여 논평함으로서 그동안 그릇되게 이해되었던 웨슬리의 성례전 신학을 바로 잡고 있다.

아울러 성례전과 연결되는 웨슬리의 신학적 입장을 올바로 소개하는 데도 한 몫을 하면서, 성례전이 오늘의 선교와 예배에 얼마나 귀중한 역할을 하는 가를 우리에게 상기시키고 있다.

그러므로 이 책은 웨슬리를 연구하는 학자들에게 뿐 아니라 예배의 갱신이 요청되고 있는 오늘의 교회에도 큰 공헌을 할 것이라고 생각된다. 예배에서 성례전이야말로 그리스도의 속죄와 부활의 능력을 극적으로 실제로 드러낸다. 웨슬리는 말씀에서보다 성례전에서 더 강한 하나님의 역사를 체험할 수 있다고 고백한다.

저자가 확신하는 바와 같이, 가슴으로부터 교회가 새로운 영적 활력으로 일어나기를 갈망하는 가운데 은혜의 수단을 바로 사용할 때 교회갱신의 큰 과업이 일어날 것이다. 이를 위하여서는 웨슬리의 성례전 신학의 실체(substance)가 회복되어야 한다.

웨슬리의 성례전의 교리와 관행은 하나의 신학으로서, 갈라진 하나님의 교회들이 함께 예배드리고 또한 주님의 식탁에서 함께 예배드릴 수 있도록 할 수 있을 것이다.

마지막으로 이 책을 번역함에 있어, 웨슬리신학 저서들의 번역 출판 사역을 주관하는 서울신학대학교 웨슬리신학연구소의 소장 황덕형 박사와, 원고 정리를 도와 준 양주혜 전도사에게 감사를 표한다.

2018년 1월
역자 조종남

| 저자의 서문 |

　웨슬리는, 그의 생애 동안에, 영광주의로부터 가톨릭에 이르는 그들의 모든 특징을 아울러 갖고 있다고 비난을 받았다. 그의 사후에도 사람들은 웨슬리의 입장을 자기들이 바라는 대로 어울리게 해석하려고 시도했다. 웨슬리의 성례전에 대한 신학적 입장에서도 그랬다.

　라텐버리(Ernest Rattenbury), 바우머(John C. Bowmer) 그리고 다른 사람들도 이 면에 있어, 웨슬리의 객관적인 모습을 드러내려고 했다. 그러나 지금까지, 그의 성례전에 대한 신학 입장을 큰 신학적 구조 속에서 조직적으로 연구한 일이 없다.

　그래서 본 연구에서 성례전에 대한 연구의 직접적인 배경과 자료들을 통하여 연구하여 웨슬리의 성례전에 대한 신학적 입장을 밝히고자 한다. 그리하여, 어느 정도, 웨슬리의 신학연구에서 결여되어 있는 이 부분을 채우려고 한다. 이런 연구는 너무나 연체된 것 같다.

　이 연구는 웨슬리의 원 자료들을 기초로 하여 진행할 것이다. 일관성을 유지하기 위하여, 모든 인용문은 웨슬리의 저서에 표현된 것을 그대로 인용할 것이다. 그가 사용한 언어, 철자 등, 모든 것을 수정

---

1) 이 문장의 배열에 있어, 역자가 일부를 가감하여 정리하였다. 즉 저자가 6장, 7장을 따로 나열한 것을, 역자는 편의상 이 두 장을 제5장의 세부 항목으로 취급하여 정리하였다.

하여 현대적으로 표현하지 않을 것이다. 웨슬리는 그의 글에서 어떤 것은 강조하기 위하여 대문자로 표현하거나, 이탤릭체로 기록하였다.

이 연구는 4 부 구성되었다. 즉, 1부는 서론 (제 1장), 2부는 성례전의 성격(제 2장), 3부는 성례전의 기능(제 3- 9장), 4부는 결론(제10장)이다. 그리고 3부는 다시 세분화하여,
첫째로, 서론적으로 대행자로 역사하는 성령의 사역에 대하여 설명하고(제3장), 두 번째로, 효과적인 표시에 대한 질문을 다루고(제4장), 세 번째로, 효과적인 은총의 수단(제 5장)을 다루었다. 제5장에서는 1) 은총의 수단에 대하여, 2) 세례에 관한 일을, 3)성찬에 관한 일을 다루었다. 그리고 제 6장에서 세례와 성찬을 천국의 표로 보는 웨슬리의 견해를 다루었고, 제7장에서는 성례전적인 희생에 대하여 다루었다. 이 문장의 배열에 있어, 역자가 일부를 가감하여 정리하였다. 즉 저자가 6장, 7장을 따로 나열한 것을, 역자는 편의상 이 두 장을 제5장의 세부 항목으로 취급하여 정리하였다.

이 연구를 함에 있어, 이 연구가 가능하도록 여러 면에서 도움을 준 많은 사람이 있다. 첫 째로 나의 아내, 마르다(Martha)에게 감사한다.
그녀는 여러 해 동안 꾸준히 나의 하는 일을 격려하고 도와주었다. 그리하여, 이 일을 힘에 있어, 웨슬리는 우리 가족의 일원이 되있다.

나는 또한 나의 부모, 하르다(Harda)와 오마르 보르겐(Omar Borgen)에게 감사를 표하고 싶다. 나의 부모는 나를 감리교에서 자라나게 하였고, 교회의 주 되시는 예수 그리스도 뿐 아니라 감리교를 사랑하도록 나를 가르치셨다. 두루 대학교의 도서관에서 봉사하는 도서관장과 직원들은 나의 연구에 필요한 자료들은 소개하는 일에 있어 많은 시간을 내며 나를 도와주었다. 그들은 정말 훌륭한 봉사를 하였다. 그에 대하여 진심으로 감사한다.

이 책은 나 자신이 연구한 것 뿐아니라, 이 연구를 하면서 웨슬리 신학의 여러 면에 관하여 함께 토의한 많은 사람들의 사상과 통찰력이 담겨있다. 내가 소망하기는, 이 연구가 존 웨슬리가 그의 후예들에게 남겨 주었으나, 많은 면에서 우리가 잃고 있는, 그 신학적 보화를 회복하는데 어떤 모로든지 도움이 되기를 바란다.

도서명의 약자표
LIST OF ABBREVLATIONS

ACW : Ancient Christian Writers. 34 vol. J. Quasten and W. Rurghardt, eds. Westminster, Maryland, The Newman Press, 1960-.

ANF : The Ante-Nicene Fathers. 10 vols. A.Roberts and J. Donaldson, eds. Rcvised by A. C. Coxe, Buffalo, The Christian Literature Publishing Company, 1885-1897.

Anglicanism : Paul E. More and Frank L. Cross, eds. *Anglicannsm.* Milwaukee, Wls_, Morehouse Puhlishing Co., 1935.

Apost. const.: Apostolic Constitutions.

Aug. *Answer Pet.: Answer to the letters of petulian.*

Aug. *Cat. Inster.: First Catechetical Instruction.*

Aug. *Chr. Doctr.: On Christion Doctrine.*

Aug. *Faust.: Replay to Faustus the Manichean.*

Aug. *Letters : The Letters of St. Augustine.*

Aug. *Psalns.: Exposition on the Psalm.*

Aug. *Tract. Jobn : Lectures or Tractates on the Gospel according to St. Jobn.*

Aug. *Trin.: On the Trinity.*

Baker : Frank Baker, *Jobn Wesley and the Church of England,* London, Epworth Press, [1969].

BCP, Parker ed.: The First Prayer-Book of Edward VI compared with the Successive Revisions of The Book of Common Prayer. Second ed, Oxford, Parker and Co., 1883.

Bennet's *Monutes : John Bennet's Copy of Minutes of the Conferences of 1744.* Wesley Historical Society Publications, No. 1.

Beveridge, *Theol. Works : The Theological Works of Willwam Beveridge.* 12 vols. Oxfuod, John Henry Parker, 1842-1848.

BK. of Conc.: The Book of Concord. Theodore Tappet, dc. Philadelphoa, Muhlcnberg Press, 1959.

Bowmer, *SLS* : John C. Bowemer, *The Sacrament of the Lord's Supper in Early Methodism.* London, Dacre Press, 1951.

Brett, Principal List.: Thomas Brett, *A Collection of the Principal Liturgies, Used in the Christian Church in the Celebration of the Holy Eucharist* .... London, rivington and Co., 1838.

Brevint : Daniel Brevint, *On the Christian Sarament and Sacrifice....* Third ed. At the Theater in Oxford, Anno dom., 1679.

Brevint [W] : Wesley's Extract of Brevint's treatise, in *Hymns on the Lord's Supper.* With a Preface Concerning the Christian Sacrifice. Extracted from doctor Brevint. First ed., Bristol, Printed by Felix Farley, 1745.

Calvin, *Comm.,* Edinburġh ed.: The Gospel according to St. John 1-10. T.H.L. Parker, trans. Fdinburgh, Oliver and Boyd, 1959.

Calvin, Inst.: John Calvin, *Institutes of the Christian Religion.* John T. McNeill, ed. Philadelphia, The Westminster Press, 1960. *(Library of Christian Classics,* vols. XX-XXI.)

Calvin. *Theol. Treat.: Calvin: Theological Treatises.* J.K.S. Reid, ed. The Westminster Press, n.d. *(Library of Christian Classics,* vol. XXII).

Calvin, *Tracts : Tracts and Treaties*. 3 vol. H. Beveridge, trans. Grand Rapids, Eerdman, 1958.

Cannon : Willianm R. Cannon, *The Theology of John Wesley, with Special Reference to the Doctrine of Justification*. New Tork, Abingdon Press, 1946.

Carter : Henry Carter, *The Methodist Heritage*. London, The Epworth Press, 1951.

Chiles, *Theol. Trans.:* Robert E. Chiles, *Theological Transition in American Methodism,* 1790-1935. New York, Abingdon Press, 1965.

Chr. Libr.: John Wesley, A Christian Library : ... 30 vols. London Printed by T. Cordeux, 1819-1827.

Courvoisier : Jaques Courvoisier, *Zwingli, a Reformed Theologian. Rich*mond, John Knox Press, 1963.

Cranmer, defence : *Defence of the True and Catholic Doctrine of the Sacrament. The Work of Thomas Cranmer.*
 G. E. Duffied, ed. Appleford, engl., Sutton Courtenay Press, 1964, pp. 45-233.

Cushma, *Doctr. of the Ch.:* Robert Cushman, "Baptism and the Family of God." *The Doctrine of the Church,* D. Kirkpatrick, ed. New York, Abingdon Press, 1964, pp. 79-102.

C.W.'s *Journal : The Journal of the Rev. charles Weley, M. A.* 2 vols. Thomas Jackson, ed. London, Published by John Mason, 1849.

Deacon, *Compleat Devotions : Thomas Deacon, Compleat Collection of Devotions, both Publick and Private* .... London, 1734.

Deschner : John W. Deschner, *Weley's Christology*. Dallas, Southern Methodist University Press, 1960.

Duke Div. Sch. Bull : Duke Divinity School Bulletin.

Duty of Receiving : John Wesley, The Duty of Receiving The Lord's Supper. Unpublish holograph, dated 1731/2. Transcribeb by Ole E. Borgen, 1966.

Fleury, *Catéchisme* : Claude Fleury, *Catéchisme Historique*. M. L. Migne, ed. Paris,1842.

F. of Ch.: Fathers of the Church. 17 vols. Ludwig Schoop, ed. New York, Cima Publishing Co.,Inc., 1947-1954.

George, *Doctr. of the Ch.:* A. Raymond George, "The Lord's Supper." *The Doctrine of the Church,* D. Kirkpatrick, ed. New York, Abingdon Press,1964, pp. 140 - 160.

Grisbrooke: W.J. Grisbrooke, *Anglican Liturgies of the Seventeenth and Eighteenth Centuries,* London, SPCK 1958.

Harrison, *Ch. and Sacr.:* A.W.Harrison, *Church and the Sacraments.* London, The Epworrh Press, 1935.

Hildebrandt, *From L.to W.:* Franz Hildebrandt, *From Luther to Wesley.* London, Lutterworth Press,1951

HLS : Hymns on the Lord's Supper.

Holland: Bernard Holland, *Baptism in Early Methodism.* London, Eqworth Press,1970.

Homilies: Sermons or Holland, tobe Read in Churches in the Time of Queen Elizabeth of Famous Memory. Baltimore, Published by E. J. Coale & Co.,1823.

Instr. for Children: [John Wesley], *Instructions for Children.* London, Printed for M Cooper at the Globe in Paternoster Row, 1745.

John Johnson, *Unbloody Sacr.;* John Johnson, *The Unbloody Sacrifice and Altar* .... Oxford ,Parker and Co., 1847 (Reprint).

Journal, Curn.: *The Journal of the Rev. John Wesley, A.M.* 8 vols. Standard Edition, Nehemiah Curnock, ed. New York, Eaton & Mains, 1909.

Lawson, *Chr. Min.;* Albert B. Lawson, *John Wesley and the Christian Ministry.* London, spck, 1963.

Lawson, Notes: John Lawson, *Notes on the Forty-four Sermons.* London, The Epworth press, 1952.

LCC : Library of Christian Classics.

Letters : *The Letter of the Rev. John Wesley, A. M.* John Telford, ed. 8 vols. Standard Edition. London The Epworth Press, 1931.

Lindström : Harald Lindström, *Wesley and Sanctification.* Stockholm, Nya Bokforlags Aktiebolaget, 1946.

Lit. and Worsh.: Liturgy and Worship. W.K.L. Clarke, ed. New York, The Macmillan Company, 1932.

L. of F., Psalms : Library of the Fathers, Psalms, vol. II. Oxford, John Henry Parker, 1848.

LQHR : *London Quarterly and Holborn Review.*

Luther, *Three Treatises:* Martin Luther, Three Treatises. Philadelphia, The Muhlenberg Press, 1943.

Luther, *Tischreden :* Martin Luther, *Werke : Tischreden,* 6 vols. Weimar, 1912-1921

Luther, *W. A.:* Martin Luther, *Werke.* Kritische Gesamtausgabe. Weimar, H. Bohlau , 1883-

McIntosh : Lawrence McIntosh, *The Nature and Design of Christianity in John Wesley's Early Theology.* Unpublished Ph.D.Thesis, Drew University,1966.

Meth.Mag.: *Wesleyan Methodist Magazine,* vol.67 (Third Series, vol.23), 1844

Minutes I : Minutes of the Methodist Conferences, vol. I. London, Published by John Mason, at the Wesleyan Conference Office,1862.

Moore, Life: Henry Moore, The Life of the Rev. John Wesley, A.M., 2 vols. New York, Published by N. Bangs and J. Emory for the Methodist Episcopal CHurch, 1824.

Naglee : David Naglee, The Significance of the Relationship of Infant Baptism and Christian Nurture in the Thought of John Wesley. Unpublished Ph. D. Thesis, Temple University, 1966.

Nelson, Chr. Sacrifice: Robert Nelson, The Great Duty of Frequenting the Christian Sacrifice .... A New Edition, by W. B. Hawkins. London, James Burns, 1841.

Nelson, Festivals and Faste: Robert Nelson, A Comoanion for the Festivals and Fasts of the Church of England . . . . New edition. London, Printed for the SPCK, 1841.

NPNF: The Nicene and Post- Nicene Fathers. 8 vols. Grand Rapids, Eerdmans,1956 -. Reprint.

N. T. Notes : John Wesley, Explanatory Notes opon the New Testament. London, The Epworth Press, 1954.

O.T.Notes: John Wesley, Explanatory Notes uopn the Old Testament. 3 vols. Bristol,Printed by William Pine, in Wine Street,1765.

Outler, J. W.: John Wesley. Albert C. Outler, ed. New York, Oxford University Press, 1964.

Parris : John R. Parris, John Wesley's Doctrine of the Sacraments, London, The Epworth Press, 1963.

Patrick, Chr Sacrifice : Simon Patrick, Bp. of Ely, The Christian

Sacrifice. Twelfth ed. Corrected. London, Printed by J. H.,1701.

Perronet, *A Defence :* Vincent Perronet, *A Defence of Infant-Baptissm* .... London, Printed for J. Roberts in Warwick Lane, 1749.

Pious Communicant : Samuel Wesley, *The Pious Communicant Rightly Prepar'd* .... London, Printed for Charles Harper, 1700.

Poet. Works : *The Poetical Works of John and Charles Wesley, 13 vols.* London, Wesleyan-Methodist Conference Office, 1868-1872.

Preseruatiue : John Wesley, *A Preseruatiue against Unsettled Notions in Rrligion.* Bristol, Printed by E. Farley, 1758.

Priestley, *Original Letters ;* Joseph Priestley, *Original Lretters by the Rev. John Wesley and His Friends* . . . . Birmingham, Printed by Thomas Pearson, 1791.

Rattenbury : *EH :* J. Ernest Rattenbury, *The Eucharistic Hymns of John and Charles Wesley.* London, The Epworth Press, 1948.

Rattenbury, *Euang. Doctor.:* J. Ernest Rattenbury, *The Euanggelical Doctrines of Charles Wesley's Hymns.* London, The Epworth Press, 1941.

Rel. in Life : Religion in Life. Nashville.

RGG : Die Religion in Geschichte und Gegenwart. Dritte, vollig neu bearbeitete Auflaga. 7 Bande. Tubingen, J. C. B. Mohr (Paul Siebeck), 1957.

Sanders, "W. and Bapt. Regen." : Paul Sanders, "John Wesley and Baptismal Regeneration." *Religion in Life,* vol. 23, 1953 / 1954, pp. 591-603.

Sanders, *W.'s S.:* Paul Sanders, *An Appraisal of John Wesley's Sacramentalism in the Evolution of Eaely American Methodism.* Unpublished Ph. D. Thesis, Union Theologicl Seminary, 1954.

Serm. on Seu. Occ.: John Wesley, *Sermons on Seueral Occasions.* Vols. I-VIII, 1754-1788.

Simon, *J.W. Adu. of Meth.:* John S. Simon, *John Wesley and the Aduance of Methodism.* London, The EpWorth Press, 1925.

Simpson : W. J. Sparrow Simpson, *John Wesley and the Church of England.* London, SPCK, 1934.

Starkey : L. M. Starkey, *The Work of the Holy Spirit. A Studyin Wesleyan Theology.* New York, Abingdon Press, 1962.

Stevenson: George J. Stevenson, *Memorials of the Wesley Family.* London, S. W. Partridge and Co., n. d.

St. S.: Wesley's Standard Sermons. 2 vols. E. H. Sugden, ed. London, The Epworth Press, 1961 (Fifth Annotated Edition).

Sund. Service : John Wesley, *The Sunday Service of the Methodists in North America.* London, Strahan, 1784.

Thoughts: [John Wesley], *Thoughts upon Infant- Baptism.* Extracted from a Late Writer [W. Wall]. Bristol, Farley, 1751.

Thompson, *Western Lit.: Liturgies of the Western Church.* Cleveland, Meridian Books, 1961.

Torrance, *The School of Faith:* Thomas F. Torrance, *The School of Faith.* New York, Harpaer & Brothers Publishers, 1959.

Wheeler : Henry Wheeler, *History and Exposition fo the Twenty-five Articles of Religion of the Methodist Episcopal Church.* New York, The Methodist Book Concern, 1924 (Reprint).

Whiston, *Primi. Ghr Reuiu'd:* William Whiston, *Primitiue Christianty Reuiu'd.* 3 vols. London, Printed for the Author ; ...1711.

WHS : Wesley Historical Society Proceedings. London.

Williams, *Catechism:* John Williams, *A Catechism Truly Representing the Doctrines and Practices of the Church of Rome: With an Answer Thereunto.* The Third Edition Corrected. London, Printed for Ben. Tooke, et al., 1713.

Williams, *W.'s TT :* Colin Williams, *John Wesley's Theology Today.* New York, Abingdon Press, 1960.

Works: The Works of John Wesley. 14 vols. Thomas Jackson, ed. Grand Rapids,Zondervan, 1958-1959. Reprint.

Works, Amer.: *The Works of the Reuerend John Wesley,* A.M. First American Complete and Standard Edition . . . John Emory, ed. 7 vols.

New York, Published by J. Emory and B. Waugh, 1831 (Vols. I-III); New York, Published by B. Waugh and T. Mason, 1832-1833 (Vols. IV-VII).

Works, Pine: The Works of the Reu. John Wesley, M. A. 32 vols. Bristol, Printed by William Pine, 1771-1774.

1장 : 서론

1) 성례전에 관한 연구 현황
2) 웨슬리의 성례전 신학의 주요한 원 자로들
3) 존 웨슬리와 신학
4) 본서의 주제와 연구 방법

1부

서론

주가 주신 말씀과 성경은 축복일세,
그리고 기도는 더욱 도움이 되지.
이들은 구원의 우물에서,
은혜를 들어 올리는 선한 그릇이다.

주님의 자비를 내려 주시는
이 신비로운 예식과 같은 것이 어디 있나.
이 예식이야 말로 그가 약속하신 능력과
우리를 구원코자 하시는 하나님의 뜻을
모두 초래하게 한다.

이것은 당신이 우리들에게 주신
귀한 유산 이지,
여기에 우리는 당신 앞에서 먹으며,
그리고 당신의 귀중한 피를 마십니다.[1]

---

1) HLS, no.42;2-4.

1. 성례전에 관한 연구 현황

웨슬리는 이와 같이 그의 성찬에 관한 시(Hymns of the Lord's Supper)에서 그의 신학과 생활에서의 성례전이 중요한 위치를 차지한다는 것을 명백히 지적하고 있다.

곧 말씀과 성경, 그리고 기도가 모두 효험이 있는 은총의 수단인 것을 말하고 있는 것이다. 성찬(Lord's Supper)의 성례전을 능가할 수 있는 것은 아무것도 없다. 성찬이야 말로 주님께서 그를 따르는 자들을 위하야 남겨 놓은 귀한 유산이다.

그러나 웨슬리가 1791년에 서거한 후에, 그의 추종자들은, 웨슬리가 이 유산을 통하여 은혜 받으라고 한, 그 귀중한 유산을 충분히 이해하지도 못하고 또한 활용하지도 못하였던 같다.(실제로 웨슬리가 죽기 오래 전에) 메소디스트 사역자들은 성례전을 집례하여야 하나 아니 하여야 하나 하는 일로 있은 열띤 토론은 별도로 하고, 그에 대한 강조점이 변했다. 즉 그들은 점차로 말씀을 전하고 듣는 것이 주된 은혜의 수단으로 생각하게 되었다.

그 결과로, 세례와 성찬을 덜 중요하게 취급하게 되는 변화를 가져왔다. 그리하여 세례로 인한 증생(baptismal regeneration)을 부정하고 설교(말씀)를 우선하게 되었다. 또한 설교의 말씀, 그리고 그 말씀을 묵상하는 것이 우리의 신앙을 유지하며, 거룩하게 하는 중요한 은혜의 수단이 되었다.

그리고 이 모든 것은 웨슬리의 사상과 생활에서 발견된 것이라고 했다. 그러나 앞으로 잘 설명하겠지만, 이는 곡해한 것이다.

웨슬리는 여러 은혜의 수단들의 그 위치와 가치들에 대한 아주 균형 잡힌 견해를 가지고 있었다. 그런데 이런 웨슬리의 견해가 감소되거나 파괴되고 만 것이다. 이에 잇따라 일어난 결과는 아주 유감 천만한 것이다. 즉 신학적으로 쇠퇴된 웨슬리의 후예들은, 그 결과에 대한 깨달음도 없이, 장래에 신앙 부흥 운동이 천박해지는 위험한 길을 터놓은 것이다. 그리하여 성결의 개념에서 웨슬리가 성결을 그리스도의 대속의 영원한 은혜에 근거하여 주장하던 입장에서 멀어지게 되었다.

또 결과적으로, 신학이 하나님의 사랑의 충만한 삶, 모든 사람을 사랑함에서 분출되는 것보다는, 물질적이요 주관적인 동기에서 시작하는 실용적 행동주의에 근거하게 되었다. 이런 변화를 또한 웨슬리의 성례전 신학에 관한 문헌에서도 발견할 수 있다. 실제로 성례전이 존재하지 않게 되었다. 그리고 세례나 성찬에 관한 일이 생기면, 이는 주로 논쟁의 대상이 되었다.

웨슬리 시대에서는 전혀 문제가 없었던, 메소디즘의 아버지의 글들을 신학적 논쟁과 관심을 가지고 자기들의 입장들을 입증하거나 부정하기 위하여 사용하였다. 그러면서 메소디즘은 그들이 웨슬리를 성공회나 가톨릭적으로 해석했다고 생각하는 중요한 면을 감소하려고 애를 썼다. 이런 열심을 가지고 그들은 웨슬리가 그의 "세례에 대한 논문(Treatise on Baptism)"[2]에서 말하고 있는 세례로 인한 중생(Baptismal regeneration)을 달리 해석하는 길을 택하였고 또한 웨슬리가 부레빈트(Daniel Brevint)의 책, "기독교의 성례전과 희생, 그리고 성만찬에 관한 찬송(The Christian Sacrament and Sacrifice, and Hymns on the Lord's Supper[3]를 간추린 글에서 말하고 있는 성찬에서의 주님의 임재와 희생(Eucharistic sacrifice)에 대한 웨슬리의 견해

---

2) p. 170, 202에서 이에 대한 실례를 볼 수 있다.
3) Brevint의 The Christian sacrament and Sacrifice, and Hymns on the Lord's Supper는 1745년에 초판이 출판되었다. 그리고 웨슬리 때에, 여러번 재판되었다.

를 없애려고 하였다. 이런 웨슬리의 정형적인 관심의 예를 1870년경에 영국의 앵글로 가톨릭주의 곧 성공회내의 고교회 주의가 일어난 결과로 생긴 설전에서 볼 수 있다. 이런 것들이 웨슬리의 글들에 있게 되어, 웨슬리는 충실한 앵글로 가톨릭주의자로 알려졌다.

메소디스트들은 웨슬리가 진짜 복음주의라고 대담하게 주장하면서, 이 한 사람에게 기대를 걸었다. 그들은 웨슬리가 올더스게이트에서의 체험이전에는 어느 정도 고교회주의자라고 인정하였지만, 그가 1738년 5월 24일에 회심 체험을 한 후에는 웨슬리는 "가슴 뜨거운 (warm heart)"[4] 사람으로 극적으로 변하였다.

오늘에도 가끔 같은 일들이 반복하여 일어나는 것 같다. 영국 공교회와 영국 감리교의 연합의 가능성을 말함에 있어, 웨슬리의 경우를 말하면서, 한편, 웨슬리가 사제중심이 아닌 복음주의를 그의 추종자들에게 남겼기 때문에 연합을 불가능하다고 한다. 그런가 하면 또 다른 편에서는 연합은 웨슬리의 교교회적 성공회의 단지 지역적인 문제라고 주장하면서 연합이 가능하다고 한다.[5] 말할 필요도 없이, 그 두 자장은 다른 18세게 후의 사상을 웨슬리의 견해에 덧붙이면서, 웨슬리를 왜곡한 것이다.

20세기 중반에 이르러서, 웨슬리 신학에 대한 새로운 관심이 일기 시작했다. 그러나 이 관심은 웨슬리의 신학의 다른 면에 서였지, 웨슬리의 성례전 신학에 관하여는 별로 없었다. 웨슬리의 성례전에 관하여 진지한 연구가 처음으로 시작된 것은, 라텐버리(Rattenbury)가 1948년에 "존과 챨스의 성만찬 찬미(The Eucharistic Hymns on John and Charles Wesley)"이라는 책을 출판함으로서였다. 이 책은 지금도

---
4) cf. Rattenbury, EH, pp.13-14.
5) 참고로 다음 글들을 보라. Trevor Dearing, Wesleyan and Tractarian Worship. London,1966. R.T. Beckwith, Priesthood and Sacraments. Appleford, England, 1964. Henry D. Rack, The Future of John Wesley's Methodism, London, 1965.

웨슬리의 신학적 문헌에 크게 도움이 되고 있다. 라텐버리는 이 책에서 주로 "성만찬에 대한 찬송"과 웨슬리의 브레빈트가 쓴, "기독교의 성례전과 희생"이라는 책의 초록(extract)에 주의를 집중하고 있다.

처음으로, 이 귀한 보배인 성례전의 찬송에 대한 비판적이며 분석적인 논문이 감리교회에 소개 되었다. 이 보배는 교회가 간직하고 있으면서도 오랫동안 무시하고 있었던 것이다.[6] 라텐버리는, 그 배경을 간단히 설명한 다음에, 웨슬리의 교리를 고찰하는 가운데, "개신교의 십자가"라는 새말을 사용하여 갈보리에 주의를 돌리게 하였다.[7] 그리고선, 많은 지면에 걸쳐 상징과 은혜의 수단으로서의 성례전을 다루었다. 이것이 아마도 웨슬리의 성례전에 대하여 처음으로 다루어 진 것이다. 이런 것들은 너무나도 지체된 일이다.

그러나 라텐버리는 웨슬리의 입장을 이해하는 일에 있어, 감리교의 해석을 회피하고, 무의식적으로 다른 자료들, 특히 그레고리 딕스(Dom Gregory Dix)의 책, "성만찬의 예식(The Shape of Liturgy)"에서 표현된 앵글로-가토릭의 개념들을 사용하였다. 이 점에서, 그는 하나의 다른 획기적인 연구를 하기에는 아주 부족했다고 생각된다.

라텐버리는 19세기와 20세기의 개념들을 기초로 하여 연구를 시작하였다. 그의 첫째 그의 선입관에 의한 선호는 그가 성례전에서 "들어낸다(representation)"라는 개념을, (웨슬리가 이 말을 나타낸다(to show) 또는 "표시(sign)"[8] 라는 말과 같은 의미로 사용한 것인데), "재현한다 (re-presentation)"[9]는 의미로 변경한 일이다.

또한 그는 "현재적 종말론(Realized eschatology)"의 개념을 웨슬리

---

6) 그 대표적인 예가 감리교 찬송가이다. 옛날 찬송가에는 여기에 있는 시가 하나도 포함되고 있지 않았다. 1964년판 찬송가에서 여기 있는 시의 3편을 포함시켰다. 곧 315, 328, 332 장이다 (이것들은 HLS의 40,57, 165번이다.)
7) Rattenbury, EH. p.33. 20 ff.
8) 다음 pp. 52ff를 보라.
9) Rattenbury, EH, p.33, p.181 참조.

신학에 적용시켰다. 이런 것이 문제였다.[10] 이 점에 있어, 우리는 라텐버리에게, 웨슬리는 자기 자신의 신학 체제를 가지고 있었고, 그 안에서 "여기 있는 천국(heaven here)"의 개념을 말하고 있지 않았느냐고 반문하게 된다. 라텐버리는 실제로 웨슬리의 글만 보고 하는 너무나 단순한 방법을 사용하였다.

그 결과로 학생들이 무의식중에 자기 자신의 개념을 해석의 방법으로 적용하게 만들었다. 라텐버리는 웨슬리가 상용하였고 읽은 17세기 그리고 18세기의 신학자들의 저서를 사용한 흔적이 없다. 그가 부레빈트의 논문을 다룰 때도, 단지 웨슬리의 초록만을 사용하였지, 브레빈트의 책은 전혀 사용하지 않았다.[11] 에서 그가 사용한 자료들을 언급할 것이다. 그는 웨슬리의 모든 저서에 표현된 웨슬리의 성례전에 대한 언급을 충분히 참작하지도 못하였기 때문에, 그의 결론의 가치는 다소 제한적이다. 그러므로 라텐버리의 연구는 우리가 웨슬리의 성례전을 연구함에 있어서 중요하지만, 그러나 큰 도움은 되지 않는다.

다음으로, 이 분야에서 고전적인 저서는 바우머(John C. Bowmer)가 1951년에 출판한, "성만찬의 성례전 (The Sacrament of the Lord's Supper)"이다. 그의 책은 초대 감리교회에서 성례전을 실행한 것에 대한 역사적인 연구이다. 바우머는 또한 18세기의 교회에서의 성만찬에 대한 넓은 배경을 논의하고 있고, 그 책의 한 장에서만(only one chapter)에서 성례전에 관한 웨슬리의 신학을 다루고 있을 뿐이다.[12]

거기에서 봐도 그는 라텐버리와 비슷하다. 웨슬리의 성례전에 대한 신학의 직접적인 자료들에 대한 언급은 거의 없다. 그도 또한 성례전을 설명함에 있어 디크스(Dix)의 책을 활용하고 있다.[13] 그리고 근

---

10) pp. 68 f.
11) pp. 26에서 그가 사용한 자료들을 언급할 것이다.
12) 12장, pp. 166-186
13) p. 178.

세기에 있어 다드(C. H. Dodd)가 주장하는 "현재적 종말론(relized eschatology)를 웨슬리의 사상에 적용시키고 있다.¹⁴

세 번째로, 패리스(John R. Parris)가 쓴 작은 책, "웨슬리의 성례전 교리(John Wesley's Doctrine of the Sacraments(1963)"이 있다. 이 책에서 저자는 세례와 성만찬을 다루고 있다. 이 연구는 그가 시카고 대학교에서의 석사 논문으로 쓴 것인데, 크게 도움 되는 점이 없다.

이 책은 주로 원 자료가 아닌 이차적 저서(secondary sources)에 의존하였으며, 어떤 부문은 잘못 설명하고 있었다. 특별히 세례에 관하여 잘못 이해하였고 그릇된 결론을 내리고 있었다. 아마도 그는 구원의 순서(ordo salutis)에 대한 웨슬리의 신학의 내용을 잘 몰라서 그랬던 것 같다.

지금까지 웨슬리의 세례에 대한 교리를 진지하게 연구한 것이 하나 있는데, 바로, 홀란드(Bernard G. Holland)가 저술한 책, "초대 감리교에서의 세례(Baptism in Early Methodism)"이다.¹⁵ 이 책은, 일부에서, 새로운 자료들에 근거하여 철저하게 연구한 책이다. 그러나 어떤 결론은 조금 의심스럽다. 이 연구의 이런 면 그리고 다른 면들은, 앞으로 세례문제를 다룰 때에 다시 언급할 것이다. 그리고 웨슬리의 신학의 다른 면을 다룰 때도, 세례와 성만찬에 대한 논의는 도처에서 언급될 것이다. 히를데분란드트(Franz Hildebrandt)는 그가 은총의 수단(The Means of Grace)¹⁶ 이라는 항목에서 웨슬리를 루터란의 입장에 포함시키려고 하고 있다. 그는 웨슬리 측의 직접적인 자료들은 참작하지 않은 채, 그렇게 말하고 있다.

---

14) p. 184.
15) London, Epworth Press, 1970. 1966년에 Cho Chongnahm 이 미국 에모리 대학교에서 그의 박사 논문으로 웨슬리의 세례에 대하여 쓴 것을 몰랐던 모양이다 (역자의 주)
16) From Luther to Wesley (1951), pp. 65ff. 구라파의 개혁주의자들에 대한 웨슬리의 입장에 관하여는 뒤에서 더 다룰 것이다.

출판되지 않은 박사논문 3편이 있다. 그러나 논문들은 우리의 관심을 끄는 연구들이다. 첫 째는, 샌다스(Paul S. Sanders)가 쓴 논문, "초대 미국 감리교의 전개에 있어서의 웨슬리의 성례전(John Wesley's Sacramentalism in the Evolution of Early American Methodism)"이다.[17] 이 논문은 많은 것을 포함하고 있다. 저자는 성례전의 교리가 웨슬리로부터 시작하여 미국 감리교회를 통하여 발전되어 온 과정을 역사적으로 다루고 있다. 이 논문은 많은 면에 있어서 대단히 훌륭하다.

특히 미국 감리교회에 있어서의 성례전을 다룬 부분은 가장 신뢰할만하다. 웨슬리의 성례전 신학에 대한 부분도 잘 기술하였다. 그러나 앞에서 다른 책들에 대하여 언급했듯이, 그는 그의 연구에서 구원의 순서(ordo salutis)에 대한 웨슬리의 산학과 그와 연관된 은혜의 수단의 역할을 통합하지 못함으로 인하여 연구의 어떤 면에서는 잘못된 점이 있다. 이런 문제는 앞으로 더 자세히 논의하겠다.

다음으로는, 가리아스(Brian J. N. Galliers)의 논문, "웨슬리의 저서에 나타난 세례에 대한 신학(The Theology of Baptism in the Writings of John Wesley)"가 있다.[18] 이 논문은 전적으로 웨슬리의 세례에 대한 신학을 다루었다. 이 분야에 대한 웨슬리의 가르침을 설명하였지만, 결정적인 업적은 못된다. 저자는 세례에 관한 중요한 신학적인 문제들은 다루었으나, 깊이 있게 조직적으로 기술하지를 못하였다.

세 번째는 내그리(David Naglee)의 "웨슬리 신학에서 있어서 유아세례와 그리스도인의 양육과의 관계의 중요함(The Significance of

---

17) 1954년 미국 유니온 신학교에서의 철학박사 논문이다.
18) 이는 그가 1957년에 영국 University of Leeds에서 쓴 석사 논문이다. 이 논문의 요약이, "Baptism in the Writings of John Wesley"라는 제목으로 W. H. S. XXXII, pp.121-124, 153-157에 기재되었다.

the Relationship of Infant Baptism and Christian Nurture)"라는 논문이다.[19] 이 논문은 그 제목이 암시하듯이 웨슬리의 세례에 대한 신학의 일부분을 다루고 있다. 그렇지만, 그가 취급하고 있는 분야에서는 그는 아주 건전하게 다루고 있다. 그러면서 다른 저자들이 다룸에 있어 그릇되게 이해되고 있는 점들을 시정하였다. 이런 문제들은 앞으로, 세례에 대하여 다룰 때에, 더 자세히 논의하려고 한다.[20]

2. 웨슬리의 성례전 신학에 관한 주요한 원 자료들.
(Representative Primary Sources for Wesley's Theology of the Sacraments)

웨슬리는 그의 "표준증서(Model Deed)"에서 교리적 표준을 다음과 같이 정의하였다. "설교자는 언제나 웨슬리의 신약성서 주석과 그의 설교 4권에 담긴 교리 이외의 것을 설교하면 안 된다."[21] 이것은 지금도 영국감리교회의 교리 표준이다. 미국 감리교회에서는 이를 교회 장정(Discipline) 안에 있는 신앙개조(The Articles of Religion)에 포함하고 있다.[22] 그러나 본 연구는 교회의 법이나 규칙에 관심을 갖지 않고, 객관적인 연구에 필요한 것들에 관심을 갖는다. 따라서 우리는 웨

---

17) 1954년 미국 유니온 신학교에서의 철학박사 논문이다.
21) Works, viii, p.331. 이에 대한 더 자세한 것을 보려면 St.S, I, pp.17ff를 보라.
  웨슬리는 그 전에도 교리적 문제 대하여 다음과 같이 말한 적이 있다. "옛 감리교의 교리들을 설교하라. 연회록에 있는 교리 외는 설교하지 말라. (Letters, V,p.145). 그리고 미국에 있는 사역자들을 위하여 다음과 같이 편지한 바가 있다." 여러분 모두는 웨슬리의 설교 4권과 그의 신약성서 주석, 그리고 교회 총회회의록에 있는 것을 따라 행동하기로 결정하여야 합니다."
  (Letters, vii, p.191)
22) St. S, I, p.17. Doctrines and Discipline of the Methodist Church, Nashville, 1964, pp.36-43. 또한 N. Harmon의 Understanding the Methodist Church, Nashville, 1955, p.25를 보라. 여기에서 그는 Model Deed도 미국 감리교회에서 교리적 표준으로 취급하고 있다고 하였다.
  이하는 생략함(역자 주)

슬리가 쓴 모든 글에 관심을 가져야 할 것이다. 그러나 그렇게 한다고 하여도 이 연구를 위하여 권위 있는 자료들을 찾고자 하는 문제가 다 해결되는 것은 아니다.

웨슬리는 먼 길을 여행하면서 계속적으로 설교하는 시간에 쫓겨, 그는 남의 글들을 자유로이 인용하였다. 때로는 그가 인용문의 출처를 밝히기도 했지만, 그렇지 않은 경우가 많다. 어떤 때는 그들의 글을 자기 이름으로 또는 무명으로 출판하기도 하였다.[23] 물론, 간단하게 그런 글들은 모두 버리면 될 것 같지만, 그럴 수도 없는 것이다.

왜냐하면, 그렇게 하면, 이는 첫 째로, 웨슬리가 직접 교리적 표준으로 지정하고, 그 후에 교리적 표준으로 채택한, 그의 신약성서 주석과 25개조 신안신조를 물리쳐야 한다는 것을 의미하기 때문이다. 두 번째로, 그렇다면, 여기저기에 놓여 있는 짤막한 글을 제하고는, 그의 성례전에 관한 모든 글들은 실제로 배제하게 되기 때문이다.[24] 세 번째로 그 동안 웨슬리 자신의 견해인줄 생각하였던 어떤 글들이 실제로 다른 사람의 글을 요약한 것이거나, 말을 바꾸어 쓴 것이라는 것이 최근에 발견되었고,[25] 넷째로, 웨슬리는 자기의 자료들을 아주 자유롭게 사용함으로 그것들이 웨슬리 자신의 견해의 표현으로 나타나게 되었다고, 많은 웨슬리 학자들이 언급하고 있는 것 같기 때문이다.[26] 그리고 마지막으로, 본 연구를 해나가면서 알게 되겠지만, 다른 저서에서 따서 쓴 글에서 표현된 교리들이 웨슬리 자신에서 나왔다고 알려진 가르침과 일치하기 때문이다. 그렇기는 하지만, 성례전 신학에 대한 웨슬리의 중요한 자료들을 간단히 살펴보는 것은 유익하고 필요

---

23) Outler, J. W. p.xi.를 참고하라.
24) Outler, J. W. p. 307. "성례전 신학에 대한 웨슬리의 글은, 그가 자기의 아버지, 동생 챨스, 그리고 브레빈트(Daniel Brevint)와 그 외 다른 사람들의 글을 따서 쓴 것들이다."
25) L. McIntosh의 1966년 Drew University에서의 박사 논문인
"The Nature and Design of Christianity in John Wesley's Early Theology" pp. 187-188을 보라. 여기서 그는 웨슬리의 설교, "성령을 근심되게 하는 일" (설교 138)은 William Tilly의 것을 요약한 것이라고 말하고 있다.
또한 WHS,xxxv, p.137-141에 있는 "John Wesley and William Tilly"를 보라.

하다고 생각된다. 웨슬리의 일지와 편지에 나타난 글들에 대하여는 그 글의 저자에 관해서는 문제될 것이 없다. 그 글들은 웨슬리 자신의 것이기 때문이다. 그러나 우리가 기억하여 할 일은 웨슬리의 서간집(Letters)이 출판된 후에 상당한 수의 그의 편지가 발견되었다.

이 편지들의 일부는 "웨슬리의 역사적 모임과 메소디스트 역사의 회의록(the Proceedings of the Wesley Historical society and Methodist History)"에 의해 출판되었다.[27] 마찬가지로 웨슬리의 표준 설교들은 웨슬리 자신의 것이다.[28] 그러나 앞에서 지적한 대로, 설교에도 웨슬리가 다른 사람의 것을 요약한 것이 있다.

이런 맥락에서, 웨슬리가 성만찬에 관하여 언급하고 있는 설교, 곧 "성만찬에 참여할 의무(The Duty of Constant Communion)"[29]에 대하여 논의를 하여야하겠다. 이에 대하여 웨슬리는 다음과 같이 주를 달았다.

"이 논문(discourse)은 옥스퍼드에 있는 나의 학생들이 사용할 수 있도록 55년 전에 쓰인 글인데, 여기에 나는 별로 가미한 것이 없고, 오히려 많이 간추렸다. 그래서 지금 내가 사용하고 있는 것보다 전에는 분량이 더 많았다. 그러나 하나님께 감사하게도, 거기에 수록된 내용에 대한 나의 의견을 변경하여할 이유를 아직 발견하지 못하고 있다." J.W.[30]

---

26) Lindstrom, p. 17. Lerch의 Neil und Heiligung bei John Wesley, Zurich, 1941, pp.22,24.
27) WHS, Methodist History, 1962년 10월, pp. 34-38, 1063년, pp.38-60
28) 그러나, 그 중 설교 하나는 찰스 웨슬리의 것이다.
   곧 St.S, I, pp. 68-86에 있는 " Awake, Thou that Sleepest"라는 설교다.
29) Works, VII, pp.147-157.
   이 설교는 처음에 Arminian Magazine, 1787, pp.229-236, 290-295 에 출판되었다. 그러므로 설교집에서 1788년이라고 기재한 것은 틀린 것이다.
30) Works, vii, p.147

다행스럽게도, 본 연구의 저자인 나는 웨슬리가 언급하고 있는 원래의 논문을 가지고 연구할 수 있는 기회를 가졌다.[31] 이 원 논문은 자필로 쓴 논문인데 약 54 페이지나 된다.

그 중 4페이지는 상해 있었다. 그리고 이 논문의 뒤에 있는 4페이지는 이 전체 논문의 구체적인 논문의 목차가 쓰여 있었다. 이 논문의 발표 일자는 1731/2년 2월 19일로 되어 있고, 논문목차는[32] 2월 21일로 적혀 있었다. 이 논문은 널리 알려져 있지 않았다. 그래서 그 후에 쓰인 그의 설교가 웨슬리 자신의 것으로 일반적으로 알려져 있었다.

아우트라(Outler)는 말하기를 웨슬리는 그의 아버지가 쓴 성만찬에 대한 논문에서 도움을 받았다고 한다. 그러나 이런 주장은, 웨슬리의 초기 논의에는 흥미 있는 사실들이 있는 것으로 봐서, 정말 같지 않다.

이는 기본적으로 웨슬리가 독자적으로 쓴 논문이 아니다. 그의 표현과 지적 사항의 5분의 1이 네르손(Robert Nelson)의 "자주 동참하는 크리스찬의 의무(The Great Duty of Frequenting the Christian Sacrifice(1706))"을 그리고 10분의 1은 베베리쥐(Beveridge)의 "자주 성만찬에 참여하여야 하는 필요와 혜택(The Great Necessity and Advantage of Frequent Communion(1710년 초판))"을 거의 그대로 인용하고 있다.

그 외의 자료들도 그런 모양으로 그들의 글에서 인용한 것 같다. 여기에는 인용한 글의 페이지 같은 것을 알아 낼 수가 없다. 그리고 이 웨슬리의 논문의 다른 부분은 "공동 기도문(The Book of Common Prayer)" 또는 다른 기도문에서 인용하여 기록한 것 같다.

이 논문을 수정함에 있어서, 웨슬리는 많은 부문은 그대로 두고, 다

---

31) 이 원 논문의 microfilm copy를 볼 수 있도록 도와주신 Frank Baker 와 Charles Rogers, John C. Bowmer 에게 감사한다. 또한 이 논문을 간직하고 있는 Methodist Archives에도 감사한다.
32) 1731/2년으로 표시된 것은 1731-2년을 말하는 것으로, 이는 웨슬리의 표현 방식이다.

른 분들을 다시 쓰거나 축소하였다. 그리고 그는 또한 구원론의 변화를 초래할 만한 것은 변경하였다.[33]

웨슬리의 신약성서 주석과 구약성서 주석은 본 연구와 관계되는 부분들이 많이 있다. 그런데, 이 성경주석에 있어서도 웨슬리는 다른 저서들에 의존하고 있다. 그러나 의심할 바도 없이 웨슬리는 그가 상용하는 방법대로 그들의 자료들을 통하여 자신의 의견을 표현하고 있는 것이다. 웨슬리 학자들도 그렇게 생각한다.[34] 웨슬리는 그의 구약성서 주석의 서문에서, 자신이 이 책은 헨리(Matthew Henry)와 풀(Matthew Pool(1624-79))의 책에 의존하고 있다고 말하고 있다.[35]

웨슬리의 "신약성서 주석"은 여러 사람의 글에 의존하였지만 특히 독일 학자인 벤겔(Johann Albrecht Bengel)의 "신약성서 주석(Gnomon Novi Testamenti)"에 많이 의존하고 있다. 또한 영국 학자들의 것들도 이용하였다. 예로서, 도드릿치(Philip Doddridge)의 6권으로 되어 있는 "주석(Family Expositor)", 그리고 칼빈주의자, 규이세(John Guyse)의 "신약성서의 실제적 주석(Practical Exposition of the New Testament)", 또한 영국교회의 사제요 신비주의자인 헬린(John Heylyn)의 "웨스트민스터 수도원에서의 산학 강의와 사복음서 강해(Theological Lectures at Westminster Abbey with an Interpretation of the four Gospel)"를 의존하고 있다. 그러나 헬린에 의존한 것은 극히 적다.

---

33) 큰 변경은 은혜로 인하여 믿음으로 받는 의인의 교리와 선물로서의 신생의 교리를 받아드림에 관하여 있었다. 웨슬리에 의하면, 구원론적 변화가 1738년에 일어났다. Journal, Curn, vi. p.209. Letters, IV, pp.295ff. 297-299, V, pp. 357 f, 363; Works, V, p.4. VII. p236, p.317, XI, p.369.
웨슬리는 그의 올더스게이트에서의 체험 이전에도 즉 1738년 3월 6일에도 믿음으로 받은 의인에 대하여 설교하였다. Journals, Curn, I, p.442; Outler의 J.W. p.41, n 2; Lindstrom, p. 129를 보라.
34) 예로서, 다음의 학자들이 그렇게 생각하고 있다. Bowmer의 SLS, p.168. Lindstrom, p.17. Lerch의 Heil und Heiligung bei John Wesley, Zurich, 1941, pp.8ff.
35) Matthew Henry의 A Commentary on the Holy Bible, 6 vols. Works xiv, pp.247ff 에서 웨슬리의 서문을 읽을 수 있다. 거기에서 웨슬리는 다음과 같이 언급하고 있다. " 나는 헨리의 주석을 단순히 축소하려고 한 것이 아니다. 나는 헨리의 주석의 상당 부분을 생략하였고, 또 많은 부분을 변경하였다.(p 250)

웨슬리는 그의 서문에서 위의 세 사람에게서 많은 도움을 받았다고 언급하고 있다. 웨슬리가 로마서 9장 13절의 주석은 구드윈(Goodwin)과 그 외 사람들에서 가져온 것인데, 서문에서 그들의 이름을 언급하지 않았다.36 웨슬리는 성경이 자신에 있어서는 지상의 권위라고 항상 말하고 있다. 그러기에 웨슬리의 신구약 성서에 대한 주석은 웨슬리의 신학과 그의 신앙생활을 평가하는데 대단히 중요하다.37

웨슬리의 "로마 가톨릭교회의 교리문답서와 그에 대한 응답서 (A Roman Catechism ... with Rely Thereto, 1756)"와 "로마가톨릭교회에 대하여(Popery Calmly Considered, 1779)38 에는 성례전에 관한 언급이 많이 있다. "로마 가톨릭교의 교리문답서와 그에 대한 응답"이라는 소책자는 웨슬리에 의하여 익명으로 출판되었다.

그리고 치체스터의 감독인 존 위리암스(John Williams,1636-1709)에 의하여 1686년에 "로마가톨릭 교회의 교리와 조례에 있는 교리문답과 그에 대한 응답(A Catechism Truly Representing the Doctrines and Practices of the Church of Rome: With an Answer Thereunto)39라는 제목으로 출판 되었다. 웨슬리가 위리암스의 책을 수정한 것은 극히 적고, 표현들을 수정하여 간편하게 간추렸다.40 그럼에도 불구하고, 학자들은 그가 "로마가톨릭에 대하여"라는 소책자에서 말하고 있는 것과

---

36) 웨슬리의 신약성서 주적의 서문, p. 9을 보라. Lerch의 Heil und Heiligung bei John Wesley, Zurick, 1941, pp.8ff 그리고 pp. 167ff을 보라. 여기에서 이 사실들을 자세히 말하고 있다.
37) 웨슬리의 설교집의 서문(St.S. I, pp.32-33) 그리고 그의 신약성서주석의 서문(N.T. Notes, p.9)를 보라.
38) Works, X, pp.86ff. 그리고 pp.140ff. 여기에서 웨슬리는 다음과 같이 말하고 있다. "독자들에게, 나는 이 소책자에서 로마 교회의 교리들을 소개하며 검토하고자 한다. 그리고 몇 개의 교리들에 따르는 문제들을 될 수 있는 대로 쉽게 설명하려고 한다."
36) 웨슬리의 신약성서 주적의 서문, p. 9을 보라. Lerch의 Heil und Heiligung bei John Wesley, Zurick, 1941, pp.8ff 그리고 몇 개의 교리들에 따르는 문제들을 될 수 있는 대로 쉽게 설명하려고 한다."
39) 이 소책자의 초판과 2판(1687)이 영국의 개신교에 의하여 익명으로 출판되었다. 제 3판은 1713년에 수정판으로 출판되었다. 웨슬리는 초판(1686)을 상용하였지만, 본 저자는 제 3판을 사용하였다.
40) 웨슬리는 아마도 신학적인 이유 때문에 두서너 군데를 수정하였다.
   Williams의 Catechism, p. 61. 이하는 생략함(역자)

그가 1769년 까지 주장하고 있는 것을 보아서, "로마가톨릭의 교리문답서와 그에 대한 응답서"가 웨슬리의 사상을 잘 나타내고 있다고 생각하기 쉽다.[41]

그러나 웨슬리는 또한 성례전에 대하여 각별히 논한 글들을 남겨 놓았다. 웨슬리는 세례에 관한 두 개의 소책자를 발행하였다. 첫 째로, 그는 1751년에 "유아 세례에 관하여"라는 소책자를 익명으로 출판하였다. 이는 작고한 왈(William Wall)의 글을 발췌한 것이다. 왈의 4권으로 된 큰 책의 내용을 웨슬리가 21 쪽의 글로 축소하여 출판하였다.

이 작은 책은 최근까지는 그 동안 학자들에 의하여 대체로 무시되어 왔다. 그러나 이 소책자의 내용은 이 문제를 다룬 웨슬리의 다른 글들과 일치하고 있다. 그 책의 부피에 있어 원 저서와 웨슬리가 출판한 축소판과의 차이가 있다는 것은 오히려 웨슬리 자신이 믿는 것을 실질로 발행한 것임을 입증한다.[42]

그 다음으로 그가 세례에 관하여 발행한 것은 "세례에 대한 논문 (A Treatise of Baptism)"으로 대단히 중요한 책이다. 이 책자는 "종교에서의 혼란한 개념을 예방하기(A Preservative against Unsettled Notion in Religion)"의 일부로서 1758년에 출판되었다. 그리고 이는 그의 아버지 삼우엘 웨슬리(Samuel Wesley)가 1700년에 출판한 책자[43]를 간추린 것이다.

이 글은 웨슬리의 전집(works)에 수록되었기에, 웨슬리를 공부하는 학도들에게 널리 알려져 있다. 그리고 학자들은 이 글이 세례에 대

---

41) Journal, Curn. V. p.296; St.S. I< p.418, n.8와 Bowmer, SLS, p. 168를 참조하라.
42) Naglee pp. 167-168. . . .William Wall의 "The History of Infant Baptism, 2 ed. H. Gotten, ed, 4 vols. Oxford, 1844. Holland(pp.154-157)를 참조하라.
43) "Of Baptism", Pious Communicant, pp. 189-250. 웨슬리의 책자는 Works, X, pp. 188-201에 있다. 이하는 생략함(역자)

한 웨슬리의 개념을 대표하는 것이라고 이해하고 있다.[44] 웨슬리는 신학적인 이유로 인해, 이 글을 다시 축소하거나 변경하고 삭제하였다.

본 연구에서는 그것을 애초의 글과 대조하면서 사용할 것이다. 그러나 그보다도 더 귀한 글을 남겨 놨는데, 그것이 바로 "성만찬식에서의 찬송가(Hymns on the Lord's Supper)"이다. 이 책은, 그의 서문과 함께 1745년에 출판되었고, 그 후에 아홉 번에 걸쳐 재 출판되곤 하였다. 그런데 후에, 감리교에서는 이 책이 무시당하여 왔다. 아마도 웨슬리의 후예들이 여기에 담긴 웨슬리의 견해에 동의할 수 없었기 때문인 것 같다. 그의 후예들의 견해는 김빠진 견해였다. 이 책에 쓴 웨슬리의 서문은 부레빈트 박사의 글을 발췌할 것이다. 웨슬리는 부래빈트의 글을 요약한 것이 아니라 발췌한 것이다. 웨슬리의 서문과 부레빈트의 글을 대조하여 보니, 이는 분명히 그의 글을 발췌(extract)한 것이 틀림없다.[45] 그럼에도 불구하고, 어떤 웨슬리 학자들은 웨슬리의 서문이, 부레빈트의 것을 간추린 것임에도 불구하고, 그 서문 자체를 부레빈트의 것이라고 취급한다.[46]

결과적으로, 이들은 웨슬리의 부레빈트의 발췌문이 진짜 웨슬리 자신의 가르침이라고 보기 힘들다고 보는 것이다. 그러나 또 다른 학자들은, 그것은 웨슬리 신학을 나타낸 것으로 받아들이고 있다.

" .... 우리가 최초의 브레빈트의 논문과 웨슬리의 축소판을 비교하여 보면, 우리는 웨슬리가 브레빈트의 책을 단순히 생략하여 주린 것만은 아닌 것을 알게 된다. 웨슬리는 어떤 표현이 성찬 때의 떡이나

---

[44] Bowmer, SLS, p.103. Cannon, pp.128-129. Carter, p. 159. Lindstrom, p.107. Outler, JW, p.317ff. Naglee, pp. 167-168. Sugden, St.S. I, p.128. Watson, The Message of the Wesley, New York, 1964, pp.159, 264. n.3. 이하는 생략함(역자).
[45] Daniel Brevint가 1673에 "The Christian Sacrament and Sacrifice"라는 제목으로 출판하였다. 본 연구에서는 그가 1679년 발행한 제 3판을 사용할 것이다. Daniel Brevint 의 간략한 전기를 보려면, Rattenbury의 EH. pp. 14ff 와 Hildebrandt 의 "I offered Christ", p.207, n 4를 참조하라.
[46] Hildebrandt의 "I offered Christ",p. 1. Rattenbury, EH, pp.16-17. Bowmer, SLS, p. 167 참조. 이하 생략함(역자).

포도주(elements)가 마치 본질적으로 작용한다고 주장하는 것처럼 보일 때는, 주저하지 않고 브레빈트의 그 표현을 달리 표현하였다. . . .

그러므로 인하여, 웨슬리가 출판한 브레빈트의 축소판은 웨슬리 자신의 입장을 들어내는 좋은 자료이다. 특별히 웨슬리가 그것을 그가 브레빈트의 것을 엄밀하게 수정한 "성찬식에서의 찬송가"와 함께 발행하였다는 점에서 더욱 그렇게 이해가 된다."[47]

이 찬송가는 존 웨슬리와 챨스 웨슬리의 이름으로 출판되었다. 그래서 찬송가의 대부분은 챨스가 쓴 것으로 일반적으로 생각하고 있다. 그럼에도 불구하고, 그 찬송가 안에는 존 웨슬리의 견해도 표현되고 있다고 웨슬리 학자들은 이해하고 있다. "진실로, 웨슬리가 부레빈트의 글을 발췌한 소책자와 웨슬리가 쓴 "성찬식에서의 찬송가"는 성찬에 대한 메소디스트의 교리를 담고 있는 것이다 . . . 이 말은 찬송가(Hymn-book)는 웨슬리 형제가 인정한 교리를 담고 있다는 것을 의미한다.[48]

"성찬식에서의 찬송가"의 성격이 그렇다고 하면, 그에 따라오는 질문이 있다. 즉 그러면, 챨스 웨슬리의 모든 찬송이 과연 존 웨슬리의 견해를 전적으로 드러내는 것이라고 취급해도 되는 것일까? 그에 대답은 "아니요(no)"이다. 단지 부분적으로 "아니요"이다. 사실인즉, 두 형제가 모든 면에서 신학적으로 동의하지 않았다. 존 웨슬리는 동생 챨스의 견해나 신학 모두를 찬성하거나 동의하지 않았다. 웨슬리는 챨스의 어떤 찬송은 지나치게 감상적이라고 하면서, 그 찬송에 담긴

---

47) Grislis의 "Wesleyan Doctrine," Duke Divinity School Bull. (May,1963), pp. 103-104. Williams, W's TT, pp. 158ff. Lindstrom, p. 109, n8. Outler, JW., pp.332-333.
48) Rattenbury의 EH, p.11. Rattenbury의 Evang Doctr., pp. 216ff. Williams 의 W,'s TT, p.162, Outler의 J.W. pp.332-333. Bowmer의 SLS, pp.47, 166-167. George의 Doctr. of the Ch., p.149.

것을 인정하지 않았다. 특히 신비주의에 오염된 듯 하는 찬송은 찬성하지 않았다.[49] 웨슬리는 다음과 말한 적이 있다.

> "내 동생의 찬송가에서 표현 된 중 어떤 것은, 곡해될 가능성이 있기에, 내가 사용하고 있지 않다. 그러나 동생의 찬송가의 전체의 취지는 나의 의견과 같다. 거기에는 칼빈주의 주장이 조금도 들어 있지 않다. 즉 동생의 찬송가 중 어느 하나도, 칼빈주의의 무조건적인 견인설을 주장하는 것은 없다. . . . 그의 찬송가에 들어 있는 모든 것에 대하여 내가 다 대답할 수는 없을 것이지만, 나는 그의 찬송가를 믿는다."[50]

챨스는 그의 형 존의 찬송가를 수정한 것도 있고, 또한 존이 동생의 찬송가를 수정한 것도 있다. 한번은 존은 "나는 동생의 찬송가가 출판되기 전에 그것을 본적이 없었는데, 그 안에는 내가 인정하지 않은 몇 편도 있었다"고 말하였다.[51] 본 연구에서는 그런 찬송가들도 증거로, 라텐버리가 제안한대로, "챨스의 찬송가의 표현은 존이 인정한 것만이 메소디스트의 교리라고 주장할 것이다."[52]

결과적으로, 웨슬리 형제의 이름으로 작성된 찬송가집을 중요한 자료로 취급할 것이다. 그 외의 찬송가와 챨스의 일지는 이차적인 자료 또는 간접적인 증거로 취급될 것이다.

웨슬리는 경건에 관한 여러 문헌들을 축소 또는 발췌하여 "기독교 문헌(Christian Library-1749-1755)"[53] 라는 이름으로 50권을 출판하였다. 이 책의 서문에서 웨슬리는 "나는 영국의 신학자들의 문헌들 가운

---

49) Letters,IV, p 166; V. pp.19-20, VIII, p. 122. Journals, Cur.VII, pp.456-458. Works, X, pp.395, 397,416. 또한 Rattenbury의 Evang. Doctr., p.63f.
50) Works, X, p.426, Letters, VI, p.213.
51) WHS,II, p.175; V, p.224Q; VI, p.146Q, XII, pp143f Q, 168, Works, XI, p.391.
52) Rattenbury, Evang. Doctr. p.63.

데, 하나님의 뜻에 일치할 수 있다고 믿어지는 책들을 발췌하려고 노력하였다"라고 말하였다.⁵⁴

그러나 이 "기독교 문헌"에 있는 글들이 웨슬리가 믿는 것을 모두 대표하고 있다거나 또는 중요한 증거로 사용할 수는 없다. 왜냐하면 웨슬리 자신이 여기에 기록된 모든 것에 대하여 자신은 책임을 질 수 없다고 말하고 있기 때문이다.

> "나는 여기에 기록된 책자들은 옳고 하나님의 뜻에 일치한다고 믿었고 그리고 지금도 믿는다. 그러나 나는 여기 50권에 수록된 모든 것이 다 그렇다고 단언하지는 않는다. 나는 다음 두 가지 이유 때문에 그렇게 단언할 수 없다. 첫째로, 나는 대부분의 책자를 단지 출판을 위하여 준비하였다. 나는 여행하는 중에, 잠깐 시간을 내서, 그 글들을 내 연필로 표시하고, 여기저기에 일부를 수정하거나 말을 첨가한 것뿐이지, 그 책자를 내가 기록 한 것이 아니다. 두번째로는, 내가 출판에 관여를 하지 못하였고, 다른 사람이 돌보았는데, 그들의 부주의로 내가 발췌한 것 가운데, 백 페이지나 누락된 것이 있었다. . .
> 또는 글 가운데 나의 생각과 일치하지 않는 것들을 내가 미처 못보고 넘겼을 가능성도 있다. 그러므로 "기독교 문헌"에서 인용하는 것들은, 교정자들이 부주의 한 것들이 있음을 최종적으로, 유의하여야 한다."⁵⁵

그럼에도 불구하고, 웨슬리는 "기독교 문헌"을 사사로이 또는 공개

---

53) 그 후, 1819-1827년에 걸쳐, 30권으로 하여 새로 출판하였다. 본 연구에서는 이 책들을 사용할 것이다.
54) Works, XIV, p.222.
55) Works, X, pp.381-382. 418f. "기독교문헌"이라는 책을 개정하기를 원하는 가운데서 이렇게 주장한 것이다. Letters, V, p.242; IV, p.207 참조.

적으로 읽을 것을 종종 권고하였다.⁵⁶ 그러므로, 본 연구에서는 웨슬리의 권고에 따라, "기독교 문헌"을 간접적인 증거로 또는 비교하기 위하여 사용할 것이다.

웨슬리는 그의 전 생애 동안, 자신은 영국교회의 일원으로 생각하고, 거듭거듭 반복하여 말하기를 자기는 영국교회를 떠날 계획이 없다고 하였다.⁵⁷ 이런 웨슬리의 주장은 영국교회의 사제나 교인에 제한한 것이 아니다. 웨슬리에 있어서 최고의 권위는 하나님의 말씀이요, 그 다음은 영국교회의 교리였다. 그는 말하기를 "나는 하나님의 말씀에 일치하지 않는 어떤 의견이나 행동을 할 생각이 없다. 그리고 나는 영국교회의 교리, 예배 그리고 규율은 하나님의 말씀에 따르고 있다고 믿는다"⁵⁸ 라고 하였다. 메소디스트는 역사 있는 영국교회를 따른 교회이다...

"메소디스트의 근본적인 원리들은 영국교회의 원리들이다. "우리가 전하는 교리들은 영국교회가 교회의 기도문, 교리신조, 표준 설교집(Homilies)에 담겨 있는 영국교회의 교리들이다."⁵⁹ 이는 웨슬리가 1739년에 한 말인데, 그 후 50년이 지난 후에도 다음과 같이 같은 말을 했다. "나는 영국교회의 모든 교리를 지킨다. 나는 영국교회의 예배의식(Liturgy)를 사랑한다. 그리고 그 교회의 규율을 좋게 생각한다."⁶⁰ 웨슬리가 메소디스트 교회의 근본적인 교리들이 같은 것이라고 주장할 때, 그는 단지 형식적인 것이 아니라 실제를 말하는 것이었

---

56) Journal, Curn. IV, p.94; Letters, IV, p.272; VII, pp.64,83; Works, VIII, p. 314.
57) Letters, I, p.274; II, p.240; III, pp.36, 130, 132, 183, 193; IV,pp. 100, 120, 122, 145, 150, 162, 303; V,p.98; VI,pp.60,268,326;VII, 21, 93, 163, 179, 213, 262,284,288,321-323,372' VIII, pp.80,152,186,223; St. S.,II, pp.9-10;Works, VII, pp.176, 208, 428-429; VIII, pp. 35, 280;XIII. pp.225ff, 272ff; Journal, Curn, VII, pp.112, 192, 492; IV, p.179(1756); Letters,VI, p.60(1773).
58) Letters, III, p.37(1750); Works, VII, p.423(1777) 참조. "메소디스트는 역사적 종교(old religion)요, 성서적 종교, 초대교회의 종교, 영국교회의 종교이다. VIII, pp.101-102.
59) Journal, Curn., II, pp.274-275,293; Letters, II, p.233(1746);, pp.131 III, p.291 (1750); IV,p.131,149(1761); Works, VII, p.423(1777).
60) Works, VII, p.278(1789); Journal, Curn, VII, p.486 참조.

다. 곧 그는 교회의 "표준설교집"만 참고하여 이신득의(Justification by faith alone)를 확인하는 것이 아니라, 그는 실제로 종종 "표준 설교집"[61] 뿐만 아니라, 교리 신조, 기도문(the Book of Common Prayer)를 언급하면서 자신의 기본적인 교리들을 옹호하였다.

> "무엇이 교회의 중요한 부분을 손상시키는가? 왜 교회의 중요한 교리들을 부정하는가? 내가 그러는가? 아니면 당신이 그러는가? 교회의 예식서와 신앙신조와 교준 설교집을 읽은 자들은, 우리 둘 중에 누가 "우리가 믿음으로 의롭다함을 받는다는 것을, 그리고 모든 성도는 성령의 감화를 받고 있고, 믿음이 강한 자는 하나님을 온전히 사랑하며 그의 거룩한 이름을 찬송한다는 것을 부정하는지 판단하라. 이것을 부정하는 자는 애정이 넘치고 온화한 어머니를 찌르는 듯이 아프게하는 불성실한 아들이다."[62]

그러므로 교리문답서, 신앙개조 그리고 표준 설교집들은 무조건적 예정과 유기의 교리와 그에서 초래되는 불행을 막는 보루이며 확실한 방어였다.[63] 또한 이것들은 웨슬리 시대에 있었던 두 가지의 그릇된 의인(Justification)의 교리를 시정하는 것이었다. 즉 (가톨릭에서 말하는) 행위로 말미암는 의인, 그리고 (일부 수정한 가톨릭의 교리인) 믿음과 행위로 말미암는 의인의 교리를 시정하는 것이었다. 이에 대해,

---

61) Letters, IV, pp.173-174(1773): 나는 여기에서 내가 주의 깊게 신약성서와 "표준 설교집"을 읽음으로 깨달은 때부터 가르쳐 온 의인(Justification)에 관하여 설명하였다. Works, VII, p.204; Journal, Curn. I, p.454를 참조하라
62) Letters, III, p.289 (1750): 여기서 웨슬리는 하나님의 구원의 순서(ordo salutis)의 교리에서 세 가지 곧 의신득의, 신생과 성화, 기독자 완전을 언급하고 있다. Works, VII, p.212 no.15 참조.
63) Works, X, p.265; Journal, Curn., V p.293; Works,VII,pp.374ff. 구원의 방법에 대하여 웨슬리는 다음과 같이 추가하여 말하였다. "이것들은 영국교회의 주장들이다. 이것들은 우리들의 예식서, 신앙개조, 표준설교집에 의하여 확인 된 것이며, 또한 성경의 전체 대의에 의하여서도 확인 된 것이다. 그러므로 천지가 사라지기 전에는 이 진리들은 사라질수가 없을 것이다. Letters,III, p.245.

신앙개조와 표준 설교집은 정반대의 입장을 주장하고 있다.[64] 웨슬리는 영국교회의 교리를 지지할 뿐 아니라, 자신이 이 교리를 옹호하는 의무가 있다고 느끼고 있었다. 그는 말한다. "이것이 바로 내가 인증하는 입장이다. 곧 우리는 지금 이 교리를 전복하거나 공적으로 파괴하려는 사람들을 반대하여, 영국교회를 옹호하고 있는 것이다."

그리고 약 일 연후(1744)에 열린 첫 번째 연회(Conference)의 회의록에 다음과 같이 기록되어 있다. 질문 4: 우리는 어떻게 우리 교회의 교리를 옹호하여야 하는가? 답: 우리의 설교와 생활로 하여야 한다.[65]

웨슬리는 영국교회 성직자들 가운데는 자기와 그리고 교회의 교리적 표준에 동의하지 않는 자들이 있음을 인정하고 있는 것이다. 그래서 웨슬리는 다음과 같이 말하였다. "나는 우리 교회의 교리를 설교한다. 그런데 저들 (일부 교역자들은) 그렇지 않다. 저들이 교회의 신앙개조와 예배 의식서에 담긴 교회의 교리를 설교하지 않는다면 저들은 우리 교회의 참 성직자가 아니다. 저들은 "교회를 반대하는 신도들(dissenters)"이다.[66]

웨슬리는 어릴 때부터, 그리고 말년에 이를 때까지, 교회의 규정들과 법에 충실하였다. 1729년에 홀리크럽(Holy Club)으로 모이기 시작할 때, "저들은 모든 면에서 정통파의 사람들(Orthodox)이었다."[67] 웨슬리는 그가 미국 죠지아에 머물고 있을 때를 언급하면서, 기록하기를, "나의 동생과 나는 계속 열정적으로 우리 교회를 사랑하였고, 교

---

64) Journal, Curn. III, p.28.
65) Works, VIII, pp. 30,35 (1743), 280(1744) 56(1745); Letters, IV, p.115(1760); "나는 지금도 성경을, 우리 교회의 예배의식서, 신앙개조, 표준설교집 과 함께 옹호한다. 그리고 나는, 내가 아는 대로, 성경과 표준설교집과 기도문에 분명하게 담겨있는 것들 이외 다른 주장들(principles)을 옹호하거나 신봉하지 않는다." Letters, III, pp.251-252(1758) 참조.
66) Letters, I, p.279(1739); IV,303(1765); Journal, Curn., II, pp. 335,339; . . .또한 Works,VIII, p.280(1744)를 보라.
67) Works, XIII, p.272; VII, p.421.

회의 모든 규정을 지켰다" 그리고 ". . . . 나는 수도회에 속하는 성직자로 귀국하였다,"고 하였다.[68]

웨슬리는, 자기가 고교회적인 열심을 가졌던 일을 회상하면서 말하기를, "나는 교회를 위한 그런 열심과 감정을 가지고 1738년 2월 초에 영국으로 돌아왔다"고 하였다.[69] 웨슬리는 여전히 교회의 "규율(discipline)"을 인정하고 경전을 소중이 여겼다. 그러나 그것들이 양심과 하나님의 법이 허용하는 것이라야 한다고 그는 한 가지 중요한 조건을 붙였다. 그러므로 웨슬리는 예외가 있음을 인정하였다.

그러나 그는 늘 추가해서 말하기를, 그것은 선택에서가 아니라 필요에 의하여서 그래야 한다고 하였다.[70] 이런 근거에서 웨슬리는 규율의 어떤 것은 수정하는 것이 어쩔 수 없다고 느꼈다.[71] 이와 같이 웨슬리는 영국교회의 사제로서 영국교회의 교리를 믿으며, 양심이 허락하는 한에서는 교회의 규율을 지켰다. 그는 기회가 주어지는 대로 그의 교회에서 예배드렸고 설교하였다. 그러나 그는 특별한 영국 국교회 사람이었다.

---

68) Works, VII, p.422; XIII, p.272.
69) Journal, curn., III, p.434; Works, VII, p.422; 이하는 생략함(역자).
70) Letters, III, p.186(1756) 참조. "나의 주장은(종종 말한 대로)은 이렇다: 나는 사람이 정한 모든 규정은, 그것이 절대적으로 달리 지켜야 할 필요가 있다고 생각되지 않는 한, 그대로 지킨다. Letters, II,77-78 (1746). "모든 교회의 규정이 목적하는 바가 무엇인가? 그 목적은 사람들의 영혼을 사탄의 세력에서 벗어나 하나님께로 나오게 하고, 그들이 하나님을 두려워하며 그의 사랑에서 성장하도록 하는데 있지 않는가? 규정들이 이런 목적을 위한 것인 한 그는 귀한 것이고, 그렇지 않다면, 가치가 없는 것이다." Letters, IV, p.146(1761); "나는 규정의 세목 마다, 그것이 영혼 구원에 문제가 안 되는 것이라면 모두 지킬 것이다. 나는 방법보다는 목적을 우선시한다." Bowmer, SLS, pp. 99ff 참조.
71) 웨슬리는 다음과 같은 경우에 그랬다. (1) 메소디스트 단체를 조직하는 일(1738년 5월 1일), Works, XIII, p.307. (2) 즉흥적인 기도(1738년 4월 1일), Journal, Curn., pp.448-449; 웨슬리는 미국 죠지아에서 즉흥적 기도를 행하였다(1737년 4월 24일). Journal, Curn.,I, p.351. (3) 야외 설교(1739년 4월 2일),Journal, Curn.II, pp.172-173; (4) 평신도에게 설교권을 부여하는 일(1739-1740), St. S. II, p.118n; Schmidt, Johnn Wesley, II. p.459, n.33. Baker, pp. 82-84. (5) 영국교회에서가 아니라 메소디스트 채풀에서 성만찬을 시행함(1741년 9월13일), Works, XIII, pp. 255, 309. (6)연회를 개최함(1744년 6월25일), Works VIII, p.275. (7) 미국에 가는 사역자를 위한 안수(1784년9월 1-2일), Journal, Curn.,VII. p.15. Baker, pp.4-5 참조. 이하는 생략(역자).

웨슬리의 교리적 표준은 (성경 외에) 다음 세 가지, "기도문(Book of Common Prayer (예배의식, 교리문답서))"[72] "39개 신앙개조,"[73] 그리고[74] 이다. 이것들에 대한 생각과 언급을 그의 글 전체에서 볼 수 있다. 웨슬리는 이 교리들이 좌로나 우로 지나치게 해석되는 것을 피하면서 해석하였다. 웨슬리는 행위로 말미암는 의인을 주장하는 것을 반대하였다.

동시 그의 반대로(도덕무용론자들 처럼) 선행 없이 믿음만을 주장하는 해석도 물리쳤다. 웨슬리는 그 시대에 있는 칼빈주의자들의 예정론자들을 영국교회의 교리적 표준에 근거하여 반대하였다. 웨슬리의 신학적 배경에 대하여는 아우틀러(Outler)가 잘 지적하였다. 본 연구도 아우틀러의 입장을 지지한다. 아우틀러가 지적하는 바, 웨슬리의 신학의 원뿌리는 영국에서의 종교개혁의 원 즐기에 있다. 즉 교회정치에서는 로마가톨릭에 반대한다. 그러나 동시에 과격한 구라파의 개신교에도 반대하는 입장이다. 곧 경향과 성격에 있어 에큐메니칼적이며 기독인의 예배와 행동 간의 역동적인 밸런스를 추구하는 입장이다.[75]

웨슬리는 어떤 다른 설교보다도 구원에 관한 설교를 주로 인용하였다. 그 설교들은 크랜머(Cranmer)가 썼다고 생각되는, 에드워디안 설교집의 앞에 다섯 편의 설교였다. 웨슬리는 이 설교들을 소화하였

---

72) 웨슬리가 이 "기도문"을 여러 번 언급하거나 인용하고 있다.
  Letters, I, p.91; II, pp.233-234 III, pp.287,382 IV, pp.115, 125,303; VI, p.258; Works, VI, p.370; VII,p.278; VIII, pp.51-52,73,102-103;171,243; X, p.265; St.S., II,p.237; Journal Curn.,II, pp.257, 275; III, p.491, Letters,VII, p.106.
73) "39개 신앙개조"도 웨슬리에 의하여 여러 번 언급되거나 인용되었다. Letters,I, pp.23,279; II,pp.57-58; V, pp245,366; VI, pp,28,327; Works, VI, pp.396-397; VII,pp. 184,204, VIII, pp.30,35, 52-53, X, pp. 265,425; St.S,II, pp.361-362; Journal, Curn., II. pp.143,274-275.
74) "표준설교집"도 웨슬리에 의하여 여러 번 인용되거나 언급되었다. Letters, I, pp.308,312, II, p.269;III,249,382, IV,pp.115,125,126,173,175-176,379, 380-381; St.S.I, pp.50,63,125-126,284-285; II, pp.233,430-431; Works, VII, p.204, VIII, p.23,31,54-55, 73-74, 75,103-104, 129-130; X, p.265, Journal Curn., I,p.454, II, pp.143n.. 257n.. 275.
75) Outler, J.W., p.122.

고, 그 설교들을 "영국교회의 표준 설교집에서 발췌한, 구원, 믿음, 선행의 교리"라는 제목 하에(1738년에) 출판하였다.[76]

웨슬리가 (39개 신앙개조를 교리 표준으로 삼기는 하였지만), 세월이 지나가면서, 그는 신앙개조에 있는 어떤 조항의 표현에 대하여는 유보하거나 의문을 제기하기 시작한 것이 또한 사실이다. 어떤 것, 예를 들어서 신앙개조 17조 같은 것은 애매하게 서술되어서, 그것에 대하여는 웨슬리(곧 알미니안)나 죠지 휫트필드(칼빈주의)가 모두 지지할 수 있는 것도 있었다.[77]

웨슬리는 그티링푸리트(Stilingfleet)의 "중재제안(Irenicon)"과 킹 대법관(Chancellor King)의 "초대 교회의 이야기(Account of the Primitive Church)"를 읽고 신앙개조의 제 23조에 대한 자신의 견해를 바꾸었다.[78] 그리고 1744년에 있은 첫 연회의 필사본 회의록에는 다음과 같은 질문과 답이 기록되어 있다.

질문: 신앙개조에 있는, 8,13,15,16,17,21,23,27조의 내용이 성경의 가르침과 일치하는가? 답: 우리는 고려해 보아야 할 것이다.[79]

그러므로, 39개 신앙개조가 웨슬리의 신학적 견해의 증거라고 무분별하게 사용해서는 아니 된다. 그것들은 그 조항들에 대한 웨슬리의 분명한 설명이나, 그가 출판물을 통하여 표현한 그의 신학에 의하여 통제를 받아야 한다. 그러나 영국교회의 교리적 표준은, 웨슬리가

---

76) Outler, J.W., pp. 121ff 에 다시 기록되었다.
77) Letters, II, pp.57-58, 69-70. 프랫쳐(John Fletcher)가 흥미로운 편지를 웨슬리에게 보냈다 (1775년 8월 1일). 그 편지에서 메소디스트와 영국교회와의 관계를 논하면서, 그는 "39개 신앙개조 등을 언급하면서, 몇 가지를 지적하였다. 즉 "영국교회의 교리에 관한 한, 그것이 전체적으로 볼 때에는 순수하지만, 39개 신앙개조, 표준설교집, 예배의식서, 규정 등에는 페라기우스적인, 칼빈주의 적인, 또는 로마가톨릭의 얼룩(자국)들이 섞여 있는 것을 당신은 아시지요"라고 말하였다. 이 편지는 Journal, Curn., VIII, pp.331-334에 수록되어 있다.
78) Letters, III, p.200; IV, p.150;. . . Letters, III, p.182; VII, p.21; Journal. Curn.,III, p.232 참조.
79) Bennet의 회의록,WHS. publ. no.I, p.12. 흥미로운 것은 여기에 열거한 신앙개조 중 XVI, XXVII 조 외의 다른 모든 조항들은 웨슬리가 후에 출판한 "Sunday Service(1784)"에는 다 빠져 있다. 그리고 XVI, XXVII 조는 내용이 수정되어 있었다.

명시한 대로, 참작하여야 한다. 더구나, 웨슬리는 1784년에 "주일 예배서(Sunday Service)"를 출판하였다. 이것은 실제로 신앙개조와 더불어 "교회의 기도문(the Book of Common Prayer)"을 축소한 것이다.[80]

웨슬리는 39개 신앙개조를 24개조로 축소하였다. 그리고 신학적 입장에 따라, 일부에는 수정이 가해졌고, 또는 생략한 것이 있다. 대부분의 변경은 표현이 분명치 못하거나 애매하기에 그렇게 하였다.

또 다른 것들은 장소나, 시기나 상황의 변화에 따라 적절치 못하였기 때문이었다. 이와 같이, 수정된 예배예식서나 24개 신앙개조는 39개 신앙개조와 교회 기도문을 일부분 수정한 것이다.(교회 표준 설교집(Homilies)은 미국 감리교회의 교리 표준으로 추천되지 않았다.)

우리가 본 연구에서 각별한 관심을 가지고 있는, 성례전에 관한 조항에서는 특별한 변화가 없었다. 이런 것들은, 물론, 우리가 연구하는 과정에서 적절한 때에 지적될 것이다.

3. 존 웨슬리와 신학

오랜 동안, 웨슬리는 그저 감리교회의 창설자요, 가슴이 뜨거운 사람으로 알려졌고, 그의 신학에 대하여는 별로 관심들을 갖지 않았다. 그러다가 셀(George Cell)의 "존 웨슬리의 재발견(The Rediscovery of John Wesley)"[81]이라는 책이 출판됨을 시점으로 하여 많은 학자들이 웨슬리의 신학에 대하여 관심을 갖기 시작하였다.

---

81) 이 책은 1935년에 뉴욕에서 출판되었다.
80) Letters, VII, p.239: "그리고 나는 영국교회의 것과는 좀 다르게 "예배 예식서(Liturgy)"를 준비하였다. 이하 생략(역자).

오늘에는 웨슬리는 신학자로서의 그의 위치가 널리 인식되고 있다. 그러나 웨슬리는 조직신학 책을 쓰지는 않았다. 그는 오히려 닥치는 상황에 따라 자신의 신학적 입장을 표현하곤 하였다. 그는 결코, 사변적 신학자가 되려고 갈망하지 않았다. 그에게 있어서는, 신학은 믿음의 생활의 규율이지, 본질적으로 이론적인 학문이 아니다.

예를 들면, 그의 신학은 사람의 실제 생활에서의 힘찬 믿음의 생활을 위한 바른 모습과 개념적 기초와 체계를 제공하며, 동시에, 일들이 균형을 유지하는데 필요한 안정과 이해를 제공하는 것이다. 그에게 주어진 "평민의 신학자(Folk-theologian)"라는 별명이 바로 웨슬리의 이런 사역을 잘 들어내고 있는 것이다.

웨슬리는 균형잡힌 종합, 지적인 깊이와 직감들을 잘 처리하는 절충주의자였다. 웨슬리는 그는 분별력 있는 신학적 이해를 가진 유능한 전도자였고 또한 교회를 갱신함에 있어 그의 교리를 잘 운용하는 창조적인 신학자였다.[82]

웨슬리는 신학을 두 가지로 분류하였다. 곧 "사변적 신학(speculative theology)"과 "실천신학(practical theology)"이 있는데, 사변적 신학은 사변적 신앙(곧 교리에 동의하는 신앙)과 상관관계가 있고, 실천신학은 신뢰하는 믿음과 사람 안에 있는 하나님의 삶과 상관관계가 있다.

이것을 다른 말로 표현하면, (진리에 대한) "사변적 지식"이 있고 (진리에 대한) "경험적 지식"이 있다는 말이다.[83]

여기에, 사변적 신학이라고 하는 것은 믿음의 생활을 조직적으로

---

82) Outler, J.W. p.119. Outler는 웨슬리의 중요한 원천을 다음과 같이 열거하였다. 이신득의의 교리는, 앵그리간 개혁주의자들로부터; 믿음에 의한 확신은 모라비안 경건주의자들로부터; 신인협동설의 주장은 초대 교부들로 부터; 경건한 그리스도의 삶에 대하여는 테이러(Taylor), 아켐퍼스(a kempis), 스쿠가르(Scougal)로부터; "완전"에 대하여는 마카리우스(Macarius)를 거쳐 닛사의 그레고리(Gregory of Nyssa)로부터 왔다. 또한 Chiles의 "Theological Transition in American Methodism, 1965" P.23, Williams, W's TT, pp.13ff를 보라.
83) Journal. curn., V, p.452.

이해하는 지적 학문을 하는 것으로, 오늘 날 조직신학이라고 부르는 분야이다. 웨슬리가 이런 학문을 결코 부정하거나 경멸하지 않았다.

단지 그는 그런 학문이 그리스도인의 생활에 어떤 도움을 주지 않는 한, 그런 방법을 별로 사용하지 않았던 것이다. "그런 학문이, 만약 사변에 그치고 또한 실천에 옮겨지지 않는다면, 그런 지식이, 설사 하나님에 관한 일에 대한 지식이라도, 무슨 소용이 있겠는가?"[84]

그러므로 웨슬리는 신학이 현실에서 떠나 "상아탑(ivory tower)"에서 학문하는 것을 좋아 하지 않았다. 그는 신학이 교묘한 형이상학적인 연구에 말려드는 것을 피하려고 노력하며, 좀 더 실천적 면에서 논의하기를 선호하였다.[85] 그는 하나님께서 실천신학이 필요한 것으로 만드셨다는 것을 주장하면서도, 마귀가 논쟁을 좋아 한다고 하며, 그는 추가하여 말하기를 "우리들은 마귀를 물리쳐야 한다.

그렇지 않으면 마귀는 우리에게서 떠나지 않을 것이라"[86] 고 하였다. 따라서 그는 상황이 요청할 때는, 형이상학을 감행하는 것을 주저하지 않았다.[87] 사변적 신학과 진리에 대한 사변적 지식은 하나님에 대한 진정한 지식으로 나가는 길이다. 그러나 그런 신학과 지식이 산 믿음의 생활과 상관이 없거나 적용이 안 된다면, 그것들을 쓸데없는 것이다. 이런 웨슬리의 태도가 그의 편지가운데 잘 나타나 있다.

"죠네스(Jones) 씨가 삼위일체에 대하여 쓴 책은, 내가 이 제목에 대하여 쓴 책을 지금까지 본 어느 책보다도 더 분명하게 그리고 강하게 기술되어 있다. 만약 부족한 것이 있다면 그 교리의 적용이 없는 것

---

84) Works,VI, p.8; Journal, Curn., III, p.464; . . . .Works, VI, pp.354ff; St.S.,I, p.40
85) Works, VI, p.280; St.S. II, p.231.
86) Journal, Curn., IV, pp.3-4; Letters, VI, p.35 참조.
87) Works, VIII, p.12. 이하는 생략함(역자).

이다. 그래서 이 책은 그저 단순한 사변적 교리로만 보이고, 그 교리는 우리의 삶이나 가슴에 아무 영향도 주지 못하게 될까봐 걱정한다.

그러나 내 동생 찰스의 찬송가는 많은 영향을 주고 있다."[88] 그러므로 실천적 신학이 큰 주목을 받게 되었다. 실천신학의 목적은 그리스도인의 생활을 교리적으로 또한 실천적으로 지도하며, 사람의 마음과 생활에 적절하고 유익한 영향을 미치게 하는데 있다.

실천적 신학은 동시에 평안과 교화에 도움을 주는 일을 한다. 변론적 신학은, 때로는 우리가 그것을 필요로 하지만, 직접적으로 교화에는 별로 도움이 안된다.[89] 그래서 웨슬리가 발행한 "기독자 문헌들 (Christian Library)"는 실천신학에서 잘 선택하여 편집한 것들이다.

그것들은 모두 실천적인 것들이며, 평민도 이해할 수 있는 것들을 포함하고 논쟁적은 것들은 포함하지 않았다.[90] 찬송가도, 마찬가지로, 신자들에게 필요한 것을 제공하기 위하여, 사변적이며 실천적 예배의 식서로, 출판하였다. 1780년에 출판한 "찬송가 집(Large Hymnbook)"의 서문에서 웨슬리는 다음과 같이 기록하였다.

"이 "찬송가 집"에서처럼 성서적 기독교를 그렇게 독특하고 잘 설명한 어떤 다른 책을 보았는가? 그렇게 신앙의 깊이와 높이를 사변적이며 실천적으로 천명한 것을 보았는가? 그럴듯한 잘못을 그렇게 강하게 경고하데, 특히 최근에 널리 퍼지고 있는 과오들을 주의하게 하고, 우리의 소명과 선택을 확실하게 하도록, 곧 하나님을 두려워하는 가운데 성결을 이루도록 분영하게 인도하고 있는 책을 보았는가?"[91]

여기서 웨슬리는 교리가 사변적이든, 실천적이든, 교리들이 지녀야

---

88) Letters, VI, p.213. 여기서 언급된 죠네스(726-1800)의 책은 " The Catholic Doctrine of Trinity, 1756" 이다. 또한 Letters, IV, pp.181-182를 보라
89) N.T. Note, 롬 14:19; Outler, J.W., p.27; 이하 생략(역자).
90) Works, XIV, pp.220,222.
91) Works, XIV, pp.340-341; p.345 참조

할 바른 위치와 기능을 잘 설명하고 있는 것이다. 사변적 교리이든, 실천적 교리이든 어느 하나도 불필요하다고 할 수는 없다. 문제는 둘 다 바르게 사용하도록 하여야 한다.

우리는 웨슬리가 신학이 보다 큰 목적을 위하여 얼마나 유효한 수단이 되고 있는가에 기초하여 신학을 평가한 것을 간단이 언급하였다. 그 다음에, 웨슬리는 교리의 중요성에 기초하여 신학을 또 구분하는 것을 보게 된다. 곧 중요성에 근거하여 웨슬리는 교리를 "의견들(opinions)"과 "기본적인 교리(essential doctrine)"로 구분하였다.

이 구분을 웨슬리는, 그가 "비교신학(comparative divinity)"이라고 칭하는 그 신학에 기초하여 구분하였다. 즉 기독교의 전체를 아울리는 체계 안에서, 각 부분의 가치를 비교하면서 그 중요성을 구분하는 것이다.

거기에서 그는 규정하기를, 가장 높은 것은 하나님과 사람에 대한 사랑이고, 두 번째, 곧 점 낮은 것은, "거룩한 성미(holy temper)", 온유, 인내 등 곧 "그리스도 안에 있는 마음"이고, 셋 째는, 사람의 영혼과 육체를 위한 자비의 행위이고, 넷째는, 은총의 수단을 사용하는 경건의 행위이다. 그리고 마지막은 신자들의 몸인, 교회에 관한 것이다. 따라서 신자들은 그가 하고자 하는 것의 가치의 중요성에 따라 적절하게 열심을 내야 한다. 곧 맨 먼저 사랑하여야 하고, 그 다음에 가치의 순서에 따라 행하여야 한다.[92]

이런 생각의 배경에서 볼 때, 웨슬리가 말하는 "의견"이 무엇을 의미하는지 분명히 알게 된다. "당신은 내가 의견을 중요한 교리와 비교하면서 구분한 것을 잘 표현하였다. 나는 무엇이든지 그리스도에 대

---

92) Works, VII, pp.60-67.

한 사랑, 그리고 은총의 역사와 모순되지 않고 공존할 수 있는 것을 하나의 의견(an opinion)이라고 일컫는다."[93]

이 말은 무엇이든지 그리스도에 대한 사랑과 은혜의 사역에 근정적인 영향을 주는 사항이 "중요한 교리"이고, 거기에 부정적인 영향을 주는 것은 "중요한 과오"라고 생각하여야 한다는 것이다. 메소디스트의 과업은 "전국에 성서적 성결을 전파하는 일이다. . . . 의견에 있어서는 각자가 자기의 의견들을 신봉하도록 허용한다." [94] 웨슬리는 그의 동역자들에게 "의견에 대한 악담", 그리고 "논쟁에서 오는 비난의 감정"을 주의하라고 경고하였다. "우리는 의견들에 대해 싸울 것이 아니라, 죄에 대하여 싸워야한다."[95] 웨슬리에 있어서는 "종교(Religion)"는 하나님과 사람을 사랑하는 것 외에는 아무것도 아니다. 종교를 그렇게 규정한 웨슬리는 일관되게 이를 더 자세히 주장하였다.

> "내가 말하는 신념, 곧 바른 의견은 고작 신조(religion)의 빈약한 부분에 속한다.
> 어떤 때는 아무것도 아닐 수도 있다. 내가 말하는 것은, 만약 사람이 마음과 생활이 거룩한 하나님의 자녀이면, 그의 바른 의견들(right opinions)은 그의 신조의 아주 적은 부분일 것이고, 그러나 사람이 마귀의 자식이면, 그의 바른 의견이라는 것은 신조와 상관이 없고, 신조가 될 수도 없다는 것이다."[96]

---

93) Letters, IV,p.297; Works, VIII, p. 340 참조. "그러나, 기독교의 뿌리를 해치지 않는 모든 의견에 대하여는, 우리는 자유롭게 생각한다. 그러므로 그것들이 옳고 그릇된 것이든, 그것이 메소디스트를 식별하는 표식들은 아니다.
94) Works, VII, p.208; Letters, III, p.148; VII, p.190; Minutes, I, pp.37,75, 446-447, 450-41 등을 참고하라.
95) Journal, Curn., III, p.320, n2; IV, pp.74, 229; VI, p.9
96) Letters, III, pp. 183,203,328; II, p.293; IV, p.347; Works, VIII, p.249; 또한 St.S., I, pp.94, 150-151; Works, VI, p.199,432; VIII, pp.244-246,249,340-341; IX, pp.56-57; X, pp.347-348; XIII, pp.215-216 을 보라.

성서적 교리에 동의하는 것으로서의 믿음도, 그것에 관한 한, 좋고 받아들일 수 있지만, 그렇다고 해서, 그것이 산 믿음 곧 구원하는 믿음을 대신할 수는 없다. 산 믿음은 그리스도께서 나를 위하야 돌아가셨고, 내 죄는 용서받았다는 것에 대한 확신이요 신뢰요 힘인 것이다. 그러므로 신조(orthodoxy)가 산 믿음을 파괴하고 방해할 수도 있다.

그래서 "바른 의견들"이 참 믿음과, 성결, 성도의 바른 열심을 대신하며, 결국에는 "거짓 신조"가 될 수 있다.[97]

웨슬리의 캐치프레이즈, "우리는 이렇게 생각한다. 그리고 그들이 달리 생각하는 것을 허락하자(We think and let think)"라는 문구가 그를 뒤따르는 사람들이, 의견과 교리가 상관없다고 오해하게 만들었다.

웨슬리는 그런 견해를 결코 받아드리지 않았다. 웨슬리는 올바른 의견들을 가볍게 여기지 않았다. 웨슬리가 "관용의 정신(catholic spirit)를 말하였지만, 그 말이 종교적 사고에 있어 "사변적 자유주의(speculative latitudinarianism)"을 인정하거나, 또는 모든 의견에 대한 무관심, 애매한 생각을 의미하는 것처럼 해석해서는 절대로 안 된다.

"진실로 관용의 정신을 가진 사람은 지금 자신의 신조(religion)을 가지고 있다. 그는 기독교 교리의 중요 부분에 관한 그의 판단은 아주 분명하다."[98] 진실로 웨슬리는 올바른 의견들을 수용하였다. 그의 출판물이 여러 곳에서 이 문제에 대하여 사람들을 그리 가르치고 지도하려고 한 것이 나타나 있다.

---

97) Works, VI, p.276,432, VII, pp. 64, 269, 272, 316, 456l St.S., II, p.31; Letters, II, pp.45, 381: "염주알(beads)의 모인 줄이 그리스도인의 성결이 아닌 것 같이, 의견의 모인 것이 그리스도인의 믿음이 아니다."

98) St. S., II. pp. 142-143; Letters, III, p.201; Works,VII, p.457. 모든 의견들에 대한 무관심은 "....지옥의 새끼들이요, 천국의 자식은 아니다." St.S., II. p.142; Works, VII, pp.198,354; St.S., I, p.107; Letters, I, p.240 참조.

그러나 웨슬리는 "기독교의 중요성을 거기에 두지 않도록 특별히 조심하였다."[99] 웨슬리는 거듭거듭 편협한 행동을 경계하라고 말하고 있다. 편협한 행동 곧 자기 자신의, 의견, 교회, 신조를 강조하고 그에 지나치게 집착하는 일을 경계하라고 거듭 언급하고 있다.[100] 아무도, 예배에 대한 형식이나 의견에 있어, 그것이 바르든, 틀렸던 간에, 정죄를 받지는 않는다.

여기에서 웨슬리는 "사건 자체 (thing itself)"와 그에 대한 우리의 개념적 이해 간의 구분 또는 믿음의 내적 삶(곧 하나님과 사람에 대한 사랑으로 가득 찬 마음)과 이런 삶에 대한 이해나 명칭 간의 구분을 아주 엄격하게 하고 있는 것이다. "회개에 관한 의견은 회개자체(thing itself)와는 아주 다른 것이다. . . ." "네가 받은 축복에 대하여 이렇게 말할까 저렇게 말할까 하고 신경 쓰지 말라. 이를 완전이라고 부를까 아니면 다른 이름으로 부를까 하고 추론하지 말라. 당신에게는 믿음이 있다. 믿음을 굳건히 붙들라. 당신에게는 사랑이 있다. 사랑이 사라지지 않도록 하라."[101]

이와 같이 중요하고 본질적인 교리들, 예로서, 이신득의, 전가된 의, 기독자 완전에 관한 교리들 심지어 삼위일체의 교리에 관한 개념들도 구원을 위해, 그 구원이 실제로 사람의 삶속에 이로워지고 있는 한, 필요하지 않다는 것이다.

---

99) Works, VIII, pp. 206,243' IX, p.174. 대표적인 것은. 웨슬리가 1758년에 " A Preservative against Unsettled Notions in Religion" 이라는 제목 하에 많은 소책자들을 수집한 책을 출판하였다: 그 책에는, 이신론, 로마 가톨릭교회, 예수의 대속과 신비주의, 퀘이커교회, 세례, 예정론, 도덕무용론, 그리고, 영국교회를 떠나지 않는 이유, 등등에 관한 설명(guidance)이 들어 있다. 웨슬리의 목적은 논쟁을 목적으로 한 것이 아니라, 그 문제들에 대한 안내 내지 지도를 목적한 것이다.
100) St. S.,II, p.123 (설교: 편협한 행동에 대한 경고)
101) Works, VIII, pp. 183-184; Letters, IV, p.183.

생각에 있어서는 간혹 혼돈이 있을지라도, 그 마음은 아직도 하나님과 바른 관계에 있을 수 있다.[102] "무조건적인 예정"의 교리가 단지 하나의 의견으로서, "그리스도의 사랑과 양립할 수 있을는지 모르겠다."[103] 그러나 웨슬리는 그 교리가 기치는 결과 때문에, 그는 전심을 다하여, 그 당시, 칼빈주의와 싸웠다.

곧 그 교리가 사람의 영혼에 치명적인 결과를 주는 잘못이 있고, 또한 하나님의 내적 역사가 여러 단계로 역사하는 것을 직접적으로, 그리고 자연이, 방해하기 때문에 웨슬리는 이 교리를 반대하였다.[104]

견해의 차이는, 그 견해가 "근본적인 것"에 영향을 주지 않는 한에서만, 허용될 수 있는 것이다.[105]

> " . . . 진리 가운데는 다른 것보다 더 중요한 것들이 있다. 어떤 것들은 대단히 중요하다. . . . . 그러면 기본적인 것들(fundamentals)이 몇이나 있느냐 하고 많은 토의가 있어 왔다. 물론 우리들에게 있어 중요한 신조(vital religion)가 되는 몇 개의 신조가 있다."[106]

따라서 아주 중요하다고 생각되는 교리들이 있다. 웨슬리는 그의 모든 원리와 교리를 "성경과 상식"에 근거하여 세웠다.[107] 그 결과로서

---

102) Journal, Curn., V, pp.117, 243-244; Works, VI, p.397; X, p.391; St. S, II, pp.425n,437. 웨슬리가 1775에 쓰기를(Works, VI, p.206) "삼위일체를 부정하는 자가 어떻게 진정한 신앙(religion)을 가질 수 있는지 모르겠다."고 하였다. 그러나 웨슬리가 1786년에 쓴 글(Works, XIV, p.293)에서는 ". . . .나는 파민 씨(Mr. Firmin)의, 삼위일체에 대한 견해가 잘못되었지만, 그가 경건한 사람인 것을 감히 부정하지 않는다."라고 하였다.
103) 죠지 휫드필드(George Whitefield)와 웨슬리 형제는 예정에 대하여서는 서로 반대의 의견을 가지고 있었으나, 우정(friendship)은 지킨 것을 참작하라. 그 예를, St.S., II. p.522에서 보라.
104) Works, X, p.256; Letters, VIII, pp. 95, 159, 256; Journal. Curn, III, pp.238,252; IV, p.64, VI, p.5, Letters, VI, p.34. "저들은 사람으로 하여금 예정을 믿게 하려 하지만, 우리는 사람을 그리스도인 만들려고 한다."
105) Works, VIII, pp.245-246.
106) Works, VI, p.200.
107) 어떤 학자들은 웨슬리는 그것들을 전통과 체험에 근거하여 세웠다고 한다.

웨슬리는, "믿음의 유비(analogy of faith)와 "성경에 있는 교리들의 큰 체계(grand scheme of doctrine in the Scripture)"에 따라 세(3) 가지 아주 중요하고 본질적인 성서적 교리를 주장하였다.

곧 (1) 원죄(곧 인간의 타락한 부패, 죄로 인하여 죽은 자연인 등, 또는 하나님의 깨우침 곧 회개하라는 데에 반항하는 인간 등으로 표현 되는 것), (2) 의인(Justification, 또는 믿음), 그리고 (3) 성결 곧 마음을 다하여 하나님을 사랑하고 이웃을 내 몸 같이 사랑하는 것), 이 세 가지 교리를 주장하였다.[108]

이것들은 웨슬리 신학의 중심적인 교리들이다. 그러나 웨슬리는 기본적인 교리의 전 목록을 열거하지는 않았다. 그리고 이 기본적인 교리들에 대하여도 여러 가지 다른 표현으로 말하기도 하였다.

여러 번 웨슬리는 이 세 개의 교리를 강조하였다. 그리고 다른 때는, 그 상황에 따라, 단지 하나 또는 두 개의 교리만 강조하기도 하였다.[109] 웨슬리는 원죄의 교리를 강조하였다. 왜냐하면 그는 이를 성서에서 발견하였을 뿐 아니라, 악으로의 성향이 온 세상에 펴져있는 것을 보았기 때문이다.

그러므로 의인과 신생의 교리를 말함에 있어, 자신에게 이런 것들이 있다는 것을 인지하는 것이 전제되어야 한다.[110]

웨슬리는 믿음으로 말미암는 의인(Justification by faith)을 강조할 것이다. 왜냐하면 이것이 마음의 종교, 종교의 뿌리에로의 입문이며, 또한 믿음은 하나님의 은혜에 의하여 주어지는 것이며, 하나님은 이 믿음을 통하여 사람 안에 있는 하나님의 형상을 회복시키시며, 사람

---

108) N.T. Notes, 롬 12:6; Letters, II, pp.186-187; 226-227, 268, IV, p.146,173, 237; VI, p.49, Works, VI, p.509, VII, pp.284,3013' VIII, p,349; XIII,259, XIV, p.253; Journal. Curn., IV, p.419; V, p.47; Works, XIII, p.258 참조: "무엇이 메소디스트의 근본적인 교리인가? 성경 전체가 기독교의 믿음과 생활의 전적 규율이다.
109) Letters, II, p.38; III, p.51; IV, p.303; Works, VII, pp.205, 212; VIII, p.6; St.S., pp.226-227;Journal, Curn., IV, p.327.
110) Letters, V, p.327, VI, p.49; Works, IX, p.278; St.S,II, p.231.

이 하나님의 사랑에 응답하게 하기 때문이다.[111] 마지막으로 웨슬리는 성결(성화)를 강조할 것이다. 왜냐하면 성결이 "종교자체"이며, 구원의 종국이요, 잃어버렸던 하나님의 형상의 회복이기 때문이다.[112]

그러나 그 외에도 웨슬리가 중요하다고 생각한 교리들이 있다. 즉 그리스도의 신성, 그리스도의 사역(대속), 성령의 역사를 포괄하는 삼위일체의 교리이다.[113] 속죄(구원)의 교리는 모든 인간이 구원받아야 할 필요 뿐 아니라 하나님의 구원하고자 하는 뜻과 하나님의 능력을 전제로 하여야 한다. 하나님의 사랑이 우리들의 구원의 근원(cause)이다. 그리스도는 우리 구원을 위하여 홀로 대가를 치르신 분 곧 구원을 획득하신 분이시다. 그리고 성령은 구원의 사역을 이루시는 분이요, 능력으로 영혼을 깨끗케 하시며, 하나님의 형상을 회복시키시며, 사람 안에서 하나님의 생명을 지속시키시는 분이시다.[114] 그러므로 웨슬리는 다음과 같이 말할 수 있었다.

"그러나 두(2) 개의 중요한 교리가 있다. 이 교리들은 많은 중요한 진리를 포함하고 있다. .... 곧 하나님, 영원하신 하나님의 아들과 하나님의 영에 관한 교리이다. 아드님은 세상 사람의 죄를 위하여 화목제물이 되신 분이시다. 그리고 성령님은 하나님이 지으신 하나님의 형상으로 사람을 새롭게 하시는 분이시다.[115]

---

111) 예를 들면, St.S,II, pp. 58,66,77,80,81,379; Works, VII, p.215; VIII, pp.4-5; Letters, II, p.227; IV, 302; Journal. Curn., II. p.265 등을 보라.
112) Letters, III, pp. 73, 213.
113) Letters, VI, p.213; Works, VI, 200. V, p.327; Works, VIII, p.340.
또 그의 설교, "On the Trinity"(Works, VI, p.199ff); "The Unity of the Divine Being"(Works, VII, pp.264ff)를 보라. Williams, W's TT. pp.16-17; Deschner, p.92
114) N.T. Notes, 디 3:5; Letters, II, pp. 186-187, 226-227; VI, pp.297-298; N.T. Notes, 요 14:17; 15:26; 16:7 ff., 13 참조.
115) Works, VI. p.506.

이런 진리들은 복음서에 나타나 있는 진리이다. 이 두 교리(two heads of doctrine)가 그가 중요한 교리라고 말한, 원죄, 의인, 성결의 교리를 포함하고 말하는 것인지, 아니면, 그가 다른 곳에서, 모든 교리를 망라하는 가장 중요한 우리들의 교리는 세(3) 가지 교리[116]

곧 회개, 믿음 그리고 성결이라고 하였기에, 이것들을 포함하는 것으로 말하는 것인지는 분명하지 않다. 웨슬리가 하나님에 대하여 또한 성자와 성령에 대하여 말할 때는 그는 언제나 하나님의 사랑을 인간의 구원과 연관시켜 말하고 있는 것을 볼 수 있다.

그리고 그가 구원에 관하여 말할 때는 항상 예수의 대속과 성령을 통한 구원의 지속적인 역사를 배경으로 하고 말하고 있는 것을 본다. 그에게 있어서는 인간의 구원을 말할 때에 이 둘 다를 언급하지 않고 한 편만 말할 수는 없었다. 그러므로 이런 교리들이 웨슬리 신학의 본질적인 핵심이며, 따라서 이 교리들이 "기본적인 것(fundamental)"이라고 여겨진다.[117]

웨슬리가 조직신학 책을 쓰지 않았다고 해서 그가 조직적이 아니라는 것은 아니다. 정 반대로, 그는 아주 조직적인 사람이었다. 웨슬리는 그가 믿고 있고 격렬하게 변호하고 있는 교리들의 체계를 언급하고 있다.[118]

미드레톤(Conyers Middleton)에게 쓴 편지에서 웨슬리는 처음으로 "누가 진정한 그리스도인가"를 설명한 다음에, 이어서 "진정한 기독교는 교리의 조직 곧 시스템을 지니고 있다고 하면서," 기독교는 . . . .내가 앞에서 말한 성격을 서술한 교리의 시스템이다. 이 교리의 약

---

116) Letters, II, p.268.
117) 웨슬리는 "fundamental"이라는 말을 "essential"라는 뜻으로 사용하지 않음을 주의하라. 이 말을 그는 어떤 때는 "basic(기초적, 곧 초기의 것)"으로 의미하고 있다. 그래 그는 "salvation by faith"를 "fundamental principle"라고 한 예가 있다. 그 실례를 다음에서 볼 수 있다. 즉, Works, VII, p.454, VIII, p.35, XI, P.492, XIV, p.231; Journal. Curn., VII, p.328. 이하 생략(역자)
118) Works, VIII, p.7.

속이 바로 나에게 이루어져야 한다(만약 그 약속에 이루어지기 전에는 나는 평안할 수가 없을 것이다.) 그리고 그 교리의 시스템이 내가 어떻게 그 약속을 취할 수 있을까를 말해주고 있는 것이다.[119]

그러므로 웨슬리의 신학은 본질적으로 하나의 구원의 순서의 신학 (a theology of the ordo salutis)로서 출현한 것이다.[120]

그의 기본적인 강조는 신학 자체 (예를 들어서, 하나님의 교리) 또는 기독론, 성령론과 같은데 있지 않다. 물론 웨슬리는 이런 기독교 교리들의 중요성을 무시한 것은 아니지만, 그는 모든 교리를 그의 구원론 곧 인간 구원을 위한 하나님의 사역, 사람이 하나님의 은총을 받아들이는 일, 믿음 안에서의 새로운 삶, 그리고 이것들의 상호관계 등에 집중시키고 있다.

여기에 예수의 속죄(atonement), 그리스도의 생애, 죽음, 희생이 대단히 중요하다. 하나님의 정의는 배상을 요구한다. 그리스도의 고통 당하심과 죽음은, 인간의 죄 때문에도 당하신 일이지만, 그의 주된 이유는 배상을 요구하는 하나님의 정의 때문이다. 그리스도는 우리들의 죄를 위해 하나님께 드리는 배상으로 자신을 자진하여 드림으로써 하나님의 노여움을 진정시키신 것이다. 그리스도는 자신을 속제 물로 드려, 단번에 온 인류의 구원을 사신 것이다. 그리스도는 우리들을 대신하여 죽으심으로 하나님의 법을 충족시킨 것이다. 요컨대, 웨슬리는 하나님의 노하신 정의를 진정시키고 하나님의 처벌을 돌려놓기 위하여 드린 그리스도의 속죄의 희생을 부정하는 사람들은 실제로 자신들을 사신 주님을 부인하는 것이라고 강조하였다.[121]

---
119) Letters, II, p.380.
120) Borgen의 John Wesley, An Autobiographical Sketch of the Man and His thought, Leiden, 1966, p. XIII.
121) O.T. Notes, 창 4:10, 출 25:17, 민 19:4, 사 53:10,11, N.T. Notes, 골 1:14, 딛 2:14, 히 4:14, , 9:29, 요일 2:2,3, Works, XIV. p. 320, Letters, III, p.109. 속전(ransom)에 대하여는 O.T. Notes. 창 22.8, 호 13:14, N.T. Notes, 엡 2:1.

그러나 이런 모든 일의 저변에는 여전히 용서하시는 하나님의 사랑이 있다. 자기의 아들을 내 주시고 인간의 구원을 위하여 자기 아들을 희생물로 삼으신 분이 바로 하나님이시다. "하나님은 그의 아들을 통하여 자신이 인간에 대하여 소멸하는 불이 되지 않고 화해된 아버지가 되시고. . . .천국으로 가는 길을 여시고자 하신 것이다."[122] 하나님의 성육신의 덕분에 이 화해의 사역은 성취되었다. 즉 그리스도께서 우리의 육체를 입으시고 우리의 최초의 부모가 상실한 혜택을 회복시킨 것이다.[123]

그리스도는 모든 사람의 구원의 주(author)요 구원을 가져오게 하는 근거이다. "진실로 하나님의 모든 축복의 근거는, 그것이 영원한 것이건, 현세의 것이건, 모두 우리 주 예수 그리스도, 곧 그가 이루 으셨고, 그가 우리를 위하여 고난당하신, 의와 보혈이다."

우리의 죄를 위하야 그리스도가 당하신 희생은 하나님의 은혜를 입어, 회개를 할 수 있게 한다. 그리스도야 말로 우리의 칭의와 성화에 대한 공로요 근거이다.[124] 그러나 그리스도의 고통당하심과 속죄는 역사의 한 시점에서 단 한번 당하신 단지 하나의 사건은 아니다.

그 사건의 은덕은 뒤로도 그리고 앞으로도 미쳐서, 과거와 미래의 죄를 모두 다루고 있는 것이다. 그러므로 그리스도의 그 사건은 "영원한 지금(eternal Now)"의 사건인 것이다. 또한 그리스도의 제사장적 직무는 자신을 하나님께 바치는 사역을 끝이 없이 계속하고 있는 것이다.

그리스도는 우리를 위하여 항상 하나님 앞에 나타나고 계시는 것이다. 그리스도는 한 번 죽으셨으나, 그는 영원히 사셔서, 계속하여 자

---

122) O.T. Notes, 역대상 21:26, 사 53:10, Works, VIII, p.24, N.T. Notes, 히10:20.
123) O.T. Notes, 레 25:25, 욥 29:25, N.T. Notes, 골1:22, 히2:17, 10:5, 벧전 3:18.
124) O.T. Notes, 민 15:2, 19:2, 역대하 29:21, 사 53:11, N.T. Notes, 히2:10, 5:9, 벧전 2:4, St,S,I pp.227, 493, HLS, no.52, Works, X, p.225, 313, Letters, V, p.231.

신의 희생제물을 지금도 하나님 아버지 앞에, 제시하면서 우리를 위하여 영원히 탄원하고 계시는 것이다.[125] 그리스도의 속죄는 모든 은혜와 축복이 계속 흘러나오는 원천인 셈이다. 그리스도는 단번에 그리고 모두를 위해 칭의와 성결을 마련하셨다.

이런 일을 이룰 수 있는 다른 근거는 없다. 그리고 그리스도의 이 사역은 아직도 계속되고 있다. 곧 그리스도께서는 하나님 아버지 앞에서 지금도 탄원하고 계시고 성령은 계속하여 예수의 속죄의 모든 은덕을 사람들에게 적용키시고 계신다. 그리스도는 단번에 우리를 속량하셨고, 우리를 계속하여 구해주고(deliver) 계시다. "우리를 성결케 할 수 있는 것은 그리스도의 속죄와 우리 마음에 능력으로 믿음의 일을 계속하게 하시는 성령뿐이다 . . . ."[126]

이와 같이 웨슬리의 구원의 신학에서는 그리스도의 속죄가 항상 전제되어 있으며 또한 속죄가 항상 하나님의 은혜의 원천이다. 그리고 이 모든 일은 성령의 권능에 의하여 실현된다.[127]

이런 것을 배경으로 하고 구원의 여러 단계를 고찰하여야 한다. 속죄의 덕분으로 선행적 은총이 모든 사람에게 주어진 것이다.[128] 우리가 의롭다함을 얻고, 거듭나며, 신자가 되는 것도 속죄의 은덕 때문이다.

그리고 신자가 성화 과정에서 성장하고 마침내 사랑 안에서 완전해 지는 것도 그리스도의 속죄의 은덕 때문이다. 또한 우리들의 태만의 죄, 모든 실수, 부족함에서 사하심을 받으며, 우리가 마침내 영광중

---

125) O.T. Notes, 출 28:6, 15, 사 53:12, N.T, Notes, 히 7:25, 9:26, St.S. II. p.393.
126) N.T. Notes,롬 9:25, 살전, 1:10, 히 2:10, 13:20, 벧전 2:24, 요일 1:7, O.T. Notes, 민19:9, St.S,I, p.40, II, p.30. HLS, nos. 39:2, 52:2,
127) 이와 같이 속죄는 또 다른 이유에서도 강조되고 있는 것이다. "진실로, 기독교의 신학에서 속죄 이상 더 중요한 것은 없다." Letters, VI, pp.297-298. 이는 성경에 비추어 볼 때 그렇다.
128) 선행적 은총은 자연적 양심을 포함하는 것이다. 그래서 웨슬리는 양심은 사람이 태어날 때 하나님께서 초자연적으로 모든 사람에게 부어 주시는 것이라고 말한다. 그러므로 양심은 생래적으로 자연이 생긴 것(natural faculty)이 아니다. Works, VIII, p.13, XIII, p.455를 보라.

에 하늘나라에 영입되는 것도 그리스도의 속죄의 은덕 때문이요, 주님의 속죄하시는 사역에 근거하여 되는 것이다.[129]

4. 신학적 테제의 설명과 방법
(Statement of Thesis and Method)

웨슬리의 구원의 신학(theology of the ordo salutis)은 하나님께서 이간에게 인간에게 베푸시는 구원의 길에 대한 조직적 설명을 하고 있다. 웨슬리 신학은 하나님의 은혜는 사람의 필요와 상황에 따라, 선행적 은총, 깨우치는 은혜, 의롭게 하는 은혜 그리고 성결하게 하는 은혜로 주어진다고 주장한다. 은총의 수단 (그리고 또한 성례전)은 하나님께서 사람에게 은혜를 주시는데 사용하는 정상적인 통로이다.[130]

따라서(세례와 성만찬과 같은) 은혜의 수단은 구원의 순서(ordo salutis)의 구원론적 구조에서만 작용하는 것이다 그래서 은혜의 수단은 구원론적 체계에서만 조직적으로 다루어져야 한다.

더욱이, 웨슬리가, 은혜의 수단을 통하여 전달되는 은혜를 묘사함에 있어서, 구원의 순서(ordo salutis)을 말할 때 사용하는 표현과 같은 표현을 하였기에, "성례전의 은혜(sacramental grace)"라는 표현이

---

129) 앞으로, 구원의 여러 단계, 즉 선행적 은총, 의인, 신생, 성화, 기독자의 완전, 원죄, 회개에 대하여 자세히 설명이 될 것이다. 우선 구원의 순서를 간략하게 설명하고 있는 웨슬리의 설교, 성서적 구원의 길(Works, VI, p.509, XIV,p.322)를 보라.
130) St.S, I, p.242.

별 다르게 생각할 이유가 없다. 어떤 방법으로 은혜가 전달되었다고 말하든 아니하든, 그 표현(terms)과 그 내용은 같은 것이다.

그러므로 웨슬리의 신학 체계, 특히 구원의 순서(ordo salutis)의 체계에서 성례전의 연구는 이루어져야 한다. 여기서 제기되는 주요한 질문은 과연 성례전에 관한 웨슬리의 주장이 대체로 실천에 입각한 단편적인 것인가, 아니면 웨슬리의 신학 또한 그의 성례전 신학은 통합된 것이며 조직적인 것이요, 부수적이거나 일관성이 없는 것이 아닌가 하는 문제이다. 이에 다음과 같은 테제(thesis)를 말하게 된다.

요한 웨슬리의 신학은 통합된 것이다. 그의 세례와 성만찬을 포함한 성례전의 교리는 하나의 통합된 것으로, 큰 통합된 체계 중에 중요한 위치를 점하고 있다.

두 번째로 이 연구에 있어 제기되는 질문은, 이 성례전의 교리 안에는 통일된 것이 있는가의 문제이다. 이에 대하여 두 번째, 테제를 내린다.

웨슬리에 있어서 성례전의 신학적(그리고 실천에 입각한) 중요성은 그들의 역할(효용)에 있다. 곧 성례전은 구원의 순서(ordo salutis)의 체계 안에서, (1) 효험 있는 상징으로, (2) 효과가 있는 은혜의 수단으로, (3) 앞으로 올 영광에 대한 효과적인 증거로서 역할을 한다.

그러나 성례전의 역할에 관하여 알아보기 위해서는, 웨슬리의 성례전의 성격에 대한 견해, 곧 성례전의 정의, 상징과 상징하는 것(thing signified)간의 구분 또는 일치, 성례전의 유효성(validity)과 그 효험(efficacy), 그리고 성례전에서의 그리스도의 현존 등을 살펴보아야 한다. 성례전이 또한 은혜의 수단으로의 역할을 하기에, 은혜의 수단에 대한 웨슬리의 교리도 논의되어야한다. 그리고 성례전이 은혜의 수단으로 역할하기에, 성례전은 이런 상환에서 고찰되어야 한다.

그러면 성례전의 역할에 있어, 세례와 성만찬의 역할의 정도가 같은 것인가 아니면 다른가도 살펴보는 것이 중요하다.

어떤 경우에서든지, 웨슬리의 성례전에 대한 신학이 진공상태에 있는 양 생각하고 다루면 안 된다.

따라서 본 연구는 한편, 웨슬리에 의하여서만 웨슬리를 해석하는 것을 망설이는데 빠지는 것을 피하고자 한다. 또한 다른 한편, 다른 극단적 해석, 곧 있지도 않고 있다고 증명된 바도 없는데, 다시 말해서, 역사적으로 입증된 바도 없고, 또는 웨슬리에 의하여 직접 인지된 바도 없는데, 직접적인 연길이 있다고 주장하는 것도 피하고자 한다.

그러나 직접적인 문맥, 웨슬리에게 영향을 끼친 신학들, 그리고 웨슬리가 읽고 사용한 특별한 글들을 자세히 상고하는 것은 중요하다.

이런 일은 특별히 웨슬리의 성례전 신학을 다룸에 있어서는 더욱 중요하다. 웨슬리의 성례전 신학에 있어서는 상당한 부분이 다른 글을 인용하였거나, 요약한 부분이 많기 때문이다. 그러므로 가능한 대로, 웨슬리가 요약한 다른 글들을 웨슬리의 글들과 대조하며 연구할 것이다.

어떤 점에 있어서 다른 사람의 주장과 비슷한 점이 있음을 언급한다 하여, 그것이 그 사람이나 그의 신학과 더 직접적인 유기적 관계가 있다는 것을 의미한다고 이해하거나 해석한다는 일은 결코 아니다.

그러므로 웨슬리를 다른 신학사상과 연관시켜, 웨슬리를 루터란이다, 칼빈 주의자다 또는 가톨릭이라고 부르는 것은 왜곡된 일일 것이다. 웨슬리는 자신의 가지고 있는 모든 것을 훌륭하게 취사선택하는 사람이지만, 웨슬리는 여전히 유일하게 자기 자신의 신학을 가지고 있는 것이다.

2장 : 성례전의 성격

1) 성례전의 정의
2) 증표(the sign)
3) 상징하는 실체
4) 표증(signum)과 실체(Res)의 관계
5) 성례전에서의 그리스도의 현존: 화체설과 공유설
6) 타당성(validity)

2부

성례전의 성격

The Nature of Sacraments

1. 성례전에 대한 정의

웨슬리의 글들을 살펴보면, 그의 글은 성서의 언어와 표현들에 의존하고 있는 것을 쉽게 알 수 있다. 또한 그는 영국교회가 공식적으로 사용하는 전문어와 표현을 좋아하고 있는 것을 알 수 있다. 웨슬리는 자주 영국 교회의 문헌인, 영국 교회의 기도문, 39개 신앙 신조, 교회의 설교집의 글들을 사용하고 있는 것을 볼 수 있다.

성례전에 관한 웨슬리의 글에서도 그렇게 한 것을 볼 수 있다. 이 분야의 어떤 제목을 정의하고자 할 때도, 그는 영국교회의 교리들과 표현을 주로 사용하였다.

성례전이 어떤 것인가 하는 문제에 직면할 때, 웨슬리는 영국교회의 교리문답서의 도움을 받아, 성례전은 signum and res(징표와 실체)라는 어거스틴의 정의를 수용하여: ". . . 영광의 소망과 은혜의 수단으로 인하여 우리가 하나님을 송축하도록 인도하며, 성례전은 내적 은혜의 외적 징표이며, 이는 은혜를 받게 하는 수단이라고 가르치고 있는 우리 교회의 입장을 받아 드렸다."[1]

---

1) St,S, I, p.242; St.S, II,pp.237-238; Brevint(W), sec, III. I, p.9; Duty of Receiving, pp. 10-11; Works, VIII, p,48; IX, p.494; Calvin Inst., IV,14:1; p.1277; Aug. Chr. Doctr, 3.9.13(F. of Ch., II. p.128); City of God, 10.5; Sermon 227 (F. of Ch., 38, p.196); Trin., 3.4.10; (NPNF,III, p.59).
Catechism 전문은 다음과 같다.
Q. How many Sacraments hath Christ ordained in his Church?
A. Two only, as generally necessary to Salvation; that is to say, Baptism and the Supper of the Lord.
Q. What meanest thou by this word Sacrament?
A. I mean an outward and visible sign of an inward and spiritual grace, given unto us, ordained by Christ himself, as a means whereby we receive the same, and a pledge to assure us thereof.
Q. How many parts are there in a Sacrament:
A. Two; the outward visible sign, and the inward spiritual grace." A Catechism, Book of common Prayer.

웨슬리는 영국교회의 39개 신앙개조를 공적으로 지지하였다. 그리하여 그가 미국 감리교회를 위하여(Sunday Service라고 하는) 예배 서식서를 만들 때, 39개 신앙신조에 있는 16개 조항을 수정 없이 채택하여 25개 신앙신조를 만들었다.[2]

"그리스도께서 제정하신 성례전은 그리스도인의 고백의 표시일 뿐 아니라, 그보다는 성례전은 은혜의 표시이며, 이를 통하여, 우리 안에서 안 보이게 역사하여, 우리를 깨우칠 뿐 아니라, 하나님을 향한 믿음을 강하게 하며 확인하는 하나님의 우리를 향한 선한 뜻의 표시이다. 우리 주님께서 복음서에서 제정하신 성례전을 두(2)가지이다.

곧 세례와 주님의 성만찬이다. 일반적으로 말하는 다섯(5) 성례전 곧 견신례, 고해성사, 서품식, 혼인예식, 종부성사등은 복음서에서 규정한 성례전이 아니다. 이것들은 일부 사도들의 가르침 또는 성서에 있는 행사의 일부로부터 유래 된 것으로써 세례와 성만찬과 같은 것이라고는 할 수 없다. 왜냐하면 그것들은 하나님께서 제정하신 의식이거나, 증표가 아니기 때문이다.

그리스도께서 성례전을 제정하신 것은, 성례전을 그냥 보고, 가지고 있으라는 것이 아니라, 우리가 적절하게 사용하라고 명하신 것이다.

---

2) Wheeler, pp. 278-279, 이 신조의 첫 부문은 Augsburg의 신조 13조항, the Use of the Sacrament를 그대로 옮긴 것이다.

XIII. The use of the Sacraments.
It is taught among us that the sacraments were instituted not only to be signs by which people might be identified outwardly as Christians, but that they are signs and testimonies of God's will toward us for the purpose of awakening and strengthening our faith. For this reason they require faith, and they are received in faith and for the purpose of strengthening faith."
Bk. of Conc., pp.35-36 (From German Version).

웨슬리는 영국교회의 기도문(the Book of Common Prayer)을 소중히 여긴 것은 의심할 바가 없다. 1784년 9월 9일에 그의 "예배의식서"의 서문에 그는 다음과 같이 기록하였다. "I believe there is no liturgy in the world, either in ancient or modern language, which breathes more of a solid, scriptural, rational Piety, than the Common Prayer of the Church of England. And though the main of it was complied considerably more than two hundred years ago, yet is the language of it, not only pure, but strong and elegant in the highest degree."

사도 바울이 말한 것처럼, 우리가 성례전을 바르게 수용하면, 유익한 은혜를 받을 것이요, 그렇지 않으면 정죄를 받을 것이다."[3]

여기에서 설명한 것은 기본적으로 영국교회 교리문답서에 있는 것과 같다. 그러나 교리 문답서에는 보다 자세하게 성례전에서 상징하는 물체와 은혜의 수단으로서의 성례전의 기능을 설명하고 있다.

그리고 성례전에 대한 성서적 근거를 분명하게 제시하고 있다: 복음서에서 그리스도께서 성례전의 외적 표증도 정하셨다. 성례전을 정하신 분은 하나님이시다. 그리고 표증의 물체도 (물, 떡, 포도주로) 정하셨다. 하나님께서는 성례전을 통한 은혜를 약속하셨다. 그리스도께서 제정하신 성례전에는 두 가지 면, 곧 외적 증표와 그를 상징하는 실체, 곧 내적, 영적 은혜가 있음을 이해하여야 한다.

2. 증표 (The Sign)

눈으로 볼 수 있는 외관상의 증표에 대한 웨슬리의 정의를 살펴보자. 어떤 사람이나 기관에 의하여 제정된 눈으로 볼 수 있는 증표는 교회가 인정할 수 없다. 성례전의 유래는 그리스도에서 찾아야 한다. 그리스도만이 성례전을 규정하고 제정하는 권위를 가지고 있다. 그리스도께서는 두 성례전을 제정하시고, 그것에 적합한 증표를 정하셨다.

---

3) Sunday Service, pp.311-312. 여기서 웨슬리는 약간의 표현을 달리했지만, 의미에는 별 변화가 없다. Bowmer의 SLS, pp.206ff, Homilies, pp,328ff(Homily of Common Prayer and Sacraments)를 보라.

이렇게 된 것만을 성례전으로 인정하여야 한다. 성례전에 관하여 언급할 때, 웨슬리는 성례전은 하나님이 제정하셨다는 것을 많이 주장하며, 성례전에 대하여는 웨슬리는 이는 "하나님이 지정하신 성례전","하나남이 지정하셨다"[4] "우리 주님이 규정하신 것이다", "하나님이 정하셨다", "하나님이 성서에서 제정하셨다." "당신이 규정하신 거룩한 증표", "돌아가신 우리 주님이 정하신", "그리스도에 의하여 정하여진", "하나님이 눈에 보이며, 외관상의 표증을 정하셨다"[5] 등등으로 표현하였다. 가끔 "제정하였다(institute)라고도 표현 하여, "그리스도만이 적당한 성례전과, 그 표증과 인치심과 서약, 그리고 모든 신자가 지켜야 할 은총의 수단과 규정 같은 것을 "제정"할 권능을 가지고 계시다"라고 하였다.[6]

한번은 웨슬리가 "성별되었다"는 말을 사용하였지만, 그는 다시 로버트 넬슨(Robert Nelson)과 당시의 충성서약 거부자(non-Juror)들의 개념을 따라, "그 때 그리스도께서 떡과 잔(wine)을 축복하사, 그것들이 예수의 살과 피의 증표가 되게 하셨다"라고 말하였다.[7]

어떠한 표현을 사용하든, 사람에게 은혜를 베풀기 위하여 행하여지는 성례전에 있어서, 표증들은 항상 하나님의 이니셔티브(divine initiative)를 나타내는 것이다. "하나님께서는 또한 사람에게 축복을 약속하거나, 축복하여 하나님의 말씀과 은혜를 확인하고자 할 때는, 또 다른 증표를 가지고 역사하신다."[8] 우리는 연약하고 유한하고 무능하기에, 하늘의 영적인 것들을 이해하지를 못하기 때문에, 하나님께서

---

4) St,S, I, p.48, 361; Letters, VI, pp.17,346; Works, VI, p.395; VII, p.66;IX, p.494; X, p.193; Brevint(W), sec.II,4,pp.5-6; Journal,Curn, II, p. 354; N.T. Notes 마 3:16; 막 14:24; 고전 11:27.
5) St.S., I, pp.242,259,528; II, p.19; Works, VII, p.184; X, p.113; Brevint(W),sec.II.1-2,pp.4-5; sec. V.7, p19; Letters, II, p.46; III, pp.36,366-367; HLS, nos. 54:1, 57:3, 1656:13; Journals, Curn, I,p.157; II, p.360; III, p.171; Duty of Receiving, pp. 9,10,17.
6) Works, X, p.188; O.T. Notes, 창15:9, N.T. Notes, 눅22:15.
7) N.T. Notes, 마가 26:2; Duty of Receiving, p.9; Nelson, Chr. Sacrifice, pp. 32-33 참조
8) Brevint(W), sec. III.1, p.9

는 눈에 보이는 외관상의 증표를 지정하시어 우리들의 연약함을 도와주시는 것이다.[9]

웨슬리는 전통적으로 생각하는 대로, 하나님께서는 증표로 삼으신 물체들은 두서없이 되는대로 정하신 것이 아니라고 주장했다. 아닙니다, 하나님이 지정하신 증표의 물체들은 그가 상증하려는 실체와 유추적인 또는 유사한 의미를 들어내는 것들이다.

예로서, 물은 씻는다 또는 정결케 한다는 뜻이 있는데, 바로 세례에 있어, 성령께서 내적으로 씻으신다는 것을 유추적으로 상징하고 있다. "순결(virtue)은 씻음과 정결케 함을 의미하기 때문에, 물은 세례에 대한 외적 증표로서 적합하게 택하여 진 것이다."[10] 그와 마찬가지로, 떡과 포도주가 우리들의 몸에 영양분을 주듯이 성만찬에 참여하는 자들은 그리스도의 몸과 피를 받아먹고 마시는 것이 될 것이다. 곡물이 잘려지고 부서지고, 불에 구어서 떡이 되듯이, 그리스도께서는 상하시고 우리들을 위하여 고통을 당하신 것이다.[11]

두 성례전을 말함에 있어, 종종 "증표(sign)"라는 말이 사용되었지만, 웨슬리는 증표와 같은 개념을 나타내는 여러 가지 동의어들, 즉 표상(figure), 기념(memorial), 표시(token), 표현(representation), 기념비(monument)" 등의 동의어를 더 자주 사용하였다. 짐작하는 대로, 그의 "성만찬에 관한 찬송가"에서는 보다 많은 시적 언어가 상용되었다. 즉 위에서 언급한 동의어 말고도, "거룩한 것(holy things), 문장(emblems), 서약(pledge), 성례전의 포장(sacramental veil)"라는 말을

---

9) Duty of Receiving, p.10; Calvin, Theol. Treat, p.131; Inst. IV, 14:3, p.1278; IV,14:1, p.1277.
10) Brevint(W), sec. III,2, p.9; St.S., II, p.237; Works, X, p.188; N.T. Notes, 엡 5:26; 딛3:5.
11) Brevint(W), sec. III, 2-3, pp.9-10; Works, VII, p.148.

사용하였다.[12] 그 외에도, 성례전의 성격을 말할 때도, 웨슬리는 성격(nature)이라는 말 대신에 기능(function)이라는 말을 사용하였다.

그러나 이 모든 말의 개념은 모두 "무엇을(of), 무엇의 상징, 무엇의 증표라는 뜻이다. 그러므로 웨슬리가 이란 동의어를 사용할 때는, 곧 내적 은혜(inward grace)를 상징한다는 것을 말하는 것이다.

3. 상징하는 것이 무엇인가?
(The thing signified)

성례전에 있어서 두 번째 면은 "내적 영적 은혜"이다. 이 은혜의 내용은 다음의 말로 집약된다. 곧 예수 그리스도와 그가 베푸시는 은혜(benefit)다. 앞의 일(1)장에서 성례전 신학의 중요한 전제들을 지적하였다. 웨슬리는 우리에게 필요한 모든 은혜의 근원과 샘터는 예수의 속죄에 있다고 강조하였는데, 이는 바로 내적 영적 은혜를 지칭하는 것이다. 내적 은혜와 외적 증표의 관계를 말함에 있어, 웨슬리는 또 다시 영국교회의 교리문답을 인용한다. "질문:외적으로 상징하는 그 내적 부분은 무엇인가? 답:죄에 대하여 죽고, 의로 새로 태어나는 것이다."[13]

---

12) 그러나, 눈에 보이는 물체를 말함에 있어 증표(sign)이라는 표현이 기초적이 대표적인 표현이었다. 이하 생략(역자).13) St.S., II, pp.237-238; Letters, III, p.357을 참고하라. 교리문답의 전문은 아래와 같다.
   Q. What is the inward and spiritual grace"
   A. A death unto sin, and a new birth unto righteousness; for being by nature born in sin, and the children of wrath, we are thereby made the children of grace.
   Q. What is Baptism?
   A. Baptisms is a sacrament, wherein Christ hath ordained the washing with water, to be a sign and seal of regeneration by the Spirit. 이하 생략(역자)

웨슬리의 신앙개조 17조, "세례에 관하여,"는 그저 "세례는 중생 또는 신행의 증표다"[14] 라고만 하여, 설명이 명쾌하게 되지 못하였다.

그의 글의 많은 곳에서 다양한 표현으로 설명을 하고 있는 것을 발견할 수 있다. 표현을 다르지만, 근본적으로는 같은 개념을 들어내는 것이다. 그러나 웨슬리는 표증(signum)과 물체(res)간의 관계에 대한 객관적 설명을 하지는 안했다. 그는 세례는 은혜의 수단이라고 하면서, 그의 표현은 근본적인 기능에 그의 관심에 있음을 들어낸다.

따라서 그는 세례에서는 물로 씻음과 연결시켜 성령의 구원 사역을 강조하고 있음을 아주 자주 볼 수 있다. 그는 말하기를, "이 은혜의 첫 번째는 그리스도의 죽음의 공로로 인하여 원죄의 죄책을 씻으시는 것이다." 그리고 또 "이 놀라운 내적 변화를 일반적으로 신생이라고 부른다. 세례는 이 내적 은혜의 외적 표증이다. 이 세례는 교회에 의하여 이 증표로 그리고 이 증표를 통하여 모든 유아에게 그리고 회개하고 복음을 믿는 성인에게 베풀어진다."[15]

세례의 내적 은혜에 대한 웨슬리의 이런 이해에 근거하여, 이 내적 은혜는 여러 가지 이름으로, 즉 "그리스도의 죽음의 공로가 적용된 것으로"(곧 예수의 속죄(atonement)가 원천이 되어서), "죄에 대하여 죽음" 또는 죄의 죄책에서 씻음 받은 것(곧 칭의)으로, 그리고 성화의 시작인 중생 또는 신생으로, 표현 되었다.

또한 세례에 의하여 나타내는 것은, 위로부터 새로 남인데, 이가 곧 전적인 쇄신, 바로 이것이 없이는 주를 볼 수 없는 영과 혼과 육의 성화의 시작이다.[16]

그러므로 웨슬리는 세례를 단지 수세자의 고백의 증표뿐이라고 주

---

14) Sund, Service, p.312.
15) Works, X, p.190; p.189; VIII, p.48. N.T. Notes 요3:5, 롬6:3-4, 디3:5, 벧전 3:21; Works, VI, p.395; St.S. I, pp,71-72; Letters, IV, 38 참조.
16) St.S., I, pp.71-72.

장하는 견해를 거절할 뿐 아니라, 또한 세례는 단지 상징적인 행사에 불과하다고 그 의미를 축소하는 견해도 반대하였다. 웨슬리에 의하면 세례는 그리스도께서 은혜의 수단으로 제정하신 것으로, 우리는 세례를 통하여 같은 것 (곧 세례가 상징하는 내적 은혜)을 실질로 받는 것이다.[17]

성만찬에 있어서의 내적 은혜의 내용에 관하여, 웨슬리는 신중한 언어를 사용하여, 여러 가지로 표현을 하였다. 여기서 웨슬리는 다시 영국교회의 교리문답에 있는 말을 인용하여 설명한다. "하나님은 우리들이 먹고 마시는 물질인, 떡과 포도주를 지정하시어, 우리 영혼의 양식의 표증이 되게 하셨다. 그 내적 은혜는 바로 그리스도의 살과 피로써, 우리는 성만찬에서 신앙인들이 실지로 그를 받아먹는 것이다."[18] 웨슬리의 신앙개조 18조는 영국교회의 39개 신앙개조의 28조의 표현한, "그리스도의 몸과 그리스도의 피를 받아 먹는다"고, 무엇을 상징한다는 표현은 없이 그저 받아먹는 것으로 표현한 것을 그대로 채택하였다.[19]

여기에서 웨슬리가 이해하는 "내적 은혜"의 내용은 그의 글 여러 곳에서 여러 가지로 표현되고 있다. 즉 이 은혜는 바로 "그리스도의 몸과 피다",[20] "주님의 희생적 사랑의 표," "죽음의 사랑," "그리스도의 수난과 죽음," 이다 등으로 표현 되고 있다.[21] 이에 관하여, 성례전 찬송의 한 곳에 아래와 같이 생생하게 표현하고 있다.

---

17) 교회 기도문(Book of Common Prayer)에 있는 교리 문답을 보라.
18) Duty of Receiving, p. 10. Works, VII, p.149. Catechism에 있는 내용은 아래와 같다.
   Q. What is the inward part, or thing signified?
   A. The body and blood of Christ, which are verily and indeed taken, and received by the faithful in the Lord' Supper.
19) Sund. Service, p.312; Wheeler, pp.39-40 참조.
20) Duty of Receiving, p.11; Works, VII, pp.147-149; N.T. Notes 눅 22:20, 고전 11:24,27; 요일 5:7; HLS, nos. 3:1; 126:4.
21) HLS, nos. 158:1; 111:3; 166:2; 79:1; 119:3.

"높은 곳에서 승천하신 주께, 호산나,
주님은 모든 인류를 위하여,
그의 은혜의 표증을 남겨놓으셨네: 그를 통해,
그는 자신의 피 흘리신 사랑과 자비,
속량의 열정을 전시하시고, 은혜로 우리를
구원으로 이끄시네."[22]

브레빈트는 간결하게 다음과 같이 표현하고 있다. "성만찬에서 나타내고자 하는 외적 증표로서 떡과 포도주가 적절하게 선택되었다. 그는 곧 첫째로, 그리스도의 고통당하심이요, 둘째로 그를 통하여 우리가 받는 축복이다.[23] 성만찬의 "내적 은혜"는 바로 "그리스도와 그의 은혜"라는 말로 요약된다.

4. 증표와 물체자체와의 관계
(The Relationship of the Signum and the Res)

웨슬리의 "신생"이라는 설교에서, 웨슬리가 "세례받음으로 중생한다(baptismal regeneration)"는 교리를 포기했다는 근거를 찾으려는 사람들이 좋아할만한 구절들이 있다. 이것들처럼 웨슬리의 글이 잘못되게 해석된 일은 별로 없다. 캐논(Cannon)박사는 단호하게 말하기를

---
22) HLS, no. 162:1.
23) Brevint(W), sec. III, 2, p.9.

"여기에서 웨슬리는 영국교회가 가리치고 있는" 세례받음으로 중생한다"는 교리를 부정하였고" 이 점에서는 웨슬리는 영국교회의 가르침과 관계를 끊었다."고 하였다.[24] 이 논쟁에 관하여는 앞으로 더 논의될 것이다.[25] 그러나 여기에서, 웨슬리가 그의 설교에서 다음과 같이 한 말은 대단히 흥미롭다, 왜냐하면 거기에서 증표와 물체와의 관계에 관한 암시를 하고 있기 때문이다.

> "첫째로, 세례가 신생은 아니다. 그 것들 곧 세례와 신생은
> 같은 것이 아니며, 하나가 아니다. . . .
> 그러므로 영국교회에 의하면, 신생이 세례가 아닌 것과
> 같이 세례가 신생이 아닌 것은 분명한 사실이다.
> 그러므로 신생에 항상 세례가 함께하는 것이 아니다.
> 그 둘이 항상 함께 하는 것이 아니다. . .
> 내적은혜가 없는 곳에, 때로는 외적 증표만 있을 수도
> 있을 것이다."[26]

이와 똑 같은 견해를 웨슬리가 포터씨(Mr.Potter)에게(1758년 11월 4일에) 쓴 편지에서도 볼 수 있다.

> "신생의 첫 부문은 무엇인가? 세례인가? 세례는 그 내적
> 영적 은혜의 외적 증표이지, 신생의 한 부분은 아니다.
> 그리 될 수가 없다. 몸이 영혼의 일부분이 아닌 것과 같이
> 외적 증표가 내적 은혜의 한 부분이 아니다."[27]

---
24) Cannon, p.126. 이 두 문장에는 모순이 숨어있지 않는가?
25) pp. 152ff.
26) Works, VI, pp 73-74 (웨슬리의 신생에 대한 설교에서).
27) Letters, IV, p.38.

이와 같이 웨슬리는 증표(signum)를 물체(res)와 동일시하는 것을 거부했다. 그 둘은 같은 것이 아니다. 이 둘을 혼동하면 안 된다. 성례전에 대한 분명한 정의에 따라서, 웨슬리는 확실하게 주장하기를, 하나는 외적으로 보이는 물체요, 다른 하나는 내적, 영적인 것으로 보이지 않는 것이라고 하였다. 이 점을 강조함에 있어, 웨슬리는 개신교의 입장을 복창하고 있는 것이다. 사실, 이런 개념은 개신교 개혁자들은 넘어 어거스틴에서 나온 개념이다.[28] 그러므로 성례전의 두 파트 간에는 분명한 구분이 있다. 그리고 분명한 구분이 있어야만 한다.

다른 한 편. 이 둘은 완전히 분리될 수도 없다. 증표와 "나타내려는 것" 간에는 유추적으로 잘 어울리는 점이 있다는 것은 이미 말했다. 증표(sign)는 목적물(res)과의 관계에서 아무 연관이 없는 것이 아니다.

이 점에 있어 웨슬리는 영혼과 육체의 관계를 예로 들면서 설명을 하였다. 곧 영혼은 육체가 아니다, 또한 육체는 영혼이 아니다. 그러나 그 둘이 합쳐서 하나 곧 완전한 사람을 만든다. 그래서 영혼이 육체를 떠나면 산 인간은 사라지고 만다. 그리고 육체가 물질의 한 덩어리가 되어버리면, 죽은 시체가 되고 만다. 이와 같이 signum과 res는 별개의 실체이지만, 분리 될 수 없으며, 성례전을 위해서는 이 둘이 필요한 것이다.

한 쪽만을 말하면 안된다.[29] 증표와 "나타내고자 하는 것"은 같은 것이 아니고, 구별된 실체이지만, 동시에 분리해서는 안 된다. 이는 세례에서 그렇듯이 성만찬에서 마찬가지다. 그러나 역사적으로, 성만찬에 있어서의 이 문제에 대하여 다른 변론들이 있었다.

성만찬에서의 "그리스도의 현존" 문제가 대두되면서, 결과적으로

---

28) Aug. Cat. Instr., 26.50. ACW,II, p.82; Tract. John, 26:11-12. NPNF, VII, pp.171-172.
29) Works, X, p.192 참조. 증표에 내적 은혜의 첨가됨으로 그가 성례전이 되는 것이다.

"화체설(transubstantiation)"과 "공재설(consubstantiation)"이 대두하면서 주목을 받게 되었다.

5. 화체설과 공재설: 성만찬에서의 그리스도의 현존 문제.
(Transubstantiation, Consubstantiation. Christ's Presence in the Sacrament)

웨슬리의 신앙개조 18조는 영국교회의 39개 신앙개조의 23조를 그대로 옮긴 것인데, 거기서 화체설에 대하여 다음과 말하고 있다. "화체설 곧 주님의 성만찬에서 떡과 포도주의 본질이 변한다는 것은 성경에 의해 입증될 수 없다. 그런 주장은 성경이 가르침에 반하는 것이며, 성례전의 본질을 뒤엎는 것으로서, 많은 미신을 일으키게 하였다."[30]

이 점에 있어 웨슬리의 입장은 분명하다. 웨슬리는 "화체설은 어리석은 견해"라고 말하였다.[31] 사실, 이 교리는 믿음에 해로울 뿐 아니라 성서와, 상식과 이성에 어긋나는 것이다. "성서와 초대교회는 전적으로 화체설을 반대하였다. 그와 같이 우리 이성도 반대한다."[32] 그 물체가 변한다는 것은 인정할 수 없다. 그것들은 그대로 있는 것이다.[33]

그럼에도 불구하고 웨슬리는 성찬에서의 그리스도의 임재(real presence)에 대한 교리를 가지고 있었다. 히르데부란딧트(Hildebrandt)는 "성찬에서의 찬미"를 보면, "그리스도의 임재"에 대해서 웨슬리는 아무튼 루터란의 견해를 가지고 있었다고 생각한다.

이 점에 있어서는 웨슬리가 개혁파의 견해와 같은 견해를 가지고

---

30) Sund. Service, p.312
31) Works, VII, p.64; Journal Curn, II, p.262 참조.
32) Works, IX, p.278; X, p.151.
33) HLS, no. 57:2; Works, X, p.118,151.

있었다는 풍부한 증거가 있는데도 히르데부란딧트는 그리 생각하였다.[34] 웨슬리는 칼빈과 같이 그리스도의 몸은 하늘에 계시다고 거듭거듭 주장하였다.

"이 세상에서 때가 차매, 이 산 제물 곧 그리스도의 큰 성전이 나타났다, 그리고 거기로부터 그의 성전인 하늘에 올려졌다.

거기로부터, 번제가 연기를 내며 올려 지듯이, 구원이 주변일대에 전개되다. 그리고 이와 같이 그리스도의 몸과 피는 사면에, 특별히 성례전에, 참으로 임재(true and real presence)하시다. . . . 그래서 우리는 누가 하늘에 올라갈 것인가? 하고 말할 필요가 없다. 올라가고 내래오고 할 필요가 없다. 거룩한 그리스도의 몸은 이 성전에 (곧 이 세상 각처에) 속죄와 축복을 가득 채우셨다."[35]

히르데부란딧트는 웨슬리가 발췌한 부래빈트의 글 가운데, "우리는 칼빈주의의 범주에 머무르고 있다"[36] 는 말이 있으나, 그 글 가운데 함축되고 있는 듯 한 루터란의 "예수의 편재"의 개념을 간과하고 있다고 주장하였다. "그래서 예수의 몸과 피가 도처에, 특별히 성례전에, 실제로 임재하고 있는 것을 간과하였다고 말하였다. "성찬에서의 찬미"의 한 구절에서, 웨슬리는 다음과 같이 노래한다.

---

34) From L. to W. pp.69, 148f. 일부 생략(역자) 또한 Parris, p.85를 참조하라. Parris는 이점에 있어 히르데브란딧트를 비판하고 있다.
35) Brevint(W), sec. IV.5, p.151; Brevint, sec. IV,11, pp.48-49. HLS, no. 116:5, 참조. . .
웨슬리가 그리스도의 몸 곧 그의 인간으로서의 존재는 하늘에 있다고 말한 증거는 너무나 많다. 그래서 어떤 때는 "그리스도가 은혜를 내려 보내신다"는 말을 한 적은 있다. 그러나 그는 여러번 확실하게 말하기를, 그리스도는 하늘에 계시며, 그가 재림하실 때까지는 하늘에 머물러 계신다고 하였다. HLS. nos. 20:1, 21:8,41:1-2.53:3, 75:3, 88:2,89:2-3,09:1,7, 100:1-3, 109:2-3,112:1,115:2,118:1,4, 121:1,125:2,130:3,137:2,18:1, O.T. Notes, 삼하 7:29, 시8:1; N.T. Notes,마 24:30, 눅 19:12, 행 7:56, 23:9, 롬6:4, 8:38-39, 히1:3, 6:19, 8:1, 10:12, 요일2:1, Journal, Curn.,III, p.429, Works XI, pp.121,152,297; XI, pp.228, 237, Brevint(W), sec. 11:9, p.8, III.5, p.11; IV,6, p.15, V.7, p.19; VI, 2,3,4, pp.21-23, Calvin, Inst. IV.17:24 26,28, pp.1391,1393, 1396를 참조하라. 웨슬리의 하늘에 대한 개념을 보기 위해서는 Letters, VI, pp.213-214를 보라. 하늘(천국)은 상태와 장소를 말한다.
36) From L. to W., p.149.

"우리는 확신을 가지고 이곳에서,
당신의 특별한 임재(Presence)을
발견코자 옵니다." [37]

위의 문구가 바로 루터란주의를 들어내고 있는 것이라고 히르되부란딧트는 주장한다. 그러나 차후에도 더 말하겠지만, 웨슬리가 그리스도는 육체적으로 하늘에 계신다고 말한 것은 우발적으로 한 말이 아니다. 그리스도의 몸이 하늘에 계신다는 사실은 그의 교리체계에 있어 빼놓을 수 없는 역할을 하고 있다.

주님의 성찬에서의 그리스도의 임재 대하여, 그리고 떡과 포도주를 성별하는 기도를 드린 후에 그들의 본질에 대하여 여러 가지로 이해하고 주장하는데, 이들은 모두 주로 이에 연관 된 성경 말씀을 인용하면서 그렇게 들 주장한다. 그럼으로 우리는 웨슬리가 그 성경구절들을 어떻게 이해하였는가를 살펴보아야 하겠다.

" 여기에 나타나, 제시된 떡(bread)은, 성서 기자들의 표현
대로, 나의 몸이다.
따라서 창세기 40:12에 있는 세(3)가지는 삼(3)일을 의미
한다. 따라서 사도 바울이 갈라디아서 4:24에서 사라와
하갈에 대하여 말하면서, 두 언약이 있다고 하였다.
그와 같이, 출애굽기 12:11에 우리 주님에 대한 큰 예표가
있다. 하나님께서 유월절의 희생양에 대하여 말씀하면서,
" 이는 주님의 유월절이다"라고 하셨다. 지금은,
그리스도가, 유월절을 성찬식으로 대치하면서,
구약성서에서 그랬듯이, 유대인들이 항상 유월절을 지킨

---

37) HLS. no. 81:1-2; Hildebrandt, From L. to W. p.149. 참조. 또한 Brevint(W), sec. IV.1, p.12를 보라.

것과 같은 표현을 하고 있는 것이다.. . . .
곧 "이는 나의 피를 상징하는 것이다" 라고 하면서,
이를 통하여 새로운 언약을 세우셨다.[38]

    웨슬리는 그의 신약전서 주석에서 마가복음 14:21을 강해하면서 그리스도께서 "이는 새 언약의 내 피다"라고 하신 말씀은 곧 이것을 내 피의 영구한 증표와 기념으로 지정했다"는 것이라고 해석하였다.
    다시 누가복음 22:19에서 지적하기를 "이는 주님께서 이 떡은 자신의 몸이라고 비유로 말한 것과 같이, 여기에 부정할 수 없는 상징물이 있는 것이다"라고 하였다. 이런 것들을 봐서도, 성찬에서의 떡이 마치 진짜 그리스도의 몸인 것처럼 잘못 이해하는 것을 방지하게에 넉넉하다. 그리고 마지막으로 고린도전서 11:24에서 같은 모양으로, "뗀 이 떡은 내 몸의 상징(sign)이라고 주장하였다.
    이와 같이 웨슬리는 이런 중요한 성경말씀에 대한 주석에서 예수님의 말씀을 문자 그대로 해석하는 것을 거절하고 있는 것이다. 이렇게 함으로 웨슬리는, 이 점에 있어서, 의도적으로 개혁파의 주장에 참여하고 있는 것이다.
    이 교리가 논의 되고 있는 다른 곳에서도 같은 입장을 취하고 있다. 웨슬리는(고린도전서 11:23 이하를 근거한) 은혜의 수단이라는 설교에서도 기록하기를 " 받아 먹으라. 이는 나의 몸이니, 곧 나의 몸의 거룩한 표시오, 나의 언약의 표시니"라고 하였다.[39] 이에 관한 전반적인 문제에 있어 웨슬리는 윌리암스 감독(Bishop Williams)과 같이 다음과 같이 말하였다.

---

38) N.T. Notes, 마 26:26,28, 막 14:24, 눅 22:19-20, 고전 11:24-25.
39) St, S., I, pp.251-252.

"우리는 대답한다. 떡이 그리스도의 몸으로 변하지 않는 다는 것은 다음 말씀에서 추론 될 수 있다.

"이것은 내 몸이다"라는 말은, 이것(떡)이 내 몸으로 변하였다는 것이 아니다. "이는 내 몸이다"라는 말을, 마치 문자적으로 받아드려, 떡의 본질(substance)이 그의 몸이 됨을 나타내고 싶었던 것이다. 그러나 사도 바울의 말에서 보듯이, 이를 문자적으로 해석하지 말아야 한다. 바울은 전에도 이를 떡이라고 부를 뿐 아니라 또한 떡을 기도로 성별한 후에도 이를 여전히 떡이라고 불렀다. (고전 10:17, 11:26-28). 여기에서 우리는, 내 몸이라고 말한 것은 그 때 거기 있는 떡이었던 것임을 알 수 있다. 따라서 물체들(elements 곧 떡과 포도주)을 교부들은 그리스도의 몸과 피의 화상이요, 상징물이요, 형상이라고 불렀던 것이다."[40]

물체들(곧 떡과 포도주)의 본질이 변한다는 것은 생각할 수 없다. 따라서 화체설을 부정하였다. 그리스도께서 "이것은 내 몸이다"라고 말씀하셨을 때, 무엇을 의미했는지 간에, 떡은 여전히 떡이었고, 포도주는 여전히 포도주였던 것이다. 그러므로 웨슬리가 그리스도의 몸과 피의 표시(signs)인 떡과 포도주를 받아먹는다고 말할 수 있지만, 그리스도의 "몸과 피"를 받아먹는다고 말할 수는 없었다.[41]

그럼에도 불구하고, 특히 주님의 만찬을 위한 찬송가들 가운데 어떤 표현은 힐데부란디트가 "루터란의 견해"라고 주장할 만한 근거가 되는 표현들이 있는 것은 사실이다. 이런 찬송가의 가사는 종종 실질

---

40) Works, X, p.151; "The Fathers"; Org. Dial. e, Contr Marcion; Euseb, Dem, Evang. !.!, c. I, et ult; Aug. Contr. Adimant., c. 12. 또한 Works, X, pp.118-119 를 참조하라.
41) Works,VII, p.147; Duty of Receiving, p 3에 그에 대한 예가 있다 그리고 Works. VIII. p.30; N.T. Notes 고전 11:27, 29를 참조하라.

로 "그리스도의 육체를 먹는다" 또한 "그리스도의 피를 마신다"라고 말하고 있다.[42]

단지, 그리스도께서 성례전을 제정하실 때 하신 말씀을 문자적으로만 취한다면, 힐데부란딧트가 루터와 함께 그리 주장하는 것처럼, 화체설을 말하게 될 것이라고 웨슬리도 인정한다. 그러면 왜 "이것이 내 몸이다" 말씀의 문자적 뜻을 따라서 화체설을 믿지 않는가" 고 물었을 때, 웨슬리는 대답하기를, (1) 왜냐하면, 그리스도께서 그 때 손에 들고 있는 것을 가지고 말씀하셨는데, 그 때 그것이 실질로 그리스도의 몸이었다고 생각하는 것은 너무나도 이치에 맞지 않기 때문이다. . . . (2) "이는 내 몸이다"라는 표현은, 성경의 다른 곳에서도 그런 형식으로 표현 한 것이 있는데, 그런 것에 비추어 볼 때, 이 말을 참 뜻이 분명하게 설명될 수 있을 것이다.[43] 여기서 웨슬리는 사용되고 있는 "말하는 형식"을 이해함으로서, 이 문제의 해답을 얻을 수 있을 것이라도 암시하고 있는 것이다. 이 문제에 대한 웨슬리의 생각은 이미 앞에서 말하였다.[44] 웨슬리가 성례전에서 "그리스도의 몸과 피"를 말할 때는 그는 이 말들을 유의어로써 곧 몸과 피는 성례전 또는 주님의 만찬을 의미하거나, 또는 환유로 그들이 상징하는 것들의 개념을 의미한 것이다.[45]

떡에 대하여 성별하는 기도를 후, 그 떡이 그리스도의 몸과의 신비로운 관계에서, 그를 그리스도의 몸이라고 부르는 것은 그럴 듯한 것이다. 성경에서는 흔히 성례전에서의 물건들은 그가 상징하는 것들의 이름으로 부르는 일들이 종종 있다 (Aug. Epist.23). 그런 방식으로 성례전에서 떡을 그리스도의 몸이라고 부른 것이다. 예로서, 할례를 언

---

42) HLS, nos.30:8;33:2;42:4 에 그러한 표현이 있다.
43) Works, IX, p.278. N.T. Notes 마26:26 참조. Hildebrandt, From L. to W., pp.149-150.
44) N.T. Notes, 마26:26.
45) Aug. Letters 98:9, F. of Ch. XVIII, p.138 참조.

약이라고, 또는 양을 유월절이라고 유형이나 상징을 통하여 표현하기도 하였던 것이다.[46]

그러나 그리스도의 임재에 대한 웨슬리의 견해에 대하여는 더 많은 증거가 있다. 앞에서 말한 대로, 웨슬리는 어거스틴과 칼빈을 따라, 그리스도의 몸(인간의 육체)은 하늘에만 있다고 주장하였다.[47] 이에 대하여, 성례전의 찬미 가운데 한 곳에서 다음과 같이 말하고 있다.

"오 하나님 우리는 당신의 말씀을 필요로 합니다.
여기에 당신은 당신의 이름을 기록하셨습니다.
용서하시는 은혜로 우리에게 오시며,
십자가에서 돌아가신 그리스도께서,
당신이 정하신 방식으로 오시여, 우리를
만나주시고, 여기 있는 우리를 축복하소서."

"무한하신 하나님
우리는 당신을 주님으로 경배합니다.
값없이 주시는 무한한 은혜가
이미 아주 자유롭게 역사하고 있습니다.
당신의 사랑이 명하신 은혜의 수단에서
우리는 그 풍족한 사랑을 기다립니다."[48]

여기서 히르데부란디트는 위의 시에 있는 말, "무한한 하나님, 우리는 당신을 주님으로 경배합니다"라는 말을 해석할 때, 더 큰 문맥에

---

46) Works, X, p.118; p.151 참조.
47) Aug. Letters 187.10, F. of Ch, XXX, pp.228-229; 187.41, F. of Ch. XXX, pp. 154-155; Tract. John 50:13, NPNF,VII, pp.282-283; Faith and Creed, 6.13, LCC,VI, p.360.Calvin, Inst, IV,17:24, p.1391; 17:26, p.1393; 17:28, pp.1395-1396.
48) 48) HLS, no.63.

서 뿐 아니라 바로 앞의 문맥을 무시하는 위험을 들어내고 있는 것이다. 그 결과로, 그는 웨슬리가 칼빈주의자들의 주장에 대처하면서, 웨슬리는 그리스도의 몸은 하늘에 자리를 잡고 계신다고 주장하는 사람들의 입장에서 떠난 것이라고 주장한 것이다.[49]

큰 문맥에서 볼 때, 이미 언급한 대로 웨슬리는 여러 곳에서 분명하게 반대 입장을 말하였다. 그리고 우리가 그의 찬미의 구절에서 보듯이, 그 앞의 문맥에서 보아도, 웨슬리는 분명히 히르데부란디트의 해석을 반대하고 있는 것이다. 분명히 웨슬리는 주님의 성찬의 떡과 포도주 안에 그리스도가 임재하신다는 것을 수용하지 않았다. 즉 웨슬리는 화체설과 공재설을 경계하였다.[50]

1732년에 웨슬리와 그의 어머니 간에 흥미로운 편지 왕래가 있었다. 존이 자기 어머니에게 편지를 써서 성례전에서의 그리스도의 임재에 대하여 자기 친구 한 사람의 견해를 설명하였다. 그에 대해, 수산나 웨슬리는 1732년 2월 21일에 다음과 같이 회신을 하였다.

"네가 말하고 있는 그 젊은이는 성례전에서의 그리스도의 진정한 임재에 관하여 진지하게 생각하고 있는 듯하다. 나는 그리스도의 진정한 임재는 그 친구가 그리스도의 신성은 어디에나 있어, 성령의 역사를 통해 그리스도의 죽음의 혜택을 수령인들에게 주신다고다 세련되게 말하고 있는 것만 생각하고 있었다.

분명, 그와 같이, 주님의 속죄의 혜택과 공로가 진정한 신자에게 적용되므로, 우리 주님의 임재는 성별된 떡을 그리스도의 몸의 상징이상이 되게 만든다; 그렇게 됨으로, 우리는 그 상징물 뿐만 아니라 그

---

49) From L. to W. p.150. . . . .cf. Rattenbury, EH, p.57; Parris, pp.85ff; Bowmer, SLS, pp.20f.
50) Brevint(W), sec. 1.2, p.4. 또한 HLS, no. 89:2; Works, X, p.121를 보라. "주님의 성찬에서 크게 잘못된 일은 성별된 떡을 경배하는 것이다. 이것은 로마 가톨릭이 실행하고 또한 선호하고 있는 것이다." Works, X, p.152.

가 상징하고 있는 것 곧 그리스도의 성육신과 수난을 통하여 베푸신 모든 은혜를 받는 것이다.

그러나 아직도 하나님께서 성립하신 이 예전은 나나 다른 사람에게 아주 신비로운 것이다. 누가 성령의 역사하심을 잘 설명할 수 있겠는가? 그리고 사람 안에서의 성령의 역사, 곧 성령이 인간의 자유를 손상시킴 없이, 사람을 깨우쳐주고, 이해시키고, 하나님의 뜻을 알게 하고, 우리의 감정을 진정시키고 조절하시는 그 성령의 역사의 모습을 설명할 수 있겠는가?"[51]

일주일 후, (1732년 2월 28일)에 웨슬리는 다시 편지를 써서 자신의 의견을 말하였다.

"성례전에 관하여서는 한 마디로 저는 그 청년과 어머니의 판단에 동의합니다. 곧 우리는 성례전에 그리스도의 인간의 몸이 임재 한다는 것을 인정할 수 없습니다. 따라서 공재설과 화체설을 인정할 수 없습니다. 그러나 그리스도의 신성이 그때 올바른 수령자와 함께 한다는 것을, 나는 확실히 믿습니다. 어떤 모양으로 함께 하는지는 모르지만, 나는 믿습니다. 올바른 수령자들은 그런 역사를 알 수 있으리라고 나는 생각합니다.. . . ."[52]

이 편지의 내용들을 인용하였고 또 언급하였지만,[53] 웨슬리의 성례전신학을 다루는 저자들이 이 글들이 함축하고 있는 것들에 주의를 기울이지를 않았다. 물론, 이때의 웨슬리의 견해를 경시하는 유혹이

---
51) Meth. Mag., 1844, p.818; cf. Stevenson, Memorials, p.167. Quoted in part.
52) Letters, I, p.118. 이 편지들은, 웨슬리가 브레빈트와 로바트 넬슨의 글들을 혼합하여 쓴, The Duty of Receiving the Lord's Supper라는 소논문을 간추려 "성찬에 참여야 할 의무"라는 제목의 설교(Works,VII,pp.147ff)를 거의 같은 때에 쓴 것을 생각하면, 대단히 주의를 끌게 된다. 웨슨리이 그 소논문은 1732년 2월 19일자로 되어 있고, 그가 간추린 것의 일자는 1732년 2월 21일로 되어 있다. 이하 생략(역자).

있어, 그 모든 논의를 그저 잠깐 있다가 없어진 초기의 신학적 양상에 속한 것이라고 생각하였기 때문이다. 그러나 문제는 그리 단순한 것은 아니다. 여기에는 훗날(1755)에 확인해야 할 증거들이 있다. 이것들은 우리가 신중하게 고려해야 한다.

> "하늘에 올라가셨다. 그러나 하늘에서 내려온 자 외는,
> 하늘에 올라간 자가 없느니라. 그러므로 그는
> 어디에든지 계시다(Omnipresence). 그렇지 않으면,
> 그는 동시에 하늘에 계시고 또한 땅에 계실 수가 없다.
> 이것은 신성과 인성의 속성이 연결되어 있기 때문이다.
> 이럼으로 인해, 여기에서, 온전한 인간인 그를
> 하나님이라고 불렀다." [54]

데쉬너[55]는 말하기를 이 점에 있어서 웨슬리는 대륙 정통신학과 일치한다고 보기 힘들다고 하였다. 어떤 면에서는 그럴 듯 하지만, 정확하게 일치하지는 않는다고 하면서 다음과 같이 말하였다.

> "이 글에서 웨슬리는 당황하게 하는 결론을 내리고 있다.
> 왜냐하면, 웨슬리는 말하기를, 인간성에 관한 것이 하나님의 관한 것이라고 언급된다고 한다. 웨슬리는 예수의 편재(예수가 어디나 계시다는 것)을 입증하려고 하면서, 오히려 반대되는 것을 말하는 것처럼 되었다.
> 또 그는 신성에 관한 것이 인간에 관한 것이라고 언급된다고 한다. 그의 글 가운데서는, 이 점에서 웨슬리가 의도하는 바가 정 반대로 나타난 것이 아닌가?" [56]

---

53) Rattenbury, EH, p.31; Parris, p.84; Bowmer, SLS, pp.20-21.
54) N.T, Notes, 요3:13; cf. 막13:32; O.T. Notes, 시 68:18; cf. Letters,VI, p.49; . . . .
55) Deschner, pp. 32ff.56) JDeschner, p.43, n.24

데쉬너의 질문에 대한 대답은 "아니"올 시다. 그 표현은 초판에 있는 그것이 1760-62의 제3판[57]에도, 조심스럽게 수정한 바는 있지만, 변한 것이 없다. 다른 한편, 우리가 방금 언급한 편지들을 보면, 속성의 교환에 관한 웨슬리의 반대한 교리는 우연한 것이 아니었다. 수산나 웨슬리는 그의 편지에서 "한 청년의"의 말을 인용하면서 다음과 같이 말한 것이다. ". . . 그리스도의 신성(divine nature)은 분명히 거기 계셔, 성령의 역사를 통해 올바른 수령자들에게 그의 죽음의 혜택을 나누어 주신다."[58]

웨슬리는 루터가 말하는 공재설과 편재설, 곧 그리스도의 신성의 속성이 인간의 속성에 전달된다고 하는 루터의 주장을 반대한 것이다. 그리스도는 그의 신성에 있어서만이 편재하시는 것이다. 그러므로 주님의 생과 죽음의 혜택을 나누어 주기 위해서는, 편재하시는 하나님으로써, 이를테면, 그리스도의 배치(disposal of Christ)가 있어야만 하는 것이다. 웨슬리에 의하면 성례전에 있어서 그리스도가 형태를 가진 상태에서, 육체로, 실체로, 어떤 장소에 임재 하신다는 것은 용납될 수 없다. 웨슬리는 그리스도의 인성 그리고 영광 받으신 그리스도의 몸에 관하여 형이상학적으로 추론하는 대신에, 하나님의 하나 됨 곧 아버지와 아들 그리고 성령이 하나의 하나님이심에 관하여 더 관심을 가지고 있었던 것처럼 보인다.

하나님은 영이시다. 그러므로 그리스도께서는 영(Spirit)로서만 우리와 함께 하실 수 있는 것이다. 영광 받으신 인간성(human nature)이 하나님의 신격에 속하였다고 해서 달라지는 것은 없다. 곧 하나님의 존재하는 방식에는 변화가 없다. 그리스도는 "주님의 예언자요, 하나

---

56) Deschner, p.43, n.24
57) 거기에는 중요하지 않은 언급 곧 에녹과 엘리야는 하늘에 있는가 아니면, 낙원에 있는가? 의 구절을 없애는 것 이외에는 별로 변경한 것이 없다. 이하 생략(역자)
58) 위의 p.63 을 보라.

님의 지혜를 우리에게 나타내신 자요, 그리스도는 그의 말씀과 그의 영에 의하여 항상 우리와 함께 하시는 자시오, 우리를 진리로 인도하시는 자이시다."⁵⁹ 성례전의 찬미가운데 한 구절은 그리스도를 "승천하신 영원한 영"이라고 하였다. 그리고 동시에 "성문 밖에서 고난당하신 분이라고 하였다.⁶⁰ "주님은 영이시다."⁶¹

웨슬리에 있어 "영적인 뜻을 부여하는 것(spiritualizing)"이 문제가 되지 않았다. 하나님의 실체라는 것은 추상적인 관념이 아니다. 그러므로 웨슬리가 주저함이 없이 그리스도가 그의 신성으로서 임재하실 뿐 아니라 또한 예수 그리스도가 하나님으로서 임재하는 것과 같이 하나님이 임재 한다고 말하면서, 그의 어머니와의 편지에서 말한 것을 직접 뒷받침하는 것은 놀랄 일이 아니다.

"능력이 남아 있다----- 사람으로서 하늘 높은 곳에
오리신 이가, 하나님으로서 "그들에게 내려오시어,
그들과 함께 하시되, 그가 성례전에 임재하실 뿐 아니라
또한 그의 영으로 그들의 마음에도 함께 하실 것이다."⁶²

이 글은 1765년에 기록된 것이다. 웨슬리에 의하면 성령이, 예수가 그의 신성으로 임재하시고, 또한 하나님 아버지도 성례전에 임재하시는 것이다. 찬미의 한 구절은 아버지를 말하고 있다.

---

59) St.S, II, p.76; cf. O.T. Notes, 수 24:33.
60) HLS, no. 112:1-2. Rattenbury가 HLS. EH. p.95에서 형태를 가진 예수의 임재를 말하는 교리는 없다고 주장한 것은 옳다.
61) Works, VII. p.509.
62) O.T.Notes, 시 68:18.....cf. Henry, Commentary, III,p.289, column 1; O.T. Notes, 창 15:9; 시63:1-2, 74:9, 89:15, 레 3:17, St.S.I, p.361; Journal, Curn., IV, p.49; VII, p.132; Works, VIII, p.75; HLS, no.9:1-2; cf. Williams, W's TT. p.97

"아버지, 당신의 부족한 자녀들이 모였습니다.
그러니, 당신의 진정한 자비를 보여 주옵소서.
우리에게 믿음으로 먹을 육체를 주시며,
또한 당신의 아들, 그리스도의 피를 마시게 하옵소서.
성례전에 임재하심으로 보여주시는,
당신의 신비한 일들을, 그리고 예수와 더불어
우리 영혼에게 주시는 당신의 충만한 은혜를
찬양합니다."[63]

이와 같이, 성례전에서의 주님의 임재에 대한 웨슬리의 견해는 루터란의 입장이라고 볼 수 없는 것이 명백해졌다. 웨슬리는 어떤 형태를 가진 임재를 부정하기 때문에, 히르데부란딧트의 주장과 공재설은 적용될 수가 없다. 또한 웨슬리가 속성의 교환도 부정하기에, 편재설(ubiquity)도 부정하는 것이다. 여기에서 루터란의 교리와의 관계에서 공유하는 어떤 점이 있다면, 루터의 초기 교리에서 강조했던 "신비"의 관념 그 한가지이다.

그러나 이런 견해조차도 유일하게 루터란의 것은 아니다. 이런 견해는 교부들의 성례전 신학에서 뿐 아니라 영국교회에서도 있었다.

그리고 이는 궁극적으로는 성서에서 유래한 것이다. 그래 그와 비슷한 일들, 예를 들면, 그리스도께서 현실적으로는 하늘에 계시고, 영적 양식으로는 지상에 계시다고 하는 견해에 근거하여 웨슬리는 칼빈주의와 개혁파에 속한다고 주장해 온 사람들은,[64] 그러나 웨슬리가 그 한 편에 온전히 만족하고 있지 않다는 사실을 인정하여야만 한다.

---

64) Rattenbury, EH, pp.31,57-58; Deschner, p.43, n. 25; Harrison Ch. and Secr., p.68; Sanders, W's S., p.139. . . . .
63) HLS,no.153:1, cf. St.S., I, p.260.

여기에 칼빈과 동의하는 것이 많지만, 칼빈은 그리스도가 성령의 역사를 통하여 "능력과 힘"으로 임재하심의 중요성을 강조할 것이지만,[65] 웨슬리는 그리스도가 신성으로 임재 하심을 강조할 것이다.

사실, 웨슬리는 삼위일체 하나님이 임재 하시어, 역사하시며 사람들에게 그리스도의 성육신과, 십자가에서의 죽으심 그리고 부활의 혜택을 주신다고 강조하였다.

여기서 그는 구별보다는 통일성을 강조하고 있는 것이다. 또 다른 한편, 크래머(Crammer)의 견해와 비슷한 것을 보이고 있다. 크래머는 두 부분의 임재가 있다고 하였다. 곧 성례전에는 은유적인 임재(figurative presence)와 신자의 마음에 영적인 임재가 있다고 하였다. 그는 또 그리스도의 영혼과 신성에서 그리스도의 몸과 피를 분리하고자 하는 자들을 공격하였다.[66] 웨슬리의 생각에는 이런 것들이 있었다. 더 곤란하게 하는 것은, 서약 거부자들(Non-Juurors)이 주장했던 어떤 부분들도 있었다.[67]

그러면 마지막으로, 웨슬리는 즈윙그리(Zwingli)의 교리라고 일반적으로 말하는 견해 곧 성례전에의 그리스도의 임재는 단지 상징적인 것, 다시 말해, 주님의 만찬을 기억하는 것이라고 하는 입장을 주장하였다는 것인가? 이 점에 있어 오늘의 많은 메소디스트들이 그렇다고 비난을 받기 쉽지만, 사실, 웨슬리는 아니다. 웨슬리는 이는 마귀가 성례전을 빈 성례전을 만들려고 하는 것이라고 경고하며,[68] 그는 계속하여 성례전에서의 증표(signs)는 빈 증표, 그저 단순한 증표나 내용이

---

65) Calvin, Inst. IV,17:3, 18, pp.1362,1381.를 참고해 보라.
66) Crammer, Defence, BK. III, chs.14,15; Work, pp.168-169,192.
67) 실례로서, Robert Nelson's Chr. Sacrifice 에 있는 내용이 웨슬리의 the Duty of Receiving and Duty of Const of Comm에 포함되어 있다. 그리고 그의 Festivals and Facts도 보라.
 John Johnson, Unbloody sacr., pp.306 f, 323 등도 보라.
68) Brevint(W). sec.1.2, p.4; HLS, no.89:104; cf. Pious Communicant, pp.306f., 323, etc.

없는 증표가 아니라고 주장하였다. 이 점에서 그는 다음과 같이 말하는 자기 어머니와 의견을 같이 한다.

> "그와 같이 그 위대한 속죄의 은덕과 공로가 믿는 자들에게 작용하는 우리 주님의 신적 임재는 성별한 떡을 그리스도의 몸의 증표 (sign)이상의 것으로 만든다. 그가 그렇게 함으로 인하여, 우리는 그 증표뿐만 아니라 그가 상징하는 자체 곧 그리스도의 성육신과 수난의 모든 혜택을 받는 것이다."[69]

이제 문제의 결말이 났다. 곧 웨슬리에게 있어서는 성례전은 진정한 은혜의 수단이요, 적절한 은혜의 수단이다. 이와 같이, 성례전을 단순한 주님의 만찬을 기억하는 것으로 보는 개념은 배재되었다.

요약해서, 성찬에서의 주님의 임재를 가시적인 떡과 잔에 연결시켜, 그리스도가 구체적으로 물체처럼 임재한다고 하는 견해들은 웨슬리가 수용하지 않았다. 사실, 웨슬리가 res와 signum 간의 밀접한 관계는 종종 주장하였고, 떡과 포도주가 기도로 성별된 후에 그와 더불어 그리스도가 영적으로 임재하는 것은 인정하였지만, 그 둘을 유기적으로 연결시켜 그리스도가 그곳에 정적으로 계시다는 견해들은 인정하지 않았다. 그런 주장은 하나님을 구속하고 또한 회체설이나 공재설로 빠지게 하는 위험이 있을 것이다.

대신에, 웨슬리는 그리스도의 역동적인 임재, 산 임재라고 부를 수 있는 그리스도의 진정한 임재를 주장하였다. 곧 하나님은 역사하는 곳, 바로 그곳에 임재하시는 것이다. 성례전에서의 참 임재는 은혜의

---

69) Meth. Mag., 1844, p.818.

수단을 통하여 살아서 역사하는 인격자의 임재이지, 어떤 움직이지 않는 정적인 임재 곧 객관적인 임재는 생각할 수 없는 것이다.⁷⁰

6, 성례전의 타당성 (Validity)

물, 떡, 그리고 포도주는, 물론, 인간의 일상생활에서 매일 상용되는 자연 산물들이다. 그러나 이런 것들이 세례나 성만찬에서 사용되면, 어떤 시점에서 이것들은 성례전에서 쓰이는 물건이요 또한 유효한 증표가 된다. 어거스틴 그리고 그를 따르는 루터나 칼빈이 성례전을 "가지석인 말씀(visible words)"이라고 불렀고, 그 말씀이 성례전의 구성 요소라고 하였다. "떡과 포도주가에 말씀이 가해지매, 그것들이 마치 가시적인 말씀인 것처럼, 성례전이 된다는 것이다.⁷¹

그런데 이상하게도 웨슬리는 그런 표현을 하지 않았다. 어디를 봐도 웨슬리가 성례전과 연관시켜, "가시적인 말씀"이라고 표현한 곳은 없다. 그런 표현과 조끔 비슷한 개념은, 그가 "주님의 성찬에 대한 찬미"에서 말하고 있는 "기능적 언어들(functional terms)"에서 발견될 뿐이다. "여기에 나타나 있는 떡에서 나는 . . . .을 본다." 그리고 떡은 우리 영이 사는데 필요한 힘을 가시적으로 표시한다."⁷²

---

70) 이 문제는 앞으로 제 3장에서 더 자세히 다루어 질 것이다. 웨슬리의 다른 신학자들과 다른 학설과의 관계는 제10장에서 다루어 질 것이다. 이하 생략(역자).
71) Aug. Tract. John,80.3, NPNF, VII, p.344; cf. Faust. 19:16. NPNF, IV, p.244; Chur. Doctr. 2.3. NPNF, II, p.536; Calvin. Inst. IV.14:4, p.1279;14:6-7,pp.1281-1282; IV. 17:39, p.1416; Theol. Treat, p.161; Luther, Large Cat, IV, Bk. of Conc., p.206, col.1; V. p.210, col.2. etc.
72) HLS, nos. 2:1; 28:3.

곧 떡이 무엇인가를 나타낸다는 것이다. 그러나 이는 증표(sign)의 마땅한 기능을 말하는 것이지, 이가 반드시 "가시적 말씀"이라는 개념을 함축하고 있는 것은 아니다. 이 찬미에서는 "말씀"은 "약속",[73] "명령",[74] 의 관념으로 사용되었고, 또는 말씀을 다른 은혜의 수단으로 언급하고 있다.[75]

한 곳에서 말씀이 성례전에서 주어진 혜택이라고 말하고 있다. 그리고 다른 한 곳에서는 말씀이 내적 증거 또한 확신의 뜻을 함축하고 있다.[76] 단지 한 곳에서 "말씀"을 "가시적 말씀"으로 이해되고 있는 듯하다.

"오 그 거룩한 말씀이
 돌아가신 우리 주님을 설명하며,
 그가 지닌 수난을 우리에게 보이시며,
 은혜와 능력을 나눠 주시며,
 황홀한 우리영혼에 영광의 약속과 맛봄을
 우리 마음속에 주시네."[77]

그러나 웨슬리가 "말씀"이 성례전을 이룬다고 말하고 있는 곳은 한 군데도 없다. 이 면에서 웨슬리는 전통적인 개념을 벗어나고 있는 것이다.[78]

---

73) HLS, nos. 29:2; 33:1; 63:1; 138:1, cf. Brevint(W), sec. III.1, p.9.
74) HLS, nos.30:2; 62:9-10; 73:4; 81:1; 86:4-5; 90:1,2,3; 91:1; 92:8; 100:1.
75) HLS, nos. 42:2; 54:4; 166:1.
76) HLS, nos. 60:6, 87:2.
77) HLS, no. 53:2. cf. Works, X. p.113:
78) 어거스틴, 루터, 칼빈은 말씀이 은혜의 수단 가운데 가장 중요하고 성례전을 그 다음으로 중요하다고 말하는 반면, 웨슬리는 성만찬이 은혜의 수단가운데 가장 중요한 것이라고 말한다. cf. Pious Communicant, pp. 215-216.

그렇기는 하지만, 웨슬리에게도 성례전이 성립되는 데는 분명한 기준이 있다고 말하였다. 웨슬리가 자필로 쓴 "세례에 대한 소논문"의 앞부분을 아우틀라(Outler)가[79] 소개하였다. 그 앞 부문의 글은 웨슬리에 의하여 출판되지도 않았고, 웨슬리가 발취한 원본인 사무엘 웨슬리의 글 "세례에 관하여"에도 없는 것이다.[80]

> "나는 세례에 대해 말함에 있어, 그리스도인의 세례에 있어는 세(3)가지가 절대 필요하다는 것을 지적하고자 한다. 곧 1. 영국 국교회의 성직자와 2. 세례에 사용할 물이 있어야 하고, 3. 그리고 세례가 삼위일체 하나님의 이름으로 시행되어야 한다는 것이다. . . .
> 주님께서는 사도들에만 세례를 집행할 권한을 주셨다. . . . 그러기에 그에게서 권한을 위임 받은 자들만이 세례를 줄 수 있다. 그렇다면,
> 침례를 주장하는 재침례파(Anabaptists)들의 세례는 진정한 세례가 아니라는 말이 된다. 왜냐하면 그들의 세례에는 그리스도인의 세례에게는 없어서는 안되는 영국국교회의 성직자가 없었기 때문이다."

이 점에 있어 몇 가지 중요한 것들을 상고하게 된다. 첫 째로, 주님께서 지정하신 성례전에서 정당하게 사용될 물, 떡 그리고 포도주가 있어야 한다.[81]

---

79) Outler, J.W., p.318; Baker, p.156.
80) Pious Communicant, pp.189ff.
81) pp.52ff. 웨슬리가 포도주를 담은 술잔(mixed Chalice)에 대한 것은 pp. 191 ff를 보라.

두 번째로, 세례를 성부, 성자, 성령의 이름으로 시행하여야 한다. 이점에 있어 웨슬리는 성서의 분부에 따른 정통적인 견해를 따르고 있는 것이다.[82] 그런데 아무데서도 웨슬리는 어거스틴 또는 루터가 말하는 그런 의미에서의 "말씀"을 성례예식에 연결시키고 있지는 않다. 그러나 앞에서 인용한 글에서 웨슬리가 말했듯이 이 세례식에서의 예식문(formula)은 중요한 것이다.

이것이 기독인의 세례와 기타 세례를 구분하는 중요한 요건인 것이다.[83] 그렇기는 하지만, 웨슬리가 세례에서 물을 거룩케 하여 달라고, 곧 "이 물을 성결케하사 신비적으로 죄를 씻는 것이 되게 하소서"[84] 하고 하나님께 기도하여왔다는 사실이 종종 간과되어 왔다.

세례예식에 있어 이 주문이 세례가 타당한 기독교 성례전이 되게 만드는 것이다. 그러나 세례에서 사용되는 물을 효과적인 은총의 수단으로 만드는 것은 하나님이시다. "이 물을 성결케 하사 . . . 신비적인 씻음"이 되게 하소서 하는 간구는 다른 한편 수단으로서의 물과 수여되는 은혜와의 밀접한 관계를 암시하고 있는 것이다.

그리하여 세례는, 하나님의 뜻에 따라, 유아나 어른들에게 의롭게 하는 은혜(justifying grace)를 전달하는 참된 수단이 되는 것이다.

일반적으로 말해, 서방 교회들은 "이것이 내 몸이니" 라고 하시며 주님께서 성찬식을 설립하신 그 말씀을 선언할 때, 성찬식에서의 포도주는 성별되는 것이라고 생각하여 왔다.

그와 같이 영국교회의 기도문에도 기록되어 있다. 그러나 왕 에드

---

82) 마 28:19. N.T. Notes, 행 19:5. Works, X, p.188.
83) N.T. Notes, 행 19:5, cf. Beveridge, Theol. Works, VIII, p.336.
84) Sund. Service, pp. 142, 148, cf. BCP,194, 1662 version. (Parker ed., p.297.) 이 문장은 초창기의 출판물에는 없다(1549, 1552, 1559, 1604). 단지 1637의 Scotch Liturgy에 이와 비슷한 문장이 있다 (Parker ed., p.289,297).

와드 6세의 초판 기도문에는, 주님의 성찬식 설립의 그 말씀을 성언하기 전에 다음과 같은 기도를 하게 되어 있다.[85] 스라우리(Srawley)[86]는 지적하기를, 이 형식의 간구는 성별의 기도에 대한 서방교회와 동방교회 견해가 혼합된 것이라고 했다. 그리고 주님의 성례전성립의 말씀 전에[87] 1552년에 출판된 기도문 집에 말이 바뀐 것은 부서(Bucer)에 의하여서 이루어진 것이다.[88] 라텐버리(Rattenbury)가 정확히 지적한 대로 "성만찬의 찬미들" 가운데 두 찬미에는 초대교회의 간구(epiclesis)와 비슷한 기도문이 있다.[89]

"성령이여 오시어, 당신의 감화를 쏟으소서.
그리고 그를 증표로 나타내소서.
당신의 생명을 떡에 불어 넣어 주시고,
당신의 능력을 포도주에 불어 넣어 주소서.

그 상징들이 효과를 내게 하시고,
하늘의 솜씨로 만드신, 그 경로들이
당신의 사랑을 모든 신자의 마음에,
전달할 수 있도록 하시옵소서." [90]

라텐버리는 이것과 같은 맥락에서 또 다른 기도문을 인용하면서, 문제를 확대시켰지만, 그는 그에 대한 논의는 더 하지 않았다.

---

85) BCP, Parker ed., pp.244-245.
86) "The Holy Communion Service," in Lit. and Worsh. (Clarke, ed.), p.342.
87) 이 간구의 기도문(epiclesis)이 옛날의 여러 예식서에서 어떻게 표현되었는가를 보려면, 다음 글들을 참고하라. 곧 Brett, Principal Lit., pp.7 (Clementine), 14, (St.James's), 27 (St. Marks's) 34 (St. Chrysostom's), 57 (St. Basil's), 67 (Ethiopian), 78(Nestorius's); Thompson, Western Lit., p.21 (Hippolytus's). 그 외의 글은 생략함(역자).
88) Lit. and Worsh., p. 342.
89) Legacy, pp.183-184; EH, pp.50-51.
90) HLS, no.72.

"하나님의 아들과 천사여 내려오셔서,
　당신의 성례전의 잔치를 차려 놓으시고,
　당신의 능력을 그 수단들에게 불어넣어,
　그것들이 지금 당신의 거룩한 일을
　하게 하옵소서."[91]

　그는 이 찬미들에서는 적어도 세(3)가지 깨우침과 축복이 언급되고 있는 것을 간과한 것 같다. 즉 떡과 포도주가 거룩하고 (타당한) 증표가 될 수 있다는 것, 이 거룩해진 증표들이 효과적인 은혜의 수단이 될 수 있다는 것, 그리고 그 증표를 받는 신자가 거룩해 질 수 있다는 사실들을 간과한 것 같다.

　에드와드 6세의 첫 번째 기도문(1549년)은 다음의 한 문장에서 이 세 가지 축복을 포함하고 있다: "당신의 성령과 말씀으로 당신의 선물인, 떡과 포도주를 축복하시고 성별하사, 그것들이 우리에게는 당신의 아들 예수 그리스도의 몸과 피가 되게 하소서."[92]

　여기에 "떡과 포도주가 우리에게는 몸과 피가 되게 하옵소서"라는 말은 성찬식에서 떡과 포도주가 그냥 보통 떡과 포도주로 머물지 않고 "거룩한 증표"가 되고, "거룩해 진" 떡과 포도주가 된다는 것이다.[93]

　떡과 포도주를 성별함으로(by consecration), 그 떡과 포도주는 그리스도의 몸과 피와 신비로운 관계를 갖게 된다는 것이다. 그러므로 웨슬리는 성찬식에서 걸맞지 않게 먹고 마시는 것이 곧 주님의 몸의 거룩한 상징물을 분별함 없이 먹고 마시는 것이라고 말하는 것이다.[94]

---

91) HLS, no. 58:4; cf. Rattenbury, EH, p.49.
92) BCP, Parker ed. pp. 244-245.
93) HLS, nos. 11:4,73:2. "Sacred Sign"이라는 말에 대하여는 nos. 3:1,7:2,28:2, 116:13을 보라. 그리고 "Authentic Sign"이라는 말에 대하여는 8:2.4:1을 보고, "Hallow'd Sign"이라는 말에 대하여는 47:1을 보고, "Holy Things"이라는 말에 대하여는 112:1을 보라.
94) Works, X, p.118; N.T. Notes 고전 11:29.

1732년에 쓴 성찬에 대한 논문에서 이를 "그리고 탁상에서, 떡과 포도주는 축복을 받아 그리스도의 몸과 피의 거룩한 증표가 되었다"라고 표현하고 있다.[95] 웨슬리가 이것을 로버트 넬슨의 것을 인용한 것을 보면, 초기의 웨슬리는 서약 거부자(Non-Juror)들에 심취되어 있었던 것으로 생각된다.

그러나 1755년에 웨슬리는 "우리가 축복하는 바, 축복의 잔"- 이를 거룩한 용도로 구별하면서, 이에 하나님의 축복이 임하기를 엄숙히 기원한다."[96] 라고 하면서 같은 생각을 드러내고 있다.

그 외도 같은 뜻을 함축하고 있는 찬미가 여럿이 있다. 사실상, 한 찬미는 고전 10:16에 대한 웨슬리의 주석과 일치하는 찬미가 있다.

"이것이 우리에게 나누어 주는 거룩한 수단,
축복 받은바 축복의 잔이 아닌가! . . ."[97]

이는 또한 다음과 같은 기도에 암시되어 있다.

"그리고 이 증표가 효과적인 은혜의 수단이 되게 하소서 . . . .
그리고 이 거룩한 증표를 찬송하라,
그리고 하나님이 세우신 의식이 진실임을 나타내소서."[98]

이와 같이 우리가 간구하는 축복이 있다. 즉 우리는 이 떡과 포도주가 거룩한 증표가 되게 하여 달라는 기도를 드린다. 하나님께서 그것들이 진정한 증표가 되게 하실 뿐 아니라 또한 효과적인 은혜의 수

---

95) Duty of Receiving, p.9; cf. Nelson, Chr. Sacrifice, p.35.
96) N. T. Notes, 고전 10:16.
97) HLS, no.73:1. 여기서 "Us"는 성경에서 말하는 "We" 와 일치하는 것이다.
98) HLS, nos.66:1,1:4,

단이 되게 하여 주시옵소서 하고 기도할 때는, 성별의 기도가 전제 되어 있는 것이다. HLS, nos. 58, HLS, nos 60:3,4,의 성찬의 찬미를 이해함에 있어서는 이런 식별이 필요하다.

여기서 웨슬리는 어떤 성례전은 은총의 경로가 될 수 있지만, 그렇지 않는 경우도 있다는 것을 지적하고 있는 것이다. 또한 하나님은 그가 원하실 때 은혜를 주시는 분이시다.

성찬을 받는 자(communicant)가운데 어떤 사람에게는 떡과 포도주가 거룩한 증표와 은혜의 수단이지만, 어떤 사람에게는 단지 거룩한 증표일 뿐일 수도 있다. 그가 후에 그 은혜를 받을지는 몰라도 말이다.

축복의 또 다른 면 곧 신자의 마음과 생을 성별하는 일은 물론 두 번째 축복과 밀접하게 연관되어 있다. 즉 성례전이 은혜의 수단으로 효력을 갖출 때, 예배드리는 자는 성례전을 통해 전달되는 은혜를 받게 될 것이다. 라텐브리가 HLS, nos 7, 그리고 16 같은 찬미는 성령에게 그리스도의 수난과 죽음을 나타내는 능력을 간구하는 기도들인데 이를 이 책의 후반부에 있는 기도 곧 성령에게 떡과 포도주가 은혜의 수단이 되게 하여 주시기를 간구하는 기도와 혼돈하면 안 된다고 판단한 것은 분명히 잘못된 것이다.[99]

이 기도들은 떡과 포도주가 진정 효과적인 증표가 되게 하여 달라는 간구들이다. 이런 면이 대부분의 성령강림을 비는 기도(epiclesis)에 포함되어 있다.(이런 찬미들은 또한 웨슬리가 브레빈트의 글을 발췌하여 기록한 "성례전의 사용"과 일치한다.)[100] 그러므로 라텐부리가 찬미 72:1을 수정하라고 권유하지만 그럴 필요는 없게 되었다. 나타나게 하라(realize)는 말을, 떡과 포도주를 진정한 증표를 만든다.

즉 효과적인 은혜의 수단으로 만든다는 의미로 이해할 필요가 없

---

99) Rattenbury, EH, p.27.
100) Brevint(W), secs. II.1, p.4; V. 4, p.18

이, 그저, 떡과 포도주가 진정한 증표가 되게 하는 것을 의미한다고 이해하면 된다.[101]

그래서 이 찬미가 온전한 성령강림을 비는 기도(epiclesis)인 것을 알 수 있다. 이 찬미의 첫 절은 증표를 성별하는 기도요, 두 번째 기도는 증표를 성별하여 효과적인 은혜의 수단을 만드는 기도이다.

세 가지 면의 성별의 기도 가운데 첫 째 것만이 우리가 여기서 다루고 있는 "타당성(formal validity)"과 관련되어 있는 것이다. 다른 둘은 성례전의 은혜, 유효성(efficacy)과 관련되어 있다. 이 문제는 우리가 제 8장에서 다룰 것이다.

이 점에 있어서 한 가지 더 집고 넘어가야 할 것이 있다. 웨슬리가 이 찬미들 (그 대부분을 챨스 웨슬리가 쓴 찬미들)을 인정하였지만, 웨슬리가 쓴 다른 글들에서는 성령께 간구하는 기도들은 찾아 볼 수가 없다. 주일 예배서(Sunday Service), 그리고 1662년판 기도서(Book of Common Prayer)에는 그리스도의 몸과 피를 받을 수 있도록 아버지께 간구하는 다음과 같은 기도문이 있다. "오 자비로우신 아버지여, 우리의 기도를 들으시어, 우리들이 그리스도의 귀하신 몸과 피를 나누어 갖게 하옵소서."[102]

여기에 강조점은 "우리"와 "그리스도의 몸과 피"에 있다. 떡과 포도주는 그저 받아 드렸다고만 언급되고 있다. 다른 글에서도 입증 되었 듯이,[103] 결론적으로, 웨슬리는 그의 다른 글들에서는 성별의 기도를 성령께 드린 일이 없다는 것이다.[104]

---

101) Rattenbury, EH. p.27. 102) Sund. Service, p. 136; BCP, Parker ed., p.245.
103) note 106을 보라.
104) 웨슬리는 Duty of Receiving을 쓰면서, Nelson의 Chr. Sacrifice, pp.37-38에서 성령께 드리는 기도 (epiclesis)를 빠뜨리고 썼다.

그럼에도 불구하고, 위에서 언급했듯이,[105] 웨슬리는 기도에 의한 성별하는 일은 지지하였다. 그러나 웨슬리에게 있어서는 기도는 하나님, 아버지, 아들에게 드려 성령을 보내 달라고 하며, 그리스도의 수난과 죽음의 혜택을 받게 하여 달라고 하는 기도들이었다. 성례전에 관한 몇몇 찬미들도 인간 구원에 있어서는 하나님 전체(whole Godhead)가 활동하시는 것을 들어내고 있다.[106]

세례에 있어서 세 번째로 반드시 있어야 할 것은 영국국교회의 성직자의 집례이다. 우리가 아는 대로 로마가톨릭교회에서는 긴급한 경우에는 평신도가 세례를 집례 하는 것을 허용하고 있다. 그에 대하여 웨슬리는 그를 부인한다. 그리고 웨슬리는 주님은 집례의 사명을 사도들 그리고 그 후계자들에게만 주셨다고 주장하였다.[107]

이와 같이 영국국교회에서 안수 받은 성직자에 의하여 세례를 받는 것이 정당한 세례에 필요한 것이라고 주장함으로, 웨슬리는 기도서(Prayer Book)에서 주장하고 있는 것 이상을 주장한 것이다. 곧 기도서에서는 다른 두 가지만 지적하고, 성직자는 다 집례 할 수 있다고 전제 한 것 같은 되, 웨슬리는 그 이상을 주장한 것이다.[108]

---

105) Note 96을 보라.
106) Brevint(W), II.9, p.8. "은혜의 예수여, 나의 믿음을 강하게 하시고, 나의 마음을 준비시키시고, 당신의 예식을 축복하소서. . . . . . IV.8, p.16. "나의 주님, 나의 하나님, 당신의 의식(ordinance)를 축복하사, 그 의식이 효과적인 은혜의 수단이 되게 하시고, 그리고 우리의 마음을 축복하시며 성결케 하소서. . . . .VI.4, p.23. "오, 아버지여, 당신의 아들, 하나님의 아들을 영화롭게 하시고, 당신의 의식을 축복하소서. 그리고 그와 더불어 약속하신 그 영(Spirit)을 보내주소서. HLS, nos.30:3-5, 33, 53, 58:4.
107) Works, X, p.150. cf. p.114. 이하 생략(역자).
108) BCP, Parker ed., p.310. ". . . 어린이가 물로(with water) 성부와 성자와 성령의 이름으로 세례를 받았다. (이것이 세례에 필요한 것들이다.) 그리고 사제(priest)가 세례를 집례케 하라. cf. Baker, pp.256ff.

세례에 있어 이 세 가지가 모두 필요하다고 주장한 것이 바로 서약 거부자들(Non-Jurors)이다. 결과적으로 웨슬리는 그가 잘 알고 있던 서약 거부자들의 영향을 받아 왔던 것 같다.[109] 그러나 아우틀러가 소개하고 있는 웨슬리가 자필로 쓴, 세례에 대한 논문의 첫 부분은 웨슬리는 출판하지 않았다는 것도 알아야 한다.[110]

왜 웨슬리가 이런 언급을 세례의 양식에 넣지 않았는지는 잘 알 수 없다. 아마도, 이 때문에 변론에 빠져들어 가는 것을 피하기 위하여 그리 한 것 같기도 하다.[111] 어떤 이유에서였던지 간에, 웨슬리는 전 생애 동안, 오로지 안수 받은 성직자만이 성례전을 집례 할 권한이 있다고 주장하였다.

"우리는 사도들로부터 승계되었다고 인정되는 감독들로부터 성례전을 집례 하도록 임명 받지 않은 우리가 세례나 성만찬을 집례 하는 것은 옳지 않다고 믿는다."[112] 웨슬리는 설교자로서의 임시직과 성직자(minister)로서의 정규직을 분명히 구별하였다. 이런 직분들을 가볍게 생각하면 안 된다. 아무도 자기 멋대로 생각하면 안 된다.

"하나님으로부터 인정을 받아 성막에서 봉사하고 싶을지라도, 여전히 그는 설교자와 사도들 같은 임시직으로나, 또는 교사나 목회자와 같은 정규직으로의 부르심을 받아야" 한다.[113]

---

109) Deacon, Complete Devotions, p. 151; cf. his Short Catechism, Lesson 23,. . . .또한 Hunt, Religious Thought in England, vol. III. p.75도 보라.
110) 웨슬리는 이 세례에 관한 논문을 두 번 출판하였다. 처음으로 1758년에 A Preservative Against Unsettled Notions in Religion, pp.143ff에서, 두 번째는 Works(Pine), XIX, pp. 275ff에 실어 출판하였다.
111) Preservative, "To the Reader" p.3. "내가 이 책자를 출판하는 목적은, 재차 주장하려는 것이 아니라, 보호하기 위한 것이다. 이니 이탈한 사람들을 설득시키려는 것이 아니라, 다른 사람들의 이탈을 방지하려는 것이다. 그러므로 나는 이신론자들, 아리안 주의자들이나, 소시니안들과의 변론에 들어가지 않는다. 이하 생략(역자).
112) Letters, II, p.55(Dec. 27, 1745). 사도의 승계에 관하여는 cf. Brevint(W), secs. II,5, p.6; V.6, p.19; VI.6, p.22; Works, VIII, p.224; X, p.494, XI, p.220; O.T. Notes, 사, 62:6; HLS, no.113:1.
113) O.T. Notes, 출 36:2. . . . .cf. O.T. Notes, 레 16:4, 민 16:38. N.T. Notes, 히 5:4. . . .또한 Letters, V, p.250, St.S., II, pp.119-120을 보라.

그러므로 웨슬리는 설교자나 감리회 회원들이 성례전을 집례 하는 것에 대하여는 비판적이었다. 웨슬리는 두 사람을 1739년에 페터레인 단체(Fetter Lane Society)에서 추방하였다 그리고 말하기를, 그들의 행동은 우리들과의 관계를 거부하는 것이었다고 하였다.[114]

재침례파 사람들과 영국교회 밖의 사람들이 행하는 세례가 타당하지 않다고 주장함은, 그들의 세례 양식이 다르다고 해서 그런 것이 아니다. 그 양식은 중요한 것이 아니다.[115]

(주의 성찬을 받는 자세도 중요한 것이 아니다)[116] 그들의 세례가 타당하지 않다는 것은 영국 국교회에서 안수 받은 성직자가 집례하지 않았기 때문이다. 또는 그들이 영국교회에서 정식으로 분리되었기 때문이다.[117] 그러므로 웨슬리는 평신도에게서 세례 받은 사람에게 다시 세례를 베푸는 일에 대하여 양심의 가책을 받지 않았다.[118]

그럼에도 불구하고, 그가 성찬을 집례하고 또는 세례를 베푼 설교자들을 책망함에 있어서는 성례전의 타당성에 관하여는 언급을 하지 않았다. 그가 늘 지적하는 것은 당신들은 사제직(priests)에 임명되지 않았다는 것이었다.[119]

웨슬리는 39계 교리 개조의 26조에서, 성례전을 집례하는 자의 도덕성이 중요한 것이 아니라고 한 것을 인정하였다."

성례전의 타당성과 효과는 집례자들의 선함에 의존하지 않음을 우리는 안다. 그러므로 사람을 보고 하나님의 예전을 나쁘다고 생각하

---

114) Journal Curn, II. p.222, n. 1; Letters, IV, p.235; V, p.330; cf. VII, p.377; VIII, pp.179, 203, 213; Works, VII, p.277, 279, VIII, p.224.
115) N.R. Notes. 막 7:4, 행 8:38, 롬6:3-4, 골 2:12, Works, II, p.469, VIII, p.242; X, p.188. XIII, p.266; St.S, II, p.139; Letters, I, p.358; III, p.36. 그러나 초기에는 그의 태도가 달랐다. Journal, Curn., I, pp.166-167, 210-211, Works X, p.394, 437을 보라. 이하 생략(역자).
116) Journal Curn., IV, p.302; V, pp.77-78.
117) Outler, J. W., p.318.
118) Journal curn., I, p.111 (Oct, 1735); cf. II, p.93, n, 1 (Oct,1738); C.W.'s Journal, I, p.133. Works, VII, p.422.
119) Letters, VII, p.179; "나는 우리 설교자들이, 자신이 영국교회에 멤버라고 주장하는 한, 세례를 베풀수 있다고 하는 것을 승인하지 않는다."

는 것은 어리석고 잘못이다. 그러나 그런 나쁜 사람으로 하여금 집례를 하도록 허락한 사제들의 죄가 크다 할 것이다.[120]

애초에 재침례파의 비평과 로마카톨릭의 "의도의 교리(doctrine of intention-성례전에서 수여자와 수령자와의 하나의 의향을 요구하는 교리)"를 반대하여 기록된 신조 26조를, 웨슬리는 사용하여, 불경건한 사제들에서 성찬을 받게 되더라도 받으라고 권하였다.

성례전을 행함에 좋지 않는 환경이 있을 수 있음을 웨슬리는 인정하였다. 그러나 그는 말하기를, "우리는 성례전이 불경건한 성직자에 의하여 집례 되었어도, 주님의 말씀은 묶임을 당하지 않음을 우리들의 경험과 수 천명의 경험을 통하여 안다. 그리고 집례자가 거룩한 자였던 아니었던, 성례전은 여전히 성례전이다.[121]

웨슬리는 그 신앙신조가 말하는 대로, "하나님은 인간 도구에 상관없이 그의 성례전을 인정하시고 축복을 내리시는 것을 체험을 통하여 보았다. 웨슬리가 성례전을 영국교회 성직자에 의하여 집례되어야 한다고 강조한 것은 어떤 영적인 생각에서 나온 것이 아니라, 교회의 규례와 정책에 대한 고려에서 나왔다. 영국교회가 안수한 성직자가 필요하다는 것은 성례전의 형식적인 타당성에 관한 문제이다.

위에서 보았듯이 웨슬리는 이 점을 지지하였다. 그럼에도 불구하고, 그의 주요한 관심과 강조는 다른 곳에 있었다. 그는 교회의 견지에서 성례전이 타당하여야 한 다는 것에 관심이 있었다.

그러나 그는 동시에, 만약에 성례전이 하나님의 견지에서 타당하지 않다면 그 성례전은 아무것도 아니라고 하였다. 만약에 하나님께서 은혜를 내리셔서 그 증표를 효과적인 은혜의 수단으로 만드시지 않는다면, 교회법에 따른 타당성의 문제는 미해결의 문제가 되고 만다.

---

120) O.T. Notes, 삼상 2:17; cf. Letters, III, p.228; VI, p.327, Works, VII, p.183, X, p.149.
121) Works, VII, pp.184-185; Letters, VIII, p.179; St.S., II, p.19; cf. N.T. Notes, 마 7:18; O.T. Notes, 삼상 2:17. Baker, pp.258, 329.

이 문제에 관한 보다 넓은 고려는 5-7장(은혜의 수단에 관하여)에서 다룰 때에 이루어 질 것이다. 결국 웨슬리에 있어서는, 하나님의 은혜를 받는 일이, 은혜의 수단의 타당성과 궁극적 증명이라고 말하면 충분하다.[122] 형식적인 타당성은 교회의 질서를 위하여 필요하다.

그러나 이 형식적인 타당성이 성례전의 효용성과 혼돈되어서는 안된다. 전자는 사람의 사역과 연관된 것이고, 후자는 전적으로 하나님의 은혜로운 구원사역과 연관된 것이다.

---

122) Letters, V, pp.249-250; Works, VI, pp.311-312. 웨슬리는 평신도 설교자들을 사용함에 있어서도 이와 같은 원리를 적용하였다.

3장 하나님의 구원사역과 성령의 역사
4장 효과적인 증표 · 예수의 속죄
5장 은총의 효과적인 수단 : 적용된 예수의 속죄
    1) 은총의 수단들
6장 은총의 효과적인 수단 : 세례
7장 은총의 효과적인 수단 : 성찬
8장 천국의 효과적인 표적 : 예수의 대속
    천국에 대한 확인(possession of its purchase Assured)
    세례와 성찬
9장 효과적인 희생 : 수용된 예수의 대속
    1) 세례
    2) 성만찬

3부

성례전의 역할
The Function of the Sacraments

제 3 장

하나님의 구원사역과 성령의 역사

God Working to Save :
The Holy Spirit as Agent

"**믿음과** 구원의 창시자는 하나님이시다. 우리 안에서 행하시는 이는 하나님이시니, 그가 소원을 두고 행하게 하신다. 모든 선한 선물을 주시는 분도 하나님이시다. 그리고 하나님이 모든 선한 일의 창시자이시다. 사람에게는 공로가 없을 뿐 아니라 아무 능력도 없다.

모든 공로가 우리를 위하여 행하시고 고난당하신 하나님의 아들에 있듯이, 모든 능력은 하나님의 영에 있다. 그러므로 모든 사람이 믿어 구원에 이르기를 위해서는 성령을 받아야만 한다.... 이 땅에 살고 있는 사람은 하나님의 영이 영혼에서 어떤 모양으로 역사하는지는 설명할 수가 없지만, 그러나 성령의 열매를 받은 사람은 하나님께서 자신의 마음에 열매를 맺게 하신 것을 느끼며 모를 수가 없다. 그러나 분명한 것은, 모든 참 믿음과 모든 구원의 역사, 그리고 모든 선한 생각과 말, 행동은 하나님의 영의 역사에 의하여 이루어진다는 것이다."[1]

위에서, 웨슬리가 (1744년 12월 22일에 쓴) "이성적이요 종교적인 사람들에게 드리는 호소(A Further Appeal to Men of Reason and Religion)"라는 글의 첫 부분을 인용하였다. 이렇게 그의 글을 인용한 이유는, 구원의 구조의 윤각을 설명하는 이 글 가운데서 웨슬리의 성례전에 관한 교리가 나타나 있기 때문이다. 린스트럼은 그가 성화의 교리를 논의하기 시작하면서 다음과 같이 말하였다.

"기독교에 대한 이해의 실마리는 이해하는 사람이 인간의 성격에 대하여 어떠한 견해를 가지고 있는 가에 있을 것이다. 캐논은 단호히 말하기를 "웨슬리는 신학을 늘 인간문제로부터 시작했다. 그리고 의롭다함을 받는 일에 있어, 결정적인 요소는 하나님과의 관계에서가 아니라, 전적으로 사람 자신의 결정의 범위에 있다"라고 하였다.[2]

---

1) Works, VIII, p.49; cf. N.T. Notes 히 9:14.
2) Lindstrom, p.19, Cannon, p.246.

이 점에 있어서 저들은 웨슬리의 견해를 거꾸로 말하고 있는 것 같다. 인간이 구원을 받아야 함을 설명함에 있어, 웨슬리는 인간의 현재와 과거의 상태에 자연스럽게 초점을 맞추어 설명하였다. 그러므로 그는 강하게 원죄의 교리를 주장했고, 모든 인류라 부패했다는 것을 강조하였다. 그러나 웨슬리의 주장의 중심은 우리들의 구원의 근원, 시작 그리고 근거는 오로지 하나님 안에, 특별히 하나님의 사랑에 있었다. 이와 같이 그의 강력한 강조는 삼위일체의 교리에 있었다.

그리고 앞에서 지적하였듯이[3] 구원사역에 하나님 곧 아버지, 아들, 성령이 관여하시는 것을 강조하였다. "하나님이 이 세상을 이처럼 사랑하사 독생자를 주셨으니 . . . ." 이 본 연구의 제 3장을 시작할 때 다음과 같이 말한 것에서 명확히 들어난다.

"믿음과 구원의 창시자는 하나님이시다."
그리고 "모든 사람이 믿어 구원에 이르기 위해서는
성령을 받아야만 한다." 그리고 마지막으로
"구원의 모든 일은 하나님의 영의 역사에 의하여 모두
이루어진다."

사실상, 웨슬리는 모든 선한 것은 하나님의 은혜에서 온다고 하는 점에 있어, 그가 "칼빈주의의 끝까지에" 이르렀음을 인정하였다.[4]

구원에 있어서는 하나님이 구원의 근원이요, 기초이며, 끊임없는 샘이시다. 이미 이루어진 예수의 속죄가 은혜로 적용되어, 구원을 얻게 된다. 역사하시는 분은 하나님이시오, 사람은, 하나님께서 은혜로 우리의 호응이 가능하도록 하셨기에, 하나님의 부르심에 호응하며 받

---

3) 제 2장을 참조하라. cf. Williams, W's TT, p.46, 47 ff; Works, VI, pp.205, 234.
4) Works, VIII, p. 285.

아드릴 수 있다. 그리고 이 위대한 구원 역사에 있어, 하나님은 어떤 수단들(means)을 지정하시고 그를 통하여 하나님의 은혜를 주시기를 기뻐하신다. 하나님은 어떤 수단을 통하지 않고도 그의 은혜를 주실 수 있지만,[5] 하나님은 우리들의 편의를 위하여 그런 수단들을 선택하신 것이다.

"이런 것들에서 능력이 나오지 않는다,
  나팔, 장대 또는 크로스나 그늘로서가 아니라,
  오로지 당신의 팔로 역사하셨다.
  당신의 지혜로 선정한 기구가 있을 경우에는
  그것으로 당신의 은혜를 수여하시어 구원하셨다.
  구원은 오로지 하나님께로부터 온다."[6]

성례전을 통한 구원의 역사에는 삼위일체 하나님이 관여되고 있다는 것을 웨슬리는 한 성찬예식에서의 찬미에서 확실하게 지적하고 있다: "아버지여, 우리는 은혜를 요구합니다." – 예수여, 주의 보혈을... – 믿음의 영이여, 강림하소서. 그리고 이 찬미는 하나님이 내리시는 혜택과 그 원천을 열거하고 있다.

"용서와 은총을 내려주시며,
  위로부터 속히 오시어,
  지금 모든 사람의 마음에,
  하나님은 완전한 사랑인 것을
  증거하여 주소서."[7]

---

5) Works, V, p.188
6) HLS, no. 61:3; cf. Brevint(W), sec. IV, p.14
7) HLS, no.75

그래도 역시, 하나님은 성령의 역사를 통하여 일하신다. 하나님은 성령을 통하여서만 알 수 있다. 그리고 그리스도께서도 성령을 통하여서 나타나신다. 웨슬리는 성령강림 주일(Whit-Sunday)에 관한 설교를 인용하면서, 계속하여 말하기를, "사람의 생각을 깨우치고 사람의 마음에 신성한 생각을 불러일으키는 이는 바로 성령이다. 성령께서 사람 안에 존재하고 머물러 있지 않는다면, 내적으로 사람을 온전히 새로 나게 하는 역사가 있으리라고는 생각할 수 없다."[8]

웨슬리는 은혜의 수단, 특히 성례전과 관련된 일을 말할 때는 언제나 주저함 없이 단언하기를 은혜의 수단에서, 그와 더불어, 또는 그를 통하여 생기는 일들이나, 또는 그와 연관된 말씀이나, 행동은 모두 하나님이 성령을 통하여 이루시는 것이라고 하였다.

"opus operatum, 곧 단순히 이룬 행위가 가져다주는 이익은 아무 것도 없음을 분명히 알아야 한다. 곧 거기에는 구원하는 힘이 없고, 오로지 하나님의 영 안에 힘이 있다는 것. 거기에는 공로도 없고, 오로지 그리스도의 보혈에 공로가 있다는 것. 그리고 또한 당신이 하나님을 전적으로 신뢰하지 않으면, 하나님이 정하신 수단이라도, 그것이 영혼에게 은혜를 전하지 못한다는 것을 분명히 알아야 한다."[9]

하나님이 이 일을 하신다는 증거는 너무나 많다. 이는 하나님이 믿는 자들과 함께 하시며 그리고 그들 안에 계시매, 그리스도께서 성령을 통하여 주시는 것이다.[10] 그러므로, 사실에 있어, 성례전의 중심이 단순히 그리스도의 죽음에 있다고 하기보다는, 하나님을 중심으로 한

---

8) Works, VIII, p.104; Homilies, pp.430-431.
9) St.S., I, p. 259; cf. p.243.
10) O.T. Notes, 출 24:6,29:35; 레 2:1, 민 19:4; 렘 3:17; 겔 26:20; 단 9:24; N.T. Notes, 요9:5, 17:17, 롬 6:3-4, 고전12:13, 살전 5:20; 골 2:11-12; 히 2:10; 벧전 3:18;, HLS, nos. 7:1; 16; 64:1; 72; 92:1, 5,6; 150; Brevint(W), secs. II.7, pp.6-7; Works, IX, p.308; X, p.191; Letters, IV, pp.38,42; Duty of Receiving, pp. 9.10; Journal Curn., V. p.195 etc.

성례전이라고 말할 수 있다. 웨슬리의 성례전 교리가 그리스도의 속죄를 중심으로 하고 있어 그 중요성을 인정하지만, 그러나 웨슬리가 보기에는 그것은 하나님의 크신 구원 계획의 한 부분인 것이다.

    수단이라는 것은 다양할 수 있고, 또한 하나님께서 원하시면 그것 없이도 역사하실 수 있을 것이다. 그러나 하나님은 우리를 구원하고 보전하는 일을 하심에 있어, 여전히 통상적으로는 은혜의 수단을 통하여 역사하신다.

    마지막으로 한 가지 더 살피고 넘어가야 하겠다. 정숙주의(doctrine of 'stillness')를 주장하는 사람들과(그리고 메소디스트의 한 쪽에서 신비적으로 주어진 내적 종교적 느낌 같은 것을 믿고, 성서, 기도 또는 성례전을 거의 상용하지 않는 사람들)은 하나님께서 사람의 마음에 직접 직감적으로 역사하는 것과, 다른 한편, 수단을 통하여 간접적으로 역사하는 것을 구분하였다. 그리고 후자는 별로 필요하지 않거나, 덜 중요하다고 주장하였다.

    웨슬리는 그런 견해를 지지하지 않았다. 웨슬리는 은혜의 수단들을 항상 사용할 것을 주장할 뿐 아니라 또한 하나님의 구원 사역에 있어, 간접적인 역사와 직접적인 역사를 차별화 하는 것을 거부하였다.

    "그러나 영감(inspiration)은 모두 직접적이다. 예를 들어서, 당신이 개인 기도에 몰두했다고 생각해 보자, 그 때 하나님이 그의 사랑을 당신의 마음에 부어 넣어 주신다. 그때 하나님은 당신의 영혼에 직접적으로 역사하신 것이다. 그때 당신이 체험한 하나님의 사랑은 성령에 의하여 당신에게 직접적으로 들어온 것이다. . . . 말을 바꿔서, 그 때 하나님께서 당신이 하나님을 사랑하도록 도왔다고 하면, 이는 직접적인 도움이 아닌가? 또 성령이 당신의 영과 함께했다고 할 때. . .

이는 직접 일어난 일이다.... 하나님, 성령이 당신의 영 안에서 역사하신 것이다....."[11]

다른 곳에서도 이런 의견은 분명하게 나타나 있다. 믿음, "....모든 그리스도인이 은혜로 받는 믿음도 초자연적인 것이며, 하나님이 그가 정하신 은혜의 수단을 통하여 직접적으로 주시는 선물이다.[12]

여기서 웨슬리는 다시 한 번 은혜의 수단을 통하여 하나님이 역사하시는 것을 강조하고 있는 것이다. 은혜의 수단들이 하나님에 의하여 정하여진 것이지만, 그러나 수단으로서의 역할은 이런 수단들을 통하여 하나님이 직접적으로 역사하심으로써만 실제로 실현되는 것이다. 어떤 수단이나 경로를 사용하든, 거기에는 하나님이 직접적으로 직접 역사하고 계시는 것이다.

이와 같이 웨슬리는 "정적 심령주의(quietistic spiritualism)"를 반대하였다. 동시에 수단들을 지나치게 강조하는 것도 반대하였다. 은혜의 수단들은 하나님께서 사용하실 때만이 은혜의 수단인 것이다. 그리고 우리는, 하나님께서 수단들을 은혜의 통로로 사용하시겠다고 약속하셨기 때문에, 그 수단들을 활용하는 것이다. 우리는 하나님이 우리를 만나기로 약속하신 곳에서 하나님을 만나는 것이다.

---

11) Works, VIII, p.107. 또한 St.S. II, pp.99.103을 보라.
12) Letters, II, p.46; Works, VI, p.369. cf. Grislis, "Wesleyan Doctrine," Duke Div. Sch. Bull (May 1965), pp.101-102.

3장 하나님의 구원사역과 성령의 역사
4장 효과적인 증표 · 예수의 속죄
5장 은총의 효과적인 수단 : 적용된 예수의 속죄
    1) 은총의 수단들
6장 은총의 효과적인 수단 : 세례
7장 은총의 효과적인 수단 : 성찬
8장 천국의 효과적인 표적 : 예수의 대속
    천국에 대한 확인(possession of its purchase Assured)
    세례와 성찬
9장 효과적인 희생 : 수용된 예수의 대속
    1) 세례
    2) 성만찬

3부

성례전의 역할

The Function of the Sacraments

제 4 장

효과적인 증표
Effective Sign
: 예수의 속죄
The Atonement Remembered

웨슬리는 브레빈트와 함께 주님의 성례전인 주님의 성찬에는 다음의 세 가지 면이 있다고 하였다.

"주님의 성찬이 성례전으로 인정되기 위해서는, 1. 그리스도의 고통당하심을 상징함이 있어야 한다. 그리스도의 고통당하심은 과거의 일이다. 그러므로 성찬은 그를 기념하는 것(memorial)이다. 2. 그런 주님의 고통의 첫 열매를 현재 전달하는 것이 있어야 한다. 그러므로 성찬은 하나의 수단(means)이다. 3. 앞으로 올 영광을 보증하는 것이라야 한다. 그러므로 성찬은 확실한 약속(pledge)이다."[1] 성례전에서의 이런 세 면은 세 가지 의식(use)에 상당한다.

"첫째, 의식은 우리들이 영원히 행복하도록 만드신 주님의 그 거룩한 고통을 새롭게 차려놓는 일이다. 두 번째는, 우리를 성찬을 받기에 합당하도록 모든 은혜를 나타내며 우리 영혼에 전달하는 일이다. 그리고 세 번째는, 우리가 성찬에 합당한 자격을 갖추었을 때는 하나님께서 은혜를 우리에게 반드시 주실 것이라는 것을 확증하는 일이다. 이 세 가지가 주님께서, '받으라' '먹으라,' '이것은 내 몸이니' 라고 하신 말씀의 온전한 뜻을 지어내는 것이다."[2]

더구나, 성례전은 또한 하나의 제물(sacrifice)이다. 이 세 가지 의식(uses)과 첨가된 제물의 양상이 마침 두 성례전의 역할에 기본적인 구성을 마련해 준다.

브레빈트 박사의 입장을 따라, 웨슬리는 주님의 성찬을 하나의 기념물(memorial)로 봄으로, 그는 성례전 신학에 중요한 공헌을 하였다. 성례전을 기념물로 보는 견해가 성례전 신학에서 새로운 것은 아니다. 이 견해는 주로 주님의 성찬에 대한 기념설(memorialist conception)과 연관되어 있다. 그래서 결국, 성찬에 주님의 임재가 없다는 교리(real absence)와 관련되어 내려왔다.

---

1) Brevint(W), sec. II.1, cf. Brevint, sec. II.1, pp.4-5. 이하 생략(역자).
2) Brevint(W), sec. V.4, p.18; cf. V.7, p.19; Brevint, sec. V.6, pp.60-61.

라텐버리는 웨슬리의 성례전 신학에서는 이점이 중요하다는 것을 바로 인정하였다. 그러나 라텐버리는 이런 견해의 깊이와 풍요함을 파악하지 못하였다. 두 가지 이유에서 그는 그랬다. 즉 한편, 그는 브레빈트의 이 글들과 기념설을 반대하는 성례전의 찬미들을 다소 망설이면서 가볍게 판단을 하였다. 그러니 그의 판단은 단지 부분적으로만 성공한 것이다. 그는 말하기를, 브레빈트의 두 번 째 절(section)과 찬미의 첫 부분은 브레빈트나 웨슬리는 순수한 기념론자가 아니었다는 것을 묵과하고 있다고 하였다.[3]

이 점에 있어 라텐버리가 웨슬리 신학의 깊이를 어느 정도 파악을 못하였는가는 그가 이 항(section)에 있는 희생의 찬미(sacrificial hymns)라고 하는 네 개의 찬미를 찬미의 5항에 배정한 일에서 들어나고 있다. EH, p.20;이 찬미들은 바로[4] 이다.

이 찬미들이 바로 웨슬리의 기념론의 견해를 들어내고 있는 것들이다. 라텐버리는 브레빈트의 첫 단락을 너무 경솔히 취급한데서 그리 된 것 같다.[5] 여기서 그가 웨슬리를 잘못 이해하게 된 두번째 이유는 그가 anamnesis(remembrance, 기억)의 개념을 도입하는 데서 온 것이다. 웨슬리와 브레빈트에 있어서 기념(memorial)이라는 개념이 과거에 일어났던 일들을 마음에 생각하는 것으로 이해하는 것은 적당하지 않다. anamnesis 라는 말은 주로 그래고리 딕스(Gregory Dix) 수사가 사용한 전문적인 의미를 지닌 것으로, 그가 의미한 바는 광범위 하다.[6] 더욱이, 기억한다는 말을 20세기에서 이해하는 개념으로 웨슬리의 견해에 적용하지 말고, 초대교회에서 사용한 그 뜻에서 봐야 한다.

---

3) Rattenbury, EH, p.20. cf. pp.25, 30.
4) EH, p.20; 이 찬미들은 바로 HLS, nos. 2,3,4,8이다.
5) EH. p.25; cf. p.177.
6) The Shape of Liturgy, pp. 243ff; cf. Thompson, Western Lit. p.17.

웨슬리의 사전(dictionary)에서는 기념(memorial)이라는 말을 정의하기를, 간단하게 마음에 기억한다고 해고, 또 다른 말로 이를 설명하였다. 즉 "나타낸다(represent)"곧 어떤 장소에서 보여 주다(shew)는 의미이다. 그런데 라텐버리는 웨슬리는 anamnesis라는 말을 성례전과 연관시켜 말한바가 없다. 나타내다(representation)라는 말을 "다시 제시 하다(re-presentation)"라는 의미로 사용한 바가 없다고 첨가하였다.[7] 그러나 실은, 웨슬리가 말하는 기념(memorial)이라는 의미는 anamnesis로도 불충분하다. 웨슬리의 소논문 안에서 증거하고 있는 것을, 이 찬미의 구절과 브레빈트의 글을 연관시키면서, 치밀하게 살필 때, 비로소 웨슬리가 이 글에서 말하고자 하는 것이 무엇인지를 알 수 있다.

웨슬리가 말하는 기념(memorial)은 예배에서 산자와 성령이 활발하게 관계되고 있는 예배의 드라마인 것이다. 물론 기념이라는 것은 마음에 생각나게 한다는 의미에서 "기억한다"는 것과 직접 관계를 지니고 있다. 그러나 웨슬리는 단순히 기억한다는 수준 이상을 의미하고 있는 것이다. 사실, 웨슬리는 브레빈트의 개념을 깊게 하고 있는 것이다. 곧 브레빈트는 정적인 상태의 수준을 말하고 있는데 불과하지만, 웨슬리는 그 의미를 실존적이요 개인의 문제와 연관된 상태를 말하는 것이다.

"후세의 그리스도인이 와서 떼어주신 떡과 따라주신 포도주와, 그리고 그것을 받아먹고 마신다는 것의 의미를 물으면, 이 거룩한 성찬식은 저희들의 죄를 속죄하기 위해 육체를 희생하시고 피를 흘리시며, 자신의 영혼을 받쳐, 십자가에서 돌아가신 구주의 순교와 희생을 보여 줄 것이다."[8]

---

7) 그런 예를 EH, pp.144-145에서 보라
8) Brevint(W), sec. II.2, pp.4-5. Brevint, sec. II.2, p.6, cf. HLS, no.8:2.

성례전이란 그리스도의 고난당하신 것과 죽음과, 또한 그리스도가 우리들의 죄를 속죄하기 위해 희생하신 사실을 우리들의 목전에 내놓는 것이다. 말하자면, 주님의 성찬은 그리스도의 죽음을 보여주는 것이다. 성례전은 하나님이 정하신 것이다. 이는 하나님이 그리스도의 고난당함을 되살아내게 하며, 마치 그것이 현재 지금 있는 것처럼, 그리스도의 고난을 우리들에게 보여 주기 위한 하나님이 계획하고 정하신 것이다. 단지 우리들의 마음과 기억에 보여주는 것이 아니라 우리들의 오감(all senses)에 보여주기 위한 것이다.

이와 같이 "기념"으로서의 성례전은 생기에 넘치는 예배의 경험전체를 연루시키고 있다. 그리스리스(Grislis)만이 웨슬리가 말하는 "기념"으로서의 성례전의 깊은 뜻을 파악하였다. 그는 다음과 같이 말한다.

"주님의 성찬을"기념(memorial)"으로 이해하고 드리는 예배는 특유하다. 그 때 사용되는 떡과 포도주, 그리고 감사의 예배는 우리 주님의 속죄의 희생을 강하게 나타낸다. 성찬을 받는 사람들은 명상하는 가운데 떡과 포도주가 자기에게 깊이 구체적으로 강렬하게 호응하도록 불러일으키는 것을 발견한다.[9] 그리스리스 조차, 그 예배에는 명상 이상이 연루되어 있는 것, 곧 브레빈트가 말하는"3차원의 예배"임을 간과하고 있는 것 같다.[10] 첫 단계에서, 예배하는 자들은 경외할 만한 정해진 성경 구절을 명상함으로 예배를 시작한다.[11]

기도로 성별된 떡과 포도주를 보면서, 그는 마음에 다음과 같이 말한다. "나는 이 제단 위에서 나의 주님의 희생제물과 아주 같은 것

---

9) "Wesleyan Doctrine", Duke Div. Sch. Bull. (May, 1963), p. 104; cf. Brevint(W), secs II.2, p.4; IV.I, p.12; HLS, no.77:4.
10) Brevint, sec. II.4, p.9. Brevint(W), sec. II.7, p.6.
11) Brevint(W).sec. II.5, p.6; cf. Brevint, sec. II.5, p.9. 이렇게 하는 것은 성찬을 받는 사람이 성례전이 어떤 것이며, 그리고 무엇 때문에 성례전을 지정하였는가를 알게 하기 위함일 것이다. Duty of Receiving, pp. 11, 13; cf. Brevint(W), secs. III.2, pp. 9-10; III. 6, p.11; HLS, no. 28.1.

을 봅니다." 이 구절은 라텐버리가 "희생 제물"에 대하여 논의하는데서 나온 말이다.[12]

그러나 그런 개념은 성례전의 그런 면과는 아무 상관이 없다. 이는 역동적인 성찬, 곧 "기념"에서의 중요한 역할을 의미하는 것이다. 예배하는 자는 유추나 비유의 방법을 쓰면서 전심으로 그리스도의 고통에 정말로 동참하는 것이다. 이와 같이 생명의 떡(빵)은 부서졌다.

"나의 주님, 나의 하나님, 나는 옥수스가 사람에 의하여 잘려지고, 갈려지고, 부스러져서 이 빵(떡)과, 그리고 당신께서 살인자들에 의하여 고통당하신 그 축격과 재난과 아픔을 봅니다."[13]

이와 같이 예배하는 자는 그리스도가 순교자로서 사람의 손에 의하여 고통당하신 그 일에 자기도 같은 경험을 하고 있듯이 느끼면서 참여한다. 그러나 유추는 그 이상으로, 그리스도의 속죄의 전체 드라마로 인도한다. "나는 불로 구은 이 빵(떡)에서, 나의 하나님, 나의 하나님 어찌하여 나를 버리시나이까? 하면서,[14] 당신이 위로부터 받으신 그 천벌을 봅니다. 하나님의 의와 공의가 충족되어야만 했다, 그래서 그리스도께서는 우리들 대신에 죽으신 것이다. 그러나 동시에 신자가 우리 대신 돌아가신 주를 볼 때에, 그는 하나님의 사랑의 깊이를 느끼게 된다. "이와 같이 하나님 자신이 그의 아들을 죽게끔 내어 주시고, 그리고 우리들에게는 그의 죽음의 효력을 주신다.[15] "웨슬리는 어거스틴을 인용하면서 말하기를,"바르게 받아 드린 이 성례전은 그가 상징하는 은혜를 마치 새롭게 있었던 것처럼, 우리의 의식에 실질로 나타나게 만든다."고 하였다.[16]

---

12) EH. pp. 118-119.
13) Brevint(W), sec. II.5, 9, pp.6-7; cf. Brevint, sec. II.5, 11, p. 9,14.
14) Brevint(W), sec. II.9, p.6; Brevint, sec. II.11, p.14; cf. Brevint(W), sec. III.2, pp.9-10; HLS, nos. 2; 10:2.
15) Brevint(W). sec II.5. p.6; Brevint. sec. II.5, p.9.
16) Brevint(W), sec.II.3, p.5; Brevint, sec. II.3, pp.6-7.

이와 같이, 기도로 성별된 떡과 포도주를 통하여 유추적으로 전해진 메시지를 실존적으로 수용하고서는, 예배하는 자는, "그대는 하나님께서 교회의 의식을 위하여 지정하신 그 선한 손을 보면서, 이런 위대한 은혜의 상징물을 흠모하며, 숭배하는 것이 마땅하지 않는가?"[17] 하면서 자연스럽게 두 번째 단계에 들어간다. 예배하며 명상하는 눈은 떡과 포도주를 넘어서 온갖 자비를 주시는 하나님을 꿰뚫어 보게 된다.

이스라엘 사람들이 광야에서 구름을 예배하지 않고 하나님을 예배하였듯이, 그리스도인은 상징물들을 예배하지 않고 그 상징물을 정하신 주님을 예배한다. 흠모하고 숭배하는 가운데, 그는 하나님의 큰 자비에 대한 감사와 찬양으로 충만해 진다. 그는 주어진 떡과 포도주와 함께 주님께로 나아간다, 그리하여 기념하는 드라마는 그 절정에 이르러, 예배의 제 3단계에 이른다. 이 단계를 브레빈트는 "다른 2단계의 완결이요 왕관"이라고 불렀다.[18] 앞에 있는 2개의 "예배의 단계"는 물론 성례전의 기념설에 적합하다. 기념설을 주장하는 사람들은 명상과 유추와 찬양과 기도하는 것으로 예배를 드린다.

그러나 기념론자들은 웨슬리를 따라 제 3단계인 그 중요한 단계에는 이를 수는 없었다. 이 3단계에서 구원의 놀라운 사건이 나타난다. 여기에서 우리는 처음으로 (이 저자가 일컫는바) 웨슬리의 "영원한 현재(Eternal Now)"의 교리를 알게 된다. "여기에서 그리스도가 의도하는 바는 그냥 그리스도의 고난당함을 기억하게 하는 것이 아니고, 거듭거듭 우리를 그리스도의 희생제물에 초대하는 것, . . ."[19] 곧 영혼을 변화시키는 잔치에 초대하는 것이다.

---

17) Brevint(W), sec. II.6, p.6; Brevint, sec. II.6. pp.9-10. 여기에 기념물(memorial, remember)이 어떤 곳에서는 성례전 전체나, 성례전의 행사를 가리키는 것으로 사용되었다. HLS, nos. 30:2; 88:3; 89:1, 3; 100:1, 165:1; N.T. Notes, 마 26:2, 눅 22:15; Works, VI, p.499; VII, p.147, 149; VIII, p.43; XI, p.245; St.S., I, pp.251-252; Duty of Receiving, pp. 3,4,0,10,11.
18) Brevint, sec. II.7, p.11.
19) Brevint(W), sec. II.7, p.6; cf. Brevint, sec. II.7, p.11.

"이 성찬예식이 가져오는
　오호, 놀라운 영혼 구원의 잔치.
　여기서 당신의 과거의 고난을 기억하면서,
　우리는 당신의 사랑으로 충만해진다."[20]

그리스도께서 우리를 자신의 희생제물로 초대하신다. 주님만이 경외할 만한 능력을 주실 수 있다.

"죄인을 위하여 돌아가신, 생명의 왕자여,
　당신과의 사귐을 허락하소서.
　우리는 기꺼이 당신의 고통을 함께 하며,
　당신의 죽음의 고통도 함께 나누겠나이다.
　지금 우리에게 그 경외할 만한 능력을 주시고,
　당신의 죽음의 시간을 생각하게 하소서."

"분명이 그는 지금 기도를 들으신다.
　믿음으로 십자가에서 돌아가신 이를 봅니다.
　보라. 상처 입으신 어린 양이로다.
　찔리신 그의 발, 그의 손, 그의 옆구리
　나 위해 나무에 매달려, 피 흘리고 죽으신,
　그에게 우리의 소망을 겁니다."[21]

---

20) HLS, no.94:2..
21) HLS, no.22:1, 3; cf. nos. 25:2, 123:3.

구원의 전 과정이 이 사건에서 모두 전개되는 것이다. 즉 믿음의 눈을 가지고 보면서, 성령의 능력에 의하여, 예배드리는 자는 시간과 장소를 초월하여, 자기가 마치 십자가의 밑에, 예수의 어머니와 함께, 고통당하시는 예수님의 파트너로 있는 것처럼, 느낀다.[22]

믿음으로 자기 눈앞에서 십자가에서 돌아가시는 하나님, 아직도 따듯한 피를 흘리고 계시는 하나님을 알아본다.[23] 믿음의 눈을 통하여 그리스도의 위대한 희생의 무한함과 아울러 그가 당하신 비극과 공포가 신자에게 실존적으로 뼈저리게 느껴진다. 그는 거기에 떨면서 서 있는 것이다. 그는 그리스도가 돌아가시는 것을 보며, 그 자신을 위하여 돌아가신 것을 깨닫게 될 때, 갈보리에 숨겨진 깊은 의미를 가슴으로 깨닫게 된다. 그는 구세주를 찌른 못과 창이 결국 내 죄였다는 것을 깨닫고, 후회와 슬픔으로 운다. "사람들아, 형제들아, 우리가 어찌할꼬?" 하나님의 죽음이 아니고서는 충족될 수 없는 하나님의 정의가 하신 일에 놀랄 수밖에 없다. 그것이 얼마나 경이로운 일인가. 얼마나 깊고 거룩한 신비인가.[24] 보았고 또 경험한 자로서, 웨슬리는 다음과 같이 말했다.

"돌과 같은 마음을, 약하게 하고 약하게 하라,
예수께서 지신 십자가로 깨치라.
그의 난도질당하고 버려지고,
응고한 피로 덮혀진 그의 몸을 보라!
악한 영혼아, 네가 무엇을 하였는가?
하나님의 영원하신 아들을 죽였노라."

---

22) HLS, no. 22:2. no.7; cf. nos. 4; 8:2; 10:3; 11:1; 12:1-3; 18; 20:1; 21; 73:4-5; 123:3; 132:2; 132:1-2.
23) HLS, nos. 4:3-4; 131:2; 132:2.
24) Brevint(W), sec. 11.8, p.7; Brevint, sec. II.10, pp.13-14; cf. "Hymn of Zechariah 12:10 (verse 3), Poet, Works, I, p.232.

" 그래, 우리 죄가 이 일을 하였다.

그를 찌르는 못을 날랐고,

그의 머리에 가시관을 씌웠고,

군인의 창으로 그를 찌르게 하였다.

그리하여 그의 영혼이 희생제물 되게 하고,

세상 죄를 위하여 죽게 하였다."[25]

이와 같이 여기에는 시간과 장소의 두 가지가 언급되고 있다. 곧 그리스도는 현재, 여기에서 십자가에서 돌아가셨다. 나의 죄가, 그 때, 거기 갈보리에서 그리스도의 손에 못을 박았다. 그러나 신자가, 깨달은 죄책에 눌려 거의 박살 난 상태에서, 회개할 때, 그는 또한 그리스도가 자기를 주님의 희생제물로 초대하는 것이 지금 자기에게 얼마나 중요한 것인가를 깨닫게 된다. 그리스도가 그를 주님의 희생제물로 인도하시되, 이는 "여러 해 전에 있었던 것으로가 아니라, 주님의 은혜와 자비가 지금까지 계속하며, 지금도 새로운 것으로, 주님께서 처음에 우리를 위해 하신 것과 똑같이 초대하시는 것이다."[26]

주님의 속죄와 그에 따른 모든 혜택이 현재의 현실인 것이다. 죄에 대한 깨달음과 죄의 용서가 현재 여기에서 이루어지고 있는 것이다. 실제로, 아담의 죄가 시간과 공관을 초월하여 내 것이 되듯이, 또한 둘째 아담의 보혈도 바로 그렇게 미치는 것이다. 그러므로 실제로, 그러나 묘사적인 언어로, 웨슬리는 다음과 같이 말할 수 있다.

"제물의 향기가 아직도 나고 있다. 주의 피는 아직도 따뜻하고 그의 상처는 아직도 생생하다. 죽임을 당한 어린 양은 아직도 서 계시다."[27] 구원은 현재의 실체다. 하나님이 멈추기까지는, 항상, 하나님의

---

25) HLS, no. 23:1-2.
26) Brevint(W), sec. II.7, p.6; Brevint, sec. II.7, pp.11-12; cf. Duty of Receiving, pp. 11, 13.
27) Brevint(W), sec. II.9, p.8; Brevint, sec. II.11, pp.15-16. cf. 계 5:6; HLS, nos. 3:2-4; 5.

위대한 구원의 계획안에서 역사하는 "영원한 지금(Eternal Time)"이 있는 것이다. 기념설의 개념은 그리스도가 현재 여기 계셔서 구원하시고, 돌보신다는 것을 체험한 사람을 만족시킬 수는 없다. 이 체험은 하나님이 실제인 것과 같이 진정한 것이다.

웨슬리가 이해하는 "기념설"에는 흔히 볼 수 없는 깊이와 풍요함이 있는 것을 인정하여야 한다. 그러나 아직도 그에 대해 의심하고 질문하는 사람이 있을 것이다. 그러나 이들은 자기의 상상과 느낌으로 접근하고, 남의 도움을 빌리지 않고 스스로 자기 주장을 내 세우는 믿음에서 그런 것이 아닌가 싶다. 그렇게 생각하는 데는 위험의 요소가 있을 수 있다. 그러나 웨슬리의 경우는 그렇지 않다. 웨슬리가 성례전을 "기념"으로 보는 의미는 그 이상이다. 초월적인 믿음은 단지 예배하는 자의 주관적인 체험을 의미하지 않는다. 이 믿음은 역동적이며, 실질적으로 지속되는 그리스도와 신자 간의 인격적인 관계를 말하는 것으로, 바로 이것이 성례전에서 들어내는 "그리스도의 몸의 교제(Communion of Christ's body)"이며, "주님의 수난의 나눔"인 것이다.

"지금도 우리는 애도하면서
　우리 주님과 교제합니다.
　마치 우리 모두가 주님의 십자가 밑에
　서 있는 것처럼....."

"나는 지금 당신의 고통을 함께 하면서,
　당신이 세우신 왕국을 주장합니다.
　그리고 당신과 함께 시온 산에 올라가,
　당신의 영광을 거기서 볼 것입니다." [28]

---

28) Brevint(W), sec. V.7, p.19; cf. sec. V.4, p.18; Brevint, sec. V.12, pp.67-68; HLS, nos. 4:3; 19;47:1;66. 그 외는 생략(역자).

이와 같이, "기념(memorial)"이라는 말 안에는 여러 가지 뜻 모두가 담겨 있는 것이다. 더 나아가, 성령의 친절한 도움을 통하여 믿음이 역사하고 있는 것이다. "여기에 믿음은 우리가 과거에 믿은 것들의 실재이다. , . . ."[29]

또는 이를 해당되는 성경구절로 표현한다면, 믿음은 "바라는 것들의 실상"- 곧 보지 못한 것들에 대한 깨달음과 증거이다. 하나님이 약속하신 좋은 것들에 대하여 지금 주어지는 실상인 것이다. 달리 표현하면, 믿음은 그것이 과거의 일이든, 미래의 일이든, 또는 하나님의 상세한 일이나 그저 하나님에 관한 영적인 일이든 그런 것들을 보지 못한 신자에게 생긴 깨달음에서 제시된 초자연적인 증거, 하나님이 주시는 증거이다.[30]

그리스도의 죽음과 예배드리는 자들의 죄와 또 그 죄와 그리스도의 죽임과의 관계에 대한 깊은 의미가 사람의 마음에 떠 올라, 자기의 죄를 인정하고 회개하게 하는 일이 그리스도와 그의 고난과 교제함으로써 극적으로 일어난다. 이렇게 됨으로 수찬자들은 성찬의 두 번째 역할, 곧 성찬식이 은혜의 수단이요 통로로써, 성찬에서 제시하는 그 은혜를 실제로 받을 준비가 되는 것이다. 이면은 다음 장에서 자세히 취급할 것이다.

다음 장으로 옮겨가기 전에, 세례가 기념한다(remembrance)는 개념과 어떤 관계가 있는 가를 한 마디 하야겠다. 웨슬리가 세례를 이해함에 있어, 물의 유추적 의미와 유사성의 정적인 의미, 곧 물은 몸을 깨끗이 씻는다는 뜻이 있고 그와 같이 성령은 영혼을 씻는다는 의미

---

29) Brevint(W), sec. 11.8, p.7; Brevint, sec.11.9, p.13. cf. 히 11:1; HLS. no. 25:3. 여기에서의 성령의 역사에 대하여는 HLS, nos. 7; 10:4; 16을 보라
30) N.T. Notes, 히 11:1.

가 있다고 하며, 또한 그리스도께서 우리를 위하여 죽으신 것과 같이 우리는 세례에서 주님과 함께 죽는다고 하는 등, 물의 유추와 유사성의 정적인 의미이상은 언급하지는 않았다.

그러나 물론 세례를 받은 어른들은 이론적으로 실질적으로 그런 일 곧 기념한다는 데 관련될 수 있지만, 유아들은 예배에 의식적으로 참여할 수 없는데, 그럼에도 세례는 처음으로 받아야 할 유일한 성례전이라는 것들이 "기념"의 교리를 세례와 연관시켜 전개한다는 데 큰 장애물이었다. 그래서 웨슬리는 그런 어려운 교리를 전개하지를 않았다.

3장 하나님의 구원사역과 성령의 역사
4장 효과적인 증표 · 예수의 속죄
5장 은총의 효과적인 수단 : 적용된 예수의 속죄
    1) 은총의 수단들
6장 은총의 효과적인 수단 : 세례
7장 은총의 효과적인 수단 : 성찬
8장 천국의 효과적인 표적 : 예수의 대속
    천국에 대한 확인(possession of its purchase Assured)
    세례와 성찬
9장 효과적인 희생 : 수용된 예수의 대속
    1) 세례
    2) 성만찬

3부

성례전의 역할
The Function of the Sacraments

제 5 장

은총의 효과적인 수단
Effective Means of Grace

: 적용된 예수의 속죄
The Atonement Applied

1. 은혜의 수단들

"**너희는** 은혜에 의하여 구원을 받았다. 너희는 죄에서, 그리고 그 죄의 죄책과 죄의 세력으로부터 구원을 받았다. 그리고 너희에게는 하나님의 형상과 사랑이 회복되었다. 그러나 이는 어떤 행위나 공로 또는 너희들이 잘 해서 얻은 것이 아니다. 이는 오로지 값없이 주시는 하나님의 은혜와 자비에 의하여, 하나님이 사랑하시는 그의 아들의 공로를 통하여 받은 것이다. 너희는 어떤 피조물이나 너희 힘이나, 지혜에 의하여 구원받은 것이 아니라, 오직 너희 안에서 역사하시는 성령의 은혜와 능력에 의하여 그렇게 구원받은 것이다."[1] 웨슬리의 "은총의 수단"이라는 설교에서 인용한 이 글은 그가 말하는 바, "기독교 전체의 기초"를 제시하고 있다. 웨슬리가 미국 죠지아에서 돌아온 후, 1738년 5월 24일에 있은 그의 성령체험을 통하여 체득하게 된 이 중요한 진리는 그의 생애에 크게 영향을 끼쳤다.

그는 그 체험에서 구원은 하나님이 값없이 주시는 선물인 것을 깨달았다. 그렇다고 해서, 그는 자기의 영적인 체험만을 계속해서 말하지는 않았다. 이런 주장은 바로, 웨슬리의 현명한 신학적 사고에 의하여 올바른 균형을 이루어서, 그는 믿음의 삶은 하나님의 은혜이지만, 또한 하나님은 어떤 외적 수단을 정상적인 경로로 사용하시어, 그의 은혜를 주신다고 말하였다. 이렇게 함으로 웨슬리는 당시 사람들에게 크게 해를 끼치고 있는 "정숙주의 (Stillness)"나 주관적 영파들의 위험에 빠지는 것을 막았다. 그리고 그는 계속하여 사람들에게 일반적으로는 하나님께서는 은혜의 수단을 통하여 역사하신다는 것을 상기시키면서, 메소디스트 운동이 열광주의와 파벌주의의 함정에 빠지지 않도록 하였다.

---

1) Serm. on Sev. Occ., I, p.232.

이와 같이 웨슬리는 두 가지 면을 강조하였다. 즉 웨슬리는 산 민음은 주관적으로 체험하여야 하고, 알아야 한다. 그리고 이런 은혜는 은혜의 수단을 통하여 받는 것이라고 강조하여, 메소디스트 교회를 안전 되게 효과적으로 지켰다.

웨슬리는 그의 "은혜의 수단"이라는 설교에서 이 점을 분명히 정의하였다. "은총의 수단이란, 하나님께서 지정하신, 외적 증표나, 말씀이나 또는 행동으로서, 하나님께서 이를 통하여 사람에게 선행적 은총, 의롭게 하는 은혜 또는 성결하게 하는 은혜를 주시는 일상적인 경로가 되게 하신 것이라고 나는 이해한다."[2] 그가 이런 표현을 한 이유를 두 가지로 설명하고 있다. 즉 첫째로, 그는 그 이상 더 좋은 방법을 알지 못하기 때문이요, 두 번째는, 교회는 오랫동안 은혜의 수단을 활용하여 왔고, 특별히 영국교회가 은혜의 수단과 영광의 소망을 인하여서 하나님께 감사하라고 지도하고 있으며, 그리고 "성례전은 내적 은혜(Inward grace)의 외적 증표(Outward Sign)로서, 이 수단을 통하여 우리가 은혜를 받는다고 가르치고 있기 때문이다."[3]

영국교회에서는 은총의 수단이 중요한 자리를 차지하고 있다. 그리고 웨슬리를 통하여 메소디스트 교회에서도 "교회에 관한" 신조에서 그리 정하고 있다. 여기에 교회는 그의 조직이나 성직자를 말하는 것이 아니다. 은총의 수단인 순수한 말씀이 전파되고, 성례전이 적절하게 집례 되고 있는 곳이 교회이다.[4] 다른 말로 표현해서, 이런 은총의 수단이 교회의 구성요소인 것이다. 즉 다시 말하면, 교회는 믿는 사람들을 위해 이런 은혜의 수단을 집례하기 위해 존재하는 것이다. 그러므로 이 은혜의 수단은 사람을 돕기 위해 주어진 것이다.

---

2) Serm. on Sev. Occ., I, p.229.
3) Ibid. BCP, Parker ed., p.283. cf. Journal. Curn., II. p.360.
4) Methodist Article XIII, Sund. Service, p.310. Church of England, Article XIX. cf. Works, VII, p.65; W. Law, A Third Letter to Dr. Hoadley, Bishop of Bangor, p.11; "성례전이 있는 곳이 교회이다. . . ." 웨슬리도 그리 말했다. Works, VI, pp.396,397를 보라.

1732년 초에 웨슬리는 다음과 같이 말하였다. "하나님께서는 사람이 거룩한 자신처럼 행복해 지는 길은 오직 하나인 것을 아심으로, 즉 하나님은 또한 우리들과 같이, 약하고 죄 많은, 비참한 우리들 자신들로서는 이런 행복을 위해 아무것도 할 수 없는 것을 아심으로, 하나님께서는 우리들에게 어떤 수단을 주시어, 우리들을 확신케 하는 표적인 하나님의 은혜(Help)를 그를 통하여 받게 하셨다."[5]

따라서 자신을 온전히 하나님께 헌신하기를 원하는 사람에게 열려져 있는 길은 단 한 가지이다. 곧 "하나님이 지정하신 의식들을 통하여 하나님을 기다리는 것이다." 웨슬리는 그가 위리암 로우(William Law)에게 쓴 편지에서 정숙주의자들이 주장하는 교리 곧 신비적인 방법으로 내적으로 성결에 이룬다는 교리를 분명히 단호하게 거절하였다. "모든 종교의 외적 의식은 우리들의 영혼을 의와 진정한 성결로 새롭게 하기 위해서 있는 것이 사실이다.

그러나 외적 방법과 내적 방법이 다른 것도 사실이다. 성서가 가리키는 바, 이로써 우리가 내적 은혜를 받는 방법은 오직 한 가지가 있으니, 곧 하나님께서 지정하신 외적 수단들을 통하여 내적 은혜를 받는 것이다."[6]

그러므로, 하나님이 그렇게 정하셨기에, 외적 은혜의 수단들은, 하나님의 은혜를 바라는 사람들에게는 없어서는 안 되는 것이며 또한 필요한 것이다. 외적 수단들을 통하여 은혜를 받는 것이 성경적이며 통상적이다. 그러나 하나님 자신은 모든 수단을 초월하신 분이시다. 즉 "하나님은 그가 정하신 수단을 통하여 또는 수단을 통하지 않고도 은혜를 주실 수 있다. 하나님은 그가 원하시는 대로 하실 수 있다."[7]

---

5) Duty of Receiving, p.19. 마지막 문구는 Church Catechism에서 성례전을 정의한 것을 바꾸어 말한 것이다. cf. O.T. Notes, 삿 20:18.
6) Letters, III, pp.366-367. cf. Journal, Cur., II. p.320.
7) Serm. on Sev. Occ., I. p.248.

그럼에도 불구하고, 신자들은 하나님이 정하신 의식을 지킬 의무가 있는 것이다. 웨슬리는 "그래 하나님이 정하신 의식을 일부러 무시하고도 죄책이 없을 수 있는가?"라고 질문하기도 하였다. 그리고 웨슬리는 "메소디스트에게 드리는 충고"라는 글에서 말하기를 "따라서, 당신은 하나님이 제정했다고 믿는 이런 의식을 사용하라고 강조하시오. 당신이 의식적으로 그 의식들을 등한이 하면 당신에게는 구원이 없다고 고백하시오."[8]

자기 영혼의 구원을 구하는 모든 사람이 은혜의 수단에 참여하는 것은 필요할 뿐 아니라, 그의 의무이다. "온전한 자로 성숙한 신자들도 기회 있는 대로 자주 은혜의 수단을 활용하는 것이 필수적이다. 모든 형제들에게 권고하여 하나님이 정하신 수단을 통하여 하나님을 기다리라고 하라." 이와 같이, 각 사람은 하나님이 정하신 정례의식들을 열심히 지키며 하나님이 주시겠다고 약속한 것을 구하여야 한다.[9]

웨슬리가 은혜의 수단을 사용하여야 하고 또한 사용할 의무가 있다고 강조하는 것은 물론 성서에 근거한 것이고 또한 경험에 의하여 확증 된 것이다. 만일 사람이 은혜의 수단을 경시하면, 하나님은 그의 축복을 보류할지 모른다. 그리고 은혜의 수단을 경멸하는 자는 모두 점진적으로 자기도 모르게 성령을 소멸하게 될 것이다. 이는 분명하다. "왜냐하면, 공적인 교회 의식에서 소외된 사람은 일반적으로 모든 신앙을 서서히 잃어버리기 때문이다. 그들은 경건의 모양을 지속할지 모르나, 그들에게는 믿음의 생명이나 힘은 없다."[10]

하나님은 이런 은혜의 수단들을 제정하셨고 약속하시기를 은혜의 수단을 활용하면서 자기를 기다리는 자들을 만나겠다고 하셨다.

---

8) Journal Cur., V, p.17; Works, VIII, p.353.
9) Works, VII, pp.65-66; VIII, p.364 (XI. p.383; XIV, p.328); O.T.Notes, 출 16:34; Journal Cur, II, PP.274,320; Letters, I. p. 343; III, p.322; VIII, p.243.
10) O.T. Notes, 수 22:25; 대하 29:9; N.T. Notes 살전 5:20.

"만일 그리고 그들이 낙심하지 않고 열심히 부르짖으면, 만일 그들이 하나님이 제정하신 은혜의 수단을 통하여 하나님을 찾으면, 만일 그들이 하나님이 오실 때까지 간절히 간구한다면, 하나님은 오시어 만나 주실 것이다. 그는 지체하지 않고 오실 것이다."[11] 하나님은 축복하실 것이다.

그러므로 신자는 은혜의 수단을 통하여 하나님을 만날 것을 기대하여야 한다. "성경의 가르침에 따라서, 하나님의 은혜를 바라는 사람들은 모두 하나님이 제정하신 은혜의 수단을 통하여 은혜를 기다려야 한다. 그 은혜의 수단을 제쳐 놓고서가 아니라, 은혜의 수단을 통하여 은혜를 기다려야 한다."[12] 은혜의 수단이 참으로 효과가 있다는 것은 하나님의 말씀과 경험이 입증한 바다. 그렇게 믿고 또한 친히 경험한 사람으로서, 웨슬리는 자신 있게 다음과 같이 단언하였다. "부인 할 수 없는 이 사실, 곧 믿음이 지금까지 없었던 사람이 주님의 성찬에서 은혜를 받았다는 것에서 무엇이 추론되는 가? 다음 세 가지로 추론된다. (1)은혜의 수단, 즉 이를 통하여 하나님의 내적 은혜가 통상적으로 사람에게 전달되게 하는 외적 의식이 있다는 것. 곧 이를 통하여 구원에 이르게 하는 믿음이 그 전에 믿음이 없었던 사람들에게 전달되게 하는 외적 의식이 있다는 것과, (2)그 은혜의 수단 중에 하나는 주님의 성찬이다. (3)이런 믿음이 없는 사람은 하나님이 제정하신 이 은혜의 수단과 또 다른 은혜의 수단을 활용하는 가운데 은혜를 기다리는 것이 마땅하다는 것이다."[13]

위에서 내린 정의에 의하면, 하나님께서는 은혜의 수단을 통하여, 사람이 각자의 영적 상태에 따라서 필요로 하는 하나님의 은혜, 곧 선

---

11) St.S., I, p.48; cf. 히 10:37; O.T. Notes 창 15:9; 2:7; 애 3:2; 4:6; 렘 3:17; 겔 26:20; Works, XIII, p.230; Letters, II, p.46; VI, p.17,117; Brevint(W) sec. IV.3, pp.13-14.
12) Serm. on Sev. Occ., I, p.233; Letters, III, p.322.
13) Journal Curn., II. p.315; cf I, p.430; II, p.354; O.T. Notes, 사 12:3; 슥 4:12.

행적 은혜, 의롭게 하는 은혜 그리고 성결케 하는 은혜를 주시는 것이다. 이 말은 또한 아직도 온전히 믿지 못하고 있는 사람은 은혜의 수단을 통하여 자기가 바라고 필요로 하는 은혜를 기다려야 한다는 것을 의미한다. 바로 지금 죄를 깨닫고 죄를 회개한 사람도 하나님이 정하신 의식을 활용하는 가운데 회개의 열매를 맺으려고 하여야 한다.

"미 신자들도 기도하고 교제하여야 하는가? 네, 그렇다. 구하시오, 그러면 믿음이 주어질 것이다. 그리고 만일 당신이 그리스도께서 비참한 죄인인 당신의 죄를 위하여 돌아가신 것을 믿으면, 성찬의 떡을 먹고 그 잔을 마시라."[14] 웨슬리는 믿음에는 분량의 차(degree of faith)가 있다고 주장한다.

그러므로 어떤 사람은 적은 분량의 믿음을 가지고 있어, 아직도 의심과 두려움을 가지고 있다. 이런 신자는 모든 은혜의 수단을 활용하여 믿음의 분량을 채우도록 하여야 한다. 이들이 그 목적이 달성 될 때까지 은혜의 수단의 혜택을 활용하여 도움을 받지 않고 은혜의 수단의 활용을 뒤로 미룬다는 것은 사실 이치에 맞지 않는 일이다. 웨슬리는 이어 말하기를, 이 의식들은 "결코 뉘우치지 않는 죄인들의 피난처로 계획 된 것은 아니라, 회개한 자들을 위로하기 위해 마련된 것이라고 하였다.[15]

이 의식들에 의하여 또는 통하여 주어진 은혜는 여러 가지 말로 표현된다. "빛(Light)" 또는 "이해(understanding)"가 능력과 힘과 더불어 주어져, 하나님과 새로운 삶을 살도록 할 것이다. 사람에게 어느 은혜의 수단이 적절한가는 경험을 통하여 알 수 있다. 사람은 자기의 필요에 따라 은혜를 받는다. 즉 죄의 용서, 마음과 삶의 변화, 기쁨, 평안, 영생에 대한 확신 등, 이런 모든 축복이 약속되어 있고 수여 된다.

---

14) Letters, VI, p.124; II, p.187; cf. Works, VIII, pp.47, 275-276; Serm. on Sev. Occ., I, p.234.
15) Journal Curn, I, pp.430-431; Duty of Receiving, p.47; O.T.Notes 삼전 4:10.

하나님이 마련하신 의식들을 이용하는 사람은 그를 통하여 그리스도와의 즐거운 교제와 친교를 누리게 될 것이다.[16]

웨슬리는 주저함 없이, 하나님의 의식들의 효과를 단언한다. 그러나 그는 동시에 ex operato 식의 효과(곧 기계적으로 자동적으로 효과가 있다는 견해)는 부정하였다. 웨슬리는 그가 교회의 정례의식(ordinances)에 관하여 언급하고 있는 설교(은총의 수단에 관하여)에서, 은혜의 수단을 항상 이용할 것을 강조하고 있으며 동시에 그런 주의도 많이 하고 있다. "Opus operatum, 곧 단순히 주어진 일(work)이 아무 이익도 주지 못한다는 것을 너의 마음에 확정하라."

"그러므로 우리는 어떤 외적 의식이든지, 그것에 하나님의 영이 격리되어 있다면, 아무 이익도 있을 수 없고, 그것이 하나님에 대한 지식이나 하나님의 사랑에 대하여도 도움이 되지 못한다고 말한다. . . . 그러므로 어떤 수단 자체에 내재적인 능력이 있다고 상상하는 사람은, 성경도 하나님의 능력도 모르면서 큰 가오를 범하고 있는 것이다. 우리는, 기도에서 한 말이나, 성경에서 읽은 문자에나, 우리가 들은 말에나, 또는 주님의 성찬에서 받은 떡이나 포도주에는, 그것 자체가 가지고 있는 능력이 없다는 것을 알고 있으며, 또한 모든 선한 선물을 주시는 분. 곧 모든 은혜의 창조자는 오직 하나님이라는 것을 알고 있다."[17]

우리는 앞에 있는 제 3장에서 웨슬리의 성례전 신학은 하나님 중심이라는 것을 지적하였다. 여기에서 다시 그런 사상이 강조되고 있는 것이다. 모든 은혜를 창조하신 분은 하나님이시다. 그리고 어떤 은혜의 수단이든 성령의 능력이 함께 하지 않으면 그 수단은 가치가 없으며, 무의미한 것이다. 어떤 의식들이든 또는 사람의 행동이든, 거기에

---

16) Letters, III, p.81; V, p.92; Works, XI, p.260; O.T. Notes 창 5:22; 19:26; 시 63:12; 65:4; 89:15; 애가 2:16; 3:4; St.S, II. p.250.
17) Serm. on Sev. Occ., I.pp.230, 249-250; cf. Works, VIII, pp.18,20, 62; X, p. 135; XI, p.283; St.S., I, p,467.

하나님이 친히 역사하고 계시지 않으면, 그것들은 충분하지 않다. 모든 은혜의 수단들은 하나님이 사용하시는 도구요 경로인 것이다.

그 수단들은 하나님의 의하여 실질로 사용될 때에만 가치가 있는 것이다.[18]

하나님의 구원의 계획에서의 은혜의 수단이 차지하는 위치에 관하여 아주 그릇되게 생각하고 있는 두 가지 개념이 있다. 이들에 대해 웨슬리는 그의 생 가운데서 계속 지적해 왔다. 그 중의 하나가 웨슬리가 한 때 그의 포로가 될 뻔 하였던 "열광주의 (enthusiasm)"의 함정이다. 1736년 초에 그는 기록하기를, "나는 은혜의 수단들을 경시하는 신비주의자들의 글들을 읽고, 내 믿음이 암초에 걸려 거의 파산지경에 이르렀든 것을 생각한다."[19] 고 하였다. 이 말이 웨슬리가 1739년경에 시작하여 몇 해 동안 지녔던 고민을 잘 들어내고 있다. 실은 이때에 그는 메소디스트 안에서 "정숙의 교리(stillness doctrine)을 선동하는 자들이나 열광주의자들과 싸우고 있었지만,[20] 한편으로는 웨슬리와 그의 추종자들이 열광주의자들이라고 비난을 받고 있었다.

1750년에 출판한 그의 설교, "영광주의의 성격"에서, 웨슬리는 열광주의를 여러 가지로 설명하면서, 그 중의 하나가 그들이 은혜의 수단 없이 은혜를 추구하는 어리석음이라고 지적하였다. 그리고 경고하기를, "당신은 은혜의 수단을 활용하지 않고 은혜를 얻을 것이라고 상상하지 말라. 하나님은 아무 수단을 통하지 않고도 은혜를 주실 수 있다. 그러나 하나님이 그리 하시리라고 생각하지 말라. 그러므로 하나님께서 통상적으로 은혜를 주시고자 지정하신 은혜의 수단들을 항상 그리고 조심스럽게 활용하여야 한다"[21]고 하였다.

---

18) St.S., I. pp.97,254; Letters, III, p.322 VI, p.117. N.T. Notes, 엡 5:26; HLS, nos. 61:3; 72:2; 73:2; 86:2; St. S., II, p.94
19) Letters. I, p.207; cf. Priestley, Original Letters, pp.58-63.
20) St.S., II, pp 84ff를 보라.
21) Serm. on Occ., III. p.154; cf. pp.149-150.

은혜의 수단을 등한히 하거나 멸시하는 문제를 그리 중요하게 생각하였기에 웨슬리는 훼테레인(Fetter Lane) 모임에서 그들과의 관계를 끊지 않을 수 없다고 생각하였다. 그리하여 1740년 6월 22일, 주일에, 웨슬리는 그들의 그 큰 기만의 근거를 공격할 필요가 있다고 생각하였다. 그 날로 부터 웨슬리는 계속하여 설교와 설명을 통하여 은혜의 수단들을 항상 사용하여야 한다고 강하게 주장하였다.

그러나 큰 효과를 얻지 못하였다. 그래서 1740년 7월 20일 주일에 웨슬리와 그를 따르는 그의 동생 챨스와 일부 인사들이 그 모임에서 아주 철수하였다.[22] 그러나 웨슬리는 이에 대하여 계속 염려하여, 1762년에 이에 관련된 문제를 다음과 같이 자세히 설명하였다.

"열광주의의 하나의 공통적인 점은 은혜의 수단들 없이 은혜를 기대하는 것이다. 예를 들어서, 그들은 성경을 상고하거나, 하나님의 자녀들과 상의하는 것 없이 지식을 얻고자 한다. 항상 기도하는 일 없이 영적 능력을 얻고자 한다. 조심스러움과 깊은 자기 승찰 없이 은혜에서 성장하기를 기대한다. 늘 하나님의 말씀을 듣는 일 없이 축복을 기대한다."[23]

은혜의 수단 없이 은혜를 받을 수는 없는 것이다. 디모데 전서 4장 13절에 대한 주석에서 웨슬리는 "읽는 일에 힘쓰라" 공적으로 그리고 사적으로, 그리고 기뻐하며 읽는 일에 힘쓰라 고 하였다. "열광주의자들은 알아야 한다. 은혜의 수단 없이 은혜를 기대할 수 없다는 것을." 한번은 웨슬리가 슬프게 질문했다. "왜 우리가 좀 더 거룩하지 못한가?......이는 주로 우리가 열광주의자들처럼, 은혜의 수단 없이 은혜를 찾고 있기 때문이다."[24]

---

22) Journal, Curn., II. pp. 354ff.를 보라. cf. III,p.175; Letters, I, pp.347-348; III, p.54; IV, p.193.
23) "Caution and Directions," Outler, J. W., p.300; cf. Works, XI, p.429.
24) N.T. Notes, 딤전 4:13; Works, VIII, p.316; cf. Journal, Curn, I, p.356; II, p.130; Letters, I, p.220; IV, p.193; N.T. Notes, 히 10:25.

은혜의 수단들은 믿음과 성결의 삶을 발견하고 생활하는데 없어서는 안 되는 것이다. 그러므로 이를 경하게 여기거나 무시해서는 안 된다. 다른 한 편, 웨슬리는 또한 그 반대로 은혜의 수단을 은혜 자체인 양 주장하는 잘못도 공격하였다.

" 나는 당신이 하나님의 의식들을 악용하였다고 생각한다. 즉 당신은 은혜의 수단들을 은혜자체로 만들었다. 당신은 이런 저런 외적 일을 행함이 예수 그리스도의 종교 자체이거나 또는 은혜자체라고 가정하였다. 그러나 그런 그릇된 생각을 버리고, 외적 의식들을 사용하라. 그리고 사용하되 항상 당신의 영혼을 의와 참된 성결에서 새롭게 하기를 바라면서 행하라."[25]

이와 같이 은혜의 수단들을 신뢰하는 사람들을 공격하면서, 자기가 초기에 있었던 자신의 경험에 대한 배경을 말한다. 1744년에 발행한 그의 일기의 4번째 부분에 두 개의 찬미, 곧 "치유된 피(The Bloody Issue Cured)"와 "은혜의 수단들"이 추가 되었다. 후자에서 다음과 같이 술회하고 있다.

" 나는 오랫동안, 허무한 고통을 가지고,
주님, 당신을 섬긴 것 같다.
금식하며, 기도하며, 당신의 말씀을 읽고, 또한
선포된 말씀을 헛되이 들었다."

" 나는 종종 모인 사람들과 함께
당신의 제단 곁에 다가 갔다.
경건의 모습으로 다가갔지만,
능력을 깨닫지는 못했다."

---

25) Serm. on Sev., Occ., II, p.160.

"그러나 나는 은혜의 수단을 자랑하고,
　그 수단을 승배하였지만,
　그 글에는 영이 없었고,
　그 실체는 들어나지 않았다."

다시, 은혜의 수단을 오용하는 것에 대한 해결은, 사용 안함으로서가 아니라, 적절하게 사용함으로 해결된다.

"나는 당신의 법이 명한대로 일을 한다.
　그리고 그에 전력을 쏟아 붓는다.
　그리고 나는 전체를 당신께 위탁하고,
　나는 은혜의 수단을 더 이상 신뢰하지 않는다."[26]

경험을 통하여서 웨슬리는 모든 은혜의 수단은, 하나님께서 은혜를 주시지 않는 한 또한 예배하는 자들이 그 점에 주의를 집중하지 않고 그저 은혜의 수단을 사용하는 것은 아무 의미가 없는 것임을 깨달았다. 웨슬리는 은혜의 수단을 멀리하는 것을 격렬하게 반대하며, 동시에 그에 못지않게, 은혜의 수단을 바르게 사용할 것을 격렬하게 강조하였다. 단지 외적으로 경건의 모습만을 가진 자는 성례전을 헛되게 사용하게 될 것이다. 같은 모습으로 그리스도를 찾는 자는 크게 축복을 받을 것이다.[27] 1731년 초기에 웨슬리는 제정된 은혜의 수단들에 지나치게 집중하고 율법의 중요성을 등한히 하는 것을 경고한 바 있다.[28] 여기에서 보다 중요한 것은 수단들이 목적하는 바, 믿음, 자비,

---

26) Extract of J. W's Journal, Part IV, pp.115ff., verses 1,2,5, 19 (Hymns and Sacr. poems, 1740,pp. 39ff; Poet. Works, I, pp.233ff); pp.118ff; (Hymns and Sacr. Poems; 1749, vol I, pp.168ff; Poet. pp.118ff. (Hymns and Sacr. Poems, 1749, vol. I, pp.168ff; Poet. Works, IV, 451ff). Journal, Curn., II, p.500, n. I. 그 외 것은 생략(역자).
27) St.S., I, pp.57, 243, 394, 450, 528; II, p.33; Works, VI, p.498, VIII, pp.18.20,341; Letters, I, p.66; II, p.266; Journal Curn.II, p.273; Instr. for Children, pp.7-8.
28) Letters, I, p.86.

사랑, 성결이다. 은혜의 수단들에 하나님의 은혜가 가해지지 않으면, 그 수단들은 아무 가치가 없다. "은혜의 수단들이 그 목적하는 바와 단절되어 있으면 허무한 것에 불과하다. 그리고 그 수단들이 하나님에 대한 지식이나 하나님의 사랑에 도움이 되지 않는 다면, 그 수단들은 하나님 앞에서 환영할 만한 것이 못 된다."[29]

하나님이 제정하신 모든 의식에서는 사랑이 지도적 역할을 한다. 사랑이 모든 은혜의 수단이 바라는 목적이며 목표이다. 웨슬리는 은혜의 수단과 사랑, 성결의 상호관계와 상대 가치를 "경건의 사역"과 "자비의 사역"의 관점에서 설명한다.

"일반적으로 생각하기를 은혜의 수단들(the means of grace)과 하나님이 정하신 의식들(the ordinances of God)을 동의의 표현으로 안다. 그런 표현으로 우리는 일반적으로 "경건의 사역"을 의미한다. 곧 하나님의 말씀을 듣고 읽는 일, 주님의 만찬에 참여하는 일, 공적으로 또는 사적으로 드리는 기도와 금식 등을 의미한다. 이것들은 분명 하나님의 은혜를 사람의 영혼에 전달하는 정상적인 경로이다. 그러나 이것만이 은혜의 수단인가? 이런 수단이외는 하나님께서 하나님을 사랑하고 경외하는 자들에게 하나님께서 종종 그리고 정상적으로 이를 통하여 은혜를 주시기를 기뻐하시는 다른 수단들은 없단 말인가? 분명히, 경건의 사역들과 같이 또한 "자비의 사역"이 있다. 이도 진정한 은혜의 수단이다."[30]

그러므로 웨슬리는 주님이 제정하신 수단들을 항상 사용할 것을 강조하고, 그리고 앞에서 말한 대로, 은혜의 수단 밖에서 은혜를 기대하는 것을 경고하곤 하였다. 동시에 그는 그와 같은 "위선적인 일"에 빠지는 일을 조심스럽게 피하였다. 그것들이 유용하고 정당한 것이지만, 그것들은 여전히 수단(means)인 것이다. 그래서 사람이 자기가 은

---

29) St.S., I, pp.243,244, 528; II, p. 33; cf. Works, VII, pp.62,376; XI, p.440; Letters, V, p.348; VI, p.346.
30) Works, VII, p.117; cf. p.60.

혜의 수단을 정확하게 지킴으로 해서, 그리스도인의 의무를 충족시켰다고 주장할 수는 없다. 그런 근본주의적이요 협소한 견해들, 곧 하나는 반드시 행하야 하지만, 다른 것은 안하고 내버려 두어도 된다는 견해는 웨슬리의 견해와는 다르다.

"이와 같이 그는 "경건의 사역"에 대한 열정을 들어냈다. 그러나 그는 하나님께서는 자비를 원하시고 제사를 원하시지 않는 것(마 12:7)을 보았기에, 그의 "자비의 사역"에 대한 열의는 더욱 컸다. 그러므로 사람이 다른 사람을 상하게 하였을 때는 언제나 "자비의 일"을 우선적으로 해야 한다. 심지어 말씀을 읽는 일, 듣는 일, 기도하는 일을 생략하거나 뒤로 미루면서도 그리 해야 한다."[31]

따라서, 하나님의 정례의식들을 항상 사용하는 사람들의 의도와 기본적인 태도는 사랑과 의무에 있어야 한다. 그리고 하는 일에는 사랑과 의무가 널리 깔려져 있어야 함을 이해하여야 한다. 성결이 사람에게는 하나님의 생명이다. 사랑하는 사랑과 능력은 은혜의 수단을 통하여 주어지는 것이다. 동시에 사랑이 모든 수단을 지배하며 또한 하나님의 구원의 계획에서 하여야 할 일을 가르쳐 준다. 따라서 결국, "경건의 사역"는 항상 "자비의 사역"을 낳게 하여야 한다.[32]

웨슬리에 있어서는 "하나님의 의식(ordinance)"은 일상적으로는 "은혜의 수단"과 같은 개념으로 사용하였다.[33] 그렇지만, 항상 그렇게 이해한 것은 또한 아니다. 어떤 때는 그는 하나님의 의식을 예배를 드리는 데 있어서의 법과 규칙을 말하기도 하였다. 예를 들어서, "내 규례를 따라 . . .하면서, 나의 예배드리는 것 또는 당신이 다른 사람을 대하는 것을 규정하기도 하였다. 하나님께서는 다윗을 시켜"하나님의

---

31) Works, VII, p.61; N.T. Notes, 마 12:7; Works, VII, pp.60. 65. 그 외는 생략(역자).
32) N.T. Notes, 마 6:1; Journal Curn., II, p.275; Brevint(W), sec.VIII.5, pp.31-32; cf. O.T. Notes, 역대하 30:19; 하나님의 의식에 참여함에 있어 크게 요구되는 것은 바로, 우리가 하나님의 찾도록 우리 마음을 준비시키며, 또한 우리 마음을 감동하여 그 일을 하게 큼 하는 데 있다.
33) Serm. on Sev. Occ., II, p.160.

성전에서 시편을 노래하게 하는 규정을 세우시기도 하였다.[34] 그리고 웨슬리는 말하기를, 나는 때로는 하나님의 의식들을 다른 의미를 지니고 있는 "은혜의 수단"이라고도 부른다고 하였다.[35]

그러나 웨슬리는 일반적으로는 세 가지 종류의 은혜의 수단이 있다고 하였다. 곧 상황적 수단(prudential means), 일반적 수단(general means), 그리고 "주님이 제정하신 특별한 수단(particular(instituted) means) 이 있다고 하였다. 이들 중, 마지막 것 곧 주님이 제정하신 수단만이 웨슬리가 그의 설교, "은혜의 수단"에서 정의한 수단에 해당된다. 1745년 브리스톨(Bristol)에서 모였던 총회 중, 8월 2일, 금요일에 성결에 관한 이야기가 나왔다. "그러면서 거기에서, 질문으로, "우리가 이 약속(성결)을 얻기 위하여 어떻게 하여야 합니까? 하고, 그의 답으로, "하나님의 모든 규례를 지키며, 자기를 부인하며, 매일 십자가를 지고, 하나님의 모든 규정(universal ordinance)를 따라야 합니다."

이것들이 하나님께서 우리들이 성결의 은혜를 받기 위하여 제정하신 "일반 수단들(general means)"이다" 라고 하였다.[36]

그런데 "대 희의록(Large Minutes)"에는 일반적 수단이 개별적으로 기록된 것은 없고, 이것들은 "상황적 수단(Prudential Means)"에 포함시켰다. 회의록은, 그 수단들을 기록한 다음에 이어서 기록하기를, "이 수단들은 그냥 사용할 수 있을 것이다. 그러나 어떤 수단들은, 자기를 살피며, 자기를 부인하고 십자가를 지고, 하나님 앞에서 걸으며, 사용하여야 한다"[37]고 하였다. 내가 보기에는, "일반적 수단"이라고 호

---

34) O.T. Notes, 말 3:7 (이 성구가 그의 은혜의 수단이라는 제목의 설교 본문이다). cf. O.T. Notes, 이사야 24:5, 58:13.
35) Journal Curn.,II, p.359. 곧 웨슬리는 은혜의 수단을, "기념물", "약속" 또는 "희생제물"로 표현하며, 이를 성례전과 연관 시켜 말하곤 하였다.
36) Works, VIII, p.286 (Minutes, I, pp.10-11). 이것들이 주님의 성찬에서 우리 자신을 제물로 바치는 태도이다. Brevint(W), sec. VII, pp.23ff를 보라. 또한 Wesley, A Treatise on Christian Prudence(John Norris), 3rd ed. Bristol, 1749, pp.3-13("General Means"); pp.20-23 ("Subordinate Means")를 보라.
37) Works, VIII, p.323 (Minutes, I, pp.554-555); cf. Works, XI, p.402.

칭한 첫 번째가 옳은 것 같다. 이것들이, 특별이 주님이 제정하신 수단들과 또한 다른 여러 가지 "상황적 수단들"을 사용함에 있어서 가져야 할 기본적이며 일반적인 태도를 언급하고 있기 때문이다.

 그런 의미에서 웨슬리는 하나님의 뜻을 행하는 것이 "하나의 큰 은혜의 수단"이라고 말할 수 있으며, 또한 믿음이 사람이 창조되었을 때 가졌던 거룩한 사랑을 회복하는 큰 수단이다"[38] 라고 말 할 수 있는 것이다. 진실로 우리는 믿음으로 의롭다함을 얻는 것과 같이 또한 믿음으로 거룩해 지는 것이다. 웨슬리는 이를 명확하게 주장하였다. 그러므로 믿음은 하나님이 주시는 특별한 선물로서, 이 믿음이 사람으로 하여금 하나님과 화해하며 거룩한 생활을 추구할 수 있게 하는 것이다.[39]을 보라. 그런 의미에서 믿음도 또한 하나의 수단인 것이다. 그러나 이 수단은 크게 다른 성격을 지닌 수단이다. 상황적 수단(prudential means)은 사람의 필요와 상황에 따라 여러 가지일 수가 있다. 이와 같이 웨슬리가 사람들이 당하고 있는 역사적 상황에 대해 지대한 관심을 가지고 있음이 드러나 보인다. 웨슬리는 여러 그룹의 사람들을 위한 상황적 수단들을 열거하고 있다.

 즉 첫 째로, 평범한 신자에게는 어떤 규정을 따라야, 악을 피하고 선을 행하며, 은혜에서 성장할 수 있을 까? 당신은 메소디스트로서 "속회"와 "밴드" 모임에 정기적으로 참석하는 은혜의 수단을 사용하고 있는가? 설교자로서, 당신은 병자를 방문하며, 부모들과 주인들에게 교훈하며, 늘 메소디스트 모임(societies)에 충실히 참석하는가? 조력자(assistants)로서, 메소디스트 모임을 잘 주관하고 있는가? 그리고 철야 기도회와 애찬식도 정기적으로 모이게 하고 있는가? 등, 이런 것들을 열거하고 있다.[40] 무엇이든지 성결과 사랑에 도움이 되는 것은,

---
38) Letters, VIII, p.158; St.S., II, pp.80-81.
39) Works, XI, p.393을 보라.
40) Minutes, I, pp.553-554; Works, VIII, p.323; cf. Williams, W's TT., pp.136ff.

그 만큼, 은혜의 수단이 되는 것이다. 그러므로 서약 예배, 기도회는 하나님이 크게 축복하신 은혜의 수단이다.⁴¹

그러나, 좋은 책이나 서신들을 읽는 일, 또는 어려움과 시험을 당하는 일들도 종종 영적 성장을 위한 좋은 수단이 된다.⁴² 웨슬리가 주님이 제정하신 은혜의 수단과 "상황적 수단(prudential means)"을 구분하여 설명하는 것은 새로운 일이 아니다. 그는 일찍감치 1731년 초에 그와 같은 견해를 말하였다.⁴³

"상황적 은혜의 수단(prudential means)이라는 것은, 그 자체가 의무적인 것이 아닌 것들을 다루는 규정이라고 나는 믿는다. 즉 나를 해롭게 한다고 내가 아는 일로서, 내게 무관하지 않은 것으로부터 단호하게 피하여야 할 일에 관한 규정들, 또는 나에게 유익을 준다고 내가 아는 일로서 내게 무관하지 않은 일들을 단호히 받아 드려야 할 일들에 대한 규정들을 말한다."⁴⁴ 진실로 이것들은 예나 이제나 그리스도인들을 위해 좋은 규정들이다.

그러나 웨슬리에 있어, 주님이 제정하신 은혜의 수단은 매우 중요하다. 이 수단은 하나님이 믿음과 성결의 생을 주시며 보전하는 통로가 되도록 하나님이 특별히 지정하신 수단이다. 이 수단들은 일반 수단과 대조 구별되며 또한 상황적 수단과도 대조 구별된다. 웨슬리는 그런 은혜의 수단을 경우에 따라서 다양하게 열거하고 있다. 68개의 장소에서 그는 둘 이상의 은혜의 수단을 언급하고 있다. 그 가운데 기도를 첫째로 꼽고 있다. 무려 기도를 61회나 언급하고 있다. 주님의 만찬을 59번, 말씀 (곧 읽고, 듣고, 설교된 말씀, 또는 말씀 명상 등)을 54

---

41) Journal, Curn., VI, p.40; VIII, p.36; Letters, VIII, pp.35-36.
42) Letters, III, p.36l IV, p.272; V, pp.323,348; VI, p.234; VIII, p.9, 158, 또한 Bowmer, "John Wesley's Philosophy of Suffering", LQHR, 1951 pp.60-66을 보라.
43) 본 연구의 Chapter VI, n. 61을 보라.
44) Letters, I, pp.114, 93; cf. p.86.

번, 금식을 29번, 성도의 모임을 28회 언급하고 있다. 웨슬리는 사도행전 2장 42절에 있는 목록에서,[45] 둘을 제외하고는, 전부를 열거하고 있다. 웨슬리는 금식도 말하는데, 이 성경구절에는 금식이 언급되고 있지 않다. 그러나 웨슬리가 금식을 항상 은혜의 수단으로 생각한 것 같지는 않다.

1732년 4월 20일에 옥스퍼드에서의 "신성 클럽(Holy Club)"에 가입한 존 크레이톤(John Clayton)이 회원들에게 "교회에서의 금식의 규정 (the fasts of the Church)"[46] 을 지키자고 권고하였다. 그래서 웨슬리는 그의 생애 동안 이를 지켜 금식을 하였다. 서그덴(Sugden)이 지적한 대로, 두 번 째로 웨슬리가 제외 한 것은, "떡을 떼며"라는 문구이다. 웨슬리는 "그들이 사도의 가르침을 받아 서로 교제하고"라고 인용하고, 그 뒤에 있는 문구는 생략했다. 속회(Class-meeting)"의 창시자가 그렇게 쓴 것은 이상하게 보인다.[47]

그러나 웨슬리가 그렇게 한 일에는 분명한 이유가 있다. 즉 웨슬리에게 있어서는 속회에 참석하는 것은 상황적 은혜수단(prudential means)이다. 그리고 서그덴이 다른 데서 지적한 대로, 웨슬리에 있어서, "서로 교제한다(fellowship)"는 것은 오늘의 사람들이 생각하는 뜻 이상을 의미하는 것이다. 곧 여기서 교제한다는 것은 "믿는 사람이 다 함께 있어 모든 물건을 서로 통용하고, 자기의 가진 것을 자기의 것으로 생각하지 않는 것"도 의미하기 때문이다.[48] 교제한다 할 때, 거기에는 또한 오늘날 이해하는 그런 의미도 있다. 웨슬리는"저희들이 매일 교회에서 교통한다"는 말을 한다.[49] 여기에는 "성도의 교통"이라는 뜻

---

45) "그들이 사도의 가르침을 받아 서로 교제하고 떡을 떼며 오로지 기도하기를 힘쓰니라."
46) Journal, Curn., I, pp.100, n, 101. 크레이톤은 Thomas Deacon 의 막연한 친구로서, 서약 거부자들을 동정하는 사람이었다.
47) St.S, I, p.239. n.1.
48) Works, VI, p.327. VI, pp.255, 284. Hymns and Sacr. Poems, 1739, p.VI; "모든 것을 공유한다" 는 것이 교제(fellowship)을 대신하고 있다 (St.S., I, p.239). 웨슬리가 한 때는 메소디스트가 초대 예루살렘 교회처럼 점진적으로 되어 갈 것으로 내다 본 듯 하다.
49) N.T. Notes 행 2:42. 웨슬리는 실제로 이런 뜻으로 "교제(fellowship)"을 말하기노 한나.

도 가지고 있다. 이런 은혜의 수단을, 웨슬리는 "그리스도인의 회의 (Christian Conference)" 또는 "그리스도인의 대화"라고 부르기를 선호하였다. 일반적으로, 웨슬리에게는[50] 웨슬리에 의하면 각 은혜의 수단은 다음과 같은 것을 갖추고 있어야 한다.

즉 기도에는 말씀이, 때로는 행동이 함께 있어야 하고, 말씀은 말씀 그대로, 금식에는 행동이, 그리고 성도의 모임에는 말씀과 행동이 있어야하고, 주님의 성찬에는 증표, 말씀 그리고 행동, 이 모두가 있어야 한다. 웨슬리는 이 모든 은혜의 수단은 하나님이 성서 안에서 제정하신 것으로서, 하나님의 은혜를 효과적으로 전달하는 통로라고 주장한다. 어떤 은혜의 수단은 개인 혼자 또는 전체적으로 상용하기도 한다. 즉 개인이 혼자 금식하기도 하고, 또는 공적으로 전체가 금식을 선포하기도 한다. 기도도 개인 혼자 하기도 하고 또는 가족이 함께, 교회 회중이 전체적으로 하기도 한다. 말씀도 회중이 함께 읽고 듣기도 하지만, 혼자서 예배하면서 명상하고 읽을 수도 있다. 그러나 주님의 성찬과 성도의 회의는 전체적으로 만 행한다.[51] "하나님의 은혜를 원하는 모든 사람은 기도하면서 기다려야 한다."[52]

웨슬리는 그의 "은혜의 수단"이라는 설교에서, 그렇게 말하면서, 구원의 경륜에서의 기도의 위치를 말하고 있다. 헤테레인 집회에서 "정숙(stillness)"의 교리와 논쟁하면서, 웨슬리가 처음으로 기도에 대하여 다음과 같이 논의하였다.

---

50) 5개의 은혜의 수단을 열거하고 있는 곳은, Journal, Curn, I, p.330; St.S.,II. pp.144,292; Works, VI, pp.510-511; VII, pp.493-494; VIII. p.271; (Rules of the Societies), p.274 (Rules of the Band); pp.322-323 ("Large Minutes")이다. 그러나 어떤 곳에는, 성도의 모임을 제하고 4개를, 어떤 곳에서는 금식을 빼고 4개를, 어떤 곳에서는 말씀을 빼고 4개를 열거하였고, 또한 어떤 곳에서는, 기도, 말씀, 성찬 3개를, 어떤 곳에서는 기도, 성찬, 금식 3개를, 또 어떤 곳에서는 말씀, 성찬, 성도의 모임 3개를 열거하고 있다.

51) Works, VII, p.30; St.S., II, pp.243,455; Letters, IV, p. 272. 금식과 기도는 주님이 제정하신 은혜의 수단이 아니지만, 하나님의 교회에서 오래 전부터 제정하고 시행하여 온 것이다 N.T.Notes 마6:16.

52) St.S., I. p.248, Williams, W's TT, pp.132ff.

"구하라 그리하면 너희에게 주실 것이요. 너희 중에 누구든지 지혜가 부족하거든 하나님께 구하라"고 주님께서 말씀하셨다. 이렇게, 하나님께서는 기도를 우리가 원하는 은혜를 받는 수단으로 제정하셨다. 특별히 하나님의 은혜의 큰 열매인 위로부터의 지혜를 받는 수단으로 정하셨다. 더욱이 하나님께서는 하나님으로부터 은혜를 받기를 원하는 사람 모두에게 기도하라고 분부하셨다.

여기에는 믿는 자나 불신자의 제한이 없다. 그러나 특별히 믿는 자에게, "구하라. 그리하면 너희에게 주실 것이요" 라고 하나님이 말씀하셨다."[53] 누구든지 하나님께로부터 무엇을 원하거나, 구하는 사람은, 이를 위해서 기도를 수단으로 사용함이 절대 필요한 것을 깨달아야 한다. 웨슬리는 저들이 성령을 받고자 끊임 없이 기도하지 않는 한, 하나님은 신자에게도 성령을 주시지 않을 것이라고 주장하였다.

하나님은 기도의 응답으로만 주실 것이다. "영혼이 얻는 모든 새로운 승리는 새로운 기도의 결과 인 것이다."[54] 잘 알려진 비유의 하나를 이용하면서, 웨슬리는 말하기를, "기도는 우리들의 영적 생활의 숨(breath)라고 말해야 할 것이다. 살아 있는 사람은 숨을 안 쉬면서 살 수는 없다. 그와 같이 우리가 쉬지 않고 기도와 찬양을 드리고 있음으로 우리는 하나님의 임재를 진실로 즐기는 것이다. 그렇지 않고서, 우리가 즐긴다는 것은 착각이다."[55] 하나님은 믿음으로 드리는 기도를 들으시고 인정하신다. 하나님께 가까이 다가 가는 자는 하나님이 그에게 다가 오심을 발견할 것이다.[56]

그러나 기도는 우리의 요구와 필요를 설명하면서 그냥 말만하는 것아 아니다. 이는 본질상 기도가 아니다. 웨슬리는 이를 시와 같은 표현으로 설명하였다.

---

53) Journal. Curn., II. p.360.
54) Works, XI, p.437; St.S., I, p.246.
55) N.T. Notes, 살전 5:16-17.
56) N.T. Notes, 약 4:8; 요일 5:14; "Primitive Christianity," vers 3, Works, VIII, p.43; HLS.22:3.

"당신이 뜻하지 않는 것을 말하지 않도록 조심하라. 기도는 마음을 하나님께 들어 올리는 것이다. 그렇지 않고, 여러 말을 하는 기도는 위선이다. 그러므로 당신이 기도할 때마다, 당신은 사람들에게 보이고자 회당 앞에 서서 항상 기도하기를 좋아하는 위선자들과는 달리, 그대가 오로지 하나님과 교제하고자 하는 생각에서, 당신의 마음을 하나님께 들어 올리고 있는지, 당신의 영혼을 하나님 앞에 쏟고 있는지 살피라."[57]

그리스도인은 어느 때나, 모든 장소에서 "여러 종류의 기도, 즉 공중 기도, 사적 기도, 명상 기도, 소리 내서 하는 기도"[58]를 드린다. 웨슬리는 오랫동안, 그가 1738년 4월 1일에 어떤 일이 있기 전까지는, 교회가 정한 기도문만을 사용할 것을 일관되게 주장해 왔다.

"폭크스 씨가 주장하는 집회에서, 나의 마음이 너무나 감격하여, 그곳에서 늘 사용하던 교회의 기도문에 나 자신을 한정할 수가 없었다. 또 그 이상 그 기도문에 얽매이고 싶지도 않았다. 그래서 그런 형식적인 기도문을 떠나, 나는 그 상황에 적절하게 기도를 드렸다."[59]

이 일이 있은 후로부터 웨슬리는 교회의 기도문과 즉흥적 기도를 모두 종종 사용하였다.

기도는, 공회에서 하든, 가족끼리 하던, 또는 골방에서 하든, 신자에게 주어진 특권이다. 그러므로 기도는 결코 게을리 해서는 안 되고, 정해진 시간에 규칙적으로 해야 한다. 어린이들을 위한 교훈에서 웨슬리는 질문하기를, "5. 저들(처음 신자들)이 기도회에 얼마나 자주

---

57) St.S.,I, pp.428-429.
58) N.T. Notes, 엡 6:18.
59) Journal. Curn., I. pp.448-449. Letters, I, pp.290-291; Priestley, Original Letters, p.96. 이는 올더스게이트에서의 경험 이전에 있은 일임을 기억하라. cf. Minutes, I. pp.542-543; Letters, III, p.152.
59a) Instr. for Children, p.8; Minutes, I, pp.548-549.

참석하였는가? 하루에 두 번, 될 수 있는 대로 더 많이 참석하라.

6. 저들이 얼마나 자조 개인 기도를 하였는가? 최소한도, 매일 아침과 저녁에 해야 한다." 대 회의록에서도 그는 "당신은 매일 아침과 저녁에 기도를 하는가?" 하면서 같은 관심을 들어내고 있다.[59a] 이 회의록은 기도의 네(4) 부분 모두를 소개하고 있다. 곧 탄원(용서와 자비를 구하는 것), 청원(구하는 것), 중보기도(남을 위하여 기도하는 것), 감사의 표시, 이 네 가지를 소개하고 있다. 딴 곳에서는 웨슬리는 애원(supplication), 기도, 중보기도, 감사의 표시, 그리고 또 딴 곳에서는 요구(request), 애원, 청원, 감사의 네(4) 가지를 말하고 있다.[60]

사람이 구하지 않고는 아무 것도 받을 수 없다. 그리고 "감사는 진정한 기도에서는 빼놓을 수 없는 것이다. 감사는 기도에 반드시 따라야 한다. 항상 기도하는 사람은 그가 어떤 처지에 있든지, 가난하거나 부요하거나, 평안하거나 고통 중에 있거나, 하나님을 찬양한다."[61]

중보 기도는 다른 사람을 회심시키는 데 매우 중요하다. "왜 많은 사람이 회심하지 않는가? 고 질문하는가? 우리가 그 만큼 기도를 하지 않았기 때문이다."[62] 사람들이 기도의 목적과 목표에 대하여 오해할까봐, 웨슬리는 왜 기도가 필요하고 효과가 있는가를 지적하면서, 기도의 심리상태를 다음과 같이 설명하고 있다.

"당신의 기도의 목표가, 하나님께서 당신의 원하는 것을 아직 모르시는 것처럼 생각하고, 하나님께 단지 아뢰는 것이 아니 되게 하기 위하여, 반대로 당신 자신에게 고하시오. 그리하여 당신이 원하는 것들을 당신의 마음에 고정시키시오, 그리고 당신이 원하는 것을 주실 수

---

60) Minutes, I, pp.548-549; cf. pp.544-545; N.T. Notes, 딤전 2:1, 빌4:6.
61) N.T. Notes, 살전 5:16-17; O.T. Notes, 창 14:20.
62) N.T. Notes, 딤전 2:3; Works, XI, p.437.

있는 유일한 분이신 하나님을 계속 의뢰하는 생각을 가지시오, 기도는 당신이 구하기 전에 주실 준비를 하고 계시는 하나님을 감동시키는 것이 아니라, 당신을 감동시켜 하나님이 당신을 위하여 준비하고 있는 좋은 것들을 받을 수 있게 하는 것이다."[63]

이와 같이 기도가 기도하는 자가 하나님의 축복을 받도록 준비시켜 주며 또한 받을 수 있도록 하여 주는 것이다. 죄가 기도를 방해하며, 죄가 기도가 은혜의 수단으로서의 효과가 없게 만든다.[64]

사람이 은혜로부터 떨어지는 것이 필연적인 것은 아니다. 그러나 은혜에서 떨어질 가능성은 늘 있다. 그래서 웨슬리는 자기 사람들에게 경고하며 권하기를 항상 깨어서 기도하라고 하였다. "자신을 지키라. 깨어서 기도하라. 그렇게 하는 한, 악한 자가 너를 다치지 못하며, 해하지 못한다."[65]

웨슬리는 항상 기도하라고 강조하였다. 기도는 진정 변함없고, 끈기 있는 훈련으로서, 그 훈련은 "견고한 믿음, 인내하는 소망, 수고하는 사랑, 간단없는 기도를 반드시 수반한다. 웨슬리는 재치 있는 말로 권고하기를, "기도하도록 주의하라, 그리고 주의하도록 기도하라"고 하였다.[66]

그러므로 웨슬리가 여러 곳에서 기도와 금식은, 마치 손에 손이 마주 잡듯이, 공동으로 역사한다고 설명한 것은 아주 논리적이다. 금식도 하나님이 제정하신 은혜의 수단이다. 그러나 금식을 기도와 함께 할 때에 그 효과가 크다.

"금식은 기도에 도움이 되는 것으로서, 금식은 하나님이 정하신 수

---

63) St.S.,I, pp.430-431; N.T. Notes, 마 6:8. Simon, J.W. Adv. of Meth., pp.271-272; cf. Pious Communicant. p.7.을 보라.
64) N.T. Notes, 벧전 3:7; 약 4:8.
65) N.T. Notes, 요일 5:18; St.S.,II. p.372.
66) N.T. Notes, 엡 6:18; 딤후 4:5; 벧전 4:7; cf. Journal Curn., II, pp.189,191, 503,506; Letters, I, p.66.

단으로 한 가지의 덕, 순결뿐만이 아니라, 정신의 진지함, 양심의 간절함, 예민하고 부드러움, 세상에 대하여 죽는 것, 결과적으로 하나님의 사랑과 모든 거룩하고 성스러운 정감 등을 확증하고 증가시키는 수단으로 흔히 여겨져 왔다. (그런데 어떤 사람들은 성경이나 이성이나 경험에 근거하지도 않은 채 금식을 통해서는 오직 순결만이 고양된다고 생각하였다)."[67]

그리고 웨슬리는 마태복음 17장 21절의 말씀, "기도와 금식이 아니면 이런 유(마귀)가 나가지 아니하느니라."는 말씀을 인용하면서 추가해서 말하기를, "금식에 기도가 가해 질 때, 나타나는 금식의 효과가 대단히 크다는 증거가 아니냐!"고 하였다.[68] 금식과 기도의 효과에 대한 그의 꾸준한 믿음은 여러 해 동안 지속되었다. 1736년에 웨슬리는 권고하기를, "주 하나님이 . . . 금식과 기도로 내게로 돌아오라고 말씀하셨다." 그리고 다시 1790년 10월에도 같은 강조를 하였다. "모든 형제들에게, 하나님이 제정하신 기도와 금식의 수단으로 하나님을 꾸준히 기다리라고 권하라. 그런데 금식이 영국과 아이랜드에 있는 메소디스트들에 의해 거의 등한시 되어 왔다."[69]

하나님은 은혜를 수여하는 방법으로써 금식을 말씀하셨고, 그의 은혜를 값없이 주시겠다고 약속하셨다. 다른 하나님의 의식에서와 같이 금식은 목적이 아니라 귀중한 수단이다. 금식을 통하여, 우리 몸을 복종시키고, 하나님께로부터 영적 힘을 받고, 겸손의 열매, 삶의 변화를 얻게 될 것이다.[70] 금식을 일반적으로 등한히 하는 것이 그리스도인들이 영적으로 죽는 큰 원인이다.

---

67) St.S., I, p.458.
68) N.T. Notes, 마17:21, Letters, V, p.112.
69) Works, VII, pp.493-494; Letters, VIII, p.243; 그 외의 기도와 금식에 대한 언급을 보기 위해서는 Journal. Curn.,II, pp.257-258,514; O.T. Notes, 삿 20:18, 겔 13:5; N.T. Notes, 마 6:1, 16; Works, VII, p.61; XI, pp.383,402; Minutes, I, pp.83, 523.를 보라. "이와 같이 초대 하나님의 사람들은 항상 기도와 금식을 한 것을 볼 수 있다." St.S., I, p.469.
70) N.T. Notes, 마4:2; O.T. Notes, 사58:5; Works, VIII,p.364; St. S.,I, pp.345, 468-469.

"왜 당신은 좀 더 거룩하지 않는가?"고 한탄하며 질문한다.

"우리들 가운데 누가 일 년 동안 매 금요일에 금식하는가? 우리들 가운데 누가 금식을 전혀 하지 않는가? 이것이 (전체는 아니지만) 우리들의 약하고 기운 없는 마음의 상태를 들어내고 있는 것이 아닌가? 우리가 설사 크게 그리고 길게 설교를 한다고 해도, 어떻게 하나님의 사역이 진전되겠는가? 그 때문에 하나님의 사역은 밑으로 처지고, 깨닫는 사람도 적고, 의롭다함을 받는 사람도 적고, 성결의 은혜를 받는 형제도 적은 것이다."[71]

메소디스트 교회에 허입된 설교자들에게 질문한다. "당신은 교훈으로 또는 모범을 보이며 금식을 권면할 것인가?"고. 또는 다음과 같이 묻는다. "당신은 얼마나 자주 금식하는가?" 어떤 회의 중에 지역 교회 신자들을 초청해서 금식과 기도에 참여케 한 일도 있다.[72]

그러나 웨슬리는 그의 교우들을 개별적으로 금식하도록 하는 것은 별로 좋아 하지 않은 것 같다. 1767년에 웨슬리는 전체 금식(general feast)를 정하고 메소디스트 교회에서 일 년에 네(4)번씩 금식할 것을 명하였다. 오랫동안 그렇게 금식을 행하여 온 것으로 보인다.[73]

옥스퍼드에서 메소디스트들은 수요일과 금요일에 금식을 한 초대 기독인들을 본받아 그리 시행하였다. 여러 해 동안 그렇게 시행하였다.[74] 그러나 영국교회의 기도서는 금요일에만, 그리고 특별한 명절날(holy days)에 금식하라고 하였다. 그리고 "밴드 모임"에 대한 지침서에는 금요일 전체를 금식의 날로 지키라고 요구하고 있다. 웨슬리는 이렇게 매주 하는 금식을 그의 추종자들에게 요구하였으나, 크게 성공은 못한 듯하다.[75]

---

71) Minutes, I, p.80; cf. Journal. Curn., V, p.17; Works, VIII, p.316.
72) Minutes, I, pp.54, 52, cf. p.38; Works, VII, pp.288-289.
73) Minutes, I,pp.74, 136, 181; cf. Works, VII, pp.288-289.
74) Works, VII, p.288; Instr. for Children, p.8; 저들은 매 수요일과 금요일에 오후3시 까지 금식하였다.
75) BCP, Parker ed., p.32; Works,VIII, p.274; Journal Curn., II, pp.257-258, 291; IV, p.243; Minutes, I, pp.25,38,52,74, 80,136; Williams, W's TT, p.134.

웨슬리가 기도와 함께 하는 금식의 효과를 얼마나 믿고 있었는가는 1769년의 회의록에 나타나 있다. 웨슬리는 자기가 죽으면 그 때에 위기가 올 것이며, 분열과 토론을 예방하려고 할 것이라는 것을 알고 있었다. 그래서 그는 그 회의에서 다음과 같이 말하였다.

"내가 죽으면, 영국과 아이랜드에 있는 모든 설교자들은 육 주 이내에 모두 런던에 모이게 하라. 그리고 엄숙하게 금식과 기도로 하나님을 찾도록 하라."[76]

웨슬리는 사람에 대하여 그리고 하나님의 은혜의 수단에 대한 그의 지각력 있는 지식으로, 함께 금식하며 기도하는 사람들은 싸움과 불화에 휩싸이기는 매우 어려울 것이라는 것을 알고 있었다.

웨슬리의 마음에는 항상 옥스퍼드에서의 신성 클럽(Holy Club)의 모임에서 받은 축복이 남아 있었다. 그리고 회심자의 수가 많아지게 되어, 그들을 개별적으로 돌보는 것이 불가능하게 되었다. 그래서 저들은 "곧 함께 모여서 하나님 안에서 서로 도와주도록 하였다. 이때쯤에 웨슬리는 그의 일기에 다음과 같이 기록하였다.

"84명의 젊은이들이 같은 일을 추구하기 위해 모이기로 합의했다. 어떻게 이 일이(그 본질에 있어) 하나님이 정하신 은혜의 수단임을 감히 부인하겠는가? (루터와 같이 유신론의 입장에서 노발대발하면서) 야고보의 서신이 지푸라기 서신이라고 주장하려 하지 않는 한, 어떻게 이를 부인하겠는가?"[77]

"성도의 교재(Christian fellowship)"의 형태와 그에 대한 것을 자세히 규정하는 것은 자유로운 것이지만, 그러나 그 본질에 관한 한, 이는 주님이 제정하신 수단이다. 이 의식(ordinance)에는 두 가지 면이 있다. 곧 "성도가 함께 모이는 일(assembling together)"과 "성도

---

76) Minutes. I. p.88.
77) Journal. Curn., II, p.174; Works, VI, p330.

의 대화 또는 회의"의 두 면이 있다. 그러면 "성도의 회의(Christian conference)"는 무엇인가? 이에 대하여 웨슬리는 "대 회의록"에서 다음과 같이 설명하고 있다.

"당신의 대화를 바르게 관리하는 것이 얼마나 어렵고 중요한지를 당신은 알고 있는가? 대화가 늘 은혜가운데 이루어지고 있는가? 대화가 소금으로 절여져 있는가? 듣는 자에게 은혜를 끼치도록 하고 있는가? 당신은 한 번에 너무 오래 말하고 있지 않는가? 일반적으로 한 시간이만 넉넉하지 않는가? 설명에는 항상 명확한 목표가 있었어야 좋았을 것이 아닌가? 그리고 말하기 전과 후에 기도하는가?"[78]

이와 같이 웨슬리에 있어서는 대화가 결코 무관심한 것이 아니었다. 이 수단을 통하여 믿음을 갖게 되며 믿음이 강해질 수 있고, 또는 반대 결과를 갖게 될 수도 있다. 정당하게 이루어지는 하나님의 자녀들 간의 대화 또는 웨슬리가 말한 대로 소금으로 맛을 낸(골4:6) 대화는 듣는 자들에게나 말하는 자에게 은혜를 수여하는 효과적인 은혜의 수단이 될 것이다. 그래서 웨슬리는 그의 사람들에게 "시시한" 대화로 시간을 낭비하는 일을 하지 말라고 항상 주의를 주고 있다. 그는 에베소서 4장 29절의 말씀, "무릇 더러운 말은 너희 입 밖에도 내지 말고 오직 덕을 세우는 데 소용되는 대로 선한 말을 하여 듣는 자들에게 은혜를 끼치게 하라"는 말씀을 주해하면서 다음과 같이 말하였다.

"은혜를 끼치기 위해서, - 그들의 마음에 더 많은 은혜를 수여하는 수단이 되게 하라. 여기서 우리가 배우는 것은, 더러운 말은 마치, 악취가 하나님의 코를 찌르는 것과 같다는 것이다. 그래서 그것들은 모두 유익함도 없으며, 덕을 세우는 것도 없고, 듣는 자들에게 은혜를 끼칠 수가 없다."[79]

---

78) Minutes, I. p.553. 1763,1770,1772의 회의록에는 "you" 또는 "your"를 "we" 또는 "Our"로 표기했다. cf. Letters, V, p.348; St.S., II, p.292; Works, VI, p.510-511; XI, p.429.

79) N.T. Notes, 엡4:29; 히10:22. cf. Works, VI, pp.284, 333, 466ff. 486; VII, pp.33, 243, 518.

그러므로 모든 성도는 쓸데없이 말하거나 말을 너무 많이 하지 않는 것이 중요하다. 앞에서 인용한 회의록에서 보았듯이, 모든 대화는 정해진 목적을 가지고 해야 하고, 대화 하기 전과 후에 기도를 하여야 한다.[80]

이 의식과 밀접한 관계가 있는 또 다른 의식은 "성도의 교제(Christian fellowship)", 곧 우리가 함께 모이는 것이 있다(히10:25). 교회와 공중 예배에 참석하며, 성도의 교제를 나누는 것은 은혜 안에서 성장하는데 대단이 중요하다.[81] 1745년 총회에서 결정하기를, 웨이레스(Wales)와 콘와를(Cornwall)에서는 어떤 협회(societies)를 조직하지 안하고 전도하기로 하였다.

그러나 1748년에 와서 웨슬리는 그 결정을 종결하면서 다음과 같이 말했다. "우리는 이미 시험을 해보았다. 우리는 일 년 이상을 협회를 조직하지 않고 전도를 했다. . . . 그런데 우리가 뿌린 말씀의 씨는 거의 다 길가에 떨어졌다. 거기에 남은 열매는 거의 없었다."[82]

주님께서도 "함께 모이는 것을" 저버리지 말라고 분부하셨다. 그러므로 성도의 교제가 깨어 있기를 원하거나, 또는 계속 깨어 있기를 원하는 사람들을 위해서는 매우 필요한 것이다. "하나님은 저들의 기도에 응답하시어, 하나님의 자녀들이 온갖 좋은 은사를 가지고 서로 모이게 하신다. 그리하여 그들이 속해 있는 공동체를 양육하시고 강하게 하신다." 이와 같이 성도들이 결집되었을 때만이, 하나님의 사람들이 하나님께로부터 영향을 받으며 또한 은혜와 성결 안에서 성장하는 것이다.[83]

---

80) Minutes, I, pp.33,38, 53, 460-461,494-495, 510; cf. Letters, I, pp.168-169, Works, VII,p.211.
81) N.T. Notes,히10:25. 행 5:11; Journal. Curn., II, p.330; St.S.,I, pp.344,361; Works,VI, pp.110,458; VIII, pp.271, 274.
82) Minutes, I, pp.27,39; Journal. Curn., III, 71.
83) St.S., I, p.395; cf. Journal, Curn., II, 359; VI, p.345; Works, XIV, p.320; Minutes, I, p.39.

그러므로 웨슬리는 단호히 말하기를, "기독교는 본질적으로 사회적 종교이다. 그리고 기독교를 사귐이 없는 은돈의 종교로 만든다는 것은 교회를 파멸시키는 것이다. . . . 그런 종교는 건전할 수 없을 뿐 아니라 존재할 수도 없다. 즉 서로 대화하며 교제하는 모임(society)이 없이는 존재할 수 없다."고 하였다.[84]

그리고, "찬미와 거룩한 시(1739)"의 서문에서 웨슬리는 더 심각하게 지적하기를," 거룩한 은든자들이 복음과 일치하지 않는 것은 마치 거룩한 간통자들이 복음과 일치하지 않는 것과도 같다. 그리스도의 복음은 그냥 종교를 말하지 않고, 사회적 종교를 말하고 있다. 그리고 성결에는 사회적 성결이 있을 뿐이다"라고 하였다.[85]

여기에서 웨슬리가, 그의 나중의 경험에서 울어 나와, 실제로 말하고자 하는 것은 바로 기독교는 그의 성격과 본질에 의하여, 성도의 교제(Christian fellowship)를 요구한다"는 것이다. 하나님을 사랑하고, 그 결과로 모든 사람을 사랑한다는 것은"사랑하는 사람들"의 교제를 통해서만 이루어 질수 있는 것이다." 하나님은 너희들에게 가르치시기를, 너희들은, 어떤 사람이 하듯이, 너희들의 모임을 저버리지 말라. 그리고 함께 모인 데서는, 오로지 교육하고, 권고하고, 훈계하고, 책망하고, 위로하고, 격려하라"고 하셨다.[86]

성도의 교제와 대화는 하나님과 하나님의 구원을 바라는 모든 사람을 위해서는 진실로 효과적인 은혜의 수단이다.

"하나님의 은혜를 원하는 모든 사람은 성경을 상고하는 가운데서 기다려야 한다."[87]

---

84) St.S., I, p.382; cf. Works, VII, pp.207,213.
85) Works, XIV, p.321.
86) Hymns and Sacr. Poems, 1739, p. IX; Works, XIV, p.322.
87) St.S.,I. p.248.

이런 말로 웨슬리는 성경이 은혜의 수단인 것을 설명한다. 웨슬리가 "정숙(stillness)"의 교리를 반대하면서, 은혜의 수단에 관한 여러 설교에서, 성경에 대하여 다음과 같이 말하였다.

"나는 성경에 대하여 다음과 같이 말하였다. (1)하나님은 성경을 상고(곧 성경말씀을 읽고, 듣고)하라고 명령하셨다. (2)이 명령은 신자와 미신자 모두에게 주신 명령이다. (3)성경을 은혜의 수단으로 지정하셨다. 곧 모든 사람, 불신자나 신자 모두에게 하나님의 은혜를 수여하는 수단으로 지정하였다.(즉 처음으로 이 명령을 듣는 불신자, 말씀을 들음으로 믿음을 갖게 될 불신자들에게, 또는 경험을 통하여, 성경은 유익한 것으로, 이는 하나님의 사람으로 온전하게 하며 모든 선한 일을 행할 능력을 갖추게 하려는 목적으로 주셨다는 것을 알고 있는 신자들 모두를 위한 은혜의 수단이다.)"[88] 웨슬리는 성경이 믿음과 신앙생활의 규칙이라고 견고하게 주장한다.[89]

성경의 역할에 있어 기록된 하나님의 말씀의 권위에 관한 문제는 이번 연구와는 별로 관계가 없어 간접적으로만 다룬다. 웨슬리가 성경이 은혜의 수단이라고 말할 때, 그는 외적 수단으로써의 성경을 통하여 하나님이 하나님의 은혜를 실제로 수여한다는 것을 주장하는 것이다. 은혜의 말씀은 외적으로는 복음을 통하여 알려지고, 내적으로는 하나님의 영을 통하여 알려진다. 성령은 성경을 기록한 사람들에게 한 때 영감하셨다. 그리고 성령은 같은 방법으로 "성경을 간절한 마음으로 기도하며 읽는 사람들을 계속하여 영감하시고, 초자연적으로 도와준다."[90]

---

88) Journal. Curn., II, p.360. cf. Works, VII, p.378; St.S.I, pp.248ff.
89) Letters, I, pp.285-286; cf. VIII, p.192; Journal. Curn., III, p.26.
90) N.T. Notes, 딤후 3:16; 요일 5:7; O.T. Notes, 아가서 2:8; 사 2:4; 54:13.

성령이 임재 하여, 죽은 문자에 생명을 주시지 않는다면, 성경을 읽고, 듣고, 설교하는 것이 모두 헛된 것이다. 믿음 없이는 말씀이 열매를 맺지 못할 것이다. 온전한 분량의 믿음은 아니라도, 최소한의 믿음을 가지고 기대해야 할 것이다. 아주 적은 믿음이라도 있는 자, 곧 "아직 어둠에 있어, 아직 알지 못하는 하나님을 찾고 있는 자는 . . . 찾게 될 것이다."[91] 그리스도께서는 말씀으로 교회에 임재하셨다. 그리고 진실하고 능력 있는 설교의 내용을 남기셔야 했다.[92] 믿음은 복음을 들음에서 온다. 하나님은 말씀으로 자녀를 낳게 하신다. 그리고 이 복음은 중생과 순종에 의하여 신자에게 주입된다.[93]

이와 같이 말씀은, 성령을 통하여, 죄를 깨닫게 한다. 그리고 믿음은 전해진 그 말씀을 들음으로 생기고, 신자들은 성결에서 성장한다.

말씀은 우유와 같다 ____우유가 몸에 하듯, 하나님의 말씀은 영혼을 비옥하게 한다. 그리고 그 말씀은 성실하고, 간사한 것이 없어, 그 말씀을 고수하는 자는 속임을 당하지 않는다. 그리하여 당신은 그 말씀에 의하여 성장할 것이다. --믿음과 사랑과 성결에서 그리스도의 분량에 까지 성장할 것이다.[94] 하나님은 그의 말씀을 통하여 축복하시며 생명을 주실 것이다. 구약과 신약 성경은: "하나님의 손으로 우리를 보다 지혜롭게 하여 구원에 이르도록 하실 수 있을 것이다. 그리스도께서 영광을 받으시기 전에는 알지 못했던 그런 구원에 지금 이르게 하실 것이다." 성경은 영적인 지식을 얻게 하는 은혜의 수단이다. 하나님의 말씀이 영혼 전체를 채우며 주장한다.[95]

---

91) St.S., II. p.94; Works, V. p.194; VII, p.472. 웨슬리가 말하는 "약한 믿음(weak faith)"에 관하여는 Journal, Curn., II. p.355를 보라.
92) N.T. Notes, 요9:5, 10:8, Works, VI, pp.285-286; St.S., II, pp, 76-77, 웨슬리는 좋은 설교는 1.초청하고, 2. 깨우치게 하고, 3. 그리스도를 소개하고, 4. 모이게 하여, 설교에서 들은 것을 실행하게 하는 것이라고 말했다.. Minutes, I, pp.525,527. cf. O.T.Notes, 삼상 4:20, 렘3:17.
93) N.T. Notes, 행 5:11; 약 1:18, 21.
94) N.T. Notes, 벧후 2:2; 요17:17; 롬10:17; O.T. Notes, 사 2:4; 요엘 3:18; St.S., II. p.58.
95) N.T. Notes, 딤후 3:15; 골 3:16; O.T. Notes,겔26:20; Journal, Curn., II. p.208; St.S., II, p.387; Works, XI, p.429.

말씀을 사사로이 읽고 명상하는 것이 믿음 생활에 중요한 도움이 되지만, 설교로 전해진 말씀을 듣는 것이 메소디스트에 있어서는 중요한 것이었다. 얼마 되지 않아, 웨슬리는 "율법"을 설교할 것인가 아니면 "복음"을 설교할 것인가의 문제에 봉착하였다. 이에 대한 웨슬리는 중요한 서신을 통하여서 자신의 생각을 다음과 같이 피력하였다.

"복음을 설교한다"고 하는 것은 곧 죄인들에게 하나님의 사랑을 전하는 것, 그리스도의 생, 죽음, 부활, 중보사역과 그 결과로 진실한 신자들에게 값없이 주어질 모든 축복을 전하는 것을 나는 의미한다. 그리고 "율법"을 설교한다는 것은 주님께서 간략하게 산상수훈에서 말씀하신, 그리스도의 명령을 설명하며 강화하는 것을 나는 의미한다."[96]

이것이 우리 모두가 동의하고 있는 것이라고 웨슬리는 말한다. 그러면, 어느 것이 신자를 양육하고 영적 생활을 할 수 있게 하는 은혜의 수단인가? 어떤 분은 율법이라고 하고, 또 어떤 이는 복음을 설교하는 것이라고 한다. 그러나 웨슬리는 어느 편에도 동의하지 않았다. 그는 말하기를, "나는, 어느 한편을 주장할 것이 아니라, 모든 설교에서는 아닐지라도, 모든 곳에서 복음과 율법이 적당하게 혼합되어야 한다고 생각한다"고 하였다.[97]

여기서 웨슬리가 바라는 본질적인 것은 성경은 듣는 각 사람의 상태와 필요에 따라 받아드릴 수 있는 적절한 방법으로 성경전체를 전하여야 한다는 것이다. 그러므로 깨닫고 참회하는 사람들에게는 하나님의 사랑을 보여 주는 것이 옳을 것이고, 마음이 완악하고 참회하지 않는 죄인과 경솔하고 주춤거리는 사람들에게는 율법의 강한 요구를 위협적으로 전해야 할 것이다. 불신자는 믿음으로 인도되어야 하고,

---

96) Letters, III, p.79.
97) Ibid.

신자는 성결에서 성장하여, 완전으로 나아가야 한다. 왜냐하면, 웨슬리는 계속하여 말하기를, "명령은 양식(food)인 동시에 약속이다. 즉 양식이 똑 같이 유익하며, 똑 같이 없어서는 안 되는 것이기 때문이라고 하였다. 이것들이, 바로 적용된다면, 영혼을 지도할 뿐 아니라 또한 영혼을 키우고 강하게 한다."[98]

하나님의 말씀은 온전한 은혜의 수단으로서, 각 사람에게 그들의 필요에 따라, 하나님의 은혜를 전달한다. 그러나 이 은혜의 수단은 바로 사용되어야 한다. 즉 거기에는 성경과 설교가 동반되어야 한다. 그렇지 않으면 믿음이 시들거나 죽게 될 것이다. 초대 신자들이 그랬듯이, 신자는 하나님의 말씀을 주야로 묵상하여야 한다.[99]

이 일은 구약성경에 있는, "영원한 의가 드러나며"라는 간단한 말로 요약된다. 곧 그리스도 안에 있는 하나님의 값없이 주시는 은혜로 인하여 의(justification)가 드러나며, 그의 영에 의하여 성결이 드러나며 . . . 이는 그리스도가 주시는 것이되, 이는 (1). 그의 공로에 의하여, (2). 이를 선포한 주님의 복음에 의하여, (3). 이에 호응하는 믿음과 성령의 인치심에 의하여 주어진다.[100]

여기에 웨슬리가 이해하는 ordo salutis(구원의 순서)가 아주 간략하게 표현되고 있다. 곧 의롭게 하는 은혜와 성결케 하는 은혜가 사람들에게 주어진다. 그리스도의 속죄가 이 은혜의 원천이며 기초다. 믿음은 은혜로 의하며 주어지는 특별한 선물이다. 성령의 내적 증거가 신자 안에 하나님이 계심을 확인한다. 그러므로 웨슬리는 다음과 같이 결론적으로 말하였다.

---

98) Ibid; N.T. Notes, 히 4:12; 딤후 2:15; 3:16.
99) O.T. Notes, 신 17:19; Works, VIII, pp.31,32; XI, p.260; Journal Curn.,VI, p.224; N.T. Notes, 딤후 3:17; Instr. for Children, p.8.
100) O.T. Notes, 단 9:24.

"우리 모두는 다음의 세 가지 규칙을 지키도록 하자. 1. 우리의 마음이 하나님의 말씀으로 채워지도록 하자. 2. 당신의 눈을 하나님의 말씀에 고정시키라. 3. 당신의 혀는 하나님의 말씀에 대하여 사용되도록 하라. 특별히 하나님의 말씀을 배워야 할 어린이들에게 가르치라. 그 들이 하나님의 말씀을 듣는 것이 그들이 필요한 예의범절의 규칙이나, 그들이 살아가야할 직업보다도 더 주요하다."[101]

그러면, 이런 수단들이 어떻게 서로 연결되고 있는 건가? 한 번은 또 다른 경우에 웨슬리는 말하기를 그 수단들의 각자는 모두 특유한 것이라고 하였다. 기도는 중요한 은혜의 수단이고 ____금식은 또 특유한 수단이고,____ 그리고 하나님의 말씀은 일반 은혜의 수단 가운데, 가장 중요한 것이다.

"천상의 말씀은 처음부터 사람들에게
   아주 자상하며,
   성례전의 영광은 빛나며, 그리고
   우리를 위한 하나님의 모든 계획을
   나타내고 있다."[102]

물론 웨슬리는 모든 은혜의 수단을 통하여 하나님을 기다리라고 대답할 것이다. 그렇지만, 각 은혜의 수단은 특별한 때에 특별한 역할을 하는 것이다. 예를 들어서, 금식은 기도에 큰 도움을 준다. 또 금식함으로 몸을 다스린다. 기도는 다른 모든 수단과 함께 하여야 한다.

기도는 기도하는 사람을 준비시키는 역할을 한다. 그리하여 기도는 어떤 은혜의 수단을 통하여서든지 하나님의 은혜를 기다리며 받을 수

---

101) O.T. Notes, 신 11:18-19.
102) Letters, Iv, p.90; III, p.96; St.S., II. 492; HLS, no.62:6; cf. Brevint(W), sec. IV.6, p.15.

있도록 마음의 준비를 시키는 역할을 한다. "기도는 분명히 사람을 하나님께 다가가게 하는 은혜의 수단이다. 모든 은혜의 수단은 기도와 함께 하고 기도로 준비할 때만이, 다른 은혜의 수단들이 우리에게 도움이 된다."[103]

그러나 하나님이 영적 삶을 수여하시고, 그 영적 삶을 유지하며 증진시키기 위해 하나님이 사용하시는 은혜의 수단은 하나님의 말씀이다. "진실로 하나님의 말씀은, 일반 은혜의 수단가운데 첫째가는 수단이다. 하나님은 이 수단에 의하여 죄인의 마음과 생애를 변화시킨다. 하나님은 이 일을 주로 복음의 성직자들을 통하여 행하신다."[104]

하나님은 자신이 원하시면, 어떤 은혜이든 주실 수 있고, 또 그가 지정한 어떤 은혜의 수단을 통하여 주실 수 있고, 또는 수단을 통하지 않고도 주실 수 있을 것이지만,[105]

그럼에도 불구하고, 특수한 하나의 은혜의 수단은 그 나름대로 특수한 역할을 하고 있음을 알 수 있다. 예로서, 금식과 기도가 예비 내지 준비의 역할을 하는 수단(preparatory means)이라고 한다면, 그 다음에 없어서는 안 될 하나님의 말씀, 곧 말씀을 듣고 읽고, 명상하고 전해진 말씀은 깨우치며, 거듭나게 하며, 확인시키는 수단(ordinance)라고 할 수 있을 것이다. 웨슬리 시대에, 주님의 성찬을 일반적으로 가장 중요한 확인하는 수단(confirming ordinance)이라고 생각하였다.

그러나 웨슬리는 경험을 통하여, 이를 달리 생각하게 되어, 성만찬은 또한 거듭나게 하는 수단도 된다고 주장하였다. "나는 (1) 주님의 성만찬은 하나님께서 사람들의 필요에 따라, 사람들에게 선행적 은혜 또는 의롭게 하는 은혜, 또는 성결케 하는 은혜를 수여하는 은혜의 수

---

103) Ibid.; cf. VIII, p.179; Works, VIII, p.364l
104) St.S.,II, p.492; Letters, III, p.79; N.T.Notes, 엡5:26.
105) St.S., I, p.458.

단이 되도록 제정하신 것이라고 말했다."[106]

성도의 교제와 성도의 회의가 적절한 분위기를 만들어, 그 안에서 주님이 제정하신 은혜의 수단, 그리고 상황적 은혜의 수단이 사용될 수 있도록 한다.

그렇다면 사람이 필요로 하는 은혜를 수여하기 위해 하나님이 일상적으로 사용하시는 은혜의 수단은 둘(2)이 있다. 말씀이 믿음이 있게 하기 위해 하나님이 자주 사용하시는 은혜의 수단이라면, 주님의 만찬은 믿음을 확인하고 증가시키는 데 사용된 은혜의 수단이다.

이 수단들은 둘 다 한 면에만 제안되지 않는다. (기도가 따른) 말씀의 완벽함을 강하게 주장함으로 웨슬리의 후예들이 은혜의 강력한 통로였던 주님이 만찬의 가치를 그저 은혜를 기념하는 하나의 예식에 지나지 않는 것으로 감소시키게 만들었다. (다른 한편, 주님의 만찬의 완벽함을 주장하므로, 전해진 말씀을 수단들의 배경으로 밀어 넣게 하고 사제옹호론자적 개념을 조장하였다) 웨슬리는 계속 다섯 가지 정례의식 모두를 사용하였다. 그리고 추종자들에게 그와 같이 하라고 권고하였다. 웨슬리는 그의 "은혜의 수단"이라는 설교에서, 하나님께서 의식들을 어떻게 활용하시는 가를 다음과 같이 설명하고 있다.

맨 처음에 죄인의 영혼을 각성시킨다, 다가오는 진노에서 피하고자 하는 마음을 갖게 한다, 특별히 전해진 말씀을 듣게 한다. 그래 그가 말씀을 듣고, 읽고 그리고 말씀을 명상한다. 그는 하나님의 관한 일을 말하기 시작한다. 그리고 기도 가운데 하나님과 이야기 한다. 그래도 평안을 얻지 못했는가, 그럼 교인들을 찾아서, 하나님을 아는 사람들과 기도하기를 원한다. 그리고 마지막으로 주님의 성찬에 나아간다. "그리고, 이와 같이, 하나님이 하신 방법을 따라, 계속한다.

---

106) Journal. Curn.,II. p.361.
107) St.S., I, pp.257-258.

곧 말씀을 들으며, 읽으며, 명상하며, 기도하며 주님의 성찬에 참가하며, 마침내 하나님께서 그에게 기쁨을 주시며 말씀하시기를,"

네 믿음이 너를 구원하였다. 평안히 가라"[107] 는 말씀을 들을 때까지 계속 나아간다."

그럼에도 불구하고, 존 웨슬리와 챨스 웨슬리에게 있어서는 주님의 성찬은 항상 탁월한 은혜의 수단이었다. 웨슬리는 브레빈트와 함께, 그의 견해를 은유적 표현으로 다음과 같이 말하였다.

"이런 축복들을 그리스도께서는 그의 교회의 여러 가지 의식을 통하여 어떤 때는 많이, 또 어떤 때는 적게 위로부터 주신다. 그 축복은 하늘의 별들이 각각 다르듯이, 그 영광에 있어 서로 다르다. 금식과 기도, 하나님의 말씀을 듣는 일은 모두 구원의 우물에서 물을 끌어 올리는 좋은 그릇이다. 그러나 저들은 똑 같지 않다. 성찬식은 그것이 절절하게 사용되었을 때는 보다 큰 축복을 수여한다.

그러나 성찬식이 나쁘고 불경건하게 사용되었을 때는 보다 큰 저주의 위험이 있게 된다."[108] 챨스 웨슬리는 그의 유사한 찬미에서 같은 소감을 들어내고 있다.[109] 이런 견해는 웨슬리가 브레빈트의 논문의 초록에도 나타나 있다. 웨슬리의 일지도 같은 것을 들어내고 있다. 거기서 그는 "나는 설교에서 하나님의 능력을 많이 발견한다. 그러나 나는 성찬식에서 보다 많은 능력을 발견한다."[110]고 말하였다.

웨슬리는 성례전에서 아주 큰 축복을 발견한다. 그런 생각은, 주님의 성찬식에서는 모든 다른 은혜의 수단이 함축되어 있다는 것을 이해하게 될 때, 아주 자연스러운 일처럼 보인다. 즉 성찬식에서는 하나

---

108) Brevint(W), sec. IV.6. p.15; cf. Brevint, sec. IV.12. pp.49-50.
109) HLS, nos. 42, 62.
110) Journal. Curn., V, p.40. cf. Carl Michalson, "Hermeneutics of Holiness in Wesley," in the Heritage of Christian Thought (Cushman and Groslis, eds.), pp.127ff.

님의 말씀을 읽고, 설교하고, 명상한다. 성찬식에서는 여러 가지의 기도가 중심에 있다. 거기에는 하나님과의 교분과 교제가 있고, 또 함께 예배하는 자들과의 교제도 있다. 금식도 역할을 한다.

어떤 사람들은 (웨슬리는 아니지만) 성례전에 참여하기 전에 금식할 것을 권하고 있다. 이와 같이, 주님의 성찬식에서, 여러 가지 일들이 함께 어울려 큰 축복의 심포니를 이루고 있는 것이다.

"이것은 당신이 사람에게 수여하신,
아주 귀중한 위산입니다.
여기서 우리는 주님, 당신을 먹으며,
그리고 당신의 귀중한 피를 마십니다.
여기서 당신의 모든 축복을 받습니다.
여기에 당신의 모든 은사가 주어졌습니다.
당신을 믿는 이들에게, 용서, 그리고
은혜와 천국이 주어졌습니다."[111]

---

111) HLS, no. 42:4-5; cf. Bowmer, SLS, pp. 40ff.; Pious Communicant, pp. 215-216.

3장 하나님의 구원사역과 성령의 역사
4장 효과적인 증표 · 예수의 속죄
5장 은총의 효과적인 수단 : 적용된 예수의 속죄
    1) 은총의 수단들
6장 은총의 효과적인 수단 : 세례
7장 은총의 효과적인 수단 : 성찬
8장 천국의 효과적인 표적 : 예수의 대속
    천국에 대한 확인(possession of its purchase Assured)
    세례와 성찬
9장 효과적인 희생 : 수용된 예수의 대속
    1) 세례
    2) 성만찬

3부

성례전의 역할
The Function of the Sacraments

제 6 장

은총의 효과적인 수단
Effective Means of Grace

세례

2. 세례

웨슬리가 그랬기 때문에 우리가 앞 장에서는 은혜의 수단을 논의하면서, 세례는 다루지 않았다. 웨슬리는 다른 은혜의 수단을 이야기하면서도 세례는 언급하지 않았다.[1] 그럼에도 불구하고, 웨슬리가 세례를 주요한 은혜의 수단으로 고려하고 있었다는 것은 의심할 여지가 없다. 왜 웨슬리가 늘 정례의식들의 목록에서 세례를 뺏는가 하는 것을 추측해 볼 수 있다.

세례는 교회에 입회할 때 시행하는 의식이다. 세례는 계속하여 받는 의식이 아니고, 반복하여 받은 의식도 아니고, 단 한 번 처음에 받은 의식이다. 세례는 이런 성격의 의식이기에, 웨슬리가 계속해서 항상 사용하라고 권고하는 의식의 목록에서 세례를 뺏을 것이다. 더 나아가, 웨슬리가 청중들에게 성례전에 참여하라고 초청할 때, 그 초청을 듣는 대 부분의 장년들은 이미 세례를 받은 사람들이었다. 그리고 목회자가 아닌 웨슬리는 별로 세례를 베푸는 기회가 많지 않았다. 그의 일기를 보면, 그가 세례를 베푼 일이 몇 번 있었을 뿐이다.

"그러므로, 수단으로서의 물, 세례의 물에 의하여 우리는 중생한다. 곧 거듭난다. 그래서 사도들은 세례를 "중생의 씻음(the washing of regeneration)"이라고 불렀다. 그러므로 우리 교회는 그리스도께서 행하신 것 가운데 세례보다 더 큰 은혜는 없다고 생각한다."[2]

---

1) HLS, no. 42:4-5; cf. Bowmer, SLS, pp.40ff; Pious Communicant, pp.215-216.
2) Works, X, p.192. cf. pp.188, 191,192,193;VI, p.395; Letters, II, p.227; N.T. Notes, 요 3:5; 행 22:16; St.S., I.p.242 n; Cushmen, Doctr. of Ch. p.87; Williams, W's TT, pp.116-117; Sanders, W's S., p.114.

그러므로 세례는 주님이 제정하신 다른 은혜의 수단과 같은 역할을 한다. 하나님께서 세례를 제정하시어, 이 의식을 통하여 하나님의 은혜가 수제자들의 상황과 필요에 따라 주어지도록 하신 것이다.

세례는 성만찬과 여러 면에서 같은 점이 있다. 하나의 크게 다른 점이 있다면, 세례는 처음에 받는 의식이요, 성만찬이(다른 은혜의 수단과 마찬가지로) 주로 믿음과 성결의 삶을 보전하고 진전시키도록 제정된 일을 개시하는 역할을 한다는데 있다. 다른 은혜의 수단들은 하나님께서 거듭나게 하며, 확인하는 의식으로 사용하신다면 세례가 하는 일은 구원에 있어 출발점이 되게 하는 것이다. 이런 목적에서 그리스도께서는 성부와 성자와 성령의 이름으로 세례를 주라고 명령하신 것이다. 주님은 다른 이유가 없으면, 어린이나 장년이나 할 것 없이 세례를 받고 자기에게로 나아오라고 명하였다. 웨슬리는 다음과 같이 말한다.

"주님이 세례를 받으심으로 하나님의 명령 때문에 저들이 지켜야 하는 모든 규칙들은 틀림없이 지켜야 한다는 것을 가르치고 있는 것이다. 그렇게 함으로 주님을 따르는 사람들이 모든 의를 충족시켜야 하는 것이다. 예수는 씻어야 할 죄가 없으시다. 그럼에도 불구하고 예수는 세례를 받으셨다. 하나님은 이 의식을 통하여 예수에게 성령을 부어 주시는 일을 하셨다. 그러면 이런 성령의 부으심을 우리가 하나님이 정하신 의식에 겸손히 참여함으로 받아야지, 어디에서 기대할 것인가?"[3]

---

3) N.T. Notes, 마 3:16; Cf. 행 19:5; Works, X, pp.150,188, 193, 198.

하나님은 은혜를 주시되, 은혜의 수단을 통하여 또는 통하지 않고도 주실 수 있지만, 우리는 하나님이 지정하신 세례를 사용할 의무가 있다. "진실로, 할 수 없는 곳에서는 상황이 다르지만, 지켜야 할 규정을 함부로 안 지키면 안 된다"고 웨슬리는 말한다.[4]

웨슬리의 은혜에 대한 개념은 두 부분을 말하고 있다고 봐야 할 것이다. 첫째는, 그리스도의 생애와 죽음에서 오는 은혜가 있다. 세상 죄를 위한 그리스도의 속죄다. 그는 갈보리에서 자신을 바치셨고, 지금도 사람의 구원을 위하여 계속해서 자신을 바치고 계신다.

두번째는, 임마누엘이신 성령의 역사가 있다. 성령은 그리스도께서 이룩하신 대속의 모든 은혜를 적용하며, 믿음과 성결의 선물들을 구원을 구하며 바라는 사람들에게 수여하신다.[5] 성령의 이런 역사는 몇 단계로, 즉 선행적 은혜, 깨닫게 하는 은혜, 의롭게 하는 은혜, 성결하게 하는 은혜의 단계로 구분되며 또한 연결된다고 논리적으로 이해할 수 있다. 주어진 은혜는 기본적으로 능력을 주는 은혜(enabling grace)이다. "무엇이 은혜인가? 은혜는 우리로 하여금 하나님을 믿고, 사랑하고 그리고 봉사할 수 있도록 능력을 주는 성령의 능력이다." 즉, 여기에서 은혜는 실체(substance)라기 보다는 dunamis(권능)으로 이해되고 있는 것이다.[6]

아담이 하나님을 불순종하매, 그는 죽었다. 아담은 하나님에 대하여 죽었다. 그는 하나님으로부터 격리되었다. 자기의 영적 생명이 하나님 안에 존재하는 것인데, 그 하나님으로부터 이탈 된 것이다.

---

4) Works, X, p.193.
5) Works, VI, P.506. cf. VIII, p.49. 웨슬리는 이 두 부분을 교리의 두 머리라고 불렀다.
6) Instr. for Children, p.7; Letters, IV, p.332. 여기서 기억할 것은, dunamis(권능)의 원천과 내용은 예수 그리스도인 것이다. 즉, 능력(power)이라고 해서 추상적인 힘을 말하는 것이 아니라, 인격(person)으로서의 능력을 말하는 것이다. Sanders, W's S. p.160 n. 106을 보라.

"모든 사람은 아담 안에서 죽었다. 모든 인류 곧 아담의 허리에 있었던 모든 어린이들도 다 죽었다. 이에서 따라온 결과로, 아담의 후손으로 세상에 태어난 모든 사람은 영적으로 죽고, 하나님에 대하여서도 죽고, 죄안에서 온전히 죽었다. 그리하여 하나님의 생명은 전적으로 없어졌고, 하나님의 형상도, 창조될 때에 자녀에게 있었던 모든 의와 성결도 없어졌다. 그 대신, 세상에 태어난 모든 사람은 자만과 자기 주장을 하는 마귀의 형상을 지니고 있다. 육체적 욕심과 욕망을 지닌 짐승의 형상을 지니고 있다. 이와 같이 우리의 본성이 전적으로 부패해 있다는 것이 새로 나야(신생)만 한다는 이유(기초)이다. 따라서 죄로 탄생한 우리는 다시 태어나야만 한다. 그러므로 여자에게서 태어난 자는 하나님의 영으로 태어나야 한다."7

웨슬리는 한 발짝 더 나아가 말한다. 사람은 본질상 전적으로 악하고, 전적으로 타락했으며, 그의 영혼이 전적으로 부패하지 않았는가? "이것을 인정하면, 당신은 그리스도인이요, 이것을 부정하면, 당신은 이방인에 불과하다."8 웨슬리가 인간의 전적 타락을 구원의 기초라고 강조하는 이유는 이해하기 쉽다. 사람이 그렇게 전적으로 타락하지 않았다면, 구주(saviour)나, 구원이 필요치 않을 것이기 때문이다. 그러므로 웨슬리의 ordo salutis (구원의 질서)에서 이것이 은총의 교리의 전제 조건인 것이다. 즉 "당신의 병을 알아야, 당신은 치유를 받을 수 있다."9

웨슬리는 "세례에 관한 논문"에서 같은 입장을 계속하고 있다. 웨슬리는 초대 교회, 영국교회의 교리신조 9조, 그리고 여러 성경구절을 인용하면서, 결론 내리기를, "분명 세례는 어린이도 받아야 한다. 어린

---

7) Works, VI, pp.66,67,68. cf. VIII, p.277. "Original sin"이라는 설교를 보라. VI, p.54ff. N.T. Notes, 롬5:12.
8) Works, VI, p.63.
9) Works, VI, p.64,65.

이도 죽는다는 것은 저들도 죄를 범했다는 것을 의미한다. 그러나 어린이가 자범죄를 범한 것이 아니다. 저들은 원죄에 의해 죄인이 된 것이다. 저들이 죄인이 아니라면 무엇 때문에 저들이 그리스도의 죽음을 필요로 하겠는가?" 라고 하였다.[10]

여기까지는 웨슬리가 칼빈주의의 입장과 같다.[11] 웨슬리도 원죄의 죄책이 모든 사람에게 전가된다는 것을 인정한다. "그러나, 이것만으로 사람이 멸망 받을 것이라고 하는 것은 나는 인정하지 않는다. 당신이 그런 말이 성경 어디에 기록되어 있는 것을 제시하기 전에는 나는 그런 것을 인정하지 않는다고 웨슬리는 주장하였다.[12]

웨슬리는 계속해서 단호하게 이런 입장을 주장하였다. 원죄의 교리를 부정하는 것은 그리스도의 수난과 죽음을 필요 없게 만들며, 무의미하게 만드는 것과 똑 같이 단순히 전가된 죄책 때문에 지옥에 간다는 교리는 그리스도의 속죄의 유효성을 심각하게 의심하게 만들 것이다. 즉 그리스도는 모든 사람을 위하여 죽으셨다, 그 결과로 사람이 의지적으로 그 은혜를 거절하지 않는 한 모든 사람은 그리스도의 죽음에 의하여 효과적으로 보호받고 있음이 틀림없다.

그러므로 웨슬리는 그의 "세례에 대한 논문"에서 사무엘 웨슬리가 "죄를 모면할 수없는 죄책(damning guilt)"이라고 표현한 것을 그냥 "죄책"이라고 변경하였다. 그리고 그가 제정한 신앙개조에서도 "세상에 태어난 모든 사람은 하나님의 진노와 저주를 받게 되어있다"라는 전 항목을 삭제하고, 대신 다음과 같이 주장하였다.

---

10) Works, X, pp. 190,193; Pious Communicant, p.199. 시51:5, 엡 2:1, 3; 고전 15:22; 롬3:10,23; 5:10, 12-14; cf. Minutes, I, pp.464-465; O.T. Notes, 수6:12; 삼상 15:3; Works, IX, p.316; Outler, J.W., p.292
11) Works, X, p.359. pp.279 f를 보라
12) Works, VI, p.240; Thoughts, p.10.

" 당신의 무서운 뜻(decree)이 결정하지 않았다.
또는 불변의 운명에 의하여 정하지도 않았다;
나기도 전에 내 영혼이 지옥에 가도록,
또는 나의 어머니의 뱃속에서 나을 저주하지 않았다."

"그리고 아무도 자기 자신의 선택에 의하지 않고, 멸망했고 또는 명명당할 수도 없다."[13] 칼빈은 예정의 교리에 의하여 예수의 속죄의 효과를 제한하지만, 웨슬리는 하나님의 은혜, 특별히 하나님의 선행적 은혜 안에서 그 문제를 해명하였다. 웨슬리는 선행적 은혜를 언급하면서 과거에 페라기우스 주의와 "무서운 신정(예정론,the horrible decree)"에 숨어 있는 위험한 논리를 조종할 수 있게 되었다. 그리스도의 속죄의 덕분에 선행적 은혜가 모든 사람에게 주어졌다.[14]

"현재의 인류들에 있는 자연적 자유의지에 대하여는 나는 이해 못한다. 내가 주장하는 것은, 모든 사람에게는 초자연적으로 회복된 얼마만의 자유의지가, 세상에 태어나는 모든 사람을 교도하는 초자연적 빛과 함께, 있다는 것이다."[15] 이 하나님의 은혜로 인하여, 사람은 선과 악을 선택하고 행할 수 있는 능력을 가지고 있는 것이다.[16] 선행적 은혜는 우리가 말하는 "양심(natural conscience)"을 포함한다.

---

13) Works, X, p.190; Pious Communicant, p,197; Church of England Article IX, Wesley's Article VII (Sund. Service, p.309); cf. Wheeler, pp.22f.; Works, VI, pp.194, 240; cf. p.225. Ch, Libr., V, p.261에서 "아담의 죄의 전가로 우리는 영원한 벌을 받는다" 고 기록한 것에, 웨슬리는 다음과 같이 토를 달았다. "하나님은 단순히 아담의 죄 때문에 사람을 영원한 멸망으로 저주하시지 않을 것이다."
14) Works, VIII, pp.277-278; Williams, W'TT, p.45. 칼빈의 예정론은 Inst. III, 21.1,7. etc. pp.921,931. cf. Works, X, p.266; Calvin, Inst., IV, 16.19. 그 외는 생략함(역자).
15) Works, X, pp.229-230; Letters, VI, p.239.
16) Works, VII, pp.228-229.

"양심은 모든 사람이 가지고 있기에, 어떤 면에서는 선천적인 것이라고 할 수 있겠지만, 그러나 정확하게 말하면, 이는 타고난 것이 아니다. 이는 선천적으로 주어진 것이라기보다는 하나님이 초자연적으로 주신 선물이다. 양심은 선천적인 것이 아니다."

"앞에서 인용한 시에 있는 구절을 웨슬리는 좀 다르게 표현하여 말하기를, "그래, 자비로운 영의 아버지께서 "태어나기 전의 영혼을 지옥에 가도록 하고, 사람을 그의 어머니의 뱃속에서 저주하는 것"이 합법적이여 가능하다고 추론할 수 있을까?

"다시 말한다."나는 영의 아버지께서 "태어나기 전의 영혼을 지옥에 가도록 하고, 사람을 그의 어머니의 뱃속에서 저주하는 것"을 믿지 않고, 참 빛이신 하나님의 아들이 세상에 태어나는 모든 사람을 교화한다고 믿는다(요1:9). 그리하여 우리는 모든 인간의 본성에 그가 무엇이 좋은 것인가(미6:8)를 알게 하고, 그리고 그의 영이 그의 빛과 반대되는 일을 하면 불편함을 느끼게 한다고 말할 수 있다."[17]

그리스도는 성령을 통하여 잃어버린 자들을 구원하는 일을 활발히 하고 계시다. 구원은 선행적 은혜로 시작한다. 곧 이 선행적 은혜가 사람이 처음으로 하나님을 기쁘시게 하기를 원하며, 처음으로 하나님의 뜻을 비치어 주며, 그리고 처음으로 하나님께 죄를 범한 것에 대하여 불편함을 느끼게 한다.[18]

---

17) Works, VII, pp.187-188,189; VI, P. 512; cf V. pp.109,345, VI, p.61; VII, p.197; St.S., I, pp.302,373.
18) Works, VI, p.509.

웨슬리는 선행적 은혜를 설명함으로, "정복할 수 없는 무지(invincible ignorance)"의 교리의 두 면을 다루고 있는 것이다. 즉 복음을 모르며, 아직도 복음을 들어보지 못한 사람들, 곧 이방인에 관한 일, 그리고 복음을 알 수 없는 사람, 곧 어린이들(또는 바보들)에 대한 일을 다루고 있는 것이다. 웨슬리는 사람들이 받은 은혜를 자신들의 능력에 따라 활용하고 있을 때에는, 멸망하지 않을 것이라고 주장한다.[19] 또한 웨슬리는 이방인과 어린이들은 저주를 받았는가? 아닌가 하는 어려운 신학적 문제를 기피하려 한 것은 아니다. 웨슬리는 이 교리를 하나님의 구원의 계획의 중요한 부분으로 취급하면서, 두 가지 근거에서 설명한다.

첫째로, "만인을 위한 대속(universal redemption)의 교리에 근거하여 설명한다. (이 교리를 만인 구원설(universal salvation)과 혼돈하면 안 된다). 만인을 위한 대속의 교리는 그리스도께서 모든 사람을 위하여 죽으시고, 모든 사람의 죄를 위하여 속죄하셨다는 뜻이다. 두 번째로는, 하나님의 사랑과 자비에 기초하여 설명한다.

그러나 다른 모든 하나님의 은혜가 그렇듯이, 선행적 은혜도 잃어버릴 수 있다. 사람이 성령을 소멸할 수 있고 또한 자기 양심을 실질로 굳어지게 할 수도 있다." 대대수의 사람은 그것들 (성령에 의하여 깨달은 죄의 자각을)을 빨리 질식시킨다. 그리고 얼마 후에는 저들이 그런 것을 가지고 있었던 것을 일어버리거나 부인하는 것이 사실이다."[20] 그러므로 자비로우신 하나님은 일어버렸던 것을 회복할 수 있도록 도움을 마련하셨다. 웨슬리는 은혜의 수단을 정의하면서, 주장하기를, 은혜의 수단들은 이를 통하여 하나님이 사람들에게, 선행적 은혜, 외롭게 하는 은혜 또는 성결하게 하는 은혜를 수여하는 일상적인

---

19) Works, VI, p.512; 사람이 은혜가 없어서 죄를 짓는 것이 아니라, 그가 가지고 있는 은혜를 활용하지 않기 때문에 죄를 짓는 것이다.
20) Works, VI, pp.44, 512; VII, pp.191-192.

통로라고 주장하였다.[21]

세례는 은혜의 수단인 고로, 이 세례의식을 통하여 선행적 은혜가 유효하게 될 것이라고 자연히 기대하게 된다. 그러나 웨슬리에 의하면, 그렇지 않다. 어린이들은 예수의 속죄의 혜택을 받고 있고 그리고 의도적으로 딴 길로 갈 수 없음으로 해서, 그들에게는 세례를 통하여 선행적 은혜를 수여받을 필요가 없다.

선행적 은혜는 의도적인 무시나 억압에 의하여서만 상실될 수 있는 것이다. 그러나 장년들에 있어서는, 그들은 물론 성령을 소멸할 수가 있다. 그래서 웨슬리는 성인의 세례에 있어서는 세례에 앞서 회개와 믿음을 요구하고 있다. 그리고 선행적 은혜는 깨닫게 하는 은혜에 선행하는 것으로 생각되기에, 선행적 은혜의 회복은 다른 은혜의 수단들, 예를 들어서, 말씀의 설교나, 말씀을 들음으로, 이루어져야 한다. 그러므로 웨슬리의 신학에서는, 세례에 의하여 수여되는 은혜에 선행적 은혜를 포함 시킬 이유가 없다.

그러므로 샌더스(Sanders)가, "사람들이 원죄의 죄책에서는 사함을 받고 은혜의 예비 상태에 놓이게 된 것은 그리스도의 만인을 위한 속죄 때문이지, 세례가 아니다"라고 말한 것은 옳은 말이다.[22] 그러나 샌더스가 다음 페이지에서, 결론 내리기를, 웨슬리에 의하면, "사람들은 아담의 죄책과는 상관없이 태어난다." 라고 말한 것은 잘못이다.

웨슬리가 실질로 말하는 것은, "그러므로 어린이가 아담의 죄 때문에 지옥에 가지 않는 것은, 저들이 세상에 태어나는 순간, 그리스도의 의에 의하여 전가된 아담의 죄가 사하심을 받았기 때문인 것이다." 라는 것이다.[23] 전가된 아담의 죄의 죄책은 어린이들이 세상에 태어날

---

21) St.S., I, p.242.
22) Sanders, W's S., p.109.
23) Letters, VI, pp.239-240.

때, 그리스도의 의의 전가에 의하여 사하심을 받은 것이다. 다시 말해서, 저들이 출생할 때, 사함을 받은 아담의 죄책을 가지고 태어난다는 것이다.

샌더스가 웨슬리는 그의 알미니안 주의(Arminianism)와 세례에서 죄책의 씻음을 받는다고 말하는 것 사이에 불일치를 드러내고 있다고 주장한 것은 심히 잘못 해석이다. 웨슬리가 모든 사람을 위한 선행적 은혜를 강조할 때, "값없이 주시는 은혜(free grace)'에 대한 알미니안 교리를 페라기안 원리(pelagian groundwork)에서 강조한 것이 아니다. 웨슬리가 또한 단순히 아담의 죄책 때문에 멸망했고 또 멸망 당할 어린이는 없다고 주장할 때, 샌더스가 가정한 것처럼, 웨슬리는 이는 인간의 자유에 의하여 그리 되는 것이라고 본 것이 아니라, 하나님의 자유 곧 하나님의 뜻에 따라 그리 되는 것이라고 말하는 것이다.

결과적으로 그가 다음과 같이 주장함에는 전혀 모순이 없다. "당신은 세례의 양식이 구원에 필요하다고 생각하지만, 나는 세례 자체가 그렇다는 것을 부정한다. 그렇다면, 모든 퀘이커 교도는 저주를 받게 되는 것이 아닌가. 나는 그렇게 믿을 수가 없다."[24] 이런 말의 근거는 하나님은(말씀과 같은) 어떤 은혜의 수단을 통하여, 또는 전혀 은혜의 수단 없이도 구원 할 수 있다는 데 있다.

이와 같이 세례는 절대적인 의미에서는 구원에 꼭 필요한 것이 아니다. 다른 은혜의 수단도 마찬가지로 절대 필요한 것은 아니다. 만약 그렇다면, 하나님은 의식에 얽매여 그런 은혜의 수단 없이는 구원할 수 없다는 것이 된다. 그리고 이는 하나님의 자유와 전능하심을 제한하는 것이 된다. 하나님은 이를 허락하시지 않으신다. 그 대신 웨슬리는 주장하기를, 하나님께서 그리 명령하시고, 또한 하나님께서는 그가 제정하신 은혜의 수단을 통하여 은혜를 주시겠다고 약속하였기에, 우

---

24) Letters, III, p.36; cf. Sanders, W's S., P.258.

리는 세례의 수단을 사용하여야 한다고 하였다. 여기서 웨슬리는 샌더스의 입장을 반대하면서 다음과 같이 주장한다.

"둘째 아담이 첫째 아담의 범죄로 인하여 모두에게 임한 질병에 대한 치료가 있게 한 것은 사실이다. 그러나 그 은혜는 주님이 제정하신 은혜의 수단을 통하여 받게 되어있다. 특별히 세례를 통하여 받아야 한다. 세례는 바로 그 목적을 위하여 제정된 수단이다. 하나님은 수단에 매이지 않지만, 하나님은 우리를 세례에 연계되게 하셨다. 실로, 세례를 베풀 수 없는 곳에서의, 경우는 다르지만, 그러나 그런 비상한 경우들이 정해진 규칙을 무의미하게 만들지는 않는다."[25]

샌더스는 다른 사람들과 함께 "통상적 수단(ordinary means)"이라는 말이 함축하고 있는 뜻을 잘 몰랐다. 그는, 웨슬리가 비상한 경우에 특별이 허락을 한 것을, 막연히 말하면서, 웨슬리의 신관, 선행적 은혜, 그리고 하나님의 구원에 있어 은혜의 수단이 차지하는 위치 즉 하나님께서는 통상적 수단을 통하여 은혜를 주신다는 것을 곡해 하였다. 그러면서, 있지도 않는 모순이 웨슬리에게 있다고 비난하였다.

웨슬리가 보는 바로는, 세례는, 일반적으로 말해, 구원에 필요한 것이다. 그러나 절대적인 의미에서는 아니다. "나(웨슬리)는 엄밀한 의미에서는 구원에 필요한 것은 아무것도 없고, 단지 그리스도 안에 있는 마음만이 필요하다고 주장한다."[26]

웨슬리에 의하면, 세례가 하나님께서 이를 통하여 사람에게 은혜를 주시는 것이면, 그를 통하여 주시는 은혜가 무엇이냐는 문제가 대두

---

25) Works, X, p.193. Pious Communicant, pp.215-216; cf. Works, X, pp.188, 198; Letters, III, p.357; N.T. Notes, 요 3:5; St.S., II, p.139; Lawson, Notes, p.213.
26) Works, X, p.198; Pious Communicant, p.236, Letters, III.p.36.

된다. 말을 바꾸어 말하자면, 세례를 통하여 주시는 성례전적인 은혜의 내용이 무엇이냐? 하는 것이다.

개리어스(Galliers)는 아홉(9)가지를 열거한다. 그 중 다섯 가지는 "세례에 대한 논문"에 있는 것이고, 나머지 넷(4)은 다른 곳에서 발견된 것이다.[27] 그의 글은 비판적인 글이 아니다. 그러나 웨슬리가 세례에 관하여 쓴 모든 자료는 철저히 살피며 쓴 것 같다. 이 정밀한 조사는 여러 가지 은혜(은전)는 우리가 앞에서 개관한 대로,[28] 은혜의 수단, 하늘나라의 약속, 희생제물의 구조에 자연적으로 앞뒤가 맞은 것을 들어내고 있다. 개리어스(Galliers)는 세례를 통하여 주시는 성례전적인 은혜의 내용 중, 다섯 번째와 여섯 번째는 마지막의 두 카테고리에 속한 다고 지적한다. 그것들은 은혜의 수단으로서 두 개의 "구원의 큰 부분"에 포함된다.

구원의 큰 부분의 첫째는 칭의(justification)와 그에 동시사건으로 따르는 언약, 곧 법정에서 사용하는 말로 표현된 서약이다. 이것들이 개리어스가 지적한 첫 째와 두 번째 은혜의 내용을 다루고 있다. 구원의 큰 부부의 두 번째는 성화(sanctification)다.

성화의 시작은, 인격적인 만남의 결과로 있게 되는 신생(개리어스가 지적하는 네 번째 내용), 그리고 머리이신 그리스도와의 연합, 그리스도의 몸인 교회와의 연합(개리어스가 지적하는 세 번째 내용), 사람 안에서 능력으로 역사하는 성령의 선물(개리어스가 지적하는 여덟 번째 내용)등이다. 일곱번째 내용은 세례에 의하여 수여되는 은혜가 아니라고 표현하였다.

---

27) WHS, XXXII, p.123. 세례를 통하여 주시는 성례전적인 은혜의 내용은 다음 아홉 가지이다. (1) 그리스도의 공로에 의하여, 원죄의 죄책에서 씻음을 받음, (2) 인간에 대한 하나님의 언약에 들어감. (3) 그리스도를 머리로 삼고 있는 교회에 가입됨, (4) 진노의 자식이었던 우리가 하나님의 자녀가 됨, (5) (우리가 회개하고, 믿고, 복음을 순종한 것을 가정하면) 세례가 우리를 이 땅에서 교회에 가입케 함과 같이, 우리를 하늘 나라의 자녀가 되게 함, (6) 그리스도의 죽음을 고유함, (7) 주님의 성찬에 참여하게 됨, (8) 성령의 선물, (9) 육체의 치유 등이다.
28) 앞의 p. 86을 보라.

이는 교회의 규정과 정책에 의하여 주어지는 권리에 관계되는 것이다. 그리고 개리어스가 지적한 마지막 곧 아홉 번째 내용은 웨슬리가 얼마 되지 않아 행하지 않은 일, 곧 초기에 웨슬리가 탈선한 것이라고 말할 수 있는 것이다.[29]

모든 사람은 아담이 범한 죄의 죄책과 형벌에 직면하고 있다. 곧 모든 사람은 하나님의 책망을 받고 있으며, 따라서 그리스도의 속죄를 통해 획득한 은혜를 필요로 한다. 웨슬리는 하나님께서는 이 은혜를 원하시는 대로 주실 수 있다고 인정하지만, 우리가 그 은혜를 받기 위해서는 하나님이 지정하시고, 이를 통하여 은혜를 주시겠다고 약속하신 은혜의 수단을 사용하며 지킬 의무가 있다고 강조하였다. "그리고 이 은혜가운데 첫째가 그리스도의 죽음의 공로에 의하여, 원죄의 죄책에서 씻음을 받는 것이다."[30]

그리스도의 생애와 죽음 공로들, 그리고 주님의 속죄의 은혜는 세례에서 우리에게 적용되는 것이다. 웨슬리는 세례가 우리를 의롭게 하며, 죄의 죄책을 씻는 통상적인 은혜의 수단이라고 주장한다.[31]

유전되어 내려온 부패와 죄책은 제거되고 형벌을 취소된다. 웨슬리가 이해하는 바로는, 칭의는 법정의 개념으로 표현한 것이다. 그러나 법정의 개념으로 해석하기를 거절하는 면도 여러 가지가 있다.[32]

그러면 칭의의 내용은 무엇인가? 칭의의 원천은 무엇이며, 칭의에 따르는 은혜는 무엇인가? 이에 대한 웨슬리의 답변은 간단하고 포괄적이다. 그는 다음과 같이 말한다.

---

29) Journal Curn., I, pp.166-167을 보라. cf. p, 132. cf. Aug. Letter 98(To Boniface), F. of Ch., XVIII, p.133.
30) Works, X, p.190.
31) Works, X, pp.190,191, 193, 198; Letters, II, p.227; Sanders, W's S., pp.89.91.
32) 예로서, St.S., I, pp.119-120; Outler, J.W., pp.201 f., 511. 웨슬리는 또한 "전가된 의"라는 표현을 사용하는 것을 반대한 바가 있다. St.S., II, pp.438-439; Works, X, pp.388, 430.

"칭의는 다른 말로 표현하면, 용서(pardon)다. 이는 우리의 모든 죄가 용서받음을 의미한다. 이로써 우리는 하나님께 용납 되는 것이다. 이것에 의하여 대가 (일반적으로 우리의 칭의 근거(meritorious cause)라고 하는 대가)가 초래 되었는데, 이가 바로 그리스도의 피와 의다. 또는 이를 좀 더 분명하게 표현하면, 이는 그리스도께서 우리들을 위하여 행하시고 고난을 받으시고, 마침내 범죄자들을 위하여 자기 영혼을 쏟아 부으신 그 모든 것을 말한다."[33]

그와 같이 칭의의 근가가 분명하게 설명되었다. 그리스도가 모든 은혜의 근거이며 원천이시며, 공로의 근거이시다. 그리스도는 세례에서 수여되는 모든 은혜의 중개자이시다.[34]

웨슬리가 법정에서 사용되는 말들로 논의하고 있지만, 여기서 이루어지고 있는 것은 하나님의 공의(justice)에서 나온 것이 아니다. 곧 갈보리에서 배상되고, 그리고 그리스도께서 하늘에서 아버지 앞에 자신을 계속해서 드림으로 인하여서 계속 배상되고 있는 것은 하나님의 공의에서 이루어지고 있는 것이 아니라, 이는 하나님의 자비에 의하여서 이루어지고 있는 것이다. 사람의 하나님과의 관계에 일어나는 일은 하나님이 자비에서다. 그래서 사람이 죄책을 지니고 있으나, 사함을 받고, 사람이 많은 죄를 가지고 하나님 앞에 섰으나, 그는 용서를 받는 것이다.

전자가 칭의의 소극적 면이었다면, 칭의의 적극적 면도 있다. 즉 칭의에 의하여 사람은 하나님의 사랑을 받는 자리로 회복되었으며, 하나님께 용납되었음을 알게 된다. 하나님과 사람 사이에 있었던 장애물이 그리스도의 공로에 의하여 제거 되어, 그의 죄가 더 이상 그에게

---

33) St.S.II, pp.445-446; I, p.507; Works, X, p.189,190-191, 198, 313; N.T. Notes,마 11:28; 행 22:16; 엡 5:26; 딛 3:5; 벧전 3:21; Journal, Curn., II. p.135; Letters, II, pp.202,227; IV, p.42; Brevint(W), sec. III.1, p.9; O.T. Notes, 출38:8; 렘 31:34; Works, VIII, p.52.
34) Works, X, p, 194.

전가 되어 있지 않게 된다. 그는 죄 때문에 더 이상 하나님 앞에서 정죄함을 받지 않게 될 것이다. 그렇다고 하여, 칭의가 실질적으로 의롭게 되었다는 것을 필요로 하는 것은 아니다. 칭의에서 일어나는 변화는 상대적인 변화(relative change)이다. 이 변화는 하나님께서 우리를 위하여 행하신 위대한 일에 관련된 변화이다. 이 변화는 성화 곧 신생으로 시작하여, 실질적인 변화(real change)를 가져오는 그 변화와 혼돈하면 안 된다. 이 변화는 하나님께서 우리 안에서 하신 일과 연관되는 변화이다. 전자는 하나님의 아들을 통하여 하신 일을 말하며, 후자는 하나님께서 성령에 의하여 우리 안에서 행하신 일을 말한다.[35]

이 칭의가 세례와 연관되어 있는 것이다. 웨슬리는 이를 영국교회의 기도문에 있는 글로서, 다음과 같이 표현하였다. "세례 받는 사람은 성령에 의하여 씻음을 받으며 성결케 될 것이다. 그리고 하나님의 진노에서 벗어나며, 죄의 용서를 받으며, 하나님의 씻음의 영원한 축복을 즐길 것이다."[36]

웨슬리가 주장하는 세례에서 받는 은혜(baptismal grace)는 또한 "구원의 큰 가지"의 두번째 면, 곧 성화(sanctification)도 포함한다. 여기에서는 성화의 시작인 신생(new birth)이 언급되고 있다. 신생은 칭의가 중요한 일부분이 듯이, 또한 구원의 중요한 부문이다.

"기독교의 모든 교리가운데서 어느 교리가 기본적 교리냐고 하면, 그것은 의심 없이 두 교리, 곧 칭의의 교리와 신행의 교리이다. 시간의 순서로 볼 때, 어느 교리가 먼저고, 뒤에 따르고 있다고 말 할 수 없다.

---

35) St.S., I,pp.119,507; II, pp.227,365,433-434; Works, VIII,pp. 46-47,48,49. 웨슬리가 루터가 성화에 대하여 무지했음을 비판하고, 천주교는 칭의를 제대로 몰랐다고 비판하고 있다. Works, VII, p.204. 동시에 칼빈이 말하는 칭의에서의 전가된 의의 문제를 거론하고 있다. St.S., II, p.432, Works, X, p.391; Letters, IV, p.298. 웨슬리 자신은 칭의의 교리를 성서와 영국교회의 설교집에 의존하여 논의했다고 말한다. Works, VII, p.204; Letters, IVB, p.174; Journal Curn., I. p.454.
36) BCP(1662), Parker ed., pp.289-290; cf. Pious Communicant, p.200. Sun. Service, pp. 139-140.

우리는 한 순간에 하나님의 은혜로 의롭게 되고, 우리는 또한 예수의 대속을 통하여 성령에 의하여 태어나는 것이다. 그러나 생각함의 순서에 있어서는, 칭의가 신생에 앞선다. 곧 우리가 먼저 하나님의 진노에서 벗어남을 받고, 그리고 성령이 우리 마음에서 역사함을 깨닫는다."[37]

그러므로 칭의와 신생은 한 사건의 두 면인 것이다. 그러므로 각 면을 혼돈하면 안 된다. 그러면, 신생의 성격 또는 내용은 어떤 것인가? 웨슬리는 다음과 같이 답변하고 있다.

"그러면 신생의 성격은 어떤 것인가? 신생은 하나님께서 생명을 주시며, 죄의 죽음에서 의의 생명으로 일으키실 때 우리 영혼에서 하나님이 행하신 큰 변화이다. 이는 우리 영혼이 그리스도 안에서 새로 창조되며, 의와 성결에서 하나님의 형상을 따라 새로워 졌을 때, 강한 하나님의 영에 의하여 우리의 영혼에 역사하신 변화이다..... 한 마디로 요약해서, 이 변화를 통하여 땅에 속했고, 정욕적이며, 악마적인 마음이 그리스도 안에 있는 마음으로 바뀐 그 변화이다. 이것이 신행의 성격이다. 성령으로 난 모든 사람은 다 그렇다."[38]

그러므로 신생 곧 다시 태어난다는 것은 성령의 역사에 의하여 이루어진 철저한 내적 변화를 의미한다. 하나님께서 새 생명으로 일으켜 세우는 것이다. 이것은 의로의 신생이다.[39] 이런 신생이 세례에서 하나님의 은혜에 의하여 수여된 다고 웨슬리는 주장한다.

---

37) St.S., II, pp.226-227; cf. Works VI, p.488 VII, p.205. St.S., I. pp.299-300: 칭의는 상대적인 변화를 말하고, 신행은 실질적인 변화를 의미한다. 전자는 우리 하나님과의 외적인 변화로 원수의 관계에서 자녀의 관계로 되는 것을 말하고, 후자는 우리의 영혼이 변화되어, 죄인이 성자가 되는 것을 의미한다.....전자는 죄의 죄책을 제거하는 것이고, 후자는 죄의 능력을 없어지게 하는 것이다. 그러므로 그 둘이 시간상으로는 동시 사건이나, 그 둘은 다른 성격의 것인 것이다.
38) St.S., II, p.234; cf. Works, VII, p,205.
39) Works, IX, p.308; Letters, III, p.357; ST.S., I, p.303; II, p.238; N.T. Notes, 요 3:3;.

그리하여 사람에게 새로운 영혼 상태, 죄된 마음이 거룩한 마음으로 변화 된다. 마음에 하나님의 법이 기록되고, 거룩한 마음에 하나님의 은혜가 풍성해 진다.[40]

세례에 의하여 진노의 자식이었던 사람이 하나님의 자녀가 된다. 하나님의 아들, 자녀가 되고, 또는 양자의 영을 가졌다는 것이 무엇을 암시하는가? 이런 특권들은, 하나님이 값없이 주시는 자비에 의하여, 통상적으로 세례(주님께서 앞에 구절에서, "물로 나고 그리고 영으로 난다"고 말씀하신, 세례)에서 따라 오는 것이라고 우리는 알고 있다.[41] 웨슬리는 세례를 통하여 중생한다는 교리(doctrine of baptismal regeneration를 유지하고 있었다. 세례는 이에 대한 증표요 또한 은혜의 수단인 것이다.[42]

웨슬리가 증표에 관하여 "그는 분명하게 세례가 통상적인 은혜의 수단이요, 우리는 이를 통하여 하나님의 은혜와 성령의 능력에 의하여 거듭난다고 주장하였다. 웨슬리는 다른 은혜의 수단데 관하여서도 같은 견해를 가지고 있다. 즉 하나님은 은혜를 어떤 은혜의 수단을 통하여 수여하실 수도 있고 안할 수도 있지만, 그러나 하나님은 통상적으로는 은혜의 수단을 통하여 은혜를 수여하신다.--하나님은 그렇게 하신다고 생각한다. 웨슬리는 그의 "세례에 관한 논문"에서 그런 것이 영국교회의 입장을 따른 것이라고 주장한다. 즉 수단인 물에 의하여, 곧 세례의 물에 의하여 우리는 중생하거나 다시 태어나는 것이다.

그리하여 사도들은 세례를 "중생의 씻음(the washing of regeneration)"이라고 불렀다라고 주장한다. 그러므로 우리 교회는 주님이 행하신 것 가운데 세례보다 더 큰 은혜는 없다고 여긴다.[43]

---

40) O.T. Notes, 겔 36:25; cf. 렘 31:33.
41) St.S., I, p.283; N.T. Notes, 딛3:5; 요3:3; Works, X, p,191.
42) Letters, IV, p.38; N.T. Notes 요3:5; St.S., I, pp,71-72,296-297, 300; II, p.238; Journal Curs.,I, p.465; Works, VIII, p.48. Baker, pp.155,246-247, 250.
43) Works, X, p.192.

웨슬리는 이것과 다른 저것을 강조함으로서, 성례전을 두 부분으로 쪼개는 일을 방지하기 위해, 자기가 말한 것은, "교회는 세례에서, 외적 씻음을 말하는 것이 아니고, 내적 은혜를 말하고 있다. 그리고 거기에다 외적 씻음이 덧붙여져서, 성례전이 되게 한 것이다."라고 해명한다. 따라서 세례를 받은 자는 거듭났고,"은혜(principle of grace)를 받는다. 이 은혜는 우리가 오랫동안 악을 계속함으로 하나님의 성령을 소멸하지 않는 한, 전부 떠나지는 않을 것이다."[44] 칭의의 은혜가 죄의 죄책을 제거하고, 하나님의 은혜의 자리로 회복되는 것과 같이 또한 중생 (또는 신생)에서 사람은 죄의 세력(power of sin)에서 자유롭게 된다. 즉 죄를 범하는 가능성으로부터 자유롭게 된 것은 아니지만, 죄를 필연적으로 범하는 일에서는 자유롭게 된 것이다.[45]

챨스 웨슬리는 그의 세례에 관한 찬미에서, 세례라는 은혜의 수단을 통한 구원사역에 하나님 전체가 전적으로 관여하고 있다는 것과, 또한 세례 받은 사람에게 주어진 결과를 전형적으로 반영하고 있다.

"성부, 성자 그리고 성령이여
　장엄한 능력으로 내려오소서!
　당신의 천사들과 함께 나타나
　당신의 정례의식을 장식하소서.
　땅에 있는 벌레 같은 죄인을 보소서.
　정결케 하는 물로서 그를 축복하소서.
　그를 거듭나게 함으로,
　하나님의 품속으로 밀어 넣으소서."

---

44) Ibid. cf. Pious Communicant, p,204-205; ".. 우리가 (아담의) 타락(Fall)에 의하여 잃어버렸던, 은혜(principle of grace)을 받았다.
45) Works, VI, p.509; VII, p.230.

"약속하신 내적 은혜가
증표를 수반하게 하소서;
이 새로 난 영혼에게
하나님의 성품을 불어 넣으소서!
성부여, 당신의 이름을 나타내소서.
예수여, 당신의 이름을 알리소서.
성령이여, 새롭게 하시고, 영원히
그의 마음에 영원히 계시옵소서."[46]

이 찬미의 마지막 두 구절에서, "새롭게 하시고, 신자의 마음에 영원히 계시옵소서."하며, 세례의 성례전에서 성령이 하시는 일을 지적하고 있다. 은혜의 수단이 중요하다는 근거는 한 가지 곧 하나님이 자기가 제정하신 은혜의 수단을 통하여 실제로 역사하신 다는 것이다. 그러므로 웨슬리는 하나님으로 나며, 성령을 난다는 말을 한다.

여기서, "중생했다 또는 다시 태어났다, 하나님으로 났다는 말들은 성령의 내적 역사를 표현하고 있는 것이다. 세례는 이에 대한 외적 증표이다."[47] 여기에서 인용되고 있는 성경 말씀은 잘 알려져 있는 요한복음 3장 5절의 말씀, "사람이 물과 성령으로 나지 아니하면 하나님의 나라에 들어갈 수 없느니라."이다.[48]

웨슬리는 와버튼(Warburton) 박사와 성령이 하시는 일에 관하여 의논할 때에, 견신례의 예배의식에 있는 말을 다음과 같이 인용하였다. "물과 성령으로 중생하게 하신 전능하신 하나님은 보혜사 성령으

---

46) Poet. Works, V, p.389.
47) Letters, IV, p,38; St.S., I, pp.300, 303.
48) N.T. Notes, 요3:5; 여기에, "사람이 물과 성령으로 나지 아니하면" 이라는 말은, 곧 사람이 성령에 이하여 내적 변화를 체혐하고, 그에 대한 외적 증표요 수단인 세례를 (세례를 받을 수 있는 곳에서) 받지 아니하면"이라는 뜻이다. cf. St.S., I, p.283, II, pp.238,366.

로 더불어 그들을 강하게 하시고, 그리고 매일 많은 은혜의 선물이 그들에게 더 있게 하신다."[49]

이와 같이, 세례를 통하여 또는 다른 은혜의 수단을 통하여 거듭 났다는 것은 ". . . 하나님의 영의 강한 역사에 의하여 내적 변화를 받았다는 것을 정말로 의미하는 것이다. 곧 죄에서 성결로 변했으며, 하나님께서 우리를 창조하실 때의 하나님의 형상을 다시 살아나게 하셨다는 것을 의미한다." [50]

동시에 "너희가 회개하여 각각 예수 그리스도의 이름으로 세례를 받고, . . 그리하면 성령의 선물을 받으리니"고 하셨듯이, 성령의 선물을 받는 것이다.[51]

하나님은 세례에 임재하실 것을 약속하셨다. 그리스도는 우리와 함께 하시는 임마누엘이신 성령을 통하여 임재 하신다. 여기서 우리는 삼위일체 하나님이 다 역사하시는 것을 본다. 웨슬리는 사도 바울의 (다메섹에서 있었던) 일을 언급하면서, "하나님은 아마도 오랫동안 그의 마음에서 점진적으로 역사하시다가 마침내 그가 일어나, 세례를 받고, 죄에서 벗어나, 성령의 충만을 받게 하셨다"고 말하였다.[52]

성령이 영혼을 정결케 하여, 새로 태어나게 한다. 성령께서 마음에 머물러 임재 하여 거하심으로 인하여, 새로 태어난 생명은 하나님의 능력에 따라 계속 사는 것이다. 이와 같이 하나님은 자기가 제정한 의식을 소중히 여기시고, 계속적인 성령의 임재와 증거로써 이를 확인하신다. 그러나 성경에는 고넬리오의 이야기에서 보듯이(행10장)성령

---

49) BCP, Parker ed., pp.328-329; Letters, IV, p.379.
50) Works, IX, p, 308; cf. N.T.Notes, 딛 3:5; St.S., I, p.300.
51) N.T. Notes, 행2:38, 10:47, 마 3:16; 히 6:1; 고전 12:13; Works, VIII, p,103; X, p.191; St.S., I, p.297; Journal. Curn., III, p. 171; Letters, I, pp. 313-317; V, p.379.
52) Letters, IV, p.42. Poet. Works, V, p.388. 웨슬리는 이 교리가 참인 것이 경험을 통하여 증명된 일이 여러 번 있었다고 말한다. 예로서, Journal. Curn., II, p.211에서 말하기를, "다음 날 아침에 젊은 퀘이커가 세례를 받고 성령의 충만함을 받았다."고하였다. 그런 예가, Journal, Curn., VI, p.49, VII, p.132, I, p.465에도 기록되어 있다.

이 세례를 통하지 않고 또는 세례를 받기 전에 임한 실례도 있다. 어떤 사람은 하나님이 세례를 통하지 않고도 성령을 주셨다면, 왜 물 세례를 사용하여야 하는가? 라고 생각한다. 웨슬리는 그런 추론을 분명히 반대하였다. 웨슬리는 그런 생각(doctrine)의 배후에는 정숙주의와 같은 열광주의의 위험이 잠복하고 있는 것을 분명히 알았기 때문이다.

"우리가 하나님의 말씀을 우리의 심판자로 삼기로 한다면, 이 문제는 아주 쉽게 결정된다. 성령을 받았거나, 또는 안 받은 사람도 있다.

저들이 안 받았으면, 하나님은 그들에게"회개하라. 그리고 세례를 받으라. 그러면 너는 성령의 선물을 받으리라."고 말씀하신다. 만일 저들이 성령을 받았고, 저들이 이미 성령으로 세례를 받았다고 하여, 그 때, 누가 물세례를 금할 수 있는가?"[53]

웨슬리가 지적하는 것은 둘 다 함께 가야 한다는 것이다. 곧 사람은 물과 성령으로 거듭 나야 한다는 것이다.

결국, 슬리는 세례에서 수여 되는 중요한 은혜로서의 구원의 두 부분 곧 칭의와 신생을 계속 주장하고 있는 것이다. 이렇게 함으로 웨슬리는 세례를 통하여 중생한다는 교리의 풍부함을 소진시키지 않았다. 하나님은 세례 받은 사람을 용서하시고, 하나님의 은혜에 복귀시키신다. 동시에 마음은 내적으로 의로워진다. 은혜가 주어져, 그는 거듭난다. 이것들은, 이를테면, 구원사역의 객관적인 면과 소극적 면을 표현하고 있는 것이다. 그러나 웨슬리는 하나님께서 이와 같이 하나로 연결시킨 것을 갈라놓는 위험이 있다고 하였다. 곧 객관적인 면을 강조하면, 여러 형태의 도덕무용론에 빠질 염려가 있고, 그 반면에, 주관적인 면을 추구하면 정숙주의, 신비주의, 영광주의에 빠지는 경향이 있

---

[53] N.T. Notes, 행 10:47.

게 되는 위험이 있음을 알고 있기에, 그는 조심하여야 한다고 하였다. 그러므로 웨슬리는 이 두 면을 하나로 연결시켰다. 곧 이 두면을 양극의 긴장 관계로 놓지 않고, 하나의 관계로 일치시켰다.

첫 째로, 법적인 용어로 표현되는 언약상의 관계가 있다. 이는 칭의에 해당되는 것이고, 두 번째로는, 교회의 머리요 몸인 그리스도와의 연합으로 표현되는 밀접한 인격적인 관계가 있다. 이는 신생에 해당되는 것이다.[54]

이 두 관계는 하나님에 의하여 성립되고 유지되는 것이지만, 그런 관계를 갖게 되느냐 아니냐는 여전히 사람이 결정하여야 할 일이다.

언약적 관계라는 것은 일반적으로 "언약(covenant)"이 라고 부르지만, 좀 더 자세히 말하면, 이는 "은혜의 언약(covenant of grace)"이다.

"우리가 말하는(성경에 기록된) 이 큰 언약은 하나님과 사람 사이의 언약으로서, 중보자(Mediator)의 손에 의하여 세워진 언약이다. 이는 중보자가 모든 사람을 위하여 죽음을 맛보시고, 그의 죽음에 의하여 모든 사람의 자녀들을 위하여 획득하신 것이다. 이 취지는(이미 언급했지만) '누구든지 끝까지 믿고, 행실로 믿음을 들어내는 자는, 나, 주가(the Lord) 그의 영혼을 영원히 보상할 것이다. 그러나 누구든지 믿지 않는 자는 결과적으로 자신의 죄 때문에 죽고, 나는 그를 영원한 멸망으로 벌할 것이다.'라는 것이다.[55]

이 언약의 특징은 하나님과 사람 간에 합의한 것이다. 그런데, 사람 편의 대표는 하나님이요 동시에 사람인, 중보자, 예수 그리스도이시

---

54) JWorks, VII, p.314. 전자는 우리가 하늘나라에 갈 자격을 얻은 데 필요한 것이고, 후자는 그에 대한 자격을 우리에게 부여하는 것이다. 그리스도의 의 없이는 영광을 주장할 수 없고, 성결 없이는 그에 접합하지가 않다.

55) Works, X, p.239; cf. VII, p.230; Thoughts, pp.3f; St.S, I. p.133; II, p.66. 여기에서 행위의 언약과 은혜의 언약의 문제가 관계된다. 웨슬리는 이 문제를 여러 곳에서 다루고 있다.

다. 그리스도는 이 새 언약을 자신의 피로 사셨다. 그러므로 이 언약의 근거와 기초는 예수의 속죄이다.

그리스도는 속죄의 제물로 자신을 바치신 것이다. 그리스도는 이 속죄의 제물로, "이것을 행하고, 살라"고 하는 언약의 요건을 충족시키신 것이다. 그 대신, 그리스도는 새로운 조건 곧 "믿고, 살아라"--"믿으라 그러면 너는 구원받을 것이다"라는 새로운 조건을 수립하셨다.[56] 웨슬리는 "언약의 보혈"이 새 언약을 획득한 것으로서 뿐 아니라 또한 새 언약을 승인하며, 인치며, 확인하는 것으로 말하고 있다. 이를 다음의 성례전의 찬미에서 표현하고 있다.

"나의 새로운 은혜의 영원한 언약을
보증하는 것은 나의 피다.
당신을 위해 나의 피를 모두 쏟았다.
당신과 모든 죄인을 위해 쏟았다.
나의 피가 당신의 죄가 용서받음을 말하며,
당신이 천국에 갈 것을 보증한다."[57]

이는 모든 세대의 사람과 더불어 맺어진 영원한 언약이다. 그리고 이 언약의 대의는, 행위로 의롭다함을 받는 것이 아니라 믿음으로 의롭다함을 받는다는 것이다.[58] 언약이라는 것은 상호간의 책임과 특권을 요구한다. 하나님 편에서는, 하나님이 "아브라함과 그의 영적 후손"의 하나님이 되실 것을 약속하셨다. 이 약속은 현세와 영원에서의

---

56) Works, VII, p.230; X, p.194; St.S., I, pp.132, 133; O.T. Notes, 출 24:6; N.T. Notes, 막14:24; 히 9:16,10:15. 둘째 아담이 우리를 대표하여 드리신 제물로 인하여, 하나님은 세상과 화해되시고, 사람들에게 새로운 언약을 허락하셨다 곧 우리를 향한 정죄는 없고, 우리는 예수 그리스도의 대속을 통하여, 그 은혜에 의하여 의롭게 된다는 새 언약을 허락하신 것이다.
57) HLS., no. 1; cf. no. 58:7; O.T. Notes, 시 50:5; N.T. Notes. 히8:8, 9:16.
58) N.T. Notes, 마 6:3; 히 9:15, 13:20; St.S., I, p.132; Works, X, p.191. 웨슬리는 어린이의 경우에 있어, 믿음이 "복음적 언약(evangelical covenant)"의 조건이라고 말하고 있는 것을 기억함이 중요하다. Works, X, p.194; cf. Thoughts, p.4.

모든 축복을 포함한다.[59] 사람 편에 요구되는 것은 믿음 즉 하나님이 주시는 믿음, 그리고 믿음의 열매로서의 순종이다.[60]

세례에서, 세례 받은 자는 마귀와 마귀의 일들을 버리겠다고 약속하고, 또한 하나님의 모든 계명을 지키겠다고 엄숙히 약속하는 것이다.[61] 동시에 그는 언약의 혜택을 누리게 되는 것이다. 곧 그는 하나님의 자녀로 입양 되며, 하나님의 상속자, 그리스도와 함께 한 상속자가 되는 것이다.[62]

하나님은 그가 영적 생명을 주신 자들과 언약을 맺으신다. 이 언약에 의하여, 그들은 하나님의 백성이 되고 종이 된다. 이것은 그들의 특권이다.[63] 할례가 이 언약의 증표이며 인치심이다. 이 증표를 통하여, 하나님께서 이 언약에 따라 축복하실 것을 하나님의 백성들에게 보증하고, 또한 하나님의 백성들은 이 언약대로 의무를 다 할 것을 표명하는 것이다.[64] 할례를 통하여 이 언약관계에 들어가듯이, 지금은 세례가 언약 관계로 들어가는 기호(seal)인 것이다. "세례가 하나님과 언약을 갖게 하는 처음 성례전이다."[65]

이와 같이 언약이 하나님의 은혜가 특별한 방법으로 역사하는 관계로 들어가는 하나의 법적 구조가 되고 있는 것이다. 그래서 언약에서의 상호관계가 법적 용어로 표현되어 있는 것이다.

예로서, 상속자, 양자삼음, 규정, 약정, 의무, 특권, 약속 등으로 표현하고 있다. 이에 세례가 언약에 들어가는 "문(gate)"인 것이다. 웨슬리

---

59) O.T. Notes, 출37:10; 렘 31:32; 사24:5; N.T. Notes, 막14:24; Works, X, p.238.
60) cf. Cannon, pp.120-121.
61) St.S.,II, p.242; cf. BCP, Parker ed., pp.294-295("Public Baptism") 이하 생략(역자).
62) Works, X, PP.192, 194; VIII, p.73; St.S., I, pp.296-297. N.T. Notes,히9:15; 갈 3:27; 이하 생략함(역자).
63) O.T. Notes, 겔 16:8.
64) O.T. Notes, 찰17:10, 21:4; 수 5:5, 7; N.T.Notes, 롬 4:11.
65) Works, X, p.188; cf. 191, 192, 193, 194-195; Thoughts, p.5. 이 언약은 성만찬을 통하여 새로워진다. 웨슬리는 또한 서약예배를 통하여, 또는 성도의 교제를 통하여 이 언약이 새로워진다고 말하였다. Journal, Curn., VI, p.40; VIII, p.36를 보라.

신학은 그런 식으로 표현하고 있다.[66] 그러나, 윌리암스(Williams)가 말 한대로,[67] 웨슬리는 예수의 속죄(atonement)를 우주적 법적인 구조의 필요에서, 또는 영원히 변할 수 없는 정의 때문에 있게 된 것이라고 보지 않았다. 또는 스토에풀러(Stoeffler)가 생각하는 것처럼,[68] 웨슬리는 세례를 단지 언약에 들어 가게 하는 일만을 한다고 주장했다고 이해하면, 이는 웨슬리의 세례관을 잘 못 이해한 것이다. 웨슬리에 있어서, 언약에 대한 언약적 관계도 중요하다. 그러나 이는 인격적 관계 곧 그리스도가 사람의 마음에 계시는 것, 사람의 마음에 하나님의 생명, 사랑과 성결이 있는 것에 부차적인 것으로 이해하여야 한다.

세례에 의하여 우리는 교회에 허입된다. 따라서 교회의 머리이신 그리스도에게 속하게 된다. 유대인들은 할례에 의하여 교회에 허입되었던 것과 같이 우리는 세례에 의하여 교회에 허입되는 것이다.[69]

언약은 하나님과 사람 사이의 형식적, 법적, 객관적 관계를 표현하는 것이요, 신생[70] 곧 그리스도와 그의 몸과의 연합은 하나님과 사람 사이의 실질적, 산, 인격적 관계를 표현하는 것이다.[71]

인간의 참 자아(true self)를 확인하고 있는 것이다. 인간이 자신의 존재의 근원과 다시 관계를 갖게 됨으로 온전한 자아가 되는 것이다.

---

66) cf. Cannon, pp.120-121.
67) Williams, W's. TT., p, 84.
68) F. Ernest Stoeffler, 유아 세례로 그는 언약에 들어간다. Stoeffler는 웨슬리의 언약에 관한 개념이 청교도들의 견해와 아주 가깝다고 하였다. 그러나 웨슬리가 "언약의 개념"을 사용하였다고 해서 그가 청교도였다고 말 할 수는 없다. 그 당시, 영국교회에도 언약신학을 주장하는 사람들이 있었다. 예로서, William Wall 같은 사람은 유아세례에 대하여 많은 글을 썼다. 그의 글을 발췌하여, 웨슬리는 "유아 세례에 대한 소고(Thoughts upon Infant Baptism)"라는 소책자를 출판하였다. cf. Cushman, Doctr. of the Ch., pp, 80-81.
69) Works, X, p.191. Pious Communicant, p.203; Thoughts, p.5.
70) Works, X, pp. 191-192; 이하는 생략함(역자)
71) 웨슬리가 주님과의 영적 연합을 말하는데, 이를 잘못 이해할 까봐 여기에 인격적 관계(personal relationship)라는 말로 표현 한 것이다. 즉 웨슬리가 말하는 주님과의 영적 관계를, 마치, 사변적, 주관적, 신비주의에서 말하는 무아에서의 연합(self-obliterating union of mysticism)으로 이해하면 안 된다. 이런 오해를 피하기 위하여 인격적 관계라고 표현한 것이나.

그는 다시 태어나서, 성령의 역사를 통하여 활기 있게 그리스도와 연합함으로 자신의 존엄을 회복하는 것이다. 이 연합은 이중적 면이 있다. 곧 몸으로서의 그리스도와 머리로서의 그리스도와 연합하는 것이다.

"누구든지 그리스도와 연합하기 위하여 세례를 받은 자는 그리스도로 옷 입었느니라(갈 3:27). 다시 말하면, 신비적으로 그리스도와 연합되어 그와 하나가 되었다는 것이다. 왜냐하면, 한 성령으로 세례를 받아 한 몸(고전12:13), 곧 교회, 그리스도의 몸(엡4:12)이 되었기 때문이다."[72]

세례를 받은 자는 그리스도에게 속하게 된다. 그는 그리스도의 교회에 교인이 됨으로 인하여 그리스도에게 접붙임을 받는 것이다.[73] 웨슬리가 세례와 연관해서 교회라는 말을 사용할 때는, 그가 어떤 의미에서 말하는지는 찾아내야 한다. 웨슬리는 교회를 주로 그리스도의 몸으로서, 그리고 그리스도의 몸의 지체로서 생각하고 있다.

"교회는 거룩하다고 말한다. 그는 교회가 거룩하기 때문이다. 정도의 차는 있지만 교회의 모든 회원이 거룩하며, 그들을 거룩하다고 부르신 주님이 거룩하기 때문이다. 이는 얼마나 분명한 사실인가! 교회가 그 본질에 있어, 신자의 모임(body)이라고 한다면, 신자가 아닌 사람은 교회의 회원이 될 수 없다. 만약에 교회가 한 영에 의하여 생기게 되고, 한 믿음과 그들의 부르심에 대한 한 소망을 갖추고 있는 것이라면, 그런 영과 믿음과 소망을 가지고 있지 않는 사람은 이 교회

---

72) Works, X, p,191; Pious Communicant, p,203. cf. N.T. Notes, 고전 12:13;
73) Works,VIII, p.73; X, pp.192, 195, 198; N.T. Notes, 행 5:11; 롬 6:3 고전 1:13; cf. Letters, I, p,358; O.T. Notes, 말 2:10; N.T. Notes, 행 11:17.

의 회원이 아니다."⁷⁴ 교회에 대한 이런 견해가 세례와 직접 연결되어 있는 말이 성경주석에 있다. "여기에 신약성경 때의 교회의 소박한 견본이 있다. 즉 교회는 복음에 의하여 부름을 받고, 세례에 의하여 그리스도에게 접붙임을 받고, 사랑에 의하여 생기가 넘치고, 여러 가지 교제에 의하여 연합된 사람들의 집단이다."⁷⁵

이와 같이, 세례가 눈에 보이는 조직적인 교회와 또한 그리스도의 신비스러운 몸으로서의 교회에 가입하게 만들지만, 그럼에도 불구하고, 전자의 회원은 될 수 있지만, 후자의 회원은 되지 못한다. 왜냐하면 신비적은 몸의 회원이 되는 것은 의례적인 것이 아니라 영적인 것이기 때문이다. 그러므로 웨슬리는 계속하여 말하기를, "그리스도와의 영적이며, 활기찬 연합이 세례 받는 자에게 임하는 은혜에 앞서 역사 한다"고 하였다.⁷⁶ 여기에 세례의 계속되는 효과 문제에 대한 해결의 단서가 있다.

곧 사람이 이 뿌리와 함께 하는 한, 그는 그로부터 영적 생명을 퍼 올리게 될 것이라는 것이다. 그리스도의 몸과의 이 연합으로 인하여, 그는 또한 그 몸의 머리, 곧 몸과 모든 회원의 주관자이신 그리스도의 멤버가 되는 것이다. 동시에 세례를 받은 자는 그리스도에 의하여 교회에 주어진 모든 특권과 약속을 함께 한다. 또한 교회의 규정에 따라, 예를 들어서, 주님의 성만찬에 참여하는 것과 같은 권리도 차지하게 된다. "교회는 어린이들의 세례도 유지하여야 한다."⁷⁷

이 세례에 관한 조항에 있는 문구를 가지고 웨슬리는 유아세례를 선호하며 주장하였다. 웨슬리가 쓴 "세례에 관한 논문"의 마지막 부분

---

74) Works, VI, pp.400,409; cf. Williams, W's TT., pp.141 ff; Sanders, W's S., p. XXI (cf. p.259),
75) N.T. Notes, 행 5:11.
76) Works, X, p.191; cf. N.T. Notes, 롬 6:3; "세례에서, 우리는, 믿음을 통하여, 그리스도에게 접붙임을 입는다. 그리고 우리는 새 뿌리로부터 성령을 통하여 새로운 영적 생명을 퍼 올린다." O.T. Notes, 사 61:3을 보라.
77) 웨슬리의 신조 XVII, "Of Baptism", Sund. Service, p.312; Ch. of Engl. Article XVII, cf. St.S., II, p.139.

과 "유아세례에 관한 견해"는 유아세례를 지지하는 입장을 다루고 있다. 웨슬리는 유아들이 세례를 받기에 적합한 대상이라는 것을 들어내기 위하여, "성경과 이성에 근거하고 또한 초대교회가 일반적으로 시행한 실례를 들어 유아 세례의 근거를 단호히 주장한다.[78] 웨슬리는 몇 가지 이유에서 유아세례를 주장한다.

첫 째로, 유아들의 필요에 기초하여, 즉 "유아들에게 원죄의 죄책이 있다면, 당연히 세례를 받아야 할 자들이기 때문이다. 일반적으로 생각할 때, 그것이 세례에서 씻어지지 않으면, 그들은 구원을 받을 수 없다는 것이다."[79]

그러나, 이미 앞에서 말한 대로, 앞에 [80] 모든 사람이 하나님의 정죄 아래 서 있다. "그러므로 유아도 하나님 앞에서 순결하지 않고, 아담의 죄의 죄책에 연루되어 있는 것이다." [81]

어린이들도 어른들과 마찬가지로 그리스도의 죽음으로 마련하신 구원을 받아야 하는 것이다. 그리고 이 구원은 하나님이 제정하신 은혜의 수단을 통하여 받아야 한다는 것이다. 그래서 일반적으로 말하면, 어린이들도 세례를 통하지 않고서는 구원을 받을 수 없는 것이다.[82]

---

78) Works, X, p.193; cf. Thoughts, p.3.
79) Works, X, p.193; cf. p.198; Pious Communicant, pp.215-216. 웨슬리는 아담의 죄로 인하여, 모든 후손들에게 곧 어린이에게도 그 죄의 죄책이 전가된 것을 주장한다. 따라서 하나님이 보시기에 어린이들이 순결하지 않고, 아담의 죄의 죄책에 연결되어 있다.(Works, IX, 316). 그러나 동시에 웨슬리는 원죄의 죄책은 그리스도의 의에 의하여 (곧 선행적 은혜에 의하여), 그들이 세상에 보냄을 받는 순간 사함을 받는다고 주장하였다.(p.127에서도 그렇게 말하였다. Letters VI, 239-240. Works, XII, 453.). 그러므로 태어난 어린이는 본성에 부패성을 가지고 태어나지만 (Works I, 438), 죄책에 아직도 연결되어 있다고 볼 수는 없다. 따라서 어린이이가 세례에 의하여 원죄의 죄책의 씻음을 받지 않고는 구원을 받을 수 없다는 말은 모순된 주장이라고 사료된다. 유아 세례는 오히려, 그들이 원죄의 죄책에서 이미 사함을 받았으며, 이미 은혜의 언약 안에 있으며, 세례를 통하여 하나님의 은혜의 공동체(교회)에 허입되어, 구원의 약속 아래 있음을 선포하는 예식이라고 하야야 할 것이다. 웨슬리는 후에(1743)에 말하기를 "신생이 필요한 것은 우리의 본성이 전적으로 부패했기 때문이라고 했다. (St.S., II. p.231). 부패와 죄책은 구별해야 할 것이다. (역자의 주)
80) 앞에 p. 124 f.
81) Works, IX, p.316; cf. pp, 427, 429.
82) Works, X, pp, 190, 193, 198.

"어린이들도 거듭나야 한다. . . .그리하여 지금은, 그리스도의 지시에 따라, 저들이 세례를 받아야 한다. 이는 저들도 깨끗하지 않으며, 중생의 씻음과 성령의 새롭게 하심이 없이는 구원이 없다는 것을 들어내고 있는 것이다."[83]

두 번째로, 어린이들은 그리스도께로 나아와, 교회에 허입되고, 하나님께 바쳐져야 하기 때문이다.

"만약 어린아이가 그리스도께 마땅히 나아와야 하고, 저들이 하나님의 교회에 입회가 가능하고, 따라서 성례전적으로 그리스도께 헌납이 가능하다면, 그 때는 저들은 세례를 받기에 접합한 자들이다. 아무튼 어린아이는 그리스도께 나아올 수 있고, 교회에 입회할 수 있고, 하나님께 엄숙히 드려 질 수가 있다."[84]

예수께서 이르시되 "어린 아이들을 용납하고 내게 오는 것을 금하지 말라"고 하셨음으로, 어린 아이들은 그리스도께 나아오는 것이 당연하다. 웨슬리는 마태복음 19장 13-14절, 누가 18장 15절을 언급하면서 주장하기를, 어린 아이들은 그리스도에게 데려와야 하고, 따라서 저들은 그리스도께 올수 있고, 그리고 교회에 입회할 수가 있다고 하였다. 웨슬리는 이 성경구절을 근거로 해서 그렇게 주장하였다. 그러나 웨슬리는 한 걸음 더 나아가 말하기를, "그러나 저들은 교회에 데려와 져야, 지금 그리스도에게 올수가 있다. 곧 세례에 의하지 않고서는 그리스도에게 올 수 없다"고 말하였다.[85]

---

83) Works, IX, p.438.
84) Works, X, p.195; cf. p.198; Pious Communicant, pp.222-225; Thoughts, p.4; N.T. Notes, 마19:14; 막 10:14.
85) Ibid.

어린 아이는 교회에 입회할 권리가 있으며, 또한 성례전을 통하여 그리스도께 봉헌될 권리가 있는 것이다. 바친다, 봉헌한다, 성별한다 와 같은 말을 사용하는 것은 세례의 한 면을 표현하는 것으로서, 이 면은 유아세례에서 그 부모는 어린 아이가 세례를 받도록 데려오면서, 그 어린 아이를 기꺼이 하나님께 바칠 마음이 있고, 또한 다음의 두 가지 서약, 즉 그 어린 아이를 대신하여 언약의 특전과 의무를 이행하고 또한 자신들이 그 어린 아이에게 주님의 도를 가르치겠다고 약속을 하는 것들을 포함한다고 웨슬리는 이해한다.[86]

웨슬리에 있어서, "성별(consecration)"이라는 말은 앞에서 지적한 대로, 성령을 받음으로 성별됨을 의미한다.[87] 웨슬리는 그의 "완전에 관하여"라는 설교에서 로마서 12장 1절의 말씀, "형제들아 내가 하나님의 모든 자비하심으로 너희를 권하노니 너희 몸을 하나님이 기뻐하시는 거룩한 산 제물로 드리라"는 말씀을 인용하고 있다.

그리고 이어, '너의 몸을 하나님께 드린다. 곧 완전으로 인도한다는 말을 세례에서 성별되는 것과 직접 연결시키고 있다. 곧 "당신은 오래 전에 세례에 의하여 하나님께 성별되었다. 그 때 바쳐진 것은 실제로 하나님께 바쳐진 것이다. 따라서 하나님의 사람이 된 것이다.[88] 라고 말하며, 그 말을 세례에서 성별되는 것과 직접 연결시키고 있는 것이다. 이와 같이, 웨슬리에 있어서는 세례가 완전의 은혜로 성장할, 성화의 과정의 시작이 되는 것이다.

그는, 이렇게 말함으로, 세례를 그의 가장 중심적인 교리와 직접 관계가 있는 은혜의 수단으로 말하고 있는 것이다. 그런데, 오늘의 감리교의 많은 사람들이 이런 웨슬리의 귀중한 성례전 사상을 약화시키

---

86) N.T. Notes 행16:15; 요일 5:7; Works, VIII, p.73; XI, p.172; St.S., II, p.241.
87) N.T. Notes, 행10:44을 보라.
88) Works, VI, p.414.

고 있는 것이다. 이 사실을 "기독자의 대변지(Christian Advocate)"에 실린 한 논문에 잘 들어내 주고 있다.

이 글의 저자는 "예배 예식의 수정 안(Proposed Revisions for the Book of Worship)"을 인용하였다.[89]

봉헌(dedication)의 개념은 성례전에서 말하는 봉헌의 의미와는 다르다. 일반적으로 말하는 "봉헌"은 우리들이 생명의 선물을 하나님이 받으시도록 하나님께 드리는 것이다.

그러나 성례전에서는 하나님께서 그의 무한한 은혜를 주시어 우리들이 받도록 하는 것이다. --- 그리고 코멘트하기를, 하나님이 그의 무한한 은혜의 선물을 주시는데, 어린 아이가 이를 받을 수가 있는가? 그렇지 않으면, 이는 성숙한 어린이나 어른이 교회 회원으로 들어오는 경험을 말하는 것인가? 그리고 이 저자는 다음과 같은 결론으로 글을 끝내고 있다. "수정된(revised) 세례의 모습은, 세례가 구원에 대한 경험을 위해 필요하다는 것은 주로 삭제 될 것이다.

어린 아이가 "네"요 "아니요"를 말 할 수 있기 전에는 세례가 구원의 경험을 위해 필요하다는 것은 모두 제거 되어야 할 것이다. 나는 확실히 믿기는, 우리의 세례예식은 봉헌(dedication)을 강조하는 것이다. 바로 이것이 유아세례가 뜻하는 것의 전부인 것이다."[90]

그래서 이 성례전은 부모들에게 일정한 서약을 요구하는 일을 하는 것으로 바꾸어진 것에 지나지 않는다. 하나님은 어린이에게는 은혜를 주지 않는 것으로 되고 말았다. 강조점이 순전히 인간의 행동과 경험에 놓이게 되었다. 이런 견해는 웨슬리가 세례를 통한 은혜와 경험에 대하여 가르치고 있는 것을 너무나 모르는 견해이다. 웨슬리는

---

[89] p.19, [Nashville] The Methodist Publishing House, 1960.
[90] Harrison R. Thomson, Infant Baptism: Dedication," Christian Advocate, vol. VI, No. 11 (May 24, 1962), pp. 11-12. cf. Cushman, Doctr. of the Ch., p.80.

세례를 통한 중생(baptismal regeneration)을 믿고 있었으며 또한 은혜에서 타락한 사람은 반드시 구원의 체험을 해야 한다고 설교하였다.

오늘의 감리교회는, 세례에 대한 웨슬리의 교리의 단 한 면만을 취하고, 세례에서의 하나님의 역사를 축소시킴으로써, 세례의 교리를 저하시키고 있는 것이다. 우리가 이미 언급한 대로, 웨슬리도 경험을 강조한다. 그러나 그의 강조는 하나님의 역사에 있지, 사람의 능력이나 경험에 있지 않다.

다음 세 번째로, 웨슬리는 사도들의 행한 일을 들면서, 만약 사도들이 어린이에게 세례를 베풀었다면, 이는 어린이가 세례를 받을 자격이 있다는 것이다. 물론 신약성서에는 유아 세례에 대한 분명한 이야기는 없다. 그러므로 웨슬리는 개연성에 근거하여 논의를 전개한다. 즉 유대인은 개종하여 온 어린이에게는 할례와 세례를 베풀었다.

그러므로 아마도 사도들도 같은 일을 하였을 것 같다.[91] 더 나아가, 만약에 예수께서 어린이는 세례를 받지 못하게 계획하셨더라면, 주님은 어린이에게는 세례를 주지 말라고 말씀하셨을 것이다. 왜냐하면 그렇지 않으면 사도들은 당시의 사람들의 풍속을 따랐을 것이기 때문이다.[92] 세례를 받은 모든 사람들의 가족에는 어린이가 전혀 없었다고는 상상할 수 없다.

성경에 "그녀와 그의 온 가족이 세례를 받았다"라고 할 때에 – 누가 그 많은 가족들에는 어린이가 없었다고 믿을 수 있는가? 또는 유대인들은 오랫동안 그들의 어린이에게 할례를 베풀어 왔는데, 어찌 세례를 통하여 어린이들을 하나님에 봉헌하는 일을 하지 않았겠는가?[93]

---

91) Works, X, pp.196-197; Pious Communicant, pp.225 ff. Perronet, A defence, pp.35 ff.
92) Works, X, pp,196, 198; Pious Communicant, pp.237-238.

그러므로 어린이들이 사도들에 의하여 세례를 받았다는 것이 확실한 것 같다.

또한 여러 세기를 지내오면서 교회가 어린이에게 세례를 베풀어 온 것을 볼 수 있다.

"일반적으로 온 교회가 모든 곳에서 유아세례를 실행하여 왔다면, 이는 사도들이 유아세례를 실행하여 왔고, 결과적으로 그리스도의 생각에서 나왔음이 틀림없다. 그래서 기독교회가 모든 곳에서 여러 세기 동안 유아세례를 베풀어 오고 있는 것이다."[94]

웨슬리는 세례에 관한 논문(Treatise)에서는 어거스틴, 오리겐, 시프리안을 언급하고, 필요하면 더 많은 사람을 인용할 수 있다고 부언하고 있는데[95] 반하여, 그의 "유아세례에 관한 소고(Thought upon Infant Baptism)"라는 논문에서는 자스틴 마터(Justin Martyr), 이레니우스(Irenaeus), 아레산드리아의 크레멘트(Clement of Alexandria), 오리겐(Origen), 시프리안(Cyprian), 암브로스(Ambrose) 그리고 어거느틴(Augustin)을 언급하고 있다.[96] 이런 증거들은 유아세례를 말하고 있는 것이다. 또한 오래 된 전통 교회에서 세례 받기 위하여 나온 어린이에게 세례 베풀기를 거절한 경우는 하나도 없다.[97]

사실에 있어, 유아세례는 1,700년 이상 교회에서 시행하여 왔는데, "지난 세기(last century)에 이르러 독일에 있는 거룩하지 못한 사람들의 한 단체가 반대하기에 이르렀다. 그러므로 웨슬리는 말하기를 "우

---

93) N.T. Notes, 행 16:15; cf. Works, X, pp. 196-197, 198, Pious Communicant, pp.228-230; Thoughts, p.5; Perronet, A Defence, pp. 58-59.
94) Works, X, p.197; cf. p.198; Pious Communicant, pp.230 ff, Thoughts, p.10.
95) Works, X, p.197; Pious Communicant, pp.231 ff. Perronet, A Defence, pp.44 ff.
96) p.10-18 (저자들의 약어(List of Abbreviations)를 참고하라.
97) Works, X, pp.197-198.

리는 유아 세례는 그리스도의 마음을 잘 아는 사도들로부터 이어 받아 내려온 것이라고 안전하게 결론 내릴 수 있다"고 하였다.[98]

그러나 웨슬리가 유아세례를 지지하는 논의 가운데, 보다 무게 있는 논의는 아브라함과 맺어진 은혜의 언약의 계속에 근거한 논의인 듯하다. 이는 영원한 언약이며, 믿는 자는 모두가 아브라함의 후예인 것이다. "구약 성경의 교회에 속하였던 같은 영적 약속과 축복은 또한 신약성경의 교회에 속하여 있는 것이다. 사도행전 2:39, 고후 1:20 . . . .이 구절에서 보듯이(또한 다른 성경구절에서 찾아 볼 수 있지만) 유대교나 기독교가, 그 규정과 예식에는 다른 점이 있지만, 하나의 교회로 계속 이어 내려온 것으로 보인다." [99]

그 언약은 은 것이다. 이는 복음적 언약이다. 그 조건(믿음) 그리고 그 은택도 같은 것이다. 같은 중보자가 이 언약을 세웠으며 또한 언약의 조건들을 충족시키셨다. "그러나 그리스도가 피 흘리심으로, 피로 드리던 예식들은 폐지되었다. 그러므로 세례가 할례를 대신하게 되었다."[100] 지금은 세례가 "그리스도의 할례"다(골2:11-12). 아브라함의 언약에 새로운 표장(seal)이 주어진 것이다. 그 표장은 달라도 그 내용(deed)은 같은 것이다.[101]

어린이들은 복음적 언약 아래 있었고 지금도 있다. 어린이들도 그에 대한 권리가 있다. ". . . 어린이들이 그 신분을 실질로 아직까지는 소유하지 못하나, 어린 상속인인 그들은 그 신분(estate)은 가지고 있

---

98) Works, X, p, 198; Pious Communicant, pp. 237-238, 여기서 웨슬리는 유아세례를 반대하기 시작한 사람들로, 1522년에 일어난 여러 침례파, 그리고 재세례파(Anabaptist)를 언급하고 있는 것이다. Thoughts, p.18.99) Thoughts, pp.304; cf. Works, X, p.194; Pious Communicant, pp. 218-219.
100) O.T. Notes, 창 17:10; Thoughts, p.5; Works, X, p.188, 191,192, 194-195, 196, 197, 199, 201,240; N.T. Notes, 빌3:2-3.
101) Works, X, pp.194-195; St.S., I, p.295; N.T. Notes, 골2:11-12; Thoughts, p.5; Pious Communicant, pp.20 ff.

는 것이다.[102] 따라서, 어린이들도 그 언약에 들어가는 권리를 가지고 있는 것이다. "그에 들어가는 문이, 바로 세례인 것이다."[103]

그러나 우리가 앞에서 말했듯이, 언약에 들어감에는 약속과 의무가 있어야 한다. 그런데, 어린이는 아무것도 약속할 수가 없다. 그러나 웨슬리는 어린이들이 언약을 할 수 있다고 주장한다. 어린이들은 하나님의 도우심에 의해 하나님의 계명들을 지키겠다고 약속한다. 어린이들은, 다른 사람의 입을 통하여, 곧 대부(godfathers)와 대모에 의하여 하는 것이지만, 그들이 스스로 마귀와 그들의 일을 버린다.[104]

어린이들은 다른 사람들이 그들을 위하여 맺은 협약에 의하여 의무를 지니게 되고 또한 저들로부터 이익을 받는 것이다.

"구약에서 그랬듯이, 신약성경 하에 있는 어린이들은 주시는 축복을 받을 자격이 있으며 주어진 의무도 충족시킬 자격이 있는 것이다. 저들이 지금은 아직은 축복과 의무를 이해 할 수는 없지만, 그러나 그들은 할례 또는 세례의 표장(seal)을, 그가 어른이 되었을 때 그 의무와 책임을 수행한다는 보증(bod)이 어린이 에게 주어진 것으로서, 또한 받을 격려와 축복의 소망으로, 받을 수 있는 것으로 생각한다. 유대어린이의 경우가 그랬다. 그렇다면 또한 그리스도인의 경우도 그렇지 않겠는가?"[105]

사실, 웨슬리는 언약의 계속성에 근거한 논의를 중요하게 생각함으로 그는 이 논리를 "경건한 수찬자(Pious Communicant)"에서도 활용하고 있다. 성서에 의하면 세례 받기 전에 회개와 믿음이 있어야 한

---

102) Works, X, p.194.
103) Thoughts, p.5; Works, X, pp.194-195.104) Works, VII, p.154; X,pp.193-194,198,508.
104) Works, VII, p.154; X,pp.193-194,198,508.
105) Thoughts, pp.5-6.
106) Pious Communicant, pp. 243-245.

다고 하면서 유아세례를 반대하는 논리에 직면하여 사무엘 웨슬리는 주장하기를 어린이들에게는 자범죄가 없고, 그들은 대체로 믿음을 가지고 있을지 모르니, 어린이들은 회개할 필요가 없다고 하였다.

그리고 그는 대부와 대모를 언급하면서, 그들이 그들의 어린이를 가르칠 의무를 강조하였다.[106] 웨슬리는 할례와 세례를 비교하면서 모험적으로 한 마디 한다. 지금, 만약 어른들이 할례를 받기 위해 회개와 믿음이 있어야 함에도 불구하고, 어린이들이 할례를 받았다면, 또한 어린이들도, 어른들은 세례를 받기 전에 회개하고 믿음이 있어야 함에도 불구하고, 세례를 받을 수 있는 것이다.[107]

이와 같이, 웨슬리에 의하면, 어린이들에게는 구원을 위하여 회개와 믿음이 요구되지 않는다. "저들은 신자가 아님에도 불구하고, 구원받을 수 있으며, 또한 세례를 받을 수 있는 것이다."[108]

웨슬리의 유아세례에 대한 교리를 지금까지 살펴본 바에 의하면, 문제는 비교적 단순하고 논쟁의 여지가 없는 듯하다. 그런데, 그렇지 않았다. 웨슬리의 세례에 관한 교리는 일치성이 없고[109] 또한 해결되지 않은 점이 있다는[110] 비난을 받아 왔다. 카터(Carter)는 평하기를 웨슬리로부터 계승한 유산에 기독교의 세례에 대한 충분한 해설이 있다고는 말할 수는 없다고 하였다.[111] 여러 상반되는 의견들과 또는 웨슬리의 견해의 일부에 대하여 불일치한 점과 약점이 있다고 하였다.

이런 문제들은 웨슬리가 언어를 모호하게 사용한데서 생긴 것 같다고 패리스(Parris)는 말한다.[112]

---

107) Works, X, p.199; cf. Thoughts, pp.7-10.
108) Thoughts, p.10; cf. Works, X, pp.196-197. 웨슬리는 더 나아가 말하기를, 죽는 어린이의 경우는 어떤 확신, 믿음, 회개가 그들의 구원에 중요한 것이 아니라고 하였다. Letters, I, p.290.
109) Starkey, p.93.
110) Williams, W's TT., p.120.
111) Carter, p. 159, n.1.
112) Parris, pp. 37, 54, 55. 이하 생략(역자).

샌더스(Sanders)는 말하기를 사실 웨슬리의 견해는, 어떤 데서는 혼란스럽게 만든다. 그래 혼란스러운 것이 있다고 하였다.[113] 캐논(Cannon)도 같은 식으로 다음과 같이 말한다. "웨슬리는 의도적으로 자신의 견해를 영국교회의 입장과 조화시키려고 했기 때문에, 세례에 대한 분명한 해설을 우리에게 남기지 못하였다. 그가 이 제목에 관하여 쓴 글은 문제의 초점을 밝히는 것이 아니라 더 혼란스럽게 만들었다."[114]

그래서 다음과 같이 질문하게 된다. 과연 웨슬리의 세례에 관한 신학이 정말 그렇게 혼란스럽고 애매하며 불일치한 것인가 아니면 이런 비난들은 그의 해석자들에게 되돌아가야 할 것인가? 이런 모든 어려움이 생긴 것은 웨슬리의 세례를 통한 중생(baptismal regeneration)에 대한 견해와 그의 설교에서 말하는 은혜의 견해를 조화시키려는 데서 오는 어려움에서 생긴 것처럼 보인다. 또 어떤 문제들은 웨슬리의 해석자들이 웨슬리가 의미하는 것과는 다른 견해를 적용하는 데서 생겨난 것 같다.

첫째로, 웨슬리는 중생을 신생(new birth)과 뜻이 같은 것으로 이해하고 있다는 것을 기억하는 것이 중요하다. 웨슬리는 위리암 로우(William Law)가 그의 논문, "기독교의 중생에 대한 근거와 도리(The Grounds and Reasons of Christian Regeneration)에서 중생은 점진적인 역사(progressive work)라고 말한 데 대해 다음과 같이 평하였다.

"성화는 (점진적인 역사 인 것이) 사실이다. 그러나 중생과 신생의 경우는 늘 그렇지 않다. 중생은 성화의 한 부분이지 전부가 아니다. 중

---

113) Sanders, W's S., p.116; Rel. in LIfe, vol.23, p.600
114) Cannon, p, 127. 이하 생략(역자)

생은 성화의 시작이다. 우리가 거듭날 때, 그 때 우리의 성화 곧 우리의 외적, 내적 성결이 시작되는 것이다. 그리고 그때부터 우리의 머리이신 그리스도 안에서 점진적으로 성장하는 것이다. (엡4:15).... 아이는 순간이 아니면, 짧은 시간에 하나님께로부터 낳는 것이다.

그 후 그는 천천히 성장하여 그리스도의 분량에 까지 이르는 것이다. 그러므로 우리들의 생리적 출생과 우리들의 성장간의 관계와 같은 것이 우리의 신생과 성화간에 있는 것이다."[115]

이 점에 있어 몇 가지 더 확인 하여 보고자 한다. 이미 언급한대로 웨슬리에 있어서는 중생과 신생은 같은 것이다. 그러므로 중생이 칭의(justification)을 포함하는 것으로 보면 안 된다. 그런데 샌더스와 쿠쉬맨(Cushman)은 그리 본 것 같다.[116] 더 나아가 웨슬리는 중생과 신생은 순간적으로 곧 짧은 시간에 이루어지는 것이다. 중생이 성화라고 하지만, 이는 성화의 시작이라는 의미에서 그리 말하는 것이다. 중생은 성화의 시작이다. "그러므로 신생은 완전을 향하여 점점 성장하여 나가는 성화의 첫 부분이다."라고 주장한다.[117] 그러므로 쿠쉬맨이나 내그리(Naglee)가 주장하듯이,[118] 웨슬리의 중생의 교리를 점진적으로 성장하며 계속되는 것으로 보는 것은 웨슬리의 해석과는 정 반대인 것이다. 그것은 칼빈의 견해에서 시작된 것으로, 웨슬리는 이에 동의하지 않는다.[119] 다른 곳에서 중생을 어떻게 말했던, 웨슬리는 결코 중생을 점진적으로 성장하는 것으로 주장하지 않는다.

성령의 역사를 통하여 은혜 안에서 계속 성장하는 것은 성화라고 불러야 한다고 웨슬리는 일관되게 주장한다.[120]

---
115) St.S., II, p.240. cf. Letters, IV, p.38; Works, VI, pp.45,224; VII, p.205; X, p.192.
116) Cushman, Doctr. of the Ch., p.86; Sanders, W's S., p.98, p.105.
117) Works, VII, p.205.
118) Cushman, Doctr. of the Ch., p.84... cf. Naglee, pp.142 ff. 그 외는 생략(역자)
119) Calvin, ONst. III, 3.9, pp. 600ff를 보라
120) 웨슬리는 회심(conversion) 도 같은 모양으로 취급하고 있는 듯 하다. N.T, Notes, 마 18:3, 행 3:19.

이 점에 있어 웨슬리를 해석함에 있어 다른 견해를 적용한다면 오해와 혼란을 초래할 뿐이다. 웨슬리가 이해하는 성화는 순간적이며 또한 점진적인 것이다. 곧 신생과 온전한 성화(entire sanctification)에서는 순간적이요 완전을 향하여 나가는 계속적인 과정은 점진적인 것이다.[121] 요약해서, 웨슬리가 표현하는 바에 의하면, 중생과 신생은 순간적인 사건이요, 그 후에 따르는 은혜 안에서의 점진적인 과정은 성화다. 그리고 이 점진적이 성장과정은 또 하나의 순간적인 사건으로 달성되는데, 이를 웨슬리는 온전한 성화 (또는 기독자 완전)이라고 부른다.

어떤 웨슬리 학자들이 그들의 글에서 웨슬리의 신생에 대한 견해를 더 심각하게 잘못 사용하고 있는 것을 볼 수 있다. 그들의 해석은 보다 교활하며 부분적으로는 틀리지 않기 때문에 문제는 더 심각하다. 예로써, 캐논(Cannon)은 칭의의 은택(benefits)을 설명하면서, 말하기를 "웨슬리는 이 은택들이 입양(adoption), 회심(conversion) 또는 중생이다"라고 하고, 그리고 "두번째 은택인, 칭의의 동시사건이 회심(conversion) 또는 중생이라고 했다. 이를 웨슬리는 신생(new birth)이라고 불렀다"라고 하였다.[122]

스타키(Starkey)도 케논을 따라 "신생이란 성령에 의한 역사에서 있은 회심의 첫 번째 극단적이고 즉석의 변화를 의미한다"고 말하였다.[123] 패리스는 그릇되게 웨슬리는 "중생의 두면(two senses of regeneration)을 말하는데, 그 두 번째 면은 일반적으로 세례 다음에 있는 것으로, 이는 회심 또는 성화와 같은 것이다"라고 하였다.[124]

---

121) Minutes, I, pp.581, 583; Lindstrom, p. 123, n.4.
122) Cannon, pp. 120,121. 캐논은 p.120에서, 칭의의 동시사건이 회심과 중생이라고 했는데, 그가 인용한 웨슬리의 글 (Works VI, p.65-66)에는 그런 것이 없다. 웨슬리는 거기서 칭의와 신생을 말하고 있다.
123) Starkey,, p.53.
124) Parris, p.46 f. 패리스가 회심을 성화와 같은 것으로 보았다면, 옳았을 것이다. pp.47, 49를 보라.

쿠쉬맨도 그리 주장하는 것 같다.[125] 신생을 회심과 같은 것으로 만드는 것은 웨슬리의 견해를 왜곡되게 해석한 것이다. 그리함으로 신생의 개념을 웨슬리가 이해하지 않았든 다른 것을 의미하게 만든 것이다. 웨슬리에 있어서는 칭의와 신생은 하나님이 하시는 일이다.

곧 하나님께서 우리를 위하여 하시고 그리고 하나님께서 우리 안에서 하시는 일이다.[126] 그것들은 하나님의 선물이며, 하나님이 하시는 일이다. 그리고 사람들이 다른 일에 있어서는 하나님과 협력하지만, 하나님의 구원사역의 이 국면에서는 사람이 적극적으로 협력하는 것이 없다고 웨슬리는 이해하였다. "그 때문에 어떤 이들은 회개와 믿음은 죄를 용서함에 있어 주시는 단순한 선물이라고 추론하였다. 그러나 그렇지 않다. 사람은 회개에 있어서는 협력하고 믿음에서 협력하지 않는다. 하나님만이 죄를 사하실 수 있는 것이다."[127]

하나님의 은혜가 사람이 선택할 수 있도록 도우신다. 그럼에도 불구하고, 사람은 "성령에 의하여 나는 것이다."[128] 더욱이 웨슬리가 어떤 의미에서 신생이란 말을 사용하였으며, 또한 그가 회심이라는 말로 의미하는 바가 무엇인지를 분명히 아는 것이 대단히 중요하다.

웨슬리는 그의 사전에 다음과 같이 정의하고 있다. 회심이란 "사람의 마음과 생애가 철저하게 죄로부터 성결로 변하는 것;전환(turning)을 의미한다. 여기에서 웨슬리는 그 변화가 순간적인 것인지 아니면 점진적인 과정인지를 언급하지 않았다. 그는 어떤 곳에서는 "순간적 회심"을 말하고 있는 데, 이는 기본적으로 "신생"과 연결시켜 표현하는 것 같다.[129]

---

125) Doctr. of the Ch., p.84, Simpson, p. 30. cf. Williams, W's TT., p.101.
126) St.S., II, p.227; Works, X, pp.230-231.
127) N.T. Notes (edition of 1760-62), 행 5:31. cf. Letters, II, pp.202-203; 분명히 믿음은 하나님이 주시는 것이다. 그러나 사람은 믿어야 할 의무가 있는 것이다....사람이 정하신 방법대로 구하면, 조만간에 주님의 권능이 나타나, 그로 인하여 (1)하나님이 역사하시고 그리고 하나님의 힘에 의하여 (2) 사람은 믿는 것이다.
128) Works, VI, pp.280-281.
129) Journal. Curn., I, pp.454-455; cf. Letters, III, p.266.

그러나, 다른 곳에서는 이를 칭의 그리고 믿음, 그리고 깨달음 곧 회개에 연결시키고 있다.[130] 웨슬리가 순간적 회심을 말할 때는 대부분, 변화의 내용을 정확히 말하지 않고, 앞서 또는 뒤에 있었던 변화의 팩트 (fact)를 뜻한 듯하다.[131] 회심에 대한 분명한 설명이 그의 신약성서 강해에 나타나 있다.

"돌이켜라(be converted), 곧 죄와 사탄에서 하나님께로 변하는 것이다. 사도행전 26장 20절을 보라. 이 말은 근대 글들에서는 많이 보지만, 성경에는 많이 나오지 않는다. 우리가 여기에서 사용하고 있는 그런 의미 곧 악으로부터 성결로 전적인 변화로는 나타나 있지 않다.[132] 두 번째 성경구절은 마태복음에 있다.

"네가 돌이키지 않고서는 (Except ye be converted) -----은혜의 왕국에 들어가는 첫 발걸음은 어린이들처럼 되는 것이다. 곧 자신이 무지하며 힘이 없는 것을 알고, 마음에 낮은 자세를 가지고, 당신의 모든 필요를 공급받기 위하여 전적으로 하늘에 계시는 아버지에게 매달리는 것이다. (이 본문이 그렇게 주장하고 있는지는 모르나) 우리는 또 다음과 같이 주장한다.

당신이 흑암에서 빛으로, 사탄의 지배에서 하나님께로 돌이키지 않고서는, 곧 당신의 전적으로 내적 변화를 받아 하나님의 형상이 새로워지지 않고서는, 당신은 영광의 왕국에 들어 갈 수가 없다. 따라서 모든 사람은 이 세상에서 변화를 받아야 한다. 그렇지 않고서는 그는 영생(life eternal)으로 결코 들어갈 수가 없다."[133]

---

130) Works, VIII, p.370; Letters, II, p.202.
131) Works, VI, pp.308, 310, 525; Journal Curn, p.143; N.T.Notes, 행 7:38; 14:24; 18:27; Letters. V, p.40.
132) N.T. Notes, 행 3:19. "Be converted (돌이켜라). 이 말은 현대 글에서는 많이 쓰이나, 성경에서는 아주 드물게 발견된다.
133) N.T. Notes, 마 18:3; cf. Letters, IV, p.40.

따라서, 웨슬리는 두 가지 회심의 교리를 말하고 있는 것으로 나타난다. 그 하나는, 순간적인 것, 또는 비교적 짧은 기간에 일어나는 것으로, 일반적으로 이는 회개, 칭의, 신생, 믿음, 확신 등, 하나님께서 하시는 일과 또한 그에 대한 사람의 호응 곧 회개와 믿음으로 협력하는 일을 포함한다.

두 번째는, 죄에서 완전으로 변화해 가는 계속적인 과정을 말할 때에 회심이란 말을 사용하였다. 다른 말로 표현하면, 회심을 성화와 같은 의미로 사용한 것이다. 칼빈이 바로 그렇게 사용하였다.[134] 그러므로, 신생은 순간적인 것이기에, 첫 번째로, 회심의 일부이다. 그러나 신생은 회심의 단지 한 부분인 것이다. 회심은 사람이 하는 일도 포함하지만, 영적 낳음(spiritual birth)은 하나님만이 주시는 것이다.

따라서 신생을 회심으로 말할 때는 강조에 왜곡되는 변화가 생겨, 웨슬리를 페라지안(pelagian)으로 만드는 경향이 생긴다. 그러나 웨슬리는 페라지안이 아니다. 더욱더 웨슬리 자신은 회심이라는 말을 쓰기를 좋아하지 않았다. "회심이라는 말은 신약성경에서 별로 사용하고 있지 않기에, 나도 회심이라는 말을 좀처럼 사용하지 않았다."[135]

그러므로 여러 학술 용어(term)들을 사용할 때는 웨슬리가 그 용어를 사용할 때 의미했던 정확한 뜻으로 사용하도록 주의 하여야 한다. 될 수 있는 대로 다른 개념(substitute concepts)을 적용하는 것을 피하여야 한다. 웨슬리의 생각을 낯선 다른 견해로 이해하게 만들어, 마침내 웨슬리의 견해를 왜곡하고 잘못 해석하게 만들지 않도록 하여야 한다.

---

134) Inst., III, 3.5 ff., pp.597 ff.
135) Letters, III, p.266; cf. N.T. Notes, 행 3:19.

그렇기는 하지만, 웨슬리 해석자들이 보는 대로, 더 큰 혼돈은 세례와 신생의 상호 관계에 대한 웨슬리의 언급에서, 또는 그런 관계에 대한 그의 언급이 없는데서 생기었다. 웨슬리 학자들의 판단은 그들의 보는 바에 따라 다르다.

곧 웨슬리는 세례를 통한 중생(baptismal regeneration)을 거절했다고 결론내리는 데서, 또는 웨슬리의 가르침이 불명확하고 일치성이 없다고 하는 결론에서, 또는 웨슬리는 결코 세례를 통한 중생의 교회를 버린바가 없다고 주장하는데서, 웨슬리 학자들의 주장이 달라졌다. 그러므로 이런 문제들을 세심하게 검토하여 보아야 하겠다. 곧 유아세례, 장년의 세례, 그리고 신생에 대한 문제, 여기에 연결된 회개, 믿음 등에 관하여 연구해 보아야겠다.

여기에 중요한 논쟁은 웨슬리가 세례는 신생과 같은 것이 아니라고 강하게 말한 데에 집중되고 있다.[136] 이라는 설교에서 다음과 같이 주장한다.

" 세례는 신생이 아니다. 이 둘은 같은 것이 아니요 하나도 아니다. . . .하나는 외적인 것이요 하나는 내적인 역사이라는 것보다 더 분명한 것이 어디 있는가! 하나는 보이는 것이요, 다른 하나는 보이지 않는 것이다. 그러므로 서로 다른 것이 아닌가? – 하나는 사람이 자신의 몸을 정결케 하며, 행하는 일이요, 다른 하나는 하나님에 의하여 영혼에 일어난 변화다. 그러므로 영혼이 몸으로부터 구별되며, 물이 성령과 구별되는 것과 같이, 전자는 후자로부터 구별되는 것이다."[137]

---

136) 웨슬리는 신생을 논의할 때 세례에 대한 이야기도 한다. 웨슬리의 "The Marks of New Birth"라는 설교 (St.S.,I, pp. 283, 295-297); "The Great Privilege of those that are Born of God (St.S., I, p.300); "The New Birth (St.S., II, 237ff) 와 또한, Works, VIII, p.48을 보라.
137) St.S., II, pp.37-238; cf. Letters, IV, p.38; 무엇이 신생의 앞부분 인가? 세례? 세례는 내적, 영적 은혜의 외적 표증이다. 몸이 영혼의 한 부분이 아니듯이 외적 표증이 내적 은혜의 한부분이 아니나.

웨슬리는 성례전의 이 두 부분이 실체로 분리될 가능성이 있음을 말하면서 논의를 더 계속한다.

"두 번째로, 우리는 앞에서 살펴 본데서, 다음과 같이 생각할 수 있다. 곧 신생이 세례와 같은 것이 아니기에, 신생은 항상 세례를 수행하는 것이 아니다. 이 둘은 항상 동반하는 것이 아니다. 사람이 물로 날 수 있으나, 그러나 성령으로 낳지 못할 수 있다. 어떤 때는 외적 증표는 있으나, 내적 은혜가 없을 수 있다. 나는 지금 유아세례에 대하여 말하는 것이 아니다. 우리 교회는 유아 때 세례를 받은 자는 모두 동시에 거듭난다고 가정한 것이 분명하다. 이 가정에서 온 교회가 유아세례를 시행하도록 허락한 것이다. 이에 대하여 큰 반대는 없다.

이런 일이 유아에게서 어떻게 이루어질 수 있는 가는 이해할 수 없다. 또한 장년의 세례에서도 이런 일이 어떻게 이루어지는지 이해할 수 없다. 유아의 경우는 어떻든 간에, 세례를 받은 장년들의 경우는 동시에 모두가 거듭나지 않는 것이 분명하다. 나무는 그 열매를 보고 아는 것이다."[138]

웨슬리는 이 점에 있어 자신의 교리가 영국 교회의 가르침과 일치한다고 주장한다. 이 설교에 근거하여 캐논은 내그리(Naglee)가 부적절하다고 비난한 입장을 취하였다.[139] 사실, 캐논은 "이 일에 있어 웨슬리는 영국교회가 세례를 통한 중생의 교회를 가르친 것을 부정하였다"고 주장함으로서, 웨슬리가 실제로 가르친 것과는 반대되는 것을 웨슬리가 말한 것처럼 만들었다.

이 캐논의 말은 믿어지지 않는 주장이다. 웨슬리는 같은 설교에서 "우리 교회는 유아 때 세례를 받은 자는 모두 동시에 거듭난다고 가정

---

138) St. S., II, p.238.
139) Naglee, pp. 168-169.

하고 있는 것이 분명하다"[140] 고 말하면서, 분명히 캐논과 반대되는 견해를 취하고 있기 때문이다. 더 그릇된 것은 캐논은 웨슬리의 글은 분명하게 반대 입장을 말하고 있음에도 불구하고, "이 점에 있어서는 웨슬리는 영국교회의 가르침과 인연을 끊었다"고 계속 주장한다.

스타키도 똑같이 받아 들인 캐논의 답변은 "웨슬리는 영국교회의 교리와 일치하다는 것을 보이려고 노력한 것이다."라는 것이다. 그리고 그는 웨슬리의 성실함과 학문적인 정직을 의심하기에 이르러, "내가 보기에는 웨슬리가 유아세례의 효험(efficacy)을 받아들인 것은 그저 하나의 수락이지 그 이상 아무것도 아님으로 이해하여야 한다. 그는 그것이 교회의 가르침이라고 주장하였다"고 말한다.[141] 스타키는 보다 더 신중하다. 그는 웨슬리는 올더스게이트에서의 경험 이전에는 고 교회주의자(High Churchman)이었는데, 그 후는 그 경험이 그를 진정한 복음주의자가 되게 만들었다고 말한다. 스타키는 웨슬리의 "세례에 관한 논문"을 언급하면서, 웨슬리가 신생과 세례에 대하여서는 고교회주의자의 입장을 취하였는데, 실상은 웨슬리가 주장하는 교리가 아니었다고 말한다.[142]

스타키는 동시에 웨슬리의 설교, "신생"에 대하여 말하면서, Separateness(분류)라는 말을 썼다. 그러나 웨슬리는 distinguish(구별)이라는 말은 사용하였다.[143] 실질로 웨슬리는 그런 견해를 거절

---

140) Cannon, p.126; St.S., II, p.238
141) Cannon, pp. 126, 129. 캐논의 이 말은 그가 전에 "웨슬리는 영국 교회가 세례로 주생한다는 교리(baptismal regeneration)를 부정하였다고 한 말(.p.126) 과 모순된다. 이하는 생략(역자).
142) cf. Sermon, "마음의 할례" (1733년 1월 1일에 설교함)라는 설교는 웨슬리의 올더스게이트 체험 이전(5년전)애 한 설교이다. 이 설교에서 웨슬리는 그리스도를 따르는 자의 표적은 하나님을 받아드린 자 곧 하나님이 창조하신 형상을 새롭게 한 영혼, 마음, 영의 상태로서, 이는 어떤 외적 할례나 세례 그 외 어떤 외적 방법으로 되는 것이 아니다 라고 하였다. 이런 웨슬리의 강조는 올더스게이트 이후도 변하지 않았다. Letters, I, p.337 (1739).
143) Starkey, pp.91-92. 그는 올더스게이트의 경험은 영적인 변화뿐 아니라, 교리적 변화를 가져왔다고 주장하였다. 그의 설교에서의 강조도 세례로부터 신생으로 옮겨 갔다고 하였다 (p.91). 저자가 웨슬리는 세례를 실제로 설교하지 않았다고 생각하는 것은, 참으로 잘못 이해하고 있는 것이다.

할 것이다. 그리고 증표(sign)와 수단을 통하여 들어내고자 하는 것이 구별되지만 동시에 하나(unity)임을 주장할 것이다. 저들의 그런 해석을 반대함에 있어, 저들이 웨슬리가 세례를 통한 중생(baptismal regeneration)의 교리를 전적으로 반대하였다고 또는 그 교리를 중요하지 않게 하였다고 증명하는데 이용한 설교나 글들은, 실제로는 신생이 세례의 수단을 통하여 전달된다고 웨슬리가 강하게 주장한 것을 들어내고 있는 것이라고 주장되어야 한다.

첫 째로, 하나님의 값없이 주시는 은혜에 의한 신생은 "일반적으로는 세례에 따르는 것이다."[144] 이런 입장이 "세례가 우리들의 칭의의 일상적 도구라고 주장하는 "세례에 대한 논문"의 내용과 일치하는 것이다.[145]

두 번째로, 어린이들은 세례에서 거듭난다. "나는 당신이 (사도 바울이 세례라고 말하는) 그리스도의 할례로 할례를 받은 것을 안다."

그러므로 당신이 하나님의 자녀가 되었고, 하늘나라의 상속자가 된 것을 누구 부인하리요?" 이렇게 말한 웨슬리는 "세례를 통하여 하나님의 자녀가 된 사람들은 . . . 앞으로 다시 능력을 받아 하나님의 아들들이 되도록 해야 한다. 곧 저들이 잃어버린 것을 다시 찾도록 해야 한다"고 권면한다."[146]

이 모든 말은 저들이 한 때 세례에 의하여 거듭났었다는 것을 의미하는 것이다. 영국 교회는 신생은 "증표를 통하여 주어 질 것이라고 가정한다고 웨슬리는 주장한다. 웨슬리는 같은 교리를 받아 들이면서,[147] 생리적 출생과 영적 출생 간에 있는 유사성(analogy)을 언급하면서, 계속 말하기를, "같은 모양으로, 아이는 단 순간에, 또한 짧은 시

---

144) St.S.,I, p.283; cf. Letters, IV, p.38; 중생했다. 하나님으로부터 다시 낳다 등의 말은 항상 성령의 내적 역사로 표현된다. 여기에 세례는 그의 외적 표증(outward sign) 인 것이다. (1758년 11월).
145) Works, X, p.191; cf. pp.192,193, 198.
146) St.S., I, pp.295-297.
147) St.S., II, p.238; Works, VIII, pp.48-49.

간에 하나님께로부터 낳는 것이다"라고 한다.[148]

세 번째로, 어른도 세례를 통하여 거듭난다. 웨슬리는 그의 "신생"이라는 설교에서 말하기를 신생은 "항상 세례를 동반하지 않는다. 그 둘은 항상 함께 가지 않는다. 사람은 물로 다시 날수 있지만, 아직도 영으로 낳지 못할 수 있다. 때로는 외적 증표는 있는데, 내적 은혜는 없는 경우도 있다"[149] 라고 한다. 이 말들은 신생과 세례가 항상 함께 가지는 않지만, 많은 경우에는 함께 간다는 것을 증명하는 것이다. 그의 "신약성서 강해"에서 그렇게 표현한 것이 여러 곳에 있다.[150]

실제로 웨슬리는 이 글들에서 "세례를 통한 중생"의 교리에 대하여 찬성한다. 또는 반대한다는 말을 하고 있지 않다. 더욱이 signum(증표)과 res(본질)의 구별 그리고 수단과 수단이 상징하는 것의 구별(distinction)을 강조하는 것도 유일하지 않다. 고 교회주의적인 "세례에 대한 논문"에서, 결국 사무엘 웨슬리의 논설에서도 똑 같이 표현하고 있다.[151] 요컨대, 웨슬리는 그렇게 함으로 어거스틴에 까지 연결되는 옛 전통에 서 있는 것이다.[152]

그러므로, 그가 웨스트민스타 회의와 영국교회의 교리문답서에서, 성례전은 두 부문으로 성립되는데, 이 둘은 분리되어도 안 되고 융합시켜도 안 된다고 한, 그런 견해를 지지하고 있다고 보는 것은 옳은 것이다. 다른 한편, 웨슬리는 교회의 교리들을 추종하지 않는 성직자들의 견해를 공격하였다. 웨슬리는 그들의 그릇된 견해를 다음과 같이 지적하였다.

---

148) St.S., II, p.240.
149) ST.S., II, p.238.
150) N.T. Notes, 요3:5, 행 22:16; 엡5:26; 벧전 3:21; Letters, IV, p.42; Works, VI, p.395.
151) Works, X, p.192; 우리 교회는 이를 외적 씻음이라고 여기지 않고 내적 은혜라고 여기고 있다. Pious Communicant, p.205. 같은 구분(distinction)이 1733년 초기의 설교에도 나타나 있다. St.S., I, p.267.
152) 그 예를 보기 위해, Tract. John 26, 11-12; NPNF, VII, pp.171-172; Cat, Instr. 25.50; ACW, II, p.82; Answer Pet.1.23.25; NPNF, IV, p.257 등을 보라.

"결국, 저들은 신생을 외적인 것으로 말한다. 고작 그것이 세례인양 말한다. 곧 고작 외적 악에서 외적 선으로 변화되는 것, 부도덕한 데서 덕 있는 생활로 변하는 것을 말한다. 나는 신생은 내적인 것으로서, 내적인 악에서 내적인 선으로의 변화라고 믿는다."[153]

웨슬리는 위에서 인용한 설교에서 증표와 표명된 것(signified)을 혼돈하고, 수단을 목적으로 만들고, 유효성(validity)을 효험(efficacy)의 레벨로 올려놓는 사람들과 다투고 있는 것이다. 그는 그런 견해는 분명히 산 믿음과 생명의 종교에 반대되는 것으로 인지한다. 저들은 ex opere operato 곧 성례전이 자동적으로 효과를 낸다고 예상하고 있는 것이다. 이에서 그들은 세례가 사람의 삶과는 아무 상관없이 구원한다고 가정하는 것이다. 그러므로 웨슬리는 성례전의 두 부분의 정확한 구분을 강력히 주장한다. 웨슬리는 이 글들에서 세례의 형식적 유효성(formal validity)를 의심하지 않는다. 그러나 효과(efficacy)는 형식적인 것이 아니고, 실제적인 것이기에, 구원은 세례를 따라 올 수도 있고 아니 올 수도 있을 것이다. 그리고 받은 은혜도 잃어버릴 수도 있다고 주장한다. 따라서 웨슬리는 루터와 같이

"나는 세례를 받은 자이다 baptizatus sum"[154] 라고 하며 확신을 외적 증표에서 찾지 않는다. 그리고 그에서 확신을 발견할 수도 없다.

웨슬리는 확신을 객관적인 증표에서 발견하는 보다는 성령의 내적 증거와 성령의 열매에서 발견할 것을 강조한다. 웨슬리는 다음과 같이 말할 수 있다.

---

153) Journal. Curn., II, p.275. cf. ST.S., I, p.300: 모든 성경은 하나님께로 나는 것을 말하고 있는 것에서, 우리가 알게 되는 것은, 신생은 단지 세례를 받았다는 것을 의미하지 않는다. 또는 외적 변화를 의미하지 않는다. 신생은 내적 변화, 성령의 역사에 의하여, 영혼 안에 이루어지는 변화이다.
154) Luther, W.A., XXXVI, p. 116-117; Tischreden, II, No.26312; cf. Hildebrandt, From L. to W., p.68.

"나는 광장에 서서, 마음의 거룩함이 없으면 그들이 받은 할례도 무효가 되는데, 저들은 마음이 거룩하지도 않으면서, 구원을 위하여 그들이 얼마나 쓸데없이 세례를 신뢰하고 있는지를 보여 주었다."[155]

그리스도인의 표적은 세례나 또는 어떤 외적 증표나 수단이 아니라 성령의 열매, 특별히 믿음, 소망, 사랑인 것이다.[156] 다른 말로 표현하면, 내가 지금 구원받고 있다는 확신의 근거는 형식적인 것이 아니라 실제적인 것이다. 웨슬리는 하나님께서 사람에게 믿음의 삶을 실현시킴으로 그 증표가 효과가 있도록 하시지 않는 한, 증표의 유효성에 대한 여러 가지 말은 가치가 없는 것임을 깨달은 것이다. 이런 이유에서 웨슬리는 "당신이 세례를 받았던, 안 받았던, 당신은 거듭나야 한다"라고 외치는 것이다.[157]

그래서 웨슬리는 교리문답서에서 "외적 가견적 증표는, 그것으로 우리에게 확신을 주는 증거(pledge)로 하나님이 주신 것이다" 라고 한 말을 강하게 주장하기를 계속 피하였던 것이다.[158] 이런 입장은 다른 은혜의 수단들에도 일반적으로 해당된다.[159]

최종적으로, 웨슬리는 세례가 기초족인 성격을 지니고 있음에도 불구하고 신생은 이 수단만으로는, 또한 다른 수단을 통하여도 주어지지 않는다는 것을 설명하려고 한다. "이를테면, 말하기를 나는 세례에서 거듭 났기에, 신생을 추구할 필요가 없다고 한다면, 이는 마치 당신을 정죄 아래 있게 봉인하는 것과 같다."[160] 웨슬리에 있어서는 성찬식이나 하나님의 말씀은 거듭나게 하는(converting) 법령인 것을 기억하여야 한다.

---

155) Letters, I, p.337. 여기에서, 아니면(unless)라는 말은, 만약에 저들이 거룩했다면 그들이 세례를 신뢰할 수 있을 것인 데라는 뜻이 담겨 있다.
156) St.S., I. p. 283 ff. p.294를 보라.
157) St.S., II. 242.
158) " A Catechism," Book of Common Prayer.
159) 본서의 pp. 221에서 이에 대한 웨슬리의 생각을 좀 더 구체적으로 언급할 것이다.
160) St.S., I, p.295. cf. St.S., II, p,241.

웨슬리는 나중에, 그의 "신생"의 설교를 마침에 있어, 죄인들이 기도할 할 것을 권하면서, 권고하기를, "나를 거듭나게 하소서, 썩어질 씨로서가 아니라 썩지 않는 씨로, 곧 영원하며 연구한 하나님의 말씀으로 나게 하소서" 하고 기도하라고 하였다.[161]

여기에서 웨슬리가 "중생의 두 부분(twofold regeneration)"을 말하는데서 혼란을 어느 정도 느꼈던 웨슬리의 제자들이 일으킨 모든 문제들을 보게 된다. 앞에서 이미 보았듯이 웨슬리는 장년의 세례에 있어서는 약간의 유보조항을 붙였지만, 유아나 장년의 세례에 있어서 "세례를 통한 중생"의 교리를 주장할 것이다. 그러므로 유아세례와 장년의 세례에서 신생이 각각 작용한 것을 웨슬리가 어떻게 이해하였는지를, 또한 세례를 받는 사람의 역할을 어떻게 이해하였는지를 살펴보아야 하겠다. 그리고 또한 장년의 경우, 그가 세례가 아닌 다른 수단을 통하여 거듭났을 때는 어떻게 이해하였는가도 살펴보아야 하겠다. 이에 관하여 심프슨은 다음과 같이 문제를 제시한다.

"세례에 대한 웨슬리의 가르침이, 그 설교에서"거듭 남(born again)"이 회심(conversion)을 표시하는 것으로 사용함으로 인하여, 당황스럽대 되었다. 웨슬리는 "거듭난다"는 말을 명백히 사용하였다.

그러나 웨슬리를 비난하는 자들에 의해서는 그 말이 다른 의미로 사용되었다. 곧 웨슬리는 그 말을 "회심"이라는 뜻으로 사용하였다, 그러나 비판하는 자들은 그를 중생의 의미로 사용하였다. 웨슬리는 의지의 주관적 변화를 의미하였다. 그러나 비난하는 자들은 그를 은혜의 객관적 선물로 여겼다."[162]

---

161) St.S., II, p.243. O.T. Notes, 렘 31:33.
162) Simpson, John Wesley and the Church of England (London, 1934), p.30. Sanders는 Simpson의 입장을 수용하였다. 그리고 동시에 말하기를, 웨슬리는 baptismal regeneration and object grace의 교리를 고수했다고 주장하였다.

심프슨은 회심과 신생을 혼동하는 과오외도, 웨슬리와 그의 반대자들 간에 결려 있는 문제가 무엇인지도 충분히 파악하고 있지 못하다. 여기서 웨슬리는 세례를 단지 거듭나게 하는 수단일 뿐이라고 주장하며, 탁락한 자들을 위해 다시 기회를 주는 경우가 없게 만드는 자들과 싸우고 있는 것이다. 그들의 주장은 웨슬리가 취하고 있는 알미니안 입장과 충돌된다. 샌더스와 쿠쉬맨은 이를 알아차리고, 그 대신 제안하기를, 웨슬리는 신생과 중생의 교리를 두 가지 의미로 사용한다고 하였다. 즉 하나는 세례에서 이루어지는 객관적인 성격을 띤 하나의 변화이고, 다른 하나는 어른들이 의식을 가지고 경험한 보다 주관적인 변화를 의미한다는 것이다.[163]

이 두 사람은 웨슬리가 세례를 통한 중생(baptismal regeneration)의 교리를 가르치고 있다고 말한다. 그러나 그는 그것이 구원에 충분한 것이라고 받아드리기는 원하지 않는다고 하였다. 그러므로 후에 있을 신생 또는 복음적 회심이 세례에서 시작된 것을 완전하게 하여야 한다.

웨슬리가 세례의 수단을 통한 신생의 교리를 받아드리고, 그리고, 이 연구에서 이미 지적한대로, 그것이 어린아이 상태에서 죽은 어린이들의 구원에는 충분하다고 가르친 것은 분명하다.[164] 어린이의 경우에 있어서는, 이 은혜는, 그 시작이 밖에서 일어나는 것임으로, 객관적인 것이라고 말 하야야 할 것이다. 그러나 이것이 단지 비인격적이며 형식적인 의미에서의 객관적인 것이라고 생각되어서는 안 된다. 웨슬리는 가르치기를, 무엇인가가 새로 낳다. 새로 있게 되었다. 즉 은혜의

---

163) Sanders, W's S., p.117; cf. 그의 논문, "John Wesley and Baptismal Regeneration." Rel. in Life, vol. 23, 1953-54. P. 601; Cushman, Doctr. of the Ch., p.88. Sanders는 심프손의 입장을 받아드렸다. W,s. S., pp.106-107, 117; W. and Bapt. Regen." Rel. in Life, vol. 23. p.600.
164) Works, X, p.191; cf. Homilies, p.17; BCP, Parker ed. p.301. ct. pp. 214, 221.

원동력이 주입되고, 성령이 주어지고, 그리고 세례를 받은 자는 "신비하게 그리스도와 연합된다고 하였다. - 그리스도와의 영적이요 활기있는 연합에서 은혜의 역사가 세례를 받은 자들에게 나타나는 것이다."[165]

웨슬리는 칭의와 신생을 정의하기를 전자는 하나님이 우리를 위하여 하신 일이요, 후자는 하나님이 우리 안에서 하신 일이라고 하였다. 곧 전자는 상대적인 변화를 말하고 후자는 실질적 변화를 의미하는 것이다. 여기서 중요한 것은 행하시는 분이 하나님이라는 것이다.

웨슬리는 아무 곳에서도 이와 다른 정의를 말한 적이 없다. 이는 어린이의 경우나 장년의 경우에서나 똑같다. 이는 하나님의 신비로운 역사이며, 우리는 충분히 이해할 수 없는 것이나, 실제인 것이다. 우리가 어린이에게서 이것이 어떻게 이루어졌는지 이해할 수 없다고 하여, 이에 반대할 수는 없다. 이것이 어른의 경우에도 어떻게 이루어졌는지 우리는 이해할 수 없다.[166] 이는 어린이에게서 그리고 장년에서 일어난 같은 일이다. 모든 것이, 한 가지를 빼놓고는 다 같다. 곧 수세자들의 연령, 능력, 그리고 상황이 다른 뿐이다. 어른들의 신생을 논의함에 있어, 웨슬리는 어른들도 세례를 통하여 거듭난다고 확실히 믿고 있었다는 것이 너무나 많은 경우 잊어버려지고 있다.

거기에 웨슬리는 영국교회와 함께, 단지 두 개의 조건을 첨가하고 있다. 곧 "만약 저들이 회개하고 복음을 믿으면," 그리고 "세례를 받고 죄를 씻어버리라"고 했듯이 진정 회개하는 자에게 베풀어진 세례는 용서의 수단이요 인치심이라는 두 가지이다. 초대교회에서, 하나님께서 일반적으로 이 수단을 통하지 않고 어떤 다른 것을 통하여 신생을 주시지 않으셨다."[167]

---

165) Works, X, p.191.
166) St.S., II, p.238.
167) N.T. Note, 행 22:16, Works, VIII, pp.48, 52, X, p.199, cf. BCP, parker ed., p.326.

실제적으로, 웨슬리가 본대로, 어른의 세례(adult baptism)는 세례를 받은 사람의 상태에 따라, 두 방향으로 작용한다. 만약 그 사람이 이미 거듭났으면, 그는 또한 물로 거듭나야 (born of water)한다. 다른 한 편, 그 사람이 아직 거듭나지 않았다면, 그는 세례의 수단을 통하여 거듭나기 위하여, 세례를 받아야 한다.

" 이 사람들이 성령을 받았으니 누가 능히 물로 세례 베품을 금하리요? 이 말은 그(베드로)가 저들이 성령세례를 받았으니, 그들은 물 세례를 받을 필요가 없다고 말한 것이 아니다. 정 반대이다. 만약 저들이 성령을 받았으면, 그러면 물로 세례를 베풀라는 뜻이다. 우리가 하나님의 말씀을 우리의 심판자로 택한다면, 문제는 쉽게 결정된다.

사람이 성령을 받았고 또는 아니 받았든, 그에게 물로 세례 베품을 누가 금하리요? 즉 저들이 성령을 받지 못하였으면, 하나님은 말씀하신다.

"회개하고 세례를 받으라. 그러면 성령의 열매를 받으리라" 그리고 저들이 성령을 받았으면 즉 저들이 이미 성령으로 세례를 받았어도, 그들에게 물로 세례 베품을 누가 금할 수 있는가? 라는 뜻이다."[168]

이와 같이, 성령을 받고 거듭난 사람들에 있어서는, 세례가 신생의 선물을 주는 수단으로서는 작용하지 않지만, 여전히 그들에게도 세례를 베풀어야 한다. 이때는 세례의 다른 기능이 적용되는 것이다. 곧 특별히 교회에 입회시키는 작용을 한다. "몇 사람이 나에게 세례를 베풀어 달라고 신청하였다. 그들을 회심케 하는데 내가 그의 도구가 된 것

---

168) N.T. Notes, 행 10:47; 막 16:16; 히6:1; cf. Journal. Curn., III, p.171. " 설교가 끝난 다음에 할머니 한 분이(E. Tyerman) 나에게 질문하기를, "물 세례가 그리스도가 정한 예식이라고 생각 합니까" 라고 하였다. 나는 베드로가 무엇이라고 말했습니까? "이에 베드로가 이르되 이 사람들이 우리와 같이 성령을 받았으니 누가 능히 물로 침례 베품을 금하리요?"라고 말하지 않았습니까. 그랬더니, 그녀는 "그래요. 나는 세례를 받을 것이에요" 라고 외쳤다. 그래서 그녀는 그 때 세례를 받았다. 이하 생략(역자).

으로 하나님께 감사했다. 이로 그들은 나를 편애하였고, 나의 사역을 통하여 교회에 입회되기를 원하였다."[169] 모든 사람은 "물과 성령으로" 세례를 받아야 마땅하다.

웨슬리가 세례가 장년들에게도 유효한 은혜의 수단이라고 생각한 증거는 아주 많다. 포터(Porter)씨에게 쓴 그의 편지에서 하나님이 역사하시는 방법에 대하여 다음과 같이 썼다. "아마도 사도 바울이 일어나, 세례를 받고, 죄에서 씻음을 받고, 성령의 충만함을 받을 때까지, 하나님은 오랫동안 그의 가슴 안에서 점진적으로 역사하였을 것이다."(행9:17,18).[170] 웨슬리는, 그가 계속 여행하고 있었다는 것을 생각하면, 그는 그의 사역 동안에 많이 세례를 베풀었다.[171]

어른의 세례를 베푼 기록 가운데, 몇 군데에서는 하나님께서 성례전을 축복하신 것을 간단히 기록하고 있다. 1739년 초, 그의 올더스게이트에서의 경험 후 일 년이 못되어서, 웨슬리는 다음과 같이 이야기하고 있다. "내가 아는, 최근에 세례를 받은 어른들 가운데, 한 사람은 그 때 거듭 났다. 말 그대로 온전히 거듭 났다.[172] 곧 그의 가슴을 채우는 하나님의 사랑[173] 에 의하여 철저한 내적 변화가 있었다. 그와 다른 많은 사람은 단지 낮은 의미에서 거듭 났다. 곧 죄의 용서만을 받았다 또 어떤 사람은 이것도 다른 것도 받지 못하였다."[174]

---

169) Letters, I. p.358; C.W. Journal (1739년 10월 30일), I. pp. 192-193. 이하 생략(역자).
170) Letters, IV, p.42. cf. N.T. Notes, 벧전 321; 갈 3:27; 엡 9:26. 이하생략(역자).
171) 웨슬리가 어른들에게 세례를 베푼 것이 다음과 같이 그의 일지에 나타나 있다. Journal. Curn., I, pp.111, 117, 181; II. p. 135, 180, 211; III, pp.171,342,467; IV, PP. 139, 189, 245, 286,292, 302, 365,462, 540; I, p.195; VI, p.49; VII, p.132. Letters, I, p.358; III, p.159.
어린이에게 세례를 베푼 것은 다음과 같이 일지에 기록되어 있다. Journal. Curn., I, pp.166-167, 20-211; . . . Journal. Curn., I, p.212; VI, pp. 410,459, 460, 465,466, 484,494; VII, p.42, 57, 99, 113, 139, 166, 224, 267, 390, 437,477,513; VIII, pp.5, 12, 112; WHS,27, pp.116-117. 1736에서 1783년 간에는 웨슬리가 유아세례를 베풀었다는 기록이 없다. cf. Journal and Diary, Journal Curn., VII. p.132.
172) "An Extract of the Rev. Mr. John Wesley's Journal From August 12, 1738 to Nov. 1, 1739 (Bristol, Printed by Farley, 1742), p.24.
173) ibid.
174) Journal. Curn., II, p.135.

위에서 웨슬리는 세례의 수단을 통하여 온전히 거듭한 한 사람에 대하여 말하고 있는 것이다. 이 말에 근거하여, 패리스는 계속하여 다음과 같이 주장한다. "웨슬리의 이 코멘트는 웨슬리가 한 사람은 말 그대로 완전히 거듭 났다고 분명히 말하기는 하나, "이는 세례가 유익하다는 것을 부정하게 되었다고 인정하는 것과 거의 같다"고 하였다.[175]

웨슬리가 말한 대로, "단지 한 사람에게만 그런 일이 있었다는 것은 모든 주장을 전복시키는 것이 된다."[176] 사실은, 웨슬리는 하나님이 그의 성례전에서 확신을 주신 일, 죄에서 용서 받은 확신, 그리고 말할 수 없는 기쁨을 체험한 사람들의 경우들을 말하고 있는 것이다. 다른 어떤 사람들은 죄를 깊이 깨달았고, 또한 하나님이 병을 고쳐주신 것도 체험하였다. 가끔, 회중은 이런 축복을 서로 이야기하기도 하였다.

1760 후반에, 웨슬리는 "나는 피운데리(Foundery) 모임에서 한 노인 할머니에게 세례를 베풀었다. 그 때 그녀는 즉각 마음의 평화를 얻었으니, 이는 바로 받아드린 외적 증표에 내적 은혜가 동반했다는 생생한 증거이다"라고 주장할 수 있었다.[177] 그럼에도 불구하고, 웨슬리는 동시에, 모든 사람이 은혜의 충만함을 체험하는 것은 아닌 것을 인정하였다.

---

175) Parris, p.46.
176) Journal. Curn., II, p. 361.
177) Journal. Curn., IV, p,365. cf. II, p.211(1739); " 한 젊은 Quaker가 세례를 받고 성령으로 추만해 졌다. III, p. p.342 (1748. . . 이 날에 7명에게 세례를 베풀었다. 모두가 하나님의 은혜를 받아, 마음에 위로를 받았다. Letters, III, p.159 (1756); "내가 세례를 베풀었을 때, 많은 사람들이 사죄를 받았다." Journal. Curn., IV, p.189 (1756); " 내가 세례를 베풀었다. 그 때 두려움이 임하여, 눈물을 참지 못하였다." IV, p.186(1758); "저녁에 한 젊은 여자에게 세례를 베풀었다. 그 때 그녀는 죄를 깊이 깨달았고, 하나님의 능력의 임재로 병의 치유를 받았다.
IV, p.292 (1758); "나는 두 흑인에게 세례를 베풀었다. 이들은 내가 처음 알게 된 아프리카인 이다. 그 중 한 사람은 깊이 죄를 깨달았고, 다른 한 사람은 구원의 기쁨을 체험하였다.
V. p.195(1767) "그들은 말로 표현할 수 없는 기쁨을 체험하였다.
VI, p.49 (1774); 내가 두 여자에게 세례를 베풀었다. 그들은 사죄에 재한 확신을 얻었다. 그리고 하나님의 임재를 느꼈다.
VII, p.132 (1785), 내가 재침례파에서 잘아난 젊은 여자에게 세례를 베풀었다. 그는 말 할 수 없는 평화와 기쁨을 체험하였다. . . . .이 모든 보고는, 세례의 효과를 입증하는 체험들인 것이다. N.T. Notes, 롬 6:3을 보라. 이하는 생략(역자).

첫째로, 하나님은 그의 지혜로, 각 사람의 상태와 필요에 따라 그의 은혜를 허락하신다. 어떤 때는 은혜 주시기를 보류할 때도 있다. 성례전이 올바르게 시행되지 않으면, 하나님의 은혜는 작용하지 않는다. 회개와 믿음이 없을 때는 하나님의 은혜는 작용하지 않는다.[178]

사람이 세례가 효과를 못 가져오게 할 수도 있다. 그렇다고 해서, 내그리가 말하는 대로, 사람의 회개와 믿음이 성례전의 유효성을 구성하는 요소는 아니다.[179] 웨슬리가 말하는 대로, 은혜가 주어지는 것은 하나님의 자유에 달렸지 사람의 자유에 달린 것이 아니다. 사람이 회개하고 믿을 지라도 하나님이 은혜를 내리지 않을 수도 있다.

세례가 성례전이 되게 하고 그것이 공허한 제전이 되지 않게 하는 것은 하나님의 은혜이다.[180] 어른의 세례에 있어 회개와 믿음을 요구하는 이유는 어른의 본성과 하나님이 그에게 은혜를 거절할 수 있는 자유를 주었기 때문이다.

그래서 사람은 자신의 죄와 하나님의 사용하시는 수단들에 의하여 구원에 이르는 믿음을 받을 수 있도록 마련하신 회개의 은혜를 즐거움으로 받아드리던가, 아니든가 해야 한다. 만약 아니면, 그런 깨달음, 어떤 의미에서는, 준비된 문을 거절한 것을 의미한다. 그가 다시 회개하기 까지는 구원에 이르는 믿음을 받을 수 없다. 제 삼의 가능성을 말하는, 어린이들의 순결한 상태는 어른들에게는 있을 수 없다.

그들에게는 중간 입장은 없다. 받아드리지 않았다면, 이는 거절한 것이다. 그러므로 웨슬리는 그가 세례를 베푼 어른들 모두가 실제로 거듭난 것이 아니라고 말하고 있는 것이다. 이런 원리는 다른 모든 은혜의 수단, 하나님의 말씀의 수단에서도 그렇다.

---

178) Journal. Curn., III, p.85. cf. Cushman, "Salvation for All," Methodism, W. Anderson ed.(1947), pp. 103ff. 이하 생략(역자).
179) Naglee, p. 146. 이하 생략(역자).
180) Works,, X, p.192. 이 원리는 성만찬에도 적용된다, 이하 생략(역자).

구원에 이르는 믿음이 주어지기 전에 깨닫게 하는 은혜와 회개가 요구되는 것이다. 깨달음과 회개가 없거나, 또는 은혜를 거절하면 하나님의 선물인 이 믿음을 못 받게 막고 있을 것이다. 참으로 웨슬리의 단결력 있는 견해는 여기에 분명히 들어나 있다.

그러나, 웨슬리가 이미 세례를 받은 사람들을 향하여, "당신들은 거듭나야 합니다"라고 외치고 있는데서 큰 문제가 생기는 것 같다. 시인 싸우디(Southey)는 웨슬리의, "신생"이라는 설교를 인용하면서, 웨슬리의 말은 앞뒤가 모순되어 있다고 웨슬리를 고발하였다. 웨슬리의 논리가 어디 있는 거야? 그는 공평한가? 하면서, 웨슬리는 교회의 교리문답서로서 자기의 입장을 지지하려고만 한다고, 그를 공격하였다.

"나는 웨슬리가 다른 모든 곳에서 한 말에서 이와 같은 무지와 표리가 발견 될 수 있다고 믿지 않는다. 교리문답서의 말은 저들이 뜻하지 않는 것을 웨슬리가 주장하고 있는 것을 명확하게 말해주고 있다. 그는 바로 다음 페이지에서, 분명하게 모순을 드러내며, 말하기를, "우리 교회는 어린이의 상태에서 세례를 받는 모든 어린이는 동시에 거듭난다고 믿는다."라고 하였다."[181]

이런 천박한 견해에 반대하여, 오늘에 저명한 웨슬리 학자인 아우트라(Albert Outler)는 웨슬리의 "세례에 대한 논문"의 서문에 다음같이 기록하였다.

---

181) Southey, The Life of Wesley (New York, Wm. B. Gilley, 1820), II, p.416 (Note VII); cf. p. 126; 이하 생략(역자).

"이 글(extract)의 목적은 어떤 메소디스트들의 흔들리고 있는 유아세례의 정당성(validity)에 대한 확신을 다시 강화하며, 또한 이 성례전에서의 하나님의 은혜의 객관성을 다시 강조하려는데 있다. 그러나 사람들은 (세례를 통한 중생(교리)을 단지 유순하게 인정하고 있는 사람들은) 이 세례에 관한 글을 어른이 의식적으로 체험하는 중생인 회심을 강조하고 있은 웨슬리의 "신생"이라는 설교와 비교하여야 한다. 중요한 것은 웨슬리는 이 두 가지 견해를 자지고 있었다는 것을 알아야 한다."[182]

웨슬리의 어린이에 있어서의 "세례를 통한 중생"의 교리와 죄 가운데 사는 어른이 거듭나야 하는 필요를 이해하기 위한 단서는 위의 인용문의 마지막 글, 곧 웨슬리는 두 견해를 가지고 있었다는데서 찾을 수 있다. 그러므로 우리는 이 두 견해(two ideas)의 내용과 관계를 찾아낼 필요가 있다. 본 연구에서 이미 지적했듯이, 웨슬리는 어린이는 세례의 수단을 통하여 거듭난다고 믿었다. 그러나 웨슬리는 루터가 말한 대로, 다른 사람의 믿음의 도움을 받아 어린이가 믿는다는 의견은 거절한다.[183]

칼빈이 하나님께서는 어린이들이 출생하자 그들이 하나님의 자녀임을 즉각 아시고, 저들은 그들의 부모로부터 성화를 받고, 저들은 이미 그리스도에게 속하였기에 결국 세례를 받는 것이라고 가르친다.[184]

이에 대하여 웨슬리는 여러 점에서 의견을 달리한다. 칼빈에 있어서는 이런 특권들은 언약 안에서 태어난 자들에만 속한다고 한다, 그러나 웨슬리는 이 선행적 은혜는 모든 사람에게 주어진 것이라고 주

---

182) Outler, J. W., p.318. 그러나 웨슬리가 세례를 통한 중생(교리)를 유순하게 인정했다는 것이 무엇을 의미하는가?
183) cf. Heinrich Muhlenberg, Luther's World of Thought, M.H. Bertram, trans. (Saint Louis, Missouri, Concordia Pub. House. (1958), pp. 104ff. 그 외의 글은 생략(역자).
184) Calvin, Inst., IV, 15:22, p. 1323; 16:15, p.1337; 16:32, p.1359.

장한다. 더욱이 어린이들은 세례를 통하여 거듭나며, 그들에게는 표시로서 증표(sign)가 주어질 뿐 아니라 또한 이미 그들에게 이루어진 일에 대한 확신도 주어진다는 견해에 있어서는 웨슬리는 루터와 동의할 것이다.

그럼에도 불구하고, 칼빈이 "어린이들은 그들 안에 감추어 있는 힘이 점점 자라 적당한 때에 완전히 들어나게 될 때 까지는 그들의 연령의 수용능력에 따라, 하나님의 영에 의하여 새로워진다.고 말하는 것에 대하여는 웨슬리도 동의 할 것이다.[185]

단지, 웨슬리가 강조하는 것은 "새롭게 함"은 하나님이 하시는 일이요, 최소한, 세례의 수단을 통하여 새롭게 함을 시작하는 일은 하나님의 역사라는 것이다. 칼빈은 삼우엘 웨슬리와 함께, "연합의 성결(federal holiness)" 곧 언약 안에 있는 부모에 의하여 그 어린이들이 거룩하다고 하는 견해를 말하였는데, 웨슬리는 그 견해를 거절한다. 그리고 아버지의 논문을 발취한 그의 글에서 이 문구를 삭제하였다.[186]

웨슬리에게 있어서는 실제 믿음과 실제 성결이 있을 뿐이다. 온전한 완전을 취득한 부모에서 난 어린이들도 죄 안에서 태어나는 것이다.[187]

그러나 세례를 통하여 사람은 그리스도에게 접붙여지며, 그로부터 연합이 "하나님의 은혜의 역사가 세례 받은 사람들에게 계속 있게 한다."[188] 은혜의 역사는 계속 있고, 성령이 임하여 그 안에 거하시게 된다.[189] 지금, 세례에서, 부모와 대부모는 어린이들을 가르치겠다고 약속한다. 부모는 그 어린이가 악마를 버리고 하나님을 섬겨야 한다는

---

185) Calvin, Commentary on a Harmony of the Evangelists, W. Pringle, trans. (Edinburgh, The Calvin Translation Society, 1845) II, p.390 (마 19:14 에 대해); cf. Inst., IV. 16:21, p.1344.
186) Pious Communicant. p.237; cf. Calvin Inst., IV, 16:15, p. 1337. 그외 글은 생략(역자).
187) Serm. on Sev. Occ., IV, p,258; "죄는 첫 째 부모(아담)에서 물려받은 것이다. 아담 안에서 모두가 죽은 것이다. 한 사람의 불순종으로 모든 사람이 죄인이 된 것이다. "188) Works, X, p.191.
189) Works, X, p.192.

것을 책임지는 것이 아니다. 이것은 세례 받은 자가 책임지는 것이다.

"부모들이 책임지는 것은 그가 그리스도인 알아야 되고 또한 믿어야 될 것들에 대한 가르침을 받도록 돌보는 일이다."[190]

웨슬리는 어린이들을 가르치는 것을 매우 중요하게 여기었다. 그래서 그는 전도자들에게 이 중요한 일에 부단히 노력하라고 간청하였다.[191] 그 순간부터 – 어린이가 판단력이 생기자마자, 그가 말하기 시작하고 혼자 걸어 다니기 시작할 때부터, 될 수 있는 대로 빨리, 부모들은 어린이들의 마음에 참 신앙을 가르쳐 주입시키기 시작하여야 한다. 이 교육의 목적은 타고난 부패에 대항하여 어린이들이 은혜 안에서 성장하도록 하는데 있다.

"사람은 우리가 가르칠 수 있기 이전에 그 성질이 이미 부패해 있는 것이므로 우리는 될 수 있는 대로 빨리 모든 수고와 노력을 다해 이 부패를 상쇄시키도록 해야 한다는 것을 성경과 이성 그리고 경험 모두가 증언하고 있다. 인간 본성의 성향(bias)은 그릇된 길로 향해있다. 교육은 이를 바로 잡으려고 하는 것이다. 이는 사람의 성향을, 하나님의 은혜에 의하여, 자기 고집, 자만, 노여움, 복수심, 세상 사랑으로부터 복종, 겸손, 온유, 그리고 하나님 사랑에로 전환 시키려는 것이다."[192]

사실은, 그들의 아이들에게는 가르침과 지도, 교정, 그리고 삶과 진실한 크리스쳔 부모와의 관계가 참다운 은혜의 수단이 되는 것이다. 부모의 가르침과 모범이 모든 그리스도인이 하나님의 은혜에 의해 추구해야 하는 고행(mortification)의 과정의 한 부문이 되는 것이다. 이리하여 그 아이들이 은혜 안에서 성장하여, 마침내 저들이 의식적으로 자원하여 그리스도 안에서 새 생활을 할 수 있도록 해 주는 것이다.

---

190) Works, X, p.508; Letters, VII, p.271. 이하는 생략(역자).
191) Minutes, I, pp.522-523; 이하는 생략(역자).
192) Works, XIII, p.476.

"어린이는 단 순간이 아니면, 단 시간에 하나님께로부터 낳은 것이지만" 그러나 그가 그 후에 성장하여 그리스도의 분량에 까지 이르는 것은 점진적으로 천천히 이루어지는 것이다."[193] 부모의 직무는 아이들을 훈련시켜 성결에 이르도록 하는 것이다." . . . . 그리하여 그들이 영원하신 하나님의 기쁨에 머물게 하며 "[194] --그리고 그들이 모든 일에 있어 하나님을 목적으로 삼도록 길들이며, 그들이 하는 모든 일에 있어 하나님을 알고, 사랑하며 봉사하는 일을 목표로 삼는 일에 익숙해지도록 하는 데 있다."[195]

어려운 점도 있으나, 웨슬리는 여전히 기독교적 양육이 효과 있음을 강조한다. 벌써 많은 부모가 그들이 뿌린 씨의 열매를 보고 있으며, 그들의 아이들이 은혜 안에서 균형 있게 성장하는 것을 보고 위로를 받고 있지 않는가!"[196] 동시에 웨슬리는 그들의 책임을 이행 못하고 있는 부모들을 심하게 책망하고 있다. 어린이들이 사악함은 일반적으로 그들의 부모의 잘못과 무관심 때문이다. 이것이 만유의 법은 아니요, 또한 예외도 더러 있겠지만, 부모의 잘못 때문에 그의 아이들이 사악함은 사실이다. 성경은 말씀한다. "마땅히 행할 길을 아이에게 가르치라 그리하면 늙어도 그것을 떠나지 아니하리라(잠 22:6)"[197]

이와 같이, 은혜와 믿음 안에서의 성장은, 처음부터가 아니라, 후에 따르는 가르침을 통하여서 이루어지는 것이다. "그러나 씨는 그것이 자랄 수 있게 되기 전에 먼저 심어져야 한다."[198] 이 일은 아무리 속히 시작해도 지나치지 않다.

---

193) St.S., II, p.240.
194) Works, VII, p.79. 웨슬리의 다음 두 설교, "On Family Religion" (Works, VII, pp.76ff)와 "On Education of Children" (Works, VII, pp. 86ff)에서 양육에 대한 웨슬리의 견해를 읽을 수 있다. 거기서 그는 또한 사용하여야 할 몇 가지 방법도 말하고 있다.
195) Works, VII, p.83.
196) Works, VII, p.83.
197) Works, VII, p.77; O.T. Notes, 잠22:6. 이하는 생략(역자).
198) Letters, II, p,48.

"만약에 당신이 말하기를, 아니요, 저들이 너무 어려서, 당신을 이해할 수 없다고 하면, 나는 대답할 것이다." 하나님이 저들을 이해하게 하여주시지 않으면, 저들이 50세가 되어도 저들은 이해 못 한다"라고. 그래 그가 어느 때(at any age)나 이것을 할 수 없다는 것인가?[199]

웨슬리는 사람을 구원함에 있어 하나님의 활동 법위를 제한하는 것을 거절한다. 웨슬리는 경험을 통하여 이를 깨달았다. "우리는 이 사실을 경험으로 증거하고 있는 많은 사람들, 곧 모든 연령층의 사람, 남녀 할 것 없이, 어린이들과 아주 노인들을 포함한 많은 사람들을 알고 있다. 저들은 철저하게 성결함을 받았다."[200] 웨슬리는 세례와 가르침을 말하면서, 이 둘이 세상을 제자로 만들라는 그리스도의 분부의 계획에서 "두 가지 큰 부분"을 차지하고 있다고 말한다.

"온 세상을 제자로 삼으라. – 그들을 나의 제자로 만들라. 이것이 그리스도의 대 분부다. 세례를 베푸는 일(baptizing)과 가르치는 일(teaching)이 대분부의 계획의 두 큰 부분이다, 이 일들은 상황에 따라서 결정되어야 한다. 장년인 유대인이나 이방인의 경우에는 저들이 세례 받기 전에 가르침을 받아야 할 것이다. 그들의 어린이들을 제자 만드는 일에 있어서는, 유대인 어린이들이 먼저 할례를 받고 그 후에 하나님이 명하신 것을 행하도록 그들을 가르쳤던 것과 같이, 세례를 베풀고 그 후 가르치도록 해야 한다."[201]

---

199) Works, VII, p.267.
200) Works, VI, p.526. 웨슬리는 어린이에 대한 관심이 많았다. 다음 일지에 있는 기사들을 보라: Journal, Curn., I, pp.322,359; II, pp.529-532; III, pp.150,236-237,244, 266,391-392,466,474-475; IV. p.27. 110, 117, 311, 335, 270, 279, 452; V, pp.49, 189,193,253, 258-260,262,369,388-392, 402,430,437,443-444,462-463, 464-465,472,524-526; VI, pp.3, 78-79,124; VII, pp.23,68,99; VIII, p.42. 그 외 글은 생략(역자).
201) N.T. Notes, 마 28:19; cf. O.T. Notes, 신11:18, "우리 모두가 이 세 가지 규칙을 지키도록 하자.
  1. 우리들 마음이 하나님의 말씀으로 채워지도록 하자. 2. 우리들의 눈을 하나님의 말씀에 고정시키자. 3. 우리는 하나님의 말씀에 관하여 말하도록 하자. 특히 이를 배워야 할 어린이들과 하나님의 말씀에 대하여 말하자. 이하 생략(역자).

이런 기초적인 견해를 배경으로 하고 다음 문장을 이해해야 한다.

"세례는, 우리가 그에 일치하는 생활을 한다면, 지금 우리를 구원한다. 곧 우리가 회개하고 믿고, 복음을 순종한다면, 세례는 지금 우리를 구원한다. 이는 세례가 우리를 이 땅에서 교회에 입회되게 하고, 또 그와 같이 후에 영광에 들어가게 할 것을 가정하는 것이다."[202]

이 말은 웨슬리가 세례에 관하여 논의하고 있는 한 부분으로서, 결국은 유아세례와 장년세례에 적용될 수 있는 말이다. 그러므로 세례에서 시작된 역사는 뒤이어 회개, 믿음, 순종으로 나타나야 한다. 이것은 무슨 은혜의 수단에 의하여서든지, 그들의 상태와, 능력, 그리고 상황에 따라 하나님의 은혜를 받는 모든 사람에게 요구되는 것이다.[203]

어린이는 가르침을 받아 그가 이성으로 이해하게 되고 받은 은혜를 사용함에 따라, 그는 은혜와 성결 안에서 꾸준히 성장하여, 그가 능력을 가질 때는, 의식적으로 자진하여 성결의 생활을 하게 될 것이다.[204]

그럼에도 불고하고, 세례를 받은 사람들 가운데 많은 사람이 또한 성결한 생활이 아니라 아직도 죄 가운데 생활하고 있는 것도 사실이다. 웨슬리는 그의 설교에서 다음과 같이 말한다.

"그러므로 당신은 마음속으로 "나는 한 번 세례 받았다. 그러므로 지금도 나는 하나님의 자녀다"라고 말하지 마시오. 슬프게도 그 결과는 결코 머물러 있지 않다. 세례 받고도 현재 탐욕 자와 주정꾼이 된 자가 얼마나 많은가? 세례 받고도 현재 거짓말쟁이와 식언자로 있는 자가 얼마나 많으며, 또 세례 받은 욕설가, 험구가는 얼마나 많은가?

---

202) 짹나, X, p. 192. 이하 생략(역자).
203) 웨슬리의 "신자의 회개" (St.S., II, p,379ff) 라는 설교를 보라. cf. Works, VII, pp.89 f. 153-154; Letters, II, pp. 45, 50; Duty of Receiving, pp. 27-28,29, 51.
204) 여기서 의식적으로 믿음의 생활을 한다는 것은, 내적 증거(곧 확신을 가지고) 신앙생활을 한다는 뜻이다. 이것이 웨슬리가 주장하는 바다. 성령의 임재를 체험함으로, 확신이 주어지는데, 이는 형식적인 것이 아니라 실세석인(actual) 것이다. 이하는 생략(역지).

세례 받은 오입쟁이들, 도둑들, 그리고 세례 받은 착취자들은 또 얼마나 많은가? 여러분은 어떻게 생각합니까? 그들이 지금도 하나님의 자녀들입니까?"[205]

모든 은혜에서 그렇듯이, 세례의 은혜도 잃어버릴 수 있는 것이다. 린스트름은 말하기를, 여기에 웨슬리가 "경건파의 경향"을 들러내고 있다고 하였다.[206] 그러나 린스트롬이 그렇게 표현한 것은 잘 못이라고 생각한다. 경건주의는 성례전을 반대하는 경향을 취하고 있는 것으로 알려져 있는데,[207] 그렇게 표현함으로 웨슬리가 비난 받아서는 안 되기 때문이다.

웨슬리가 세례에서 받은 은혜를 잃어버릴 수 있다고 인정한 것은 그가 세례나 세례에서 받는 은혜를 낮게 분류한데서 그런 것이 아니라, 사람의 자유를 인정하는 알미니안 입장에서 나온 것이다. 곧 모든 은혜는 잃어버릴 수 있으나, 이는 필연적이 것이 아니다. 항상 그 가능성이 있을 뿐이다. 사람의 영적 상태가 어떠하든지, 그는 타락할 수 있다. 완전에 이른 사람도 타락할 수 있는 것이다.[208] 웨슬리는 그렇게 말할 수밖에 없었을 것이다. 그렇지 않으면, 대신 취하여야 할 논리는 웨슬리가 몹시 싫어하는 교리 곧 부수적으로 어려운 영향을 초래할 로마 가톨릭의 ex opere operato의 교리가 되거나, 아니면 칼빈의 성도 견인 설이 될 것이기 때문이다. "한 때 성령의 전, 성령을 통하여, 하나님이 거하시는 곳으로 구별되었던 영혼, 전적으로 하나님을 의존하던 영혼이" 다시 사탄의 전이 될 수도 있는 것이다.[209]

---

205) St.S., I, p.295; cf. II, pp.241-242; Letters, II, p.266; Works, VI, pp.512, 426; X, pp. 249, 251, 252 f. Sanders, W's S., p.116; Naglee, p.147ff., Parris, p.43, Cushman, Doctr. of Ch., pp.84-85.
206) Lindstrom, p.107.
207) RGG, V,p.371을 보라. 이하 생략(역자).
208) Works, VI, p.526; XI, pp.422, 426, 442, 446; Letters, V, pp.38-39. 이하는 생략(역자).
209) St.S., II, p.242.

자신의 세례도 부인할 수 있는 것이다. 즉 "그러므로, 당신이 다시 마귀에게 자리를 내어 줄 때는 언제든지, 또한 당신이 다시 마귀의 일을 행할 때는, 당신은 당신의 세례를 부인하는 것이다. 이는 당신이 의도적인 죄(wilful sin)를 범함으로 세례를 부인하는 것이다."[210]

모든 의도적으로 범한 모든 죄는, 그에 대하여 그가 의도적으로 회개하고 용서를 받지 않으면, 언약에 서약한 것을 파괴하고, 그리스도 안에서의 새로운 생을 잃어버리게 만든다. 모든 사람은 죄에 빠지기 쉽다, 그래서 모두는 그리스도의 속죄를 필요로 한다. 우리는 그리스도의 속죄 때문에, 우리의 죄를 용서하시옵소서 라고, 기도 할 수 있는 것이다.[211]

그러므로 세례에서 주어진 은혜의 원동력, 곧 우리 안에 있는 성령의 임재는, "우리가 오랫동안 악을 행함으로 하나님의 성령을 소멸하지 않는다면, 완전히 떠나 버리지 않을 것이다."[212] 이를 다른 말로 표현하면, 사람이 단지 "성령을 근심케 함으로" 은혜에서 완전히 떨어져 나간다는 것이 아니라, 그가 오랫동안 고의적인 죄를 범함으로 인해, 성령이 떠남으로 곧 성령이 소멸됨으로 은혜에서 완전히 떨어져 나간다는 것이다. 여기서 웨슬리가 말하는 죄의 정의가 중요하다. 그는 "내가 여기서 말하는 죄는 알고 있는 법을 고의적으로 범하는 것을 의미한다."라고 정의하였다.[213]

---

210) St.S., II, p.242.
211) Works, VI, p.413. 이하는 생략(역자).
212) Works, X, p.192: Pious Communicant, p.205: 이하는 생략(역자).
213) Works, VI, pp.417, 423, cf. St.S., I, p.304. " 여기서 내가 말하는 죄는 외적 죄(outward sin)를 의미한다. 실제로 하나님의 계신하신 법, 하나님의 계명을 알고도 범하는 죄이다. 그러나 웨슬리의 죄에 대한 교리는 한 가지만은 아니다. 웨슬리는 죄를 세 가지(threefold)로 이해하고 다루고 있다. 즉 1, 원죄, 원죄는 죄책과 하나님의 형상을 잃어버린 것을 함축하고 있다.
2. 무의적인 죄(involuntary sin). 곧 인간의 한계성에서, 모르고, 또는 실수로 범하는 죄.
3. 자범죄, 실제로 고의적으로 알고 있는 법(사랑의 법까지 포함) 을 범하는 죄. 이는 하나님을 배반하는 죄이다. 이 모든 죄는 그리스도의 속죄를 필요로 한다. 그러나 사람은 자범죄에 대하여는 (그가 회개하고 용서를 받지 않으면) 책임이 있고 정죄를 받는다. cf. St.S., I, pp.44-45. II, p, 132: " 죄책은 의지가 따를 때만 있게 된다고 생각한다. Letters, II, p, 47. "죄가 있다는 것과 죄를 범했다는 것은 다르다."Letters, IV, p.155; V, p.322; St.S., I, p.171; Outler, J.W., p.287.

이와 같은 죄를 범할 가능성은 항상 있다. 그러나 웨슬리는 죄를 범할 수밖에 없다는 것(its necessity)은 단호히 부정한다. 이 점에 있어서 샌더스는 이상하게 과오(faux pas)를 범하고 있다. 그는 말하기를, "사람은 여전히 죄를 짓는 성향이 있다.

그리고 자연과 인간이 타락에서 오는 악에 감염되어 세상에 살고 있으면서, 유년기를 벗어나 성장함에 있어, 불가피하게 죄에 빠질 수밖에 없다."고 한다.[214] "그러나 웨슬리는 하나님께서 모든 사람에게 초자연적으로 선행적 은총을 주셨기에, 사람이 반드시 죄를 범하여야 한다고 보지 않는다." 사람이 은혜를 갖고 있지 않기에 죄를 범하는 것이 아니라, 사람이 가지고 있는 은혜를 사용하지 않기 때문에 죄를 범하는 것이다.[215] 그가 받은 은혜에 따라, 또는 은혜가 복음을 들어보지도 못한 사람에게 중진 선행적 은총을 따라, 자신을 간직하고 있는 사람이든, 아니면, 온전히 성결한 사람에게 주어진 충만한 은혜를 가진 사람이든지 간에, 그들이 알고 있는 하나님의 법을 범한 일에 대하여는 책임을 져야 한다.[216]

"그리고 세례를 받은 사람은 씻음을 받은 영원한 축복을 즐기도록 되어 있는 것이다.[217] 사실, 이는 웨슬리 자신의 간증에 의하여 자세히 설명되고 있다. "나는 내가 열(10)살 될 때까지는, 내가 세례 받을 때 주어진 성령의 씻음을 죄를 범하여 잃어버리지 않았다고 믿는다."[218]

---

214) Sanders, W's S., p.107. cf. Parris, p.43.
215) Works, VI, p.512.
216) 이는 웨슬리가 "모든 사람을 위한 대속(universal redemption)"의 교리를 주장함으로 이렇게 말하게 되는 것이다. 여기에 웨슬리가 만인 구원설을 말하는 것처럼 들리나. 그렇지 않다. 곧 웨슬리는 이방인이 다 구원받는다고 말하지 않는다. 다만 그들이 받은 은혜에 보답하여 산 사람만 구원을 받을 것이라고 말하며, 또한 그들이 받은 성령을 소멸시켜 정죄를 받을 수 있다고 말함으로서 만인구원설을 비켜나갔다. N.T, Notes, 행 10:35 (고넬리오)를, 그리고 Journal. Curn., III, p.215 를 보라. cf. Letters, V, p. 263; Minutes, I, p.96. Works, VII, pp.47-48, 197.
217) Works, X, p.191. cf. Sund. Service, p.140. " 이 어린이는 씻음 받은 영원한 축복을 즐기며, 그리스도 우리 주님에 의하여 약속하신 영원한 왕국에 들어 갈 것이다."
218) Journal. Cur., I, p.465.

열(10)살이면 벌써 이성의 지각이 있게 된지 오래 되었다고 이해하여야 한다. 웨슬리는 어린이가 세(3살, 다섯(5) 살이 되면, 이성의 지각이 있게 된다고 이해하였다. 그런데, 만약 세례 받은 사람이 죄를 범하여도, 그는 용서를 받을 수 있다. "세례 받은 후에 죄를 범한 자들이, 성실하게 하나님께로 돌아올 때는, 마찬가지로 이 산 제물(sacrifice)에 의하여 그들의 죄에서 씻음을 받는다. 그렇게 함으로 정죄를 받게 될 죄의 흔적은 남아 있지 않게 된다."[219]

샌더스는, 앞에서 말한 대로,[220] 웨슬리의 세례를 통한 중생의 교리를 전적으로 부인하지 않고, 대신 그는 원죄를 제거하는 것으로 축소시키며, 또 한편으로는 웨슬리는 "유아 세례에서 주어진 은혜의 효과가 구원받기에 충분하다"[221] 고는 인정하지 않았다고 주장하는 웨슬리 해석자들의 구룹에 합류하였다. 쿠쉬맨은 이어 설명하기를, 부흥의 경험이 웨슬리로 하여금 성례전의 은혜를 회심의 순간 또는 의롭게 하는 은혜보다 하위급으로 보게 만들었다고 하면서, 다음과 같이 되었다고 말한다.

"첫째로, 유아 세례에서 씻음을 받는 은혜와 회심에서 의롭다함을 받은 은혜, 확신, 신생은 다른 것이라는 것을 더욱 강조하게 되었다. 사실 이 구별은 웨슬리도 1733년 이후부터는 인정하여 온 것이다.
두 번째로는, 이차적으로, 세례가 상징하는 어른의 신생과, 그 증표인 세례의식 자체를 보다 모지게 구별하게 되었다."[222]

---

219) Works, Pine, IX, p.38. cf. Homilies, pp. 17-18; Letters, II, p.227.
220) 위의 p.158을 보라. cf. Baker, pp. 155-156.
221) Cushman, Doctr. of Ch., pp.86,87.
222) Cushman, Doctr. of Ch., p.84. 221) Cushman, Doctr. of Ch., pp.86,87.

그가 말한 두 번째는 옳다. 그러나 첫 번째는 의심스럽다. 웨슬리는 다르다고 말한 적이 없다. 그의 말은 두 종류의 신생을 말하고 있는 것인데, 웨슬리는 그렇게 말하지 않는다.

첫째로, 그가 세례는 신생이 아니라고 주장할 때도, 그는 세례(외적 증표와 내적 은혜)가 신생과는 다른 어떤 것이라고는 말하고 있지 않는 것이다. 웨슬리는 실제로 세례라는 말을 두 가지 뜻으로 말하고 있는 것이다. 즉 한 편으로는, 이 말은 성례전의 전체 곧 외적 증표와 신생(내적 은혜)과 칭의를 다 포함한다. 즉 성례전의 두 부문을 다 포함하고 있는 것이다.[223] 그리고 다른 곳에서는, 이 말은 성례전의 한 부분만을 의미하고 있는 것이다. 곧 외적 증표와 의식만을 말하고 있는 것이다. 웨슬리가 세례는 신생이 아니라고 말할 때가 있는데, 이때는 외적 증표와 내적 은혜 간의 바른 구별(proper distinction)을 주장하고 있는 것이다.[224]

두번째로, 웨슬리가 "세례를 받은 자나, 안 받은 무종교인이나, 신앙이 없는 사람"들을 향하여,[225] 외치기를, "세례를 받았거나, 안 받았거나, 당신을 거듭나야 한다. 그렇지 않고서는 당신이 내적으로 거룩할 수가 없다. 그리고 내적, 외적 성결 없이는 당신은 이 세상에서 더욱이 오는 세상에서는 행복할 수가 없다."[226] 고 할 때, 웨슬리의 관심은 의식적으로 경험한 회심의 중요성에 있는 것이 아니라, 성결 곧 구원 자체에 있는 것이다. 곧 하나님에 의해 객관적으로 이루어지고, 사람의 영혼 속에 하나님이 주신 내적 생명에 관심이 있는 것이다.- 이런 상태에 도달하기 위해서는 그의 시작 곧 신생이 있어야 한다. 웨슬리가 산 믿음이 있고, 하나님의 영이 있는 곳에는, 사람은 그 결과로

---

223) Works, X, p.192; St.S., I, pp.295, 296-297; N.T. Notes, 딛 3:5.
224) Journal. Curn., II, p.275; Letters, III, p.357; IV. p.38; St.S., I, pp. 202-203; 300; II, pp.237-238; Works, VI, p.395; VIII, pp.48-49, X, p.192.
225) St.S., I, p.194; II, p.435; Letters, II, p.196; Works, VI, p.263, VII, pp.216,336; VIII, p.336.
226) St. S., II, p.242.

그를 의식하고 알 수 있을 것이라고 주장하는 것은 사실이다. 그러나 이 말이, 사람의 의식이 실체(reality)의 구성요소라고 의미하는 것은 아니다. 그런 견해는 아마도 하나님의 은혜의 역사는 그런 경험이 없이는 효과가 없다고 주장하는 사람들에 의해 나왔던 같다.

1747년부터 웨슬리는 하나님께 받아 들여졌다는 의식이 의롭게 하는 믿음에 반드시 필요한 것이 아니라고 주장한다. "하나님께 받아 들여졌다는 것에 대한 어떤 의식이 그리스도인의 믿음에 따라온다는 것을 나는 의심하지 않는다. 그러나 그것이 믿음에 아주 중요한 것은 아니다. 용서 받았다는 의식이 용서의 조건이 될 수는 없다."[227] - 우리는 또한 성결에 대한 의식이 성결의 조건이 될 수 없다고 말할 수 있다. 웨슬리는 하나님의 은혜를 받는 방법은 한 가지만이라 주장하지 않는다.

"나는 한 가지 더 말하여야겠다. 나는 믿음 자체를 목적으로 보지 않고, 단지 수단으로 간주한다. 계명, 기독교의 모든 계명의 목적은 사랑이다. 모든 수단들에 의하여 이 사랑을 취하도록 하자.

그러면 나는 만족하다. 더 이상 바랄 것이 없다. 만약, 우리가 마음과 뜻을 다하여 하나님을 사랑하고 이웃을 내 몸과 같이 사랑한다면, 다 된 것이다."[228]

세번째로, "당신이 세례에서 무엇을 받았냐가 문제가 아니라, 지금 당신은 어떠한가? 가 문제이다. 양자의 영이 지금 당신의 가슴에 있는가? 하고 웨슬리가 질문할 때,[229] 그는 같은 관심을 다른 말로 표현한

---

227) Letters, VII, p.61; II, p.108-109; V, pp.358-359.
228) Letters, II, p.75
229) St.S., I, p.295.

다. 즉 "그리고, 나는 한 때 의롭다함을 받았다. 내 죄는 용서를 받았다고 생각하고 말하지 말라."²³⁰

이야기의 취지는 같다. 즉 어떻게 언제 하나님의 은혜를 받았는가가 문제가 아니라, 과연 성령께서 지금도 임재하고 계시느냐가 문제일 것이다." 그리고 조심하라. 당신은 하나님의 용서하시는 사랑이 다시 계시되기까지 당신의 영혼은 평안하지 않다.. 하나님이 "당신의 패역함을 고치시고" 당신을 다시 "사랑으로 행하는 믿음"으로 채우기까지는 당신의 영혼엔 평안이 없다.²³¹

마지막으로, 웨슬리는 신생의 필요는 원죄에 기초를 둔 것이지, 자범죄(actual sin)에 둔 것이 아니라고 이해한다. "그러므로, 이것, 곧 우리의 성품이 전적으로 부패한 것이 신생의 근거이다. . . . 그 때문에 모든 사람은 하나님의 영으로 거듭나야 하는 것이다.."²³² 그러므로 어린이를 포함하여 모든 사람은 신생이 필요한 것이다. 그리고(웨슬리가 이해한 죄로 인하여) 실제로 죄를 범하였을 때는 여전히 새로 회개하고 용서 받을 길이 열려져 있다.

실제로, 웨슬리는 거듭나야만 할 모든 타락자들을 타이르면서, 그들이 개선할 수 있는 길을 열어놓고 있는 것이다. 그것으로 "두 번째의 기회(second chance)"두 번째 지지물(second plank)"를 마련하고 있는 것이다.²³³

이는 토드(Todd)가 예리하게 관찰했듯이,²³⁴ 로마 가톨릭에서 말하는 고해성사의 역할을 하는 것이다. 그렇기는 하지만, 여기에는 약간의 차이가 있다. 로마 가톨릭의 입장은, 일반적으로, 세례에서 받은 은

---

230) St. S., p.175.
231) St.S., I, p.175.
232) St.S., II, p.231.
233) Luther, Three Treatises, p.169.
234) Todd, John Wesley and the Catholic Church(London, Hodder and Stoughton, 1958), pp.110-111.

혜, 곧 세례에서 ex opere operato로 주어진 그 은혜는 그 사람의 전 생애동안 효과를 가지고 있다고 한다. 그러나 웨슬리에 있어서는, "계속되는 세례(continued baptism)" 또는 충족된 세례의 상태(Baptism's being fulfilled) 같은 것은 없다. 웨슬리에 있어서는, 세례의 사역은 믿음의 새 생명이 생겼을 때, 완결되는 것이다. 이 생명의 성장 그리고 앞으로의 진행은 다른 은혜의 수단들을 통하여 지속되는 것이다.

웨슬리는 올바르게 시행된 세례의 유효성(validity)을 의심한 적은 없다. 위의[235] 그리고 그 효과는 그 사람이 실제로, 외적으로, 내적으로, 하나님의 자녀가 된 정도만큼 인정한다. 따라서 타락한 자를 위한 신생이란 전적인 새로운 출발, 곧 하나님의 말씀이나 성만찬 같은 효험이 있는 다른 은혜의 수단을 통하여 하나님의 구원의 은혜를 받음으로의 새로운 출발을 의미한다. 다른 말로 표현하면, 웨슬리가 말하는 치료에 있어서는 그 강조점이 사람의 삶에 있어서의 산 믿음과 성결의 실현에 있는 것이다. 그리고 형식적인 면은 부수적인 것이다. 즉 수단들은 그가 그 목적을 성공적으로 충족시키고, 은혜가 실제로 주어졌고 그리고 은혜를 받은 만큼 중요한 것이다.

세례에 대한 웨슬리의 교리를 다룬 이 장을 마치기전에 버나드 호란드(Bernard G. Holland)이 쓴 "초기 감리교회에서의 세례(Baptism in Early Methodism)"에 대하여 간단히 논의하여 보고자 한다. 이 책은 18세기 감리교회에서의 세례에 관하여 연구한 책이다. 이 책의 강점(strength)은 웨슬리와 그 외 사람들이 세례를 시행한 것을 역사적으로 개관한데 있다. 그러나 호란드의 신학적 분석과 평가를 보면, 이 책은 바람직한 많은 것들을 담고 있다. 사실, 앞에서 언급한,[236] 웨슬리

---

235) 위의 p.80 f를 보라.
236) pp. 147-177.

학자들의 문제와 그릇된 해석의 대부분을 이 책에서 볼 수 있다, 거기에는 그들의 잘못과 웨슬리가 마치 비논리적이요 불명확한 것처럼 보이게 만든 것들이 다 포함되어 있다.

호란드에 있어서의 큰 어려움 곧 문제는 그가 여러 개념을 웨슬리가 사용한 문맥과 의미와 똑 같은 것으로 사용하고 있지 않는데 있거나, 아니면 그가 어떤 개념을, 웨슬리가 그런 단어를 상용할 때는 그런 뜻을 가지고 있지 않았음에도 불구하고, 같은 개념을 나타내는 것으로 사용한데 있다. 이미, 호란드는 그릇된 궤도에서 첫 페이지를 시작하고 있다.

"우리는 웨슬리가 중생이라는 말을 두 가지 의미로 사용하고 있는 것을 알게 될 것이다. 곧 그는 어린이가 세례에서 다시 남과 어른들의 회심의 둘을 의미하는 것으로 사용했다는 것을 알게 될 것이다.
우리는 이 두 경우에 있어서의 신생을 비교하기 위하여, 하나는 유아 중생(infant regeneration)이라고 하고 다른 하나는 장년의 중생(adult regeneration)이라고 부를 것이다. 더 나아가, 웨슬리는 이 말은 복음주의적 개념으로는 별로 상용하지 않았음이 사실임에도 불구하고, 우리는(전통적 감리교회가 사용하는 것과 일치하게)희심을 요한 웨슬리가 이해했던 장년의 중생(adult regeneration)의 동의어로 사용할 것이다.[237]

웨슬리는 중생과 신생(다시 남, 두 번째로 남)을 같은 것에 대한 두 가지 표현으로 사용하고 있는 것이 사실이다. 그러나 호란드는 처음에 웨슬리가 회심이라는 말을 복음주의의 개념으로는 별로 사용하지

---

237) Holland. p.1.

않았다고 인정하고, 그럼에도 불구하고 회심을 장년의 중생의 동의어로 사용하기를 결정할 때는, 그는, 그가 인정한 대로, 웨슬리를 따르지 않고 "전통적인 감리교의 관례(usage)를 따르고 있는 것이다.

웨슬리의 견해에 따르면, 우리가 앞에서 말한 대로,[238] 중생은 회심의 동의어가 아니다. 사실, "잔년의 중생(adult regeneration)"이라는 말은 호란드에 의해 상용된 말로, 구원에 이르는 여러 부분을 포함하고 있다. 그러나 웨슬리는 그에 대하여서는 다른 개념을 사용하고 있는 것이다. 이와 같이 호란드는 "하나님의 사죄와 능력을 성례전을 통하지 않고 즉각적으로 인식하는 어떤 것을 말하고 있는 것이다. 그는 이를 중생이라고 불렀다.[239]

그러나 웨슬리는 이를 확신(assurance) 또는 성령의 증거, 또는 다르게 부를 것이다. 그에게 있어서는 중생은 전혀 다른 것이다. 곧 중생은 사람에게 새로운 영적 생명을 주시는 하나님의 역사를 의미한다.

더욱이, 호란드의 책은 또한 중생(신생)과 칭의에 대하여 중요한 혼돈을 들어내고 있다.[240] 웨슬리에 있어서는, 최조한도 1738년 이후에는, "중생"은 항상 하나님께서 우리 안에서 행하신 실질적인 변화를 말하고, 칭의는 하나님께서 우리를 위하여 행하신 상대적 역사를 의미한다.[241]

이런 기본적인 혼돈이 그의 책의 "웨슬리의 교리. 1. 장년의 세례와 중생"[242]이라는 곳에서 또 이상한 논의를 전개하게 만들고 있다. 호란드는, 한편으로는 기록하기를, ". . 어떤 사람들(장년)에 있어서는 성

---

238)
239) Holland, p.35; cf, pp, 58, 39: ". . .지금부터는 장년의 중생은 웨슬리에 대해서는 인격적으로 체험한 칭의 라고 정의 될 것이다."
240) Holland, p. 145; "상대적 거듭남 (re-birth)", cf. pp.76, 122, 125.
241) St.S., I, pp. 119, 507; II, pp.227, 365, 433-434,446, Works, VIII, pp.46 ff.,
242) Holland, pp.43 ff.

례전이 그들의 중생에 대한 효과적인 은혜의 수단이 되었음이 증명되었다고 하였다."[243] - 그리고 "그(웨슬리)는 때로는 중생이 성례전(세례)의 시행에 따라 일어났음을 발견했다."[244]

"어른 후보자가 세례 받을 때에 거듭남이 있을 수 있다. . ."[245] 고 하였다. 그러나 다른 한편, 그는 그럼에도 불구하고, 주장하기를, 웨슬리는 어른의 "세례를 통한 중생(교리)에 대한 견해"를 포기했고, 그리고 사람이 세례를 받을 때 중생하였다면 이는 "가끔 일어나는 일"이었다"[246] 고 하였다. 이런 입장은 전적으로 받아드릴 수 없는 것이다.

첫째로, 웨슬리가 보는 대로, 세례는 어떤 사람을 위해서는 그들의 중생을 위한 효과적인 은혜의 수단인 것이다. 그러므로 웨슬리는 어른을 위한 세례를 통한 중생의 교리를 지지하고 있는 것이다.[247]

두번째로, 그가, 웨슬리가 어른의 중생에 대하여 새로운 이해를 갖게 되어, 거듭나는 일이 반드시 세례에 연관되는 것이 아님을[248] 인정하게 되어서, 웨슬리는 어른들의 "세례를 통한 중생(교리)"을 믿을 수 없게 되었다고 하는 호란드의 결론은 유효하지 않다. 신생이(하나님의 말씀, 성만찬 같은) 다른 은혜의 수단을 통하여 주어질 수 있다는 것이, 결코 다른 경우에 있어서, 세례의 수단을 통하여 어른이 중생한다는 것을 배재하지 않는다. 이 점에 있어서는, 웨슬리의 견해는 영국 교회의 입장과 다르다.[249]

---

243) Holland, p.50.
244) Holland, p.47, cf. p.46.
245) Holland, p. 72.
246) Holland, p.72, cf. p.45.
247) 앞에 pp. 160 ff를 보라. "지금, 이런 한 사건이 전체 주장을 뒤집어 놓는 것이다." Journal, curn., II, p.361,
248) Holland, p.45.
249) St.S., I, p. 295; II, p.241, 호란드는 (p.76에서), 웨슬리의 N.T. Notes, 행 22:16에서 아무도 두 번 중생할 수는 없다고 주장한 것은 유효하지 않다고 하였다. 첫째로, 초대 교회에서는 세례 받은 사람은 이미 개종한 사람들이기 때문에, 세례가 일반적으로 중생의 수단이라고 할 수 있을 것이다. 두 번째로는, 웨슬리는 세례가 유일한 수단(only means)이라고 말하고 있지 않다. 그래서 그는 일반적으로는 말을 하고 있는 것이다. 세 번째로, 웨슬리는 '용소(pardon)'는 칭의의 한 부분이지 중생의 부분이 아니라고 한다.

세번째로, 장년들의 중생이 항상 세례를 따라서 있게 되지 않는다는 사실이, 결코 많은 경우에, 세례가 올바르게 시행되었을 때에, 중생이 세례를 따라서 있게 된다는 것을 배제하는 것도 아니다.[250]

호란드가 웨슬리가 그랬다고 하면서, 어린이를 위한 '세례를 통한 중생(교리)'과 어른의 회심의 구별을 혼동하고 있는 것은 또 다른 그릇된 결론을 가져오게 한다. 호란드는 주장하기를, "웨슬리는 결국 "두 개의 중생"(곧 두 번 새로 나는 것, 두 번 따로 그리고 계속하여 새로 낳는 것, 결국, 두 단계에서의 중생)을 믿었고 또한 그리고 이 두 중생은 모든 사람이 필요로 하는 것이며. 세례를 통한 중생만으로는 불충분하다고 믿었다"고 하였다.[251] 한 곳에서는 웨슬리는 "하나의 새로 남(one re-birth)"이라는 말로 생의 두 단계에서 받아드릴 수 있는 것을 생각하고 있는 것처럼 보인다고 호란드는 말했다.[252]

호란드는 이어서 말하기를, 이 교리는 필연적으로 다음 교리에 귀결 되어 있다. 곧 웨슬리가 선전하고 있는 교리, "웨슬리는 어린이의 중생은 자범죄의 결과로 완전히 상실된다. 그러므로 그가 장년이 되어 다신 한 번 중생하여야 한다"는 교리로 귀결된다.[253] 고 한다. 호란드는 또 말하기를, 웨슬리는 한번 과실(laps)이 족하다(곧 그 한 번의 과실로 인해) "모든 사람은 불가피하게 자범죄를 범하게 될 것이다."-- 그래서, 결국, "모두는 회심해야 한다"[254] 라고 믿었다고 하였다.

어린이들이 불가피하게 죄를 범하기 시작하는 연령은 대게 아홉(9)살 또는 열(10)살 때부터다.[255] 이런 주장들에 대해 웨슬리는 다음과 같

---

250) St.S., II, p.238; cf. Journal, Curn. IV, p.365. " 나는 파운드리 집회에서 한 여자에게 세례를 베풀었다. 그 때, 그 여자는 직각적으로 평안을 느꼈다. 이것이, 올바로 받아 드린, 외적 증표가 항상 내적 은혜를 수반한다는 신선한 증거가 아닌가."
251) Holland, pp.62, 65-66, 80,130, 145.
252) Holland, p.58.
253) Holland, p.68, cf. p.63, 65-66, 68.
254) Holland, pp, 64, 66, 66 n.2, 80.
255) Holland. pp.1,n, 63; cf. pp, 147-148.

이 대답하였다. "너희들은 무엇이 하나님의 자녀의 표적인 것을 알고 있다. 당신의 영혼에 그 표적들을 가지고 있지 않는 너희들은 모두, 세례를 받았든 안 받았든 그 표적을 받아야 한다. 그렇지 않고는, 의심할 것 없이 너희들은 영원히 멸망할 것이다."[256]

다시 말하면, 웨슬리의 말을 듣고 있는 사람 모두가 거듭날 필요가 있다는 것 아니라, 일부, 은혜에서 떨어진 것이 분명한 자들만이 거듭나야 한다는 말이다. 모든 은혜는 잃어버려 질 수 있다. 그러나 이는 가능하다는 것이지, 반드시 그렇다는 것은 아니다. 사람은 불가피하게 죄를 범하여야 하는 것은 아니다.[257] 사람은 여러 번 은혜에서 떨어질 수 있음으로 해서, 영적 생명이 죽을 때마다 새로 나야한다. 하나님께서 자신들의 죄를 회개하는 어린이나 어린이들에게 값없이 주시는 신생은 단 한 가지 종류의 신생이다. 그러므로 웨슬리에게 있어서는, 세례를 통한 중생(교리)이 정말 충분하다.

위의[258] 호란드가 세례를 통한 중생이 전적으로 상실될 수 있다고 말한 것은 옳다. 그러나 그가 웨슬리에게는 단 하나의 과실이 충분하다는 견해(곧 그 일 하나 때문에 불가피하게 범죄하게 될 것이라고 하는 견해)가 있다고 하는데, 이는 결코 웨슬리의 견해가 아니다.

웨슬리는 주장한다. "세례에서 주어진 새 생명은, 오랫동안 계속하는 악에 의하여 하나님의 성령을 소멸하지 않는 한, 전적으로 떠나지 않을 것이다."[259] 이에 근거하여 또 다른 언급을 보아서, 호란드가 웨슬리는 세례에서 어린이에게 성령이 주어졌다고는 가르치지 않았다고 주장하는 것은 시정되어야 한다.

왜냐하면, 이미 주어진 것(성령)을 전제하지 않고, 어찌 어떤 것을 소멸한다는 말이 가능한가?

---

256) St.S., I, p.296.
257) O.T. Notes 잠 22:6. 그 외는 생략(역자).
258) 위의 pp. 158 f. cf. pp.168, 171을 보라.
259) Works, X, p, 192.

웨슬리는 말하기를, "세례에 의하여 하나님의 자녀가 된 그들이 지금은 마귀의 자식들이다. . . . 그들이 잃어버린 것과 마음에서 아바 아버지라고 부르든 양자의 영을 다시 받도록 하라"고 한다. 즉, 어린이로서 세례 때 받은 성령을 잃어버렸다면, 다시 거듭남으로 받아야 한다는 것이다.[260]

최종적으로, 웨슬리는 어린이가 이성의 지각이 생기자마자, 죄에 빠질 수 있다고 가르치고 있다. 이런 일이 어린이에게 일어나는 것이, 아홉 살 또는 열 살 때라고 웨슬리가 주장했다는 것을 증명할 수는 없다. 웨슬리는 어린이가 이성의 지각을 갖기 시작하는 것은 더 어려서부터라고 믿었기 때문이다.[261]

호란드는 "웨슬리는 죄에서 태어난 어린이는 세례에서 거듭난다고 생각한다"[262] 고 바르게 말했지만, 부 확실한 근거에서 웨슬리가 그의 1786년 판, "주일 예배 의식서(Sunday Service)"에서 중생이라는 문구를 제거했다고 주장했다. 이렇게 주장함은 웨슬리가 견해를 변경했다는 추측에서 나온 것이다.[263] 웨슬리에 대한 권위자인, 프랭크 베이커(Frank Baker) 박사는 다른 견해를 가지고 있다. 즉 성찬식에서 "manual acts"을 빼고, 또 세례에서의 십자가의 상징물을 빼면서, 수정을 한 사람은 토마스 코크((Thomas Coke)라고 주장한다.[264] 또한 1784년의 Sunday Service에, "죄를 신비적으로 씻어 버리기 위해 물을 성별하였다"라는 문구를 1786년의 Sunday Service에서는 "거룩한 성례전을 위하여 물을 성별하였다"[265] 라고 변경하였다. 이에 대해, 베이크

---

260) St.S., I, pp.296-297; cf. II. p.242. N.T. Notes 고전 12:13.
261) Works, IX, p,295.
262) Holland, p.73; cf. pp. 60, 72.
263) Holland, pp. 131 ff. p.133; cf. pp. 178 ff.
264) Baker, p. 390, n.52.
265) Holland, p. 179를 보라.

는 이는 웨슬리의 의도적인 행동에 의해 이루어졌다고 하지만, 이는 그러기 보다는 웨슬리가 없을 때, "코크가 마음먹은 대로 한 것이다." 라고 말한다.[266]

이와 같이, 이 점에 있어서의 호란드의 가정과 억측은 시정되어야 한다. 그리고 또한 그 결과로서, 뒤이어서 나온, 웨슬리가 왜 그런 변경을 하였는가에 대한 그의 논의도 시정되어야 한다. 요컨대, 호란드가 웨슬리의 교리에는 취약점이 있고, 적절하지 않는 점과 혼동 그리고 잘못이 있다고 많이 언급한 것들은 전반적으로 입증될 수가 없다고 해야만 한다. 또한 후기 감리교회의 잘못들(ills)에 대하여 호란드를 원망하지도 않을 것이다.[267]

호란드의 주장은 주로 웨슬리의 가르침을 잘못 해석한 것이 되고 말았다. 그래서 결과적으로, 앞에서 언급했듯이, 그는 전혀 적절하지 않은 근거에서 그런 결론을 낸 것이다. 이런 비난들은 그렇게 웨슬리를 잘못 해석한 사람들에게 되돌아간다.

웨슬리의 견해를 연구한 이 장을 마침에 있어, 그의 "유아세례에 대한 소고(Thoughts upon Infant Baptism)에 있는 한 문장을 아래에 인용하고자 한다. 거기에 웨슬리의 기본적인 태도가 잘 들어나 있다.

"이 논쟁이 어려운 것이 때문에, 정직하고 진실한 사람들이, 진리를 찾고자 함에 있어서, 다른 견해들을 주장하게 될 수 있다고 나는 생각한다. 그러나 그런 가운데서 매우 중요한 것은 우리들이 동의한 것들이다. 그러므로 우리들이 의견을 달리하는 작은 일들에 관하여 싸우지 않도록 해야 한다. 우리 형제들은, 유아세례를 부정하는 자나, 유아

---

266) Baker, p. 390, n. 52.
267) Holland. pp. 140 ff. 이하는 생략(역자).
267) Thoughts, pp.20-21.

세례를 시행하고 있는 자나, 모두 이 의식이 주님께서 제정하신 것이라고 믿는데 는 동의하고 있다.

우리 모두는 어린이들이 하나님께 봉헌되어야 하고 또한 성경이 허락한 모든 특권들을 받아야 하고, 또한 가능한 모든 책임과 의무 아래서 성장해야 한다는 것에 있어서는 동의하고 있다. 우리 각자는 그리스도의 뜻을 발견하여 그대로 행하기를 원하고 있기에, 우리가 서로 화를 내는 것은 아주 적절하지 않다.

즉 어떤 이는 의식(ceremony)을 통하여 어린이를 일찍이 또는 좀 늦게라도 하나님과 그리스도께 봉헌한다는 이유 때문에, 또 다른 이는 세례를 통하여 그들의 자녀를 하나님께 봉헌하고, 특권과 의무를 지켜야 할 책임이 어린이들이 자기 힘으로 할 수 있기 전에 주어지나, 그 안에서 역사한다고 주장하기 때문에, 또 어떤 이는 이 의식(세례)에선 많은 물을 사용하여 온 몸을 물에 잠기에 하여 침례를 하여야 한다고 하고, 다른 이들은 물이 조금만 있어도 넉넉하며, 이 장엄한 의식에서 얼굴이나 머리만 씻어도, 주님께서 베드로의 발을 씻을 때(요13:10) 그리 생각하셨듯이, 그는 온 몸을 물에 담근 사람과 똑같이 복음의 은택과 은혜를 받는다고 주장하기 때문에, 서로 화를 내는 되, 이는 참으로 적절하지 않다.

간단히 말해서, 그리스도에 대한 믿음, 하나님에 대한 사랑, 그리고 성령의 성결케 하는 역사에 순종함이 구원에 필요하다는 일에는 우리 모두가 동의하고 있다. 그런데 이런 작은 일들이 평화의 주이신 예수 그리스도의 제자들 사이에 그런 불행한 싸움을 일으키게 한다는 것을 아주 슬픈 일이다."[268]

---

268) Thoughts, pp.20-21.

3장 하나님의 구원사역과 성령의 역사
4장 효과적인 증표·예수의 속죄
5장 은총의 효과적인 수단 : 적용된 예수의 속죄
    1) 은총의 수단들
6장 은총의 효과적인 수단 : 세례
7장 은총의 효과적인 수단 : 성찬
8장 천국의 효과적인 표적 : 예수의 대속
    천국에 대한 확인(possession of its purchase Assured)
    세례와 성찬
9장 효과적인 희생 : 수용된 예수의 대속
    1) 세례
    2) 성만찬

3부

성례전의 역할

The Function of the Sacraments

제 7 장

은총의 효과적인 수단
Effective Means of Grace

성찬

3. 주님의 성만찬

성례전에 있어서 두 번째로 가장 중요한 것은 성례전의 역할(function)에 관한 것이다. 곧 성례전은 구원에 필요한 그리스도의 모든 은택을 사람에게 실제로 계속해서 수여하는 수단, 통로, 수송기관, 도구로서의 역할을 한다.[1]

주님의 성만찬은 단지 그리스도의 죽음과 고난당하심을 알려주는 기념물로서의 역할만을 하는 것이 아니다. 그 안에는 성령의 능력에 의해 그리고 믿음의 수단을 통하여 시간과 공간이 초월되어 있다. 그리스도께서는 사람을 그의 희생제물로 초청할 뿐 아니라[2] 그가 실제로 이 희생제물이 그들의 것이 되게 만드신다. 그리스도는 자신을 하나님께 바치듯이 또한 그가 자신을 사람에게 바치셨다.[3] 이 일이 주님의 성찬에서 아주 강하게 이루어진다고 웨슬리는 강력히 주장한다.

그리고 그는 또한 "이런 일이 우리가 떡을 먹고 잔을 마시지 않을 때에도 어느 정도 이루어질 수 있다고 인정한다."[4] 성례전이 기념물로서 많이 이해되고 있지만 그럼에도 불구하고 성례전의 목표와 목적은 신자들의 요구와 필요에 따라 또한 성경 말씀에 따라 거기에는 그 이상의 것이 있다. 즉,

1) 성만찬의 목적은 우리가 하나님의 말씀을 들음으로가 아닌 다른 방법으로 우리를 그리스도와 함께 하게 만드는 데 있다.
2) 성찬을 받는 사람의 요구와 바라는 것은 단순히 상징(representation)하거나 기억(Remembrance)을 구하는 것이 아니다. 나는 나의 구주 자신을 원하며 찾는다. 나는 구주를

---

1) Brevint(W), secs. II,1, p.4; V, 4, p.18
2) Brevint(W), sec. !!, 7, p.6; Brevint, sec. II,7, pp.11-12.
3) Brevint(W), sec. IV, 7, p.15; Brevint, sec. IV, 13, p.51.
4) Letters, II, p.124; III, p.357.

찾기를 희망하기 때문에 베드로와 요한이 무덤에 달려갔듯이 그들과 같은 목적을 가지고 성례전에 나아간다.

3) 성경의 다른 곳에서는 "기억" 이상의 큰 은택을 말하고 있다. "우리가 구하는 바 축복의 잔은 그리스도의 피에 참여함이며 우리가 떼는 떡은 그리스도의 몸에 참여함이 아니냐?"(고10:16). 보혈에 참여하는 수단이 모든 신자들에게 제공되고 기억되고 있는 것이다.[5]

웨슬리가 주님의 성만찬을 은혜의 수단이라고 하는 교리는 사람의 필요와 하나님의 목적 그리고 성경이 뒷받침하고 있다. 웨슬리에게 있어서는 "영적 교제(communion)"라는 말이 신비주의자들이 말하는 은밀하고 절묘한 개념을 내포하는 것이 아님을 알아야 한다.

이는 중요한 일이다. 웨슬리는 이 말을 능동적인 개념에서 해석하고 있는 것이다. 곧 "교재(communion)라는 말은 실질로 그리스도와 그의 은택에 참여하는 것을 의미한다. 다른 말로 표현하면 그리스도께서 이 교제를 통하여 역사하시고 그의 목적을 위하여 이를 도구로 사용한다는 의미이다. 이런 웨슬리의 견해는 그의 다른 글에서도 발견된다.[6] 주님의 성만찬은 효력 있는 은혜의 수단이다." 성만찬에서 하나님은 사람을 만나시는 것이다.[7]

"떡을 먹으며 잔을 마시는 것이 그리스도께서 한 때 우리를 위하여 그의 몸을 깨치시고 피를 흘리심으로 사신 영적 은혜와 의 그리고 평화 그리고 성령안에서의 기쁨을 우리

---

5) Brevint(W), sec. IV, 1, pp.12-13; Brevint, sec. IV, 3-4, pp.39-40. cf. N.T. Notes,고전 10:16. "우리가 구하는 바 축복의 잔은 그리스도의 피에 참여함이 아니며 우리가 떼는 떡은 그리스도의 몸에 참여함이 아니냐" 이하 생략(역자).
6) Brevint(W), sec. IV, 4, p.14; VI. 2, p.22; St.S., I, pp.252-253; cf. Brevint, sec. IV, 4, p.40. 또 p.93을 보라. 여기에서 그는 "communion"을 또 다른 의미로 사용하고 있다.
7) Duty of Receiving, p.9; cf. Nelson, Chr. Sacrifice, p.33.

영혼에 수여하는 외적 가견적 수단이 아니더냐?
그러므로 하나님의 은혜를 진정으로 사모하는 사람은 모두
떡을 먹으며 잔을 마시도록 하라.[8]

예수의 속죄의 모든 은택과 구원의 열매가 이 은혜의 수단을 통하여 주어지는 것이다. 주님의 성찬은 모든 하나님의 자녀의 영혼에게 성령의 은혜가 수여되게 하는 중요한 은혜의 수단이요 통로이다.[9]

사람에게 영적 어려움이 있을 때 주님의 성찬은 최선의 도움의 하나이다. 또한 사람의 영적 성장에 있어서도 주님의 성찬은 "은혜 가운데 성장하며 그들이 원하는 것을 얻는 일에 있어서도 최선의 길이다."[10] 웨슬리가 주님의 성찬의 효과에 대하여 그렇게 긍정적으로 말하지만 그럼에도 불구하고 그는 그가 세례를 말할 때도 그랬듯이[11] 하나님이 성만찬을 통하여 어떻게 그런 일을 하시는지에 대하여는 모른다고 한다.

"오 하나님의 사랑의 깊음, 측량할 수 없는 당신의 은혜!
떡과 잔이 어떻게 하나님이 사람에게 임하게 하는지 누가
감히 말할 수 있겠는가?
어떻게 떡이 그리스도의 몸을 나누어 주며, 어떻게 잔이
그리스도의 피를 전하는지, 그의 성실한 신자의 마음을
하나님의 생명으로 채우는지?(누가 감히 말할 수 있겠는가?)"[12]

---

8) St.S., I, p.253; cf. pp.242-243,344, 528; II, pp.290,292; Works, VI, p.255; VII, p.117; VIII, pp.31, 286, 323; XI, p.207; XIII, p.230; Letters, I, pp.66, 347-348; Duty of Receiving, p.29; Brevint(W), secs. I, 1, p.3; II.1, p.4; III.1, p.9; III.5, p.11; IV,3, pp.13-14; IV,4, p. 14; IV, 7, pp.15-16, IV,8. p. 16, IV, 8, p. 16; V.4, p.18; V. 7, p.19; HLS, nos.1:5,11:4,28:2, 57, 94:2,95:1, 107, 108:1, 111:1, 123:3, 166:4.
9) St.S., I, p.440; cf. O.T. Notes, 출37:10; 이하 생략(역자).
10) Duty of Receiving, p.1; Nelson, Chr. Sacrifice, p.18; cf. p.38; Beveridge, Theol. Works, VIII, pp.589-590; Brevint(W), sec. IV, 6, p.15; HLS, nos. 42:1, 3-5, 54:5, 62: 6.
11) St.S., II, p.238.
12) HLS, no. 57.

요한복음 9:25의 말씀을 언급하면서 웨슬리는 그 맹인과 같이 말한다. "한 가지 아는 것은.... 그가 진흙을 내 눈에 발랐다. 그리고 보라 지금 나는 본다. 하나님은 나를 축복하셨고 이 떡을 나에게 주셨다. 그리고 나는 평안을 받았다."[13] 단순한 믿음이 같은 것을 짤막한 시를 통하여 표현한다.

" 떡을 받으면서 우리는 예수(의 살)을 먹는다.
그가 하시는 방식은 알 수 없다.
그러나 예수는 여기 계신다!"[14]

사실 "우리는 우리 영의 모든 빈곤함이 변함없는 기적에 의하여 채워짐을 발견한다."[15] 이런 말로 웨슬리는 주님의 성만찬의 진리(mystery)를 묘사하며 주장한 것이다. 이것을 설명하고 탐구하려는 것은 효과도 없고 쓸데없는 일일 것이다. 그리하여 웨슬리는 이 진리(신비)를 설명하기 위해 하나님의 편재설(ubiquity)이나 본질과 우유성의 철학을 언급할 필요를 느끼지 않았다.

웨슬리에게 있어서는 이 은혜의 수단을 통하여 은혜를 실제로 받은 것은 경험이 증명하는 것이다. 따라서 하나님의 약속이 옳다는 것이 증명되는 것으로 충분하다. "믿음은 그 이상의 것을 요구하지 않는다."[16]

세례가 할례의 자리를 차지하였듯이 주님의 성만찬은 유대의 유월절의 자리를 차지한 것이다. "그러므로 이 절기를 지키자. 믿음으로 그리스도(의 살)을 먹자. 여기에 유월절에 마련된 주님의 만찬에 대

---

13) Brevint(W), sec. IV, 3, pp.13-14; cf. Brevint, sec. IV, 8, pp.44-45; HLS, no. 59.
14) HLS, no. 92:6; cf. no. 101:2; Duty of Receiving, pp. 10,36, Letters, I, p.118.
15) HLS, no. 44:2.
16) HLS, no. 59:1.
17) N.T. Notes, 고전 5:8; 마26:26; cf. Works, X, p, 195; Brevint(W), sec. !.1. p.3; Duty of Receiving, p.9.

한 분명한 암시가 있는 것이다."[17] 이것이 예수 그리스도가 친히 유월절 양이 되심으로 이루어진 신약성경의 유월절인 것이다. "그리스도가 진정한 유월절인 것이다." 그가 십자가에서 죽으셨을 때 – 이 유월절은 우리를 위하여 산 제물로 바쳐진 것이다.[18]

일반적으로 웨슬리는 브레빈트와 같이 구약에 있는 표현들을 사용한다. 그러므로 주님의 성만찬을 설명함에 있어 여러 종류의 제물(sacrifice)를 말한다. 유월절이 신약성경의 의식의 전조로 보일 뿐 아니라 또한 성찬예식에 사용되는 기본 물질들도 유대의 제사에서 사용하던 것들을 응용하였다. 그래서 구약의 제사에서 음식과 마시는 것이 주님의 성만찬에서 떡과 포도주로 사용하게 되었다.[19]

"성만찬에서 사람들은 모여 하나님께 예배하고 하나님은 임재하여 만나 주시고 그 사람들을 축복하신다.... 그리고 하나님은 우리들에게 그의 아들의 몸과 피를 나타내신다. 또한 우리가 받아야 할 다른 축복도 허락하신다."[20]

그러므로 성례전이 사람들에게 첫 번째로 그리스도의 죽음과 희생 그리고 두 번째로 이 희생으로부터 흘러나오는 모든 열매와 은택을 "현재 은혜로" 수여하는 것이다. 신자는 그리스도의 죽음과 희생에서 나오는 은혜와 은택을 받을 뿐 아니라 또한 그리스도의 죽음 자체를 받는 것이다. "이 크고 거룩한 신비가 은혜의 주님 곧 자신을 하나님께 바치고 또한 자신을 사람에게 내어주신 주님의 죽음을 우리들에게 전달하는 것이다."[21] 이 짤막한 말로 웨슬리는 예배드리는 자들을 곧 바로 예수의 속죄(atonement)의 신비의 중심으로 인도한다.

---

18) O.T. Notes, 출 12:47; 신 16:6; Brevint(W), secs. III. 5, p.11. II.3, p.5; HLS, nos. 4:1, 35:1,44:1, 84:1; N.T. Notes, 마 26:5.
19) Brevint(W), sec. VII. 9, p.26; Brevint, sec. I.1, pp.102.
20) Brevint(W), sec. I,1, p.3; Brevint, sec. I,1, pp.1-2.
21) Brevint(W), sec. IV, 7, p.15; Brevint, sec. IV, 13, p.51.

그리스도의 죽음은 단번에 모든 사람을 위하여 드려졌고 그리고 그의 죽음은 아직도 영원한 제물인 것이다. 주님의 성만찬에서 예배 드리는 자들은 "자기의 죄를 위한 위대한 희생제물을 상기할 뿐 아니라 또한 자기의 죄가 용서 받았고 하나님과 화해되었다는 것을 전달 받은 것이다."[22]

이 놀라운 구원(redemption) 곧 그리스도께서 우리들을 대신하여 고난을 당하시며 모든 사람의 죄를 위한 속죄제(sin offering)를 치루시면서 하나님의 정의와 진노를 충족시키신 구원이 성찬식에서 성찬을 받는 자들에게 수여되는 것이다. 이와 같이 주님의 성만찬은 "성도가 이 땅에서 받을 수 있는 가장 귀한 선물이다. 곧 성만찬은 십자가에서 돌아가신 주 예수를 나에게 제공하는 것이다."[23]

여기에는 그 이상의 것이 있다. 곧 "예수를 통하여 하나님은 우리에게 소멸하는 불이 아니고 화해된 아버지가 되신 것이다."[24] 그리고 "우리의 위대하신 대제사장께서 모두를 위하여 단번에 하늘에 올라가서 그의 보혈의 덕목을 내세우며 하나님의 면전에 이르신 것도 하나의 구원 사건이다."[25]

이 대제사장은 역사적 과거에서 자신을 바치신 것 뿐 아니라 지금도 그는 우리들을 대신하여 보혜사로서 하나님의 보좌 앞에 계시는 것이다. "그는 한번 죽으셨으나 그는 영원히 간구하고 계시는 것이다."[26] "그는 우리를 구출하신다. 그는 한 때 우리를 구출하셨고 지금도 계속하여 우리를 구출하신다. 그는 믿는 모두를 불경건한 자들에게 임할 징벌과 천벌에서 구출하실 것이다."[27] "그리스도가 자신을 하

---

22) Duty of Receiving, p.37; Beveridge. Theol. Works, VIII, p.588.
23) Brevint(W), sec. IV,8, p.16.
24) O.T. Notes 역대 상, 21:26.
25) N.T. Notes, 히4:14.
26) N.T. Notes, 히 7:25.
27) N.T. Notes, 살전 1:10; cf. 롬 8:34; 히 2:17. O.T. Notes, 레 8:36.

나님께 바쳤다"는 것은 바로 이 두 가지 면의 그리스도의 구원 사역을 말하는 것이다. 이와 같이 그리스도 자신을 하나님께 바치고 또한 그렇게 바쳐진 자신의 죽음과 희생을 기다리는 신자들에게 전한다는 것은 그의 위치가 하나님과 비교하여서 상대적이라는 것을 암시한다.

"그가 자신을 하나님께 바침으로서 그것(주님의 만찬을 통하여 전해진 그리스도의 죽음과 희생이 나를 그 신비의 몸에 참가하게 한다. 이 신비의 몸을 위하여 그는 죽었고 또한 이는 그리스도와 함께 죽은 신비의 몸이다."[28]

이 점에 있어 웨슬리는 구약에 있는 아론의 제사직의 개념을 모형적으로 해석하면서 출애굽기에 묘사된 히브리인이 드리는 성전에서의 제사의 이미지를 사용하며 설명한다.

> "아론이 자기 어깨 위에 모든 이스라엘의 이름을 새긴 돌을 메고 있었듯이 그와 같이 그리스도께서는 하나님과 자기 자신에게 영광스러운 교회를 소개하고 있는 것이다(엡 1:27).[29] 아론은 주님 앞에 그것들을 기념물로 또한 자신을 모든 이스라엘을 대표한 자로 또한 그들의 보혜사로 하나님 앞에 서 있는 것의 표시로 어깨 위에 메고 있는 것이다."[30]

이런 생각을 배경으로 웨슬리는 그리스도의 죽음의 전달과 신자가 신비의 몸에 참여하는 일들을 계속 논의해 나간다. "네, 그리스도께서 영적인 이스라엘을 위하여 자신을 바치며 간구하는 동안 이 신비의 몸이 나를 그 영원한 제사장의 어깨에 올려놓는다."[31]

---

28) Brevint(W), sec. IV, 7, p.15; Brevint, sec. IV, 13, p.51.
29) 에베소서 1장은 22절로 끝난다. 그러므로 이는 1:22이라야 할 것이다.
30) O.T. Notes, 출 28:6, cf. 28:15; 아론은 그들의 이름을 주님 앞에 기억되게 하기 위해서.... 항상 쳐들고 있게 되어 있었다. 이것을 모형으로 해석해 우리의 대제사장이신 예수께서 우리들을 위하여 항상 하나님 앞에 나타나시고 있다는 것이다. 이하 생략(역자).
31) Brevint (W), sec. IV,7, p.16, cf. VII,2, pp.23-24를 보라. Brevint, sec. IV,13, pp.51-52.

하나의 "기념물(memorial)"로서의 주님의 성만찬은 믿음의 수단과 성령의 능력에 의하여 시간과 공간을 초월한다. 그리하여 마치 현재 갈보리에서 예수의 어머니와 함께 십자가 밑에 서 있는 것처럼 되게 한다.[32] 여기서 주님의 성만찬은 은혜의 수단으로서 실제로 그리스도의 죽음과 간구를 전달하는 것이다. 신자는 그리스도의 신비의 몸의 한 회원으로서 그리스도와 함께 죽고 그와 함께 하나님의 영전에 들어가 이 희생이 받아 드려진 것을 알게 된다. 그러나 이 모든 일에 있어서 신자가 드리고 바치는 것은 하나도 없다. 단지 성례전을 통하여 받는 것이다. 곧 그리스도의 희생이 그에게 수여되는 것이다. 그러므로 성만찬(communion)은 이런 의미에서 전달 기관(communication)이 되는 것이다. "이 수단을 통하여 이것이 내가 그리스도의 고난당하심에 참여하게 만들고 또한 그의 모든 은혜와 영광에 참여하도록 한다."[33]

지금 말한 견해가 웨슬리가 주님의 성만찬을 희생물로 가르치고 있는 것을 이해하는 데 중요한 역할을 하고 있다는 것을 후에 알게 될 것이다.[34]

그럼 두 번째로 이 위대한 거룩한 신비는.... "그가 자신을 사람에게 주었듯이 우리에게 은혜의 주님의 죽음을 전해 준다."[35] 웨슬리는 계속 구약성경에 있는 형상을 들면서 다음과 같이 말한다.

"그가 자신을 사람에게 바친 것과 같이 이 거룩한
성례전은.... 화목제(peace offering)의 진정한 제물이다.

---

32) Brevint, sec. IV, 13, pp. 90ff를 보라.
33) Brevint(W), sec. IV, 7, p.16; Brevint, sec. IV, 13, p.52; cf. N.T. Notes 빌 3:10: 이하 생략(역자).
34) 뒤에 나오는 pp. 247 ff를 보라.
35) Brevint(W), sec. IV,7, p.15; Brevint, sec. IV, 3, p.52.

식탁이 그의 제단에서 내려오는 모든 자비를 받도록
마련되었다. 받아먹으라. 이는 너희를 위하여 주는 내
몸이니라. 그리고 이는 너를 위하여 흘린 내 피니라."[36]

웨슬리가 말하고 있는 "화목제"의 사상이 사람에게 수여된 하나님의 은혜와 자비 그리고 저들의 욕망과 기도에 응답하신 하나님께 감사를 표현하며 드리고 간구와 감사의 기도를 포함하고 있는 것으로 보인다.[37]

이와 같이 그리스도는 또한 주님의 성만찬의 수단을 통하여 자신의 속죄의 은택 모두를 수여하시는 것이다. "…… 예수님은 자신의 영원한 희생(Sacrifice)으로부터 또한 그가 드리고 있는 계속적인 중보사역으로부터 솟아나는 은혜를 땅으로 내려 보내고 있는 것이다."[38]

그러므로 여기에는 그리스도의 죽음, 희생과 신자 안에 있는 믿음의 새 생명과 사랑 사이에 밀접한 관계가 있다.

"이와 같이 이 성례전은 홀로 그리고 단번에 우리 주님께서 고난당하셨고 그리고 아직도 우리를 위하여 일하고 계시는 것을 나타내는 것이다. 우리가 받아 먹는 것은 부스고 자르고 불에 태운 물질로 만든 것이다. 이는 예수님이 고통당하심을 보여 주는 것이다. 그리고 이것을 사용하면 우리의 양식이 될 수도 있을 것이다. 이는 우리가 주님의 고난당하심으로 인하여 받은 은택들을 나타낸다. 이 성례전에서 생명

---

36) Brevint(W), sec. IV, 7, p.16; Brevint, sec. IV. 13, p. 52. Brevint 가 Holy Eucharist로 말한 것을 웨슬리는 Holy Sacrament로 표시했다. cf. HLS. no.65:4.
37) O.T. Notes, 레 3:1; "화목제"는 평화와 번영 그리고 하나님의 축복을 위한 제사이다. 여기에서 1. 축복을 이이 받았으면 이는 감사의 제사가 될 것이고 2. 지금도 원하고 있으면 이는 하나님께 간구하는 제사가 될 것이다. 이하는 생략(역자).
38) Brevint (W), sec. IV,5, p.15; Brevint, sec. IV,11, p.49.

과 죽음이 제시 된다. 그 생명은 내 것이고 그 죽음은 내 구주의 죽음이다."[39] 그리고 성례전에서 제시된 것들이 또한 전달된다.[40]

웨슬리는 영적 생명으로서의 "생명(Life)"의 사상을 브레빈트의 글의 초록의 세 단락에서 전개하고 있다. 이 글들은 성례전을 통하여 전달되는 은혜에 대한 웨슬리의 견해를 이해하는 데 중요할 뿐 아니라 또한 라텐버리가 이 글과 이와 연관 된 찬미들에 근거하여 웨슬리가 "섞은 성배(mixed chalice, 술잔에 물과 포도주를 섞은 것)"를 사용한 것으로 돌렸기 때문에 잘 살펴봐야 한다.[41] 웨슬리가 간추린 이 글들은 다소 분명하지 않다. 그러나 브레빈트의 원문과 자세히 대조하여 보면 이야기는 분명해 진다. 웨슬리는 다음과 같이 기록하였다.

"가장 귀중한 이 영적 생명의 호흡은 그리스도의 보혈로 사신 것이다. 그러나 아아, 이 첫 생명은 만약 지원자가 받아들이고 지지하여 주지 않았다면 사라지고 말았을 것이 아닌가? 그러므로 그리스도의 희생제물은 또한 은혜를 획득하게 하고 그가 주신 생명을 새롭게 하며 보존하여 준다."[42]

처음 볼 때 이 글은 세례와 주님의 성만찬을 말하고 있는 것처럼 생각된다. 그러나 이 글은 이 글의 다른 부분과는 일치하지 않는다. 이에 대하여 브레빈트가 다음과 같이 해명하고 있다.

---

39) Brevint (W). sec. III.6, p.11; Brevint, sec. III,11, p.31
40) Brevint (W), secs. III.7, p. 11; IV.8, p.16; V.7, p.19.
41) Rattenbury, EH, pp.36ff. Brevint (W), sec. III, 3-5, pp.10-11; Brevint, sec. III.6-10, pp.24-29; HLS. nos. 27, 31, 37, 74, 75, Bowmer, SLS,, pp. 175-176.
42) Brevint (W), sec. III, 4, p.10.

"이와 같이 이 산 제물의 죽음과 속죄에 의하여 정의는 나를 해방케 하는 길을 열어 주었다. 하나님 아버지는 내 죄를 용서하셨다. 그리고 하나님이신 아들은 내 생명을 치료하여 주셨다. 이 은혜는 그리스도의 보혈이 처음으로 사신 것이요 하나님의 자비가 처음으로 비쳐진 것이요. 우리의 가장 귀중한 영적 생명의 첫 호흡이다."[43]

정죄와 영원한 형벌의 반대쪽에 있는 첫 생명은 하나님의 정의를 충족시키고 형벌을 벗게 한 그 보혈에 속한 것이다. 그리고 죄와 거짓에 빠지고 있는 바보스럽고 무지각함의 반대쪽에 있는 두 번째 생명은 화해와 용서 후에 죄인을 용서하고 거룩하게 한 물과 적절히 연결되어 있는 것이다.[44]

"...... 두 생명 중 하나는 용서와 형벌을 벗게 하는 일을 하고 다른 하나는 성화에 성결케 하는 일을 한다."[45]

요약해서 웨슬리는 계속하여 말하기를 "흘리신 보혈이 하나님의 정의를 충족시키고 우리가 받을 형벌을 제거하신 것과 같이 물은 용서받은 영혼을 씻으시고 깨끗케 한다. 예수의 옆구리에서 함께 흘러나온 피와 물과 같이 이 두 축복은 분리할 수 없다"[46] 고 한다. 물론 피와 물을 사용하는 것은 병사가 예수의 옆구리를 찌를 때에 피와 물이 흘러나왔다는(요19:34) 예수의 수난의 이야기에서 유래 된 것이다.

---

43) Brevint, sec. III,7, p.26.
44) Brevint, sec. III. 8, p.27.
45) Brevint, sec. III. 9, p.28.
46) Brevint (W), sec. III, 4, p.10; cf. Brevint, sec. III, 8, p.27. "이 두 생명은 예수의 몸이 상할 때에 예수 그리스도에게서 나온 두 개의 유출물이다. 그러므로 예수의 옆구리에서 함께 흘러나온 피와 물서럼 이 둘은 분리할 수 없다."

또한 요한일서 5장 6절에도 언급되어 있다. 역사적으로 예수의 옆구리에서 흘러나온 물과 피를 우화적으로 해석해 왔다. 이 해석은 주로 세 가지로 분류된다. 어떤 사람들은 피는 주님의 성만찬을 의미하고 물은 세례를 의미한다고 해석하였다. 즉 두 성례전의 유래를 말하는 것이다. 어거스틴이 이 해석을 발의했다.[47] 다른 사람들은 이는 그리스도의 신성과 인간성을 의미하는 것이라고 해석한다.[48]

세 번째는 시프리안(Cyprian)의 해석인데 그는 가르치기를 물은 사람을 의미하는 것이고 포도주는 그리스도의 피를 의미한다. "하지만 물이 잔에서 포도주와 섞일 때는 사람이 그리스도와 하나가 된다."라고 말한다.[49] 이런 모든 해석은 웨슬리의 체계에는 해당되지 않는다.

웨슬리는 "획득(procurement)"이라는 토대에서 이 문제를 다룬다. 곧 그리스도께서 자신의 죽음을 통하여 하나님의 정의를 충족시키시고 용서를 얻게 하고 우리들의 형벌을 제거하셨다. 다시 말해서 그리스도께서 하나님에 대해 영적으로 죽은 자들을 위하여 새로운 영적 생명을 획득하셨다고 주장한다. 두 번째로 그리스도의 희생이 또한 영혼의 씻음과 정결 또는 성화 즉 거룩한 생명을 획득했다고 주장한다. 라텐버리는 "2중 은혜(double grace)"를 주목하라고 하면서 다음과 같이 주장한다.

"여기에서 피와 물은 의롭게 하는 은혜와 성결케 하는 은혜를 의미하고 있는 것이 분명해 보인다." 그리고 "찬미 75장에서는 용서와 성화의 2중 은혜를 언급하고 있다. 즉 복음적 부흥운동에서의 이 중요한 두 교리 (칭의와 성화)가 '섞긴 섞인 성배(술잔)'에 의하여 상징되고 있

---

47) Aug. Psalm 41.10, 57.11. 127.1, 139.2 (L. of F., Psalm, II, p.174, III, p.88, VI, pp.24, 192); Track. John XV.8 (NPNF, VII, p.101); (Hafner, II, pp.99, 510). 웨슬리 또한 이 해석을 따른다. N.T. Notes, 요일 5:7.
48) A Glossary of Liturgical and Ecclesiastical Terms, F.G. Lee, compiler. London, Bernhard Quaritch, 1877, p.221.
49) Cyprian, Epistle 62:13 (ANF, V, p.362). cf. Brevint, sec. VIII, 2, p.107.

다는 것이다. 이 섞인 성배는 상징 이상이다. 이는 거듭나게 하고 성결케 하는 수단이다."[50]

라텐버리는 '섞은 성배(술잔)'에 대하여 정통이 아닌 내용을 가한 데서 더 나아가 또 그릇된 방향으로 나가 웨슬리는 이점에 있어서 이 두 유출물이 사람의 영혼에 전달하는 은혜의 수단이라고는 전혀 고려하고 있지 않다고 말한다. 그는 여기에서 예수의 속죄가 획득한 놀라운 일이 곧 그리스도의 희생이 구원의 근거이며 또한 구원의 계속적인 근거라고 지적하고 있는 것이다. 이는 그가 제 3의 '생명', 곧 최종의 칭의 (final justification), 또는 최종의 구속을 말할 때에 분명히 들어난다. "이(최종의 구원)는 같은 희생에 의하여 얻어진 다른 두 생명과 함께 있는 것이다."[51]

얼마 되지 않아 그는 이 제 3의 생명을 논의 한 후 그리고 피와 물의 이미지를 방치한 후 웨슬리가 주님의 성만찬을 이 생명들을 먹이는 수단으로 말한 것으로 만든다.

> "그래 이 생명들을 주시는 자는 또한 그 생명들을 보호하는 자다. 그리고 이 목적을 위하여 그의 제단에 의해 식탁을 마련하였다. 그 식탁에서 그는 그의 계속 베푸는 그의 자비를 마치 그가 떡과 잔으로 우리의 몸을 먹이듯이 우리 영혼을 먹이신다."[52]

다른 말로 표현해서 웨슬리가 은혜의 수단 곧 포도주와 떡을 말할 때 그 비유적 묘사는 변한다. 그는 '먹이는 것(feeding)'을 말한다. 그리고 이를 "물과 피"와 대비하지 않고 이스라엘이 애굽으로부터 탈출

---

50) Rattenbury, EH, p.39. 이 찬미는 "섞인 성배"의 찬미라고 그는 말하고 있다. 이하 생략(역자).
51) Brevint (W), III.5, p.10.
52) Brevint (W), sec. III.5, p.11; Brevint, sec. III.10. p.29

한 것과 대비한다. 사실 라텐버리가 이런 것을 그의 체계에 알맞게 하기는 어려워 보인다. 그는 다음과 같이 말한다. "여러 상징들의 사용을 논리적으로 조화 있게 만들려는 시도처럼 시시한 것은 없다. 챨스 웨슬리가 다음과 같이 말함으로 그의 마음에 있는 상징들의 충돌을 표현하고 있는 것 같다.

"우리가 보혈을 느끼기 전에는 물이 정결케 할 수는 없지."[53]

만약에 그의 생각이 영국계 가톨릭의 사상에 물들어 있지 않았다면 라텐보리는 '섞은 성배'에 대한 생각보다는 아래에 적은 웨슬리의 글을 기억할 수 있었을 것이다.

"우리가 예수의 속죄를 통하여 하나님의 은혜로 의롭다
함을 받은 순간 우리는 또한 성령으로 새로 낳는 것이다....
생각의 순서에서 보면 칭의가 신생 앞에 있다. 우리가
하나님의 진노가 물러간 다음에 성령께서 우리 마음에서
역사하시는 것이다."[54]

이것이 바로 찬미가 표현하고자 하는 것이다. 더 나아가 웨슬리의 입장에서는 여기에 물은 세례나 "섞은 성배" 안에 있는 물을 가리키는 것이 아니라 성령 그리고 성령이 정결케 하는 일을 뜻하는 것이다. 성령을 우리는 "살아있는 물(living water)"이라고 부른다.[55]

웨슬리는 그의 "세례에 관한 논문"에서 말하기를 "그들에게 깨끗한 물을 뿌린다." 그리고 덧 부치기를(여기 세례에서 쓰는 물은 단지

---

53) Rattenbury, EH, p.40; cf. HLS, 74:3.
54) St.S., II, p.227.
55) 요7:38. cf. Works, VIII, p.80; cf. Calvin, Comm. John 3:5, Edinburgh ed., pp.64-65.

하나의 상징이다)라고 하였다.[56]

다시 말하면 "깨끗한 물"은 성령의 내적 씻음을 위하여 사용된 것이다. 다음 글에 그런 어법이 잘 나타나 있다.

> "흐르는 물 – 현재 강이나 샘에서 흘러나오는 물.
> 이 물들이 하나님의 영을 상징한다. 하나님의 영은 가끔 물과 비교된다. 이에 의하여서만 진정한 정결함이 얻어진다. 그리스도의 의로 주어진 은택을 기다리는 자들이 그리스도의 영의 역사를 따르지 않고 그저 가만히 있으면 이는 스스로를 속이는 일이다."[57]

요컨데 우리가 지금 논의하고 있는 브레빈트(Brevint (W))의 글에서는 피는 용서와 새 영적 생명을 상징하고 물은 성령의 성결케 하며 보전하는 사역을 상징하고 있는 것이다. 이 둘은 모두 그리스도의 죽음과 희생에서 획득된 것이다. 여기에 있는 글이나 찬미는 '섞은 성배 (mixed chalice)'의 교리와는 아무 상관이 없다.[58]

웨슬리는 이와 같이 하나님의 모든 축복 곧 구원의 근거(cause)[59]를 설명한 다음에 독자들에게 성례전은 이런 "현재의 은혜"의 수단이

---

56) Works, X, p.191.
57) O.T. Notes, 민19:17. cf. 겔 36:25. "맑은 물을 너희에게 뿌려서 너희로 정결하게 하되 곧 너희 모든 더러운 것에서와 모든 우상 숭배에서 너희를 정결하게 할 것이며." Henry, Commentary, IV, p.1205, col.1.
58) 라켄버리의 웨슬리가 1749년에 Dr, Middleton에게 쓴 편지(EH, p.38)에 대한 언급이 웨슬리가 '섞은 성배(mixed chalice)'를 계속하여 사용하였다고 증명하기 위해 이용될 수는 없다. 여기에 언급되고 있는 글(Letters, II, pp.319-320)에서 웨슬리는 그에 대한 자기의 견해나 사용을 전혀 언급하고 있지 않다. 그는 단지 예수가 성례전을 제정함에 있어 유월절의 잔을 사용하셨다는 사실만 말한 것이다. 그런데 유대풍속에 의하면 포도주에 물을 섞는다는 것이다. 두 번째로, 그의 말은 초대 교회에 소개된 '섞은 성배'를 악용한다고 생각하면 안 된다고 한 것이다. 이런 것이 이 글들이 말하는 것(증거)이다. 웨슬리의 편지는 교부들을 변호하고 있는 것이지 자기의 가르침과 실행을 말하고 있는 것이 아니다. Baker, pp. 157-158, 373, n.71. cf. Parris, p.21.
59) St.S., I, p.493; N.T. Notes, 딛 3:5.

라고 지적하고 있는 것이다. 주님의 성만찬을 통하여 그리스도께서는 그의 백성을 먹이시고 키우고 있는 것이다. 그의 은혜가 사람의 영혼의 음식이 되고 있는 것이다. 떡과 포도주가 사람의 몸을 강해지도록 하듯이 그리스도의 몸과 피가 이를 테면 은혜와 영의 음식으로서 영혼을 강해지도록 하는 것이다.[60] "기쁨으로 당신의 목마른 영혼이 하나님의 은혜와 위로로 채워질 것이다. 이것은 당신이 하나님이 정하신 성례전을 사용함으로 하나님으로부터 받을 수 있을 것이다."[61]

성례전을 통하여 주어지는 모든 것은 위에서 이미 말한 3가지 생명과 밀접하게 연관되며 이는 근거, 효과, 완성이라는 말로 분명하게 설명되어 있다.

> "행위로 인한 것이 아니다(Not by Works)라는 말로 사도는 우리들의 구원에 대한 명백한 견해를 우리들에게 말해주고 있다.
> (1) 구원의 근거(cause): 이는 우리들의 행위나 의가 아니라 하나님 우리 구주의 친절과 사랑이다.
> (2) 효과들(effects): 하나님의 구원의 효과로 나타나는 것은 (a)칭의다. 그리스도의 공로로 말미암아 의롭게 되고 용서받고 받아드려지는 것은 이는 우리 안에 있는 어떤 공로에서가 아니라 오로지 하나님의 자비에 따라 하나님의 은혜 값없이 주시는 은혜, 무조건적인 선하심에 의한 것이다. (b)성화다. 이는 중생으로 마음이

---

60) Letters, II, pp.228, 357; Works, VII, p.148 Brevint (W), secs. III, 2-3, 5, pp.9,10 11; IV.s,4, 5, pp.13-15; V.4, p.18; HLS nos,11, 42, 52:2, 53:2, 57:1, 61:3, 63,64, 73:2, 80:5, 91:4, 107:1, 112, 115:1, 128:2; Duty of Receiving, pp.4,5-6, 10, 11, 20, 21-22, 36; N.T.Notes, 마6:11.
61) O.T. Notes, 사 12:3.

깨끗해짐으로, 그리고 성령에 의하여 새로워짐으로 시작되는 것으로 이는 물이 몸을 씻듯이 영혼을 씻으며 하나님의 형상을 새롭게 한다.

(3) 모든 것의 완성(consummation of all): 이는 우리가 영원한 생명의 상속인이 되는 것이요 지금 이 즐거운 소망에서 사는 것이다."[62]

그렇지만 은혜의 수단들을 통하여 주어지는 이런 효과들(effects)을 설명함에 있어 웨슬리는 좀 더 명백히 "나는 하나님께서 주님의 성만찬을 사람들의 여러 필요에 따라 선행적 은혜이든 의롭게 하는 은혜이든 성결케 하는 은혜이든 하나님의 은혜를 수여하는 수단이 되도록 제정하셨다는 것을 말했다."[63]

그는 은혜의 수단을 정의하면서 여러 가지 하나님의 은혜가 그 수단들을 통하여 주어진다고 같은 말을 한다. 그러면서 주님의 성만찬은 그런 같은 목적을 위하여 제정된 여러 은혜의 수단의 하나로서 역할 한다고 강조한다.[64]

선행적 은혜에 대한 웨슬리의 견해는 앞에서 상당히 논의하였기 때문에 여기에서는 논의를 반복하지 않겠다.[65]

그러나 선행적 은혜가 주님의 성만찬을 통하여 수여되는 일에 관하여는 논의를 해보아야 한다. 이 일에 있어 웨슬리 연구자들이 각별한 문제에 봉착하곤 한다. 첫 째로, 만약 선행적 은혜를 영혼에 처음으로 주어진 희미한 감동으로 이해하고 있는데 주님의 성만찬에서 이

---

62) N.T. Notes, 딛 3:5
63) Journal. Curn., II. p.361.
64) St.S., I, p.242. "나는 은혜의 수단은 하나님에 의해 제정된 외적 증표, 말씀 또는 행사라고 이해한다. 하나님은 사람에게 선행적 은혜, 의롭게 하는 은혜, 성결케 하는 은혜를 수여하는 일상적 통로가 되도록 지정하신 것으로 이해한다."
65) pp. 125 ff를 보라.

은혜가 주어져야 할 필요가 있다고 한다면 이는 모든 사람에게 주어진 선행적 은혜가 소멸되었고 그 사람에게는 구원에 이르게 하는 은혜가 전혀 없다는 것을 전제로 하고 있는 것이다. 두 번째로, 웨슬리가 말한 대로 이 사람은 영적 감각이 전혀 깨어있지 않고 그는 선과 악도 구별 못하고 영적인 일에 들어갈 문도 없다는 것을 전제로 하고 있는 것이다.[66]

세 번째로, 선행적 은혜가 성례전에 포함되어 있다고 하는 이 같은 글에서 웨슬리는 말하기를 주님의 성만찬에 참가하는 조건은 "하나님이 주시고자 하는 것을 받기를 원하고" 그리고 "자신의 죄를 느끼고 의지할 데 없는 상태를 의식하고 있는 사람"[67]이라고 하였다.

이 사람들의 경우에 선행적 은혜를 온전히 잃고 있는 사람은 자기 일을 실행할 수가 없다. 이 점에서 도전을 받은 웨슬리는 이어서 말한다. "나는 당신이 말하는 바 그 바람(하나님이 주시고자 하는 것을 받고자 하는 바람)에는 하나님의 온전한 뜻을 알고 또 그 뜻을 이행하려는 간절함을 더 첨가한다.

그리고 자신의 죄를 느끼고 자신이 아무것도 할 수 없다는 의식은 성결을 바라는 간절한 마음이 없이는 있을 수 없다."[68] 이런 규준에서 보면 그런 사람은 주님의 성만찬에 참가 못하도록 해야 할 것이다. 그럼에도 불구하고 그가 참가한다면 성령께서 그에게 그의 필요에 따라 어느 정도의 하나님의 은혜를 수여하지 않을 것이라는 법은 없다.

"미련하고 무감각한 이 불쌍한 사람은 하나님께서는 그에게 무의식중에 아마도 설교나 대화를 통하여 또는 어떤 놀라운 섭리가운데 또는 그를 즉각적으로 깨우침으로 어떤 외적 수단도 없이 찾아오고

---

66) St.S., I, p.181.
67) Journal. Curn., II, p.362.
68) Letters, II, p.231; cf. pp.202-203, 282-283.

계시는데 하나님을 전혀 생각하지 않으면서 제 길을 가고 있다.[69]

그러나 웨슬리는 선행적 은혜란 말을 광범위하게 그리고 포괄적인 의미로 사용하고 있는 듯하다. 모든 하나님의 은혜가 그렇듯이 선행적 은혜도 등급(정도, degree)이 있음을 인정한다. 그래서 이 은혜를 많이 가지고 있는 사람도 있고 적게 가지고 있는 사람도 있을 수 있다.

그리고 이 주어진 은혜를 활용하면 그는 계속하여 성장할 수 있을 것이다. 웨슬리는 여기 영어에 있는 'prevent'라는 말은 '앞서온다' 또는 '주어진다' 곧 '선행' 이라는 뜻이라고 정의한다. 이렇게 정의함으로 선행적 은혜는 칭의와 신생의 은혜 이전에 주어진다는 것을 의미한다. 다른 곳에서 웨슬리는 말하기를 구원은 이 선행적 은혜로 시작하며 이 은혜는 깨닫게 하는 은혜(회개)로 그리고 칭의, 성화로 계속된다고 한다.

깨닫게 하는 은혜(convincing grace)는 성례전의 은혜의 항목에는 빠져 있다. 회개가 의롭게 하는 은혜를 받기 전에 있어야 함으로 여기서 선행적 은혜는 넓은 의미로 해석되어 구원에 앞서 있는 또는 준비시키는 모든 은혜를 포함하고 있다고 쉽게 추측 할 수 있다. 선행적 은혜는 어느 정도의 깨우침도 포함하고 있다. 그래서 하나님께 죄지은 것을 깨닫고 있다. 깨닫게 하는 은혜는 같은 것을 더 많이 깨닫게 하는 것으로 이해된다.[70]

앞에서 말한 대로 이 선행적 은혜는 정도의 여러 차이가 있다. 이런 선행적 은혜는 만약에 사람이 하나님을 더 사모한다면 성령의 능

---

69) St.S., I, p.257; cf. II, p.52: 웨슬리는 진실로 사람의 구원을 위한 하나님의 활동의 자유를 제한하는 것을 거부한다. 그 외는 생략(역자).
70) Works, VI, p.509. '구원은 선행적 은혜로 시작한다. 선행적 은혜로 인하여 하나님을 기쁘게 하고자 하는 생각이 처음 생긴다. 하나님의 뜻에 대하여 처음으로 생각하며 자기가 하나님께 대하여 죄를 지은 것을 처음으로 가냘프게 느낀다. 이 모든 것은 그가 생명으로 나가고자 하는 경향이 있음을 뜻하는 것이다. 어느 정도의 구원이 시작된 것이다..... 이 구원의 역사는 깨닫게 하는 은혜 곧 회개에 의하여 계속되는 것이다. 이하 생략(역자).
71) St.S., II, p.445; Works, VI, p.512.

력에 따라 점점 커 질 것이다.[71] 그런 이해가 적법하다는 것이 문제의 글에서 지지되고 있다. 웨슬리는 주님의 성만찬이 거듭나게 하는 예식이라고 주장한다.

그러면서 "너희들이 그 증인들이다. 여기 있는 많은 사람은 주님의 성만찬에서 당신의 하나님께로의 회심(어떤 사람은 처음으로 깊이 깨달음)이 시작되었음을 알고 있다."[72] - 이를 테면 깨달음이 회심보다 먼저 일어나는 것이다. 더구나 주님의 성만찬은 죄를 억제하거나 또는 용서 받은 죄를 나타내고자 하거나 또는 영혼을 하나님의 형상으로 새롭게 하거나 하기 위해 하나님의 은혜가 필요하다고 느끼고 알고 있는 사람들을 위하여 제정된 것이다.[73] - 이 모든 것들은 각각 선행적 은혜, 의롭게 하는 은혜, 거룩하게 하는 은혜에 대응하며 해당되는 것이다. 물론 죄를 제거했다는 것이 선행적 은혜와 깨닫게 하는 은혜에서는 대단히 중요한 부분이다.

웨슬리가 "주님의 성만찬에서 많은 사람이 고통을 당하고 또한 치유를 받는다"[74] 라고 말할 때 또는 찬미의 저자가 다음과 같이 기도할 때는 웨슬리의 마음에는 이 은혜의 역사를 생각하고 있었던 것이다.

"주시기로 허락하신 당신의 약속하신 은혜를,
각자가 받게 될 때,
모두에게 축복의 슬픔도 주시고,
또한 기쁨과 청결한 마음도 주시옵소서."[75]

성례전을 통해 주시는 두 번째 큰 은혜는 칭의(Justification)이다.

---

72) Journal. Curn., II, p.361.
73) Journal. Curn. II, p.362.
74) Journal. Curn. VI, p.165.
75) HLS, no. 76:2.
76) pp. 130ff를 보라.

이 은혜의 내용에 대하여는 이미 설명하였다.[76]

그러므로 여기서 논하고자 하는 것은 주님의 성만찬의 성례전에서의 이 은혜의 특유한 역할에 관한 것이다. 웨슬리는 이 성례전도 거듭나게 하는 예식이라고 주장하면서 몇 가지 새로운 분야를 말한다.

첫 번째로 하나님은 그의 은혜를 주심에 있어 자유롭다는 원칙에서 그는 그가 선택하는 은혜의 수단을 통하여 또는 아무 수단을 통하지 않고도 은혜를 주신다.

두 번째로 주님의 성만찬은 죄에 빠졌던 신자에게 사죄(remission of sins)하신다. 그렇다면 논리적으로 다음과 같이 말하게 된다. 즉 만약에 용서와 관용이 온전한 믿음을 가진 자에게 주어진다면 왜 같은 은혜가 믿음이 적은 자에게도 마찬가지로 허락되지 않아야 하는가?

세 번째로 웨슬리는 경험을 통하여 많은 사람이 주님의 성만찬에서 의롭다함을 실제로 받은 것을 알고 있었다. 그렇다면 신학적 이론가들이 무엇이라고 주장하던 주님의 성만찬은 거듭나게 하는 예식이다. 그러나 웨슬리는 주님의 성만찬을 단순히 확인하는 예식(confirming ordinance)라고 하는 것에 반대하여 주님의 성만찬은 거듭나게 하는 예식이라고 주장하면서 무엇이 이 성례전의 역할을 구성하는가에 대하여 다른 의견을 제시한다. 웨슬리는 그의 글에서[77] 두 종류의 그릇된 견해를 자진 가진 사람들을 지적하며 비판한다.

첫째 사람들은 신자들이 의무적으로 지키도록 명을 받은 은혜의 수단은 없다고 하며 은혜의 수단은 여하튼 온전한 믿음을 가진 신자들만이 사용해야 한다고 주장하는 사람들이다.[78]

또 다른 사람들은 그릇되게 주님의 성만찬을 단지 확인하는 예식

---

77) Journal. Curn., II, p.361; cf. p.329.
78) Journal. Curn., II, p.493: 이 예식들에 대하여는.... 믿음이 없으면 사용하지 않아야 한다. 신자는 사용할 수 있다. 그러나 의무적으로는 아니다. 그러나 불신자는 사용하면 안 된다. 이하 생략 (역자).

(confirming ordinance)라고만 이해하는 사람들이다. 저들은 성례전의 기능(역할)을 한 가지로 축소시키고 있다. 곧 저들은 성례전을 그저 그로 우리를 확인시키는 표적(pledge)으로만 주장하고 우리가 성례전을 통하여 내적 영적 은혜를 받는다는 중요한 부분을 빠뜨리고 있는 것이다.[79]

외적 증표와 역사가 내적 확신과 증거 또는 거룩한 생으로 가고 있다는 증거를 대신하고 있는 것이다. 사실 이 견해들은 둘 다 아주 비슷하다. 이 두 견해는 이 예식을 이미 가지고 있는 믿음을 확인하는 것으로만 축소시키고 있고 은혜의 수단의 유익한 역할을 부정하고 있는 것이다. 그러므로 웨슬리는 거듭나게 하며 확인하는 예식을 간청할 뿐 아니라 그 역할을 하나님의 구원하시는 은혜의 주요한 부분으로 다시 정의하고 있는 것이다. 곧 이들은 구원의 순서(ordo salutis) 즉 선행적 은혜, 의롭게 하는 은혜, 성결케 하는 은혜의 구원론적 구조 안에서 역사하는 것으로 이해하고 있는 것이다. 이렇게 함으로 모든 부분에 있어 하나님이 능동적으로 계속하여 은혜를 주시는 것을 강조한다. 그리고 외적 증표보다는 예식이 상징하고 있는 그것을 주목하게 하고 있다. 그래서 확신은 은혜의 수단을 신뢰함에 근거하기보다는 성례전을 통하여 실제로 주어진 하나님의 은혜에 걸려있는 것이다.[80]

이와 같이 주님의 성만찬은 두 가지 다른 상황에 있는 수찬자(성찬을 받는 사람)에게 관용과 죄의 용서를 수여하는 것이다. "지금 우리가 하나님에 대한 죄를 범한 것을 깨닫게 될 때 주님의 죽음을 말하며 하나님의 아들의 고통당하심 때문에 우리의 모든 죄를 도말하여 달라고 탄원하는 것 이외에 하나님으로부터 용서받음을 무슨 더 확실한

---

79) Church Catechism, "Of Sacraments in General," Book of Common Prayer.
80) Works, VII, p.148; 이하 생략(역자).
81) Works, VII, p.148; Duty of Receiving, pp. 4-5; Nelson, Chr. Sacrifice, p.27.

방법으로 얻으려 하는가?[81]

즉 죄에 빠졌던 모든 신자는 용서를 받을 것이며 또한 새 힘을 받아 믿음의 생활을 살 수 있게 될 것이다. 그러나 두 번째로 용서와 관용은 은혜를 구하는 죄인에게도 제공될 것이다.

> " 믿음이 없는 사람이 주님의 성만찬에서 은혜를 받았다는
> 이 부정할 수 없는 사건에서 추리되는 것이 무엇인가?
> (1) 수단을 통하여 하나님의 내적 은혜가 일상적으로
> 사람에게 수여되며 또한 그 수단을 통하여 구원에
> 이르게하는 믿음을 그전에 그런 믿음이 없던 사람
> 에게도 수여케하는 은혜의 수단들이 있다는 사실
> 이다.
> (2) 그런 은혜의 수단들 가운데 하나가 주님의 성만찬
> 이라는 사실이다. 그리고
> (3) 이런 믿음이 없는 사람은 이 수단 또한 하나님이
> 제정하신 다른 수단들에 참가함으로 적당한 시기
> 까지 기다리라는 것이다."[82]

그러므로 웨슬리는 불신자도 주님의 성만찬에 참가해야 한다고 분명하게 주장하는 것이다. "모든 불신자도 기도하고 참가하는 것이 마땅하지 않는가? 그래 구하라 그리하면 그것(믿음)이 그에게 주어질 것이다. 그리고 만약 당신이 그리스도께서 죄가 있고 무력한 죄인들을 위하여 돌아가셨다는 것을 믿는다면 그 때는 떡을 먹고 잔을 마시라."[83]

그러나 여기에서 "믿지 않음(불신(unbelief)"이 "믿음이 없음(non

---

82) Journal. Curn., II, p.315; cf. p.330; Brevint(W), II.9, p. 8; III,7, pp.11012 , nos. 1:4, 10:4, 15:1, 28:2-3, 35:1-2, 38:1, 3, 42:5, 47, 58:2, 68:3, 73:1, 4, 75:2, 4, 76:3-4, 77:4;l 87, 103:1, 111:1-2, 107:2, 125:3; N.T. Notes, 고전 12:13; At.S., I, p.242.

belief)"을 의미하는 것이 아니다.

웨슬리는 이 말을 아주 제한적으로 사용한다. 웨슬리가 여기서 "믿지 않는 자(unbeliever)"라고 말할 때 이는 "아직까지 참 믿음을 갖지 못했으나 하나님의 은혜를 원하고 있다는 것을 알며 느끼고 있고 또한 그리스도께서 죄가 있고 무익한 죄인들을 위하여 돌아가셨다는 것을 믿은 사람들을 가리키고 있는 것이다."[84]

사실 웨슬리는 "거듭나지 않은 사람들" 가운데는 제자들도 있었다고 말하며 이를 그의 믿음과 실행에 대한 변호로 사용한다.

"우리 주님께서는 그 때 거듭나지 않은 사람들과 성령을 받지 못한 사람들에게 엄밀한 의미에서는 아직 신자가 아닌 사람들에게 자기를 기념하여 이를 행하라"고 명령하셨다.
그리고 이들에게 친히 자기 손으로 떡과 잔을 나눠 주셨다. 이는 의심할 여지가 없는 전형적 예(example)다."[85]

그리고 모라비안에 의하여 도전을 받는 가운데 ".... 만약에 메소디스트가 이 성례전이 믿음을 얻게 하는 수단이라고 주장한다면 저들은 그 확신에 따라 행하여야 한다." - 웨슬리의 간결한 회답은 분명하다. 그래 "우리는 그리 주장한다. 그리고 전에 죄를 깨달은 많은 사람

---

83) Letters, VI, p.124; cf. HLS, nos. 80:5, 83:1.
　　우리를 온전히 의롭게 하소서.
　　우리에게 당신의 사랑을 볼 수 있는 눈을 주소서.
　　당신을 하늘에서 내려오게 한 그 사랑이,
　　우리 하나님을 슬픈 사람이 되게 하셨네,
　　우리 죄가 용서받음을 보여 주소서.
　　오! 우리의 불신앙을 도와주소서.
84) Journal. Curn, II, pp.330, 362, 492 f.
85) Journal. Curn., II, p.361; St.S.,I, pp.257-258.
86) Journal. Curn., II, p.492, note, (또 Letters, I, p.347. note); cf. Letters, II, p.215, 여기서 웨슬리는 모라비안들이 "믿지 않는 사람들(unbelievers)"은 주님의 성만찬에 참가를 못하게 하는 것을 반대한다. cf. Works, VII, p.235.

들에게 그렇게 된 것을 안다.[86] 여기서 "믿지 않는 사람(unbeliever)이라는 자는 자기 죄를 깨닫고(회개) 어느 정도의 믿음을 가진 사람을 가리키는 것이다." 곧 이 사람은 그리스도께서 죄인들을 위하여 죽으셨다는 교리를 믿고 그리고 주님의 성만찬에서 온전한 믿음을 받을 수 있기를 원하며 정도에 따른 어느 정도의 믿음이 있는 사람이다. 그러나 웨슬리는 상습적으로 죄를 뉘우치지 않는 죄인은 거절한다. 찬미에서 성례전에는 두 종류의 결과 곧 죽음 아니면 생명이 나타난다고 표현하고 있다.

"주님, 당신이 제정하신 신비(Mystery)는
아주 경애할 만한 것으로,
생명 아니면 죽음을 전달한다.
불손하고 부정한 자에게는 죽음을 전한다.
당신의 은혜를 기대하는 자에게는,
우리의 믿음이 결코 헛되지 않을 것이다."

"하나님의 수단이, 분명히
당신의 사람과 또는 그리 될 모든 사람에게,
구원의 축배(Health)를 보급할 것이다."[87]

또한 웨슬리의 일지는 이 사실을 이론에서가 아니라 실제 경험한 바에 근거하여 많이 기록하고 있다. 다음의 글이 웨슬리의 기본적인 태도를 잘 드러내고 있다.
"그녀(Mrs. Crouch)는 오랫동안 성만찬을 받고자 하는 열망을 가지고 있었다. 그녀는 하나님께서 성만찬에서 자기에게 나타나시며 영혼

---

87) HLS, no. 56:1,3; cf. Brevint (W), sec. IV, 2,6, pp.13,15.

에 안식을 주실 것이라는 강한 신념을 가지고 있었다. 그런데 한 신사 (Mr. D.)가 그녀에게 당신이 산 믿음을 갖기 전에는 성만찬에 참가하지 말라고 강한 충고를 하였다. 이로 인해 그녀는 큰 혼란에 빠졌다.

그럼에도 불구하고 그녀는 드디어 사람의 말을 듣는 것보다 하나님께 순종하기로 결심하였다. 그리고 그녀가 "떡을 받아먹을 때" 하나님은 그녀에게 알려졌다. 그 순간 그녀는 자신의 무거운 짐이 제거됨을 느꼈다. 그리고 자신이 사랑하는 주님 안에 받아드려진 것을 알게 되었다. 그리고 그녀는 말로 표현할 수 없는 평안으로 채워졌다."[88]

챨스 웨슬리는 그의 어머니를 위한 비문에 다음과 같이 쓰고 있다.

" 아버지는 그의 아들을 계시하셨다. 그는 떡을 받아먹을 때 알려졌다. 그 때 그녀는 자기 죄가 용서받은 것을 알았다. 그리고 그녀를 위한 하늘나라의 증표를 발견했다."[89]

웨슬리는 그리스도의 속죄와 성령의 역사를 통한 적용을 연결시키면서 말하기를 "보혈"은 우리가 이미 본대로 칭의를 상징한다. 그리고 "이 보혈은 주님의 성만찬에서 상영되며 신자의 양심에 접촉 한다"고 하였다.[90]

또는 보다 분명하게 "하나님의 아들 예수 그리스도의 보혈이 우리의 모든 죄를 씻는다. – 원죄와 자범죄 할 것 없이 그 죄의 세력과 죄책을 물리친다."[91] 라고 표현한다. 웨슬리의 이런 성례전에 대한 견해는 다음의 노래에 잘 요약되어 있다.

---

[88] Journal. Curn., II, pp.279-280. 여기에는 성례전이 의롭게 하는 은혜를 전달하는 수단이었다는 예들이 기록되어 있다. Journal. Curn., V, p.162 (1766). "죄에 눌려 있던 여인이 성례전을 받기를 원했고, 결국 성례전을 통하여 영혼에 안식을 얻었다. 그리고 그 순간부터 하나님에 대한 지식과 사랑이 날로 증가했다." V, p.224 (1767): VI, p.165(1777), Works, XIV, p.263(1769): 그 외는 생략 (역자).
[89] Journal. Curn.,III, pp.31-32. (또한 Hymns and Sacred Poems (1749), I, p.282.)
[90] N.T. Notes, 요일 5:7.
[91] N.T. Notes,요일 1:7; cf. 롬 5:19; 히12:24; O.T. Notes,출 29:35; HLS, nos. 20:2-3, 31:1-2, 74:3-4.

"죄인이 두려움으로 가까이 다가와
그의 구주가 여기 계심을 발견하고
주님의 예식에서 조용히
성례전의 식탁에 손을 대고
치유하는 그의 능력의 나타남과
주님의 몸으로부터 흐르는 은택을 본다.

주님의 몸은 우리의 모든 축복을 주며
아직도 많은 도움을 주는 용상이다.
아직도 그 몸은 죄인을 온전케 만들며
하나님의 유출물을 방출하며
죽어가는 모든 영혼에게 생명을 준다.

용서, 힘, 평화 그리고 완전한 의가
그 거룩한 샘으로부터 생겨난다.
주님의 정결케 하는 피로 씻음을 받았으니
너 벌레 같은 자여 제사장과 왕에게 나아가
그리스도 안에서 일어나 하나님과 더불어
군림하라."[92]

주님의 성만찬을 통하여 수여되는 "현재 은혜"의 세 번째는 성화(sanctification)이다. 여기에도 다시 주님의 성만찬과 세례 간에 유사한 점이 있음이 드러난다. 이 두 예식은 앞에서 논의한 대로 의롭게 하는 은혜를 사람에게 수여한다. 마찬가지로 이 두 성례전은 성결케 하는 은혜의 수단이다. 단지 세례는 시초에 있는 것 곧 신생의 관점에

---

[92] HLS, no. 39.

서 특징이 있다. 그러나 주님의 성만찬도 칭의와 신생의 수단으로서 거듭나게 하는 예식으로 역할을 할 수 있으나 이것의 주요한 역할은 이미 신자인 사람들에게 성결케 하는 은혜를 수여하는 수단으로서의 역할이다.

이미 앞에서 지적한 대로[93] 성화는 순간적이요, 그리고 점진적으로 성장하는 것이다. 이것이 구원 과정의 특징이다.

> " 성경과 우리의 경험은 이 구원은 순간적이며 점진적인 것을 말해 주고 있다. 구원은 우리가 하나님과 사람에 대한 거룩하고 겸손한 인내하는 사랑에서 의롭다함을 받는 순간 시작한다. 이는 그 순간부터 겨자씨가 처음에는 아주 작은 것이지만 그 후 크게 자라 큰 나무가 되듯이 자라며 마침내 또 다른 순간에 마음의 모든 죄로부터 씻음을 받고 하나님과 사람을 향한 순수한 사랑으로 채워진다. 그러나 그 사랑조차도 모든 면에서 점점 자라서 우리의 머리이신 그와 하나가 되어 그리스도의 온전한 분량에까지 이르게 된다."[94]

웨슬리는 구원의 교리에 있어 특히 성화의 교리에 있어 그가 위험한 과오라고 생각하는 견해를 피하면서 심사숙고한 자신의 견해를 전개한다. 웨슬리가 보기에는 루터는 성화의 교리를 모르고 있거나 아니면 그의 성화의 개념은 명확하지가 않다.[95]

---

93) p. 149를 보라. cf. Letters, VII, p.222. Lindstrom, p. 123, 이하 생략(역자).
94) Works, VI, p.509. cf. ST.S., I, p.240. "우리가 거듭날 때 우리의 성화, 곧 우리의 내적, 외적 성결은 시작된다. 그리고 그 때부터... 우리는 점진적으로 우리의 머리이신 주님 안에서 성장한다. 또한 Works, VIII, pp.279, 328-329; St.S., II, p.446을 보라.
95) Works, VII, p.204.

어떤 모라비안들에 의해 극단적으로 나간 루터의 교리에 직면하면서 웨슬리는 성화의 교리 곧 도덕무용론(antinomianism)의 죽음을 의미했던 교리를 강하게 옹호한다. 여기에서 가장 중요한 것은 웨슬리가 상대적 변화(칭의)와 실제적 변화(신생 또는 성화의 시작)을 확실하게 구분하고 있는 점이다. 웨슬리가 생각하는 죄는 단지 죄짓는 행동에만 극한 되는 것이 아니라 유전 된 죄(sinfulness) (곧 타고난 죄, inbred sin)까지 포함하기 때문에 성화는 단지 전가된 성결(an imputed holiness)만을 포함한다고 주장하는 성화의 교리를 받아들일 수가 없다. 이 점에 관하여 1741년 9월 3일에 웨슬리와 진센돌프 백작 사이에 흥미로운 대화가 있었다.[96] 그 대화의 일부를 아래에 소개한다.

> "Z(진센돌프), 그는 의롭다함을 받은 순간 온전히 거룩해 진다. 그 순간부터 그는 더도 아니고 덜도 아닌 상태 그대로 죽음에 이른다.
> W(웨슬리), 그리스도 안에 있는 아버지는 새로 난 어린이 보다는 더 거룩하지 않는가?
> Z, 아니다. 우리의 칭의와 성화는 같은 순간에 일어난다. 그래서 그는 그 이상도 그 이하도 받지 않는다.
> W, 신자는 매일 하나님을 향한 사랑이 커진다는 것이 사실 아닌가? 그가 의롭다함을 받을 때 그가 사랑에서 완전해진 것인가?
> Z, 그렇다. 그는 하나님의 사랑에서 더 커질 수 없다. 그는 온전히 성결했기 때문에 그 순간에 완전히 사랑한다."[97]

---
96) Journal. Curn. II, pp. 487 ff. Moore, Life, I, pp.481-488.
97) Moore, Life,I, pp.485-486. (Journal. Curn., II, pp.489-490). 그 외는 생략(역자).

이 두 사람 사이에는 몇 가지 점에서 분명히 다른 점이 여기에 나타나 있다. 웨슬리도 주저함 없이 칭의와 성화를 연결시킨다. 그러나 그 시작점에서 연결되어 있을 뿐이다. 그리고 이 성화는 실제적인 것으로 외롭다함을 받은 사람의 생에 성결과 사랑이 실제로 생긴 것을 의미한다. 웨슬리는 전가된 성화나 성결의 개념은 전적으로 거부한다. 칭의에서 또한 하나의 실제 변화가 있게 되는데 이것이 신생이다.[98]

진센돌프에 있어서는 칭의와 성화 모두가 순간적인 것이며 전가된 것이다. 웨슬리는 그에 대한 논쟁을 하려하지 않지만 성화는 순간적이며 또한 점진적이라고 주장할 것이다.

마찬가지로 두 사람 다 전통적인 말 simul justus et peccator (의롭지만 당시에 죄인이다)을 이야기 하지만 그 말이 무엇을 의미하는가에 있어서는 크게 다르다. 진센돌프는 믿음으로 그리스도 안에서 전적으로 성결했다고 함과 동시에 한편 참된 신자 자신은 가장 비참한 죄인이라고 주장한다. 결과적으로 더 이상 자기를 부정하고 굴욕하고 또는 순결케 할 필요가 없다는 이야기이다.[99]

반면에 웨슬리는 주장하기를 "우리가 그리스도를 진정으로 믿는 순간 우리가 새로워지고 씻음을 받고 순결해지고 거룩해 졌다고 해도 우리는 아직도 전적으로(altogether) 새로워지고 씻음을 받고 순결해진 것이 아니다. 아직도 육(flesh)과 악한 성질이 (제어를 받고 있지만) 남아있어 영과 싸우고 있는 것이라고 말한다."[100]

---

98) Works, VII, p.205; St.S., II, pp.240,365-366, 446.
99) Journal. Curn., II, pp. 487 ff. Moore, Life, I, pp.482,484, 488.
100) St.S., II, p.378; cf. p.395: "우리는 의롭다함을 받는 순간 거듭난다. 그 순간, 흑암에서 빛으로의 내적 변화를 경험한다.... 그러나 우리가 전적으로 변화되었나? 하나님께서 창조 때 주신 하나님의 형상이 전적으로 변화되었나? 아니다. 우리는 아직도 깊은 죄를 계속 지니고 있다." 웨슬리는 이 문제를 그의 설교 "신자 안에 있는 죄"(St.S, II, p.360 ff)와 "신자의 회개"(St.S, II, pp.379 ff)에서 논의하고 있다. 또, Works, VI, p.526을 보라.
101) St.S., II, p.377; cf. pp.366 ff. Journal. Curn., II, p.359. "죄책(guilt)과 죄의 힘(poer of sin)", 그리고 죄가 있다는 것(being)은 각 각 다른 것이다. 신자가 죄책과 죄의 힘에서 벗어났다는 것은 인정하지만... 죄 자체(being of sin)에서 벗어났다는 것은 인정하지 않는다." p. 373. 이하는 생략(역자).

모든 신자 안에는 서로 반대하는 두 개의 법(principle) 곧 육과 성령, 또는 천성과 은혜의 세력이 있다.[101]

그러므로 칭의와 신생이 순간적으로 있은 후에는 점진적인 성화가 필요한 것이다. 곧 은혜 안에서 성장하고 하나님에 대한 지식과 하나님의 사랑에서 매일 전진해야 하는 것이다.[102] 그럼에도 불구하고 하나님을 기쁘시게 하는 한 순간에 "총체적인 변화"가 생겨 그 신자가 온전히 거룩해 지는 일이 있을 수 있다. 이것이 웨슬리가 말하는 "기독자 완전"이다. 이는 소극적인 면에서는 죄에서 해방되는 것이며 적극적 면에서는 하나님의 사랑으로 채워지는 것이다.[103]

" 여기서 말하는 완전이란 어떤 것인가?
이는 의심과 두려움에서 해방되는 것 뿐 아니라
죄에서도 해방되는 것이다. 모든 내적 외적 죄에서
해방되는 것이며 악한 성질과 악한 말과 행위에서
해방되는 것이다. 이는
'내가 네 마음에 할례를 베풀리라'는 표현에 암시되어
있는 바 모든 악한 성질에서 해방되는 소극적 축복 뿐
아니라 또한 '마음과 정성을 다하여 주 너의 하나님을
사랑한다.'는 표현에 분명히 포함되어 있는 바 선한
성질을 그들의 마음에 심어주는 적극적인 은혜이다."[104]

그러나 이 완전을 절대적인 완전으로 생각해서는 안 된다. "나는 당신이 사람이 천사처럼 완전해 질 수 있다고 생각하는 것 곧 그는 절

---

102) Works, VIII, p.329; cf. VII, p.205; St. S., II, p.447.
103) Brevint (W), sec. VII.12, p.28; cf. Brevint, sec, VII.19, pp. 103-104. 그 외는 생략(역자).
104) Works, VII, p.237; St. S., II, p.391. 웨슬리의 기독자 완전에 대한 견해를 더 자세히 보기 위해서는 그의 설교, "Christian Perfection"(St. S., II, p.247 ff) 과 "On perfection" (Works, VI, pp.411 ff), 그리고 "A Plain Account of Christian Perfection" (Works, XI, pp.366 ff) 을 보라.

대적으로 완전하며 그는 타락할 수도 없고 시험도 받지 않으며 그 순간 마음이 정결하며 그에서 타락할 수도 없다고 생각하는 것을 싫어한다."[105]

"온전한 성화"를 포함한 모든 성화의 본질은 사랑과 성결이다. 이 성결은 그것이 방금 거듭난 사람 안에 있는 성결이나 온전한 구원을 받은 사람 안에 있는 성결이나 모두 같은 종류의 성결이다.[106]

"사랑이 성화의 집약"(sum)이다. 이는 한 종류의 성결인데 이 성결의 정도(degrees)가 사도 요한이 말한 대로 어린이, 젊은이들, 아버지들로 구별되는 신자들에게서 각각 다르게 발견된다.[107] 그러므로 칭의와 신생의 순간적이며 극적인 변화를 통해 마음에 감동이 있은 때로부터 은혜 안에서의 계속적인 성장이 필요한 것이다. 그리고 성화의 계속적인 과정을 통하여 은혜와 성결, 사랑 안에서 점진적인 성장이 있게 된다. 그리고 이 성화의 과정은 순간적으로 이루어지는 온전한 성화에 의하여 절정에 이르게 된다. 그 후도 은혜 안에서 더욱 성장한다.[108]

이와 같이 웨슬리의 구원의 질서(ordo salutis)는 궁극적인 목표인 천국과 영광을 위해 필요한 신생과 온전한 성화의 중간 목표를 거치면서 종국적인 구원, 곧 영광과 천국의 목표를 향하여 나아가는 "은혜에서 은혜로(from grace to grace)"의 신학의 움직임이다.[109] 이 구원의 역사에서 성령은 성결케 하는 영으로 나타나 신자를 완전과 성결로 인도한다.[110] 그리고 그는 믿음의 수단을 통하여 그 일을 행한다.

---

105) Letters, IV, p.192; cf. Works, XI, p.383, 390, 417 ff. 442.
106) 웨슬리는 완전을 여러 다른 말로 표현하고 있다. Lindstrom, p.127 을 보라.
107) Works, VI, p.488; cf. XI, p.401: "순수한 사랑만이 마음과 생을 지배한다. -이것이 성서적 완전의 전부이다."
108) Works, VII, p.237; XI, pp.417,423, 426, 442, 446; St.S., II, p.156.
109) N.T. Notes,빌3:12. HLS, nos.15:2,38:3,42:5, 111:1, 164:2, cf. 39:3; St.S., I, p. p.230. "......... 우리의 전 생에 걸쳐 우리는 성결의 대로에서 그리고 정의와 자비, 진리의 길에서 견고하게 계속 걸어가며 하나님께로 똑바로 나아가고 있는 것이다."
110) Works, XI, p.445; St.S., II, p.202; HLS, nos, 77:3, 150; O.T. Notes, 단 9:24; N.T. Notes,고전 12:13.

> "믿음은 사람이 창조될 때 가졌던 그 거룩한 사랑을 회복시키는 중요한 수단이다. 믿음이란 그 자체에 가치가 있는 것은 아니지만 그러나 믿음은 우리 마음에 사랑의 법을 새롭게 세우는 일을 위해 끝까지 인도함으로 그리고 현재로서는 그렇게 하기 위해서 주어진 유일한 수단이기 때문에 귀중한 것이다. 믿음은 그렇기 때문에 사람에게는 이루 말할 수 없는 축복이요 하나님 앞에서는 말할 수 없이 귀한 것이다."[111]

그러므로 믿음은 모든 성결의 뿌리요 근거라고 할 수 있다. 믿음은 성화의 조건이다. "우리가 믿기를 시작하자 성화는 시작된다."[112] 믿음이 칭의의 조건이듯이 성화의 유일한 조건이다.[113] 이와 같이 웨슬리의 구원론에서는 믿음이 일치하게 중요하다. 그러나 동시에 믿음은 또한 성화의 계기(instrument)이다.

그래서 믿음이 커지면 그 만큼 성결이 더 거룩해 진다. "사람이 믿음에서 성장하는 만큼 그는 성결에서도 성장한다. 곧 그는 사랑, 겸손, 온유, 그리고 하나님의 형상의 모든 면에서 성장한다."[114] 믿음은 필연적으로 선한 일과 거룩한 일을 하게 한다. "그러므로 선한 행실이 우리의 믿음 심지어 내적 외적 성결에 잇따르지 않으면 우리의 믿음은 아무 가치가 없는 것이다. 우리는 아직도 죄 가운데 있는 것이다."[115] 이런 뜻이 웨슬리가 즐겨 사용하는, "사랑으로 역사하는 믿음(Faith working by love)"이라는 말에 의하여 잘 나타나 있다.[116]

---

111) St.S., II, p.80. "그러므로 믿음은 모든 의와 진정한 성결을 촉진시키는 일에 있어서 또한 믿는 사람들의 마음에 거룩하고 영적인 법을 수립하는데 있어서 아주 효과적인 수단이다." 또한 St.S.,I, p.81을 보라.
112) Works, VIII, p.279; St.S., II, pp.196-197.
113) St.S., II, p.453: p.457. 믿음이 성화의 조건이다. 믿음 없이는 거룩해 질 수 없다. 이하 생략(역자).
114) Works, VI, pp.488-489.
115) St.S., II, p.66,81; I, p.46; cf. Journal. curn., II, p.265; 이하 생략(역자).

믿음은 성화의 점진적인 과정의 수단일 뿐 아니라 또한 순간적인 온전한 성화(완전)의 수단이기도 하다. 온전한 성화는 행위에 의하여 구하는 것이 아니라 칭의에서 그랬듯이 순간에 믿음으로 받는 것이다. 그래서 웨슬리는 말한다. "믿음으로 그 은혜를 기대하라. 그대는 있는 상태에서 그를 기대하라. 그를 지금 기대하라."[117] 이런 구원론의 체계에서 은혜의 수단들이 필요한 일을 하는 것이다.

> "그리고 그는 '나 없이는 너희는 아무 것도 할 수 없다는 말씀에 매우 민감하였듯이 그가 매 순간 하나님으로부터 은혜를 받아야 하는 일에도 민감하였다.
> 그래서 그는 매일 하나님께서 사람에게 은혜를 주시기로 세우신 예식을 지켰다. 또한 사도들의 교리와 가르치심을 통해 간절한 마음으로 영의 양식을 받으며 떡을 떼어 먹음으로 그리스도의 몸과 교분을 가졌다. 그리고 많은 성도들이 기도와 찬미를 드렸다.
> 이와 같이 그는 하나님에 대한 지식과 사랑 안에서 힘을 더 얻으면서 은혜 안에서 매일 성장하였다."[118]

성례전으로 성결케 하는 이 은혜와 그것이 지니고 있는 내용에 대한 웨슬리의 사상은 풍요로우며 풍부한 것이다. 여기에서 아주 중요한 것은 성실하게 예배드리는 사람은 그가 성찬에 참여 할 때 하나님과 함께 한다는 것이다. 이 사실은 여러 가지 모양으로 표현되고 있다.

---

116) St. S., II, pp.66, 81; cf. Letters, IV, p.110: "메소디스트라고 불리우는 사람들의 근본 교리는 모든 일에 앞서서 참 믿음을 가진 사람은 누구나 구원을 받는다는 것이다. 이 믿음은 사랑으로 역사하는 믿음이요 이 믿음은 하나님과 이웃을 사랑함으로 내적 외적 성결을 낳게 하는 믿음이다." 또한 Works, XI, p.416; HLS, no. 107:2; Works, VII, p.56을 보라.
117) St.S., II, p.460. Journal. Curn., IV, pp.459-460.
118) St.S., I, p.97; cf. II, p.455; Works, XI, pp.368,402, 429.

어떤 때 웨슬리는 성례전을 통하여 하나님이 성령을 주시는 것이라고 표현한다. 신자가 실제로 이 성결케 하는 영을 받고 체험하는 것이다. "다 한 성령을 마시게 하셨느니라."- 곧 그 잔 안에서 우리는 믿음으로 성령을 받았으며 우리 모두는 한 영을 들이마신 것이다. 그 영은 처음으로 영감을 주었고 아직도 우리 영혼 안에서 하나님의 생명을 보존한다.[119]

이와 같이 성령은 친히 역사하시는 분으로 또한 주어진 선물로 이해되고 있다. 또 다른 곳에서는 예수 그리스도 자신이 이 은혜의 수단을 통하여 주어진 분으로 이해되고 있다. 십자가에서 돌아가신 어린 양이 오셨네, 그리고 여기 계시네. 예배드리는 자는 그리스도의 생과 더불어 자라왔다.

"떡을 받아먹으면서 우리는 예수를 먹는다.
그의 역사하는 모습은 안 보이지만
그러나 예수는 여기 계신다."[120]

실제로 하나님 자신이 사람에게로 오시는 것이다.

"누가 떡과 잔이 어떻게 하나님을 사람에게
오게 하신 것을 말할 수 있겠는가?

웨슬리는 "하나님을 크게 들이 마시고(larger draughts of God)" 하나님의 생명으로 채워졌음을 말한다.[121] 실제로 신자는 임재하여 우리를 위로하고 강하게 하는 삼위일체 하나님을 받는 것이다.", "........ 당

---

119) N.T. Notes,고전 12:13; cf. O.T. Notes,단 9:24; HLS, nos. 77:3, 150. 92:1.
120) HLS, no. 92:6 cf. nos. 27:4,35:1-2, 81; Duty of Receiving, p.19.
121) HLS. nos. 57:1, 54:5, 37:3,52:1; cf. 30:8,58:7,125:3.

신은 그리스도의 몸을 받았음으로 당신 안에 아버지와 아들 그리고 성령이 계셔서 당신에게 은혜를 주시며 당신을 위로 하신다."[122]

성례전의 은혜의 내용에 대한 그의 예상(presupposition)은 하나의 정적인 (static)인 상태를 말하는 것이 아니라 오히려 생명(life)의 역동적인 것을 말하는 것이다. 신생을 통하여 새로운 영적 생명이 생긴 것이다. 그리고 이것이 웨슬리의 성결케 하는 은혜를 이해하는데 결정적인 도움을 준다. 생명은 늘 영양물을 받아야한다 그렇지 않으면 죽는다. 성만찬은 예배드리는 자들에게 그리스도의 몸과 피를 실제로 전한다고 우리는 이미 지적하였다.[123] 여기에서 생명의 떡, 하늘의 떡, 살아 있는 떡 등의 말들과 또는 이와 비슷한 말들은 믿는 자들의 영혼을 보양하는 음식을 가리키는 말들이다. 이런 말들이 암시하는 것은 그리스도와 그의 모든 은택이 성만찬에 참여하는 자들에게 전달된다는 것이다.[124]

그리스도께서 자신의 고통당하심과 죽음을 통하여 새 생명을 획득하셨다 그리고 이 생명은 칭의와 신생을 통하여 사람들에게 주어진다. 그리고 하나님은 자신의 은혜를 더 주신다. 하나님은 그가 주신 생명을 먹이시고 유지하며 보전하겠다고 약속하셨다. 그리고 이것이 주님의 성만찬을 통하여 이루어지는 것이다.

"떡과 포도주가 우리의 자연 생명을 유지하듯이 그와
같이 우리 주님 예수께서 떡과 잔에 의해 표현된 힘과

---

122) Works, VIII, p.75. 여기서 웨슬리는 '부활에 대한 설교'를 인용하고 있는 것이다. Homilies, p.407.
123) Brevint(W), sec. IV.4, p.14: VI.2, p.22; N.T. Notes, 고전 10:16; p.184를 보라.
124) 여러 가지 말로 표현되고 있다. 예를 들어서 영원한 양식(떡, 잔, 음식), 생명의 떡, 하늘의 떡, 영원한 양식(떡과 양식), 그리스도의 살과 피, 성례전의 떡, 만나, 신비로운 떡과 포도주, 불멸의 양식, 제물의 양식, 영적인 고기. 그 외는 생략(역자).

은혜를 계속하여 공급함으로 그가 십자가에서 획득한 그 영적 생명을 유지하신다.... 그러므로 그리스도의 희생의 은혜가 그 주신 생명을 새롭게 하고 또한 보전한다."[125]

이 "생명(life)"은 우리 영혼 안에 있는 하나님의 생명이다. 세례 받은 사람은 "신비롭게 그리스도와 연합되어 있다." 그로부터 영적인 그리스도와의 연합은 세례 받은 자들에게 그의 은혜로 작용하기를 시작한다."[126] 그는 그리스도에게 접붙여 지었다. "우리는 하나님의 영을 통하여 이 새 뿌리로부터 새로운 영적 생명을 퍼 올린다."[127]

신자가 세례의 수단을 통하여 또는 성만찬과 같은 다른 수단을 통하여 거듭났던지 간에 영적인 연합이 긴요하고 중요한 것이다. 사람은 뱃속의 아이가 자기 생명을 위해 탯줄에 매달려 있는 것과 같이 자기의 생명과 생존을 위해서 이(영적인 연합)에 의존하고 있는 것이다.

웨슬리는 이 긴요한 상호관계를 열광적으로 표현하고 있다.

"이를테면 하나님은 계속해서 사람의 영혼 안으로 숨을 내쉬고 계신다. 그리고 사람의 영은 하나님을 향해 숨을 내쉬고 있다. 은혜가 사람의 마음에 내려오고 기도와 찬미는 하늘을 향해 올라가고 있다. 이 하나님과 사람의 교류에 의하여 아버지와 아들과의 사귐이 영적 호흡에 의하여 그렇듯이 영혼 안에 있는 하나님의 생명이 유지되고 있는 것이다. 그리고 하나님의 자녀는 성장하여 마침내 그리스도의 온전한 분량까지 이르게 되는 것이다."[128]

---

125) Brevint (W), sec. III. 3-4, p.10; Brevint, sec. III, 6, 8, pp.25, 27.
126) Works, X, p.191; cf. N.T. Notes, 고전 12:13.
127) N. T. Notes, 롬 6:3

그리고 이것을 하나님께서는 다른 수단들을 통하여도 하실 수 있겠지만 하나님께서는 각별히 주님의 성만찬을 통하여 이루시는 것이다.

"그리스도께서 초청하시고 먹이시겠다고 약속하셨다. 이 축제에 나아오라. 여기에서 그리스도의 은밀한 사랑 이 사랑이 회원들을 그들의 머리이신 분과 하나가 되게 한다."[129]

그렇다고 해서 진정으로 예배드리는 사람들이 예배드릴 때마다 이를 테면 자동적으로 이 "양식"을 받는다고 말하는 것은 아니다. 하나님은 자기가 원하는 수단을 통하여 자신이 원하시는 때에 은혜를 주신다.[130] 이것이 약속되어 있기는 하지만 성만찬에 참여하는 자들이 성만찬을 통하여 주어지는 그 은혜와 은택을 늘 의식하는 것도 아니다.

"그러나 의심 없이 우리는 그 은택을 둔감하게나마 조만간에 알게 될 것이다. 우리는 알지 못하는 사이에 강해질 것이며 하나님에 대한 봉사를 보다 잘 감당하게 될 것이고 그 일에 변함이 없게 될 것이다."

그리고 우리는 "하나님이 적절한 때라고 생각하실 때 그의 좋은 결과를 의식하게 될 것이다."[131] 웨슬리는 하나님이 이 일을 어떻게 행하시는 지에 대하여는 설명하려 하지 않는다. 사람으로서는 이를 알 수가 없다. 그러나 하나님이 행하신 것이 무엇인가는 우리가 알 수 있고 경험할 수 있다.[132]

---

128) St.S., II, p.234.
129) HLS, no, 60:1. 여기서 음식 먹인다. 보존 한다 등의 표현이 웨슬리의 성례전에서 많이 사용되고 있다. 그런 예가 다음 글에 나타나 있다. HLS, nos. 35, 40, 46, 57,65, 81:3-4, 84:2-4, 85:3, 92, 97:1, 112, 113; Duty of Receiving, pp.5-6, Brevint(W), sec. V, 3, p.18.
130) HLS, nos. 58, 60:4, 6, 77:1, 80.
131) Works, VII, p.155; Duty of Receiving, pp.37, 39.
132) HLS, nos. 57, 59, 92:6; Duty of Receiving, p.36. cf. Brevint(W), sec. IV.4. p.14: "당신이 가서 내가 축복한 떡을 받아먹으라고 말씀하실 때 나는 내가 당신의 살을 먹고 있는 것과 크게 다르지 않게 생명의 떡을 먹게 될 것을 의심하지 않는다."

그러기에 웨슬리는 브리스톨에 있는 협회들에게 보내는 편지에서 (1764) 다음과 같이 권고하고 있다.

> "성례전에 참여하는 기회를 놓치지 말라. 이를 게을리 한 사람은 모두 손해를 보았다. 그들의 대부분은 돌과 같이 죽었다. 그러므로 너희들은 본을 보이기 위해서 뿐 아니라 너의 영혼을 위하야 이 일에 충실이 행하라."[133]

"은혜란 무엇인가? 이는 우리가 하나님을 믿고 사랑하고 봉사하기를 가능케 하는 성령의 힘이다."[134]

웨슬리는 그가 일찍이 1736년에 미국 죠지아 서버나에서 2월 20일에 행한 설교에서 은혜의 수단을 통하여 주어지는 하나님의 은혜의 기본적 내용은 "능력(power)"이라고 말하였다.[135] 그러므로 웨슬리의 은혜에 대한 생각은 dunamis(능력, 권능)에 속한 것이지 어떤 물체나 형이상학적인 공리에 속한 것이 아니다. 이는 인격적인 능력(personal power)이다. 그리스도는 그의 능력으로 치유하신다. 성령과 능력은 주님의 성만찬의 수단에서 나타난다.[136] 웨슬리는 공동 기도문을 인용하면서 기록하기를 "우리는 그리스도 안에 거하며 그리스도는 우리 안에 거하게 된다.

이와 같이 함으로 하나님의 아들의 영이 우리를 약한데서 강하게 만드시며 죄의 노예에서 성결의 종들이 되게 하신다."[137]고 하였다.

---

133) Letters, IV, p.272.
134) Instr. for Children, p.7. pp.122-123, n.6.
135) Works, VII, p.494.
136) HLS, nos. 39:1, 92:1, 3.
137) Duty of Receiving, p.19; cf. Communion Service, BCP parker ed., p.223, "The Duty of Constant Communion," Works, VII, p.150.

그러므로 "신자는 주님의 성만찬에 정기적으로 참여함으로 거룩한 삶을 살 수 있는 힘을 받으며 그리고 하나님의 사랑 안에 머물러 끝까지 갈수 있는 힘을 받는 것이다."[138]
하나님은 그의 자비로서 이 능력을 계속적으로 공급하신다. 이를 우리는 경험하며 느낄 수 있다.[139] 린스트롬은 은혜의 수단에 대하여 말할 때 은혜의 수단에서의 강조점은 성화에 있다고 주장한다.

> "은혜의 수단의 역할은 내적 성결을 촉진시키며 하나님에 대한 지식과 사랑에 도움이 되게 하는 것이다.
> 이 수단들은 당신의 영혼이 의와 성결에서 새로워지게 하기 위하여 제정되었다. 그 강조점이 하나님의 선한 뜻이나 사죄(forgiveness)에 있는 것이 아니라 성화에 있다.
> 여기에서 은혜를 인간의 영혼에 진정한 변화를 가져오게 하는 gratia infusa (쏟아 부어진 은혜)로 보고 있다."[140]

린스트롬의 말은 맞다. 그러나 부분적으로만 맞다. 그가 은혜의 수단들이 성결케 하는 은혜를 전달하는 역할을 한다고 말한 것은 옳다.
그러나 웨슬리에 있어서는 수단들은 보다 넓은 역할을 한다. 수단들은 선행적 은혜와 의롭게 하는 은혜도 전달한다. 린스트롬의 말은 이 면을 언급하고 있지 않다.[141]

---

138) HLS, nos. 47:1, 112:3; cf. 28:2, 3; 35; 40:2, 56:4, 60:3, 84:4, 113:2; Works, VII, pp.147-148, 155; Duty of Receiving, pp. 5-6, 20, 21-22, 29, 37; Brevint (W),secs. II.9, p.8; III.3,7, pp.10-11; Journal. Curn., V, p.40; Letters, IV, p.332; V, p.365.
139) Brevint (W), sec. III.3, p.10; HLS, no. 85:1.
140) Lindstrom, pp.122-123; cf. ST.S., I, pp.241, 243, 260.
141) Lindstrom, p.122.

그리고 의롭게 하는 은혜의 내용은 하나님의 선한 뜻(God's Good will)과 사죄(forgiveness)이다.[142]

이와 같이 주님의 성만찬이 그렇듯이 은혜의 수단들의 역할은 하나님의 선한 뜻과 사죄와 은혜를 전하는 것이다. 이어서 린스트롬은 "웨슬리의 은혜에 대한 견해를 형성하는데 영향을 준 것은 위로의 아이디어가 아니라 능력(power)의 아이디어라고 말하는데"[143] 이는 정확한 것이 아니다. 이 점에서 린스트롬이 성례전 은혜에 대한 웨슬리의 견해를 깊이 살피지 못했다고 생각하지 않을 수 없다. 왜냐하면 웨슬리는 다르게 말하고 있기 때문이다.

웨슬리에 의하면 성례전 은혜를 통하여 주어지는 은택 가운데는 평화, 기쁨, 행복, 영혼을 새롭게 하는 것 등이 있다. 여기에는 위로와 능력도 포함되어 있는 것이다. 사실 이런 은택들은 능력과 힘도 아울러 언급되고 있는 것이다.[144]

웨슬리가 성결을 행복과 같은 것으로 보고 성결케 하는 은혜의 주된 열매는 성결이라고 말한 것을 기억하면 더욱 분명하다.[145] 웨슬리가 위로하는 은혜를 말할 때에 아마도 위로의 아이디아가 더 강하게 나타난다.

---

142) St.S., I, p.507; II, pp.445-446' Works, VIII, p.52; X, p.189, 190-191. 198, 313; N.T. Notes,마 11:28; 행 22:16, 엡 5:26, 딛 3:5; 벧전 3:21; Journal. Curm., II, p.135; Letters, II, pp.202,227; IV, p.42; Brevint(W), sec. III.1, p.9; O.T. Notes, 출 38:8, 렘 31:34.
143) Lindstrom, p.123.
144) HLS, Nos. 39:3,54:5, 56:4, 76:2, 81:2, 3, 92:4, 112:1; Duty of Receiving, pp.5,6, 19,20; Journal. Curn., IV, p 358: St.S., I. p.528; O.T. Notes, 시 65:4; Works, VII,, p.148; Letters, III, p.357.
145) Works, VI, p.237, 앞이 각주(144)에 주어진 내용을 참고하라.

> "예수 이 축제의 주인이시여,
> 당신이 바로 축제 자체입니다.
> 지금 아주 비천한 손님을 받아 주시어 모든 마음을 위로
> 하여 주소서.
> 그리고 위에서 내리는 떡으로, 위로와 사랑으로,
> 우리 영을 채우소서. 그리고 그의 말로 표현할 수 없는
> 선하심을 드러내 보이게 하소서."[146]

그러므로 린스트롬의 주장은 시정되어야 한다. 왜냐하면 웨슬리의 은혜의 개념에는 능력의 있을 뿐 아니라 위로(즐거움, 휴식, 강화, 기쁨, 위안 등)의 아이디어가 포함되어 있기 때문이다.[147]

앞에서 성결케 하는 은혜에 대해 논하면서 ordo salutis의 목적론적 성격이 있음은 지적한 바 있지만[148] 이런 성격은 웨슬리의 성례전 은혜에도 있다. 이 은혜의 목적은 믿음과 성결을 보존하게 유지하게 하는데도 있지만 더 나아가 믿음과 성결을 더 진전시키고 성장하게 하는 데 있다.

"은혜의 수단"이라는 설교에서 웨슬리는 기록하기를 "하나님의 은혜를 진전시키고 싶은 사람은 모두 주님의 성만찬에 참여하도록 해야 한다. 이것이 그리스도께서 친히 지시하신 것이기 때문이다."라고 하였다.[149]

---

[146] HLS, nos. 84:3, 92:7; Works, VII, pp.148-149; VIII, p.75 (cf. Homilies, p.407); Journal. Curn., II, p.17; IV, p.432; V, p.300; VII, p.282.
[147] 예로서 성결케 하는 수단으로서의 주님의 성만찬에서 위로와 능력의 축복을 체험한 바가 있다. Journal. Curn.,II, p.117 (1738): IV. p,432(1761), "주님의 성만찬과 저녁 집회에서 많은 사람이 힘을 얻었고 위로를 받았다." 그 외에도 여러 경우에 힘과 능력을 받았다는 실례가 있는데 이는 생략함(역자).
[148] pp.149, 206.
[149] St.S., I, p.251; cf. Works, VIII, p.31. "성례전을 행함, 바로 이것이 하나님이 이로써 믿음을 증대시키는 일반적 수단이다."

이것이 은혜에서 성장하는 최선의 길이다. 신자는 하나님의 은혜에 의하여 능력에서 능력으로 성장해 나아가 그리스도의 온전한 분량까지 이르는 것이다.[150]

이 성례전을 통하여 주어진 은혜는 성결케 하는 은혜로서 이 은혜는 죄인의 영혼을 온전하게 만든다. 점차 신자는 거룩해지며 열심과 사랑 그리고 내적 외적 성결로 채워지게 된다.[151]

이와 같이 신자는 성결과 사랑에서 성장하여 마침내 주님의 성만찬을 통하여 놀라운 축복 곧 온전한 성화(기독자 완전)의 은혜를 받는다. 그리하여 하나님의 성품, 성결, 영원한 생명으로 되살아난다. 그의 본성은 변했다. 그의 영혼은 하나님의 형상에서 새로워졌다.

> "우리는 믿는다 당신은 할 수 있으며 당신은 원하시기에
> 여기 있는 우리는 당신의 본성을 받으며 그리고 당신의
> 하늘의 형상을 지니게 될 것이다."

성례전에 사용되는 찬미가 이런 믿음을 기도의 형식으로 잘 표현하고 있다.

> "주여, 오셔서, 당신의 지상의 은혜를 나눠 주소서
> 여기에 당신의 형상을 나타내
> 우리들의 마음에 당신의 그 전 형상을 찍어 넣으소서.
> 그리고 우리의 모든 것은 당신의 것입니다.

---

150) HLS, nos. 27:2, 76:2, 107:2, ST.S., II, p.234; Duty of Receiving, p.1,6, 36, 40 (cf. Nelson, Chr.Sacrifice, pp.18,28; Beveridge, Theol. Works, VIII, pp.587-588); Brevint(W), sec,. III.7, p.12.
151) HLS, nos. 38:1, 39:2, 60:3, 92:7; Duty of Receiving, pp.6(cf. Nelson: Chr. Sacrifice, p.28), 19, 38 (cf. Beveridge, Theol. Works, VIII, pp. 589-590), 40 (cf. Nelson, Chr. Sacrifice, p.61); N.T. Notes, 히 13:20; Brevint(W), secs. II.9, p.8; IV, 3, p.17; V.1,5, pp.17,18-19; Journal. Curn., IV, p.358; St.S., I, 528; Workds, VII, p.150.

오, 우리 모두가 당신의 성품을 가지게 하소서....

우리에게 당신의 온전한 구원을 보여 주소서....
오 주여 우리들의 능력을 계속 회복시켜
우리가 사랑 안에서 새로워지게 하시고
우리가 당신의 큰 은혜와 당신의 완전한
사랑을 나타내게 하소서."[152]

장차 있을 하늘나라에서의 삶을 위한 준비로서 성결이 필요한 것이다.

"여기 약한 어린 상태에 있는 우리가
성장하여 우리 머리이신 분에 이르러
우리 주님 앞에 성자로 나타날
준비가 이 땅에서 하늘나라를 위해
다 된 것이네.

우리는 그의 형상을 되찾을 것이며
그 분의 분량에 이르고
완전한 사람이 되어
하늘에 오르리라....."[153]

---

152) HLS, nos. 20:4, 31:3, 32:2, 35:3, 40:2, 52:2, 66, 81:3, 83:2, 84:3, 85:3, 87:7, 112:3; Journal. Curn., II, pp.361-362; Duty of Receiving, p.19, St.S., II, p.234; Brevint(W), secs. III, 7, p.12; VIII, 3, p.30.
153) HLS. no. 102:2-3; cf. nos. 54:1, 104:2, Works, VII, p. 150; VIII, p.75.

웨슬리의 성화와 기독자 완전의 교리를 말함에 있어 모든 진실한 성도들과의 연합과 교제를 언급하지 않으면 안 된다. 여기서 말하는 사랑과 성결에서의 연합은 통명스럽게 "완전(성결) 하여 하나 되라 (Be perfect(sanctified) in One)"라고 표현된 그런 연합인 것이다.

이 말은 요한복음 17장 23절의 말씀을 웨슬리가 그의 신약성서 주석에서 만들어 낸 표현이다.[154] 사랑은 연합시키는 힘이다.

그러므로 하나님의 사랑으로 충만한 사람들은 결과적으로 하나가 될 것이다. 그리고 주님의 성만찬은 또는 거룩한 성찬은 그 이름이 암시하듯이 이런 연합이 있게 하고 지속시킨다. "우리를 하나 되게 하는 것은 이 성만찬이기 때문이다. 우리는 많은 우리지만 한 몸의 다른 지체인 것이다. 그리고 우리가 받는 떡은 우리를 한 몸에 연합시킨다."

신자들은 그들의 머리이신 예수 그리스도와 연합되어서 한 몸이 된 것이다. 예수 그리스도가 이 연합의 띠요 중심이다.[155] 다음의 성례전의 찬미 하나가 이 연합의 아이디어를 잘 들어내고 또한 웨슬리의 견해도 잘 보여주고 있다.

" 주여, 이와 같이 당신을 기억하는 당신의 종들이 얼마나
행복한가. 무슨 말로 우리들의 향기로운 일치,
우리들의 완전한 조화를 말할 수 있겠는가!

당신의 신비로운 식사를 나누는 우리들은 당신의 식탁
에서 먹습니다. 우리는 여럿이나 우리는 하나이며 분리

---

154) N.T. Notes, 요 17:23. "that they may be perfected in one". RSV는 , "...that they may become perfectly one."로 번역했다.
155) N.T. Notes, 고전 10:17; cf. HLS, nos, 37:5, 52:1, 57:4, 91:4, 104:2, 111:2, 117:2, 129:2;
N.T. Notes,,롬 12:5, 고전 12:12, 엡 2:14, 4:4,공 1:22; Brevint(W), sec. VII, 3, 5, p.24. Letters, I, p.20. St.S., II, p.308; Works, X, pp.121, 152. (William. Catechism, p.80). 또한 Augustine, Letter 185, ch 50, F of Ch., III. 189-190; Tract. John XXVI, 17-18, NPNF, VII, p.173; Cyprian, Letter 69.5, LCC, V. p.153.를 보라.

되지 않은 하나의 떡이니라.
우리는 지금 믿음으로 하나님의 생명의 떡을 먹고 있다.
우리들의 마음과 생각 그리고 영은 예수 안에서 모두 합친다.
죽으신 예수의 사랑 안에서 영혼들이 함께한 그 소중한 관계는 우리가 하늘에서 연합될 때에 더욱 더 친밀해지게 될 것이다."[156]

앞에서 성결케 하는 은혜의 내용을 논의할 때에는 주로 그 은혜의 적극적 면 곧 성결과 사랑으로 채워지는 면을 말했다. 그러나 그 은혜의 소극적 면도 있다.

그래서 그 은혜는 '씻는다, 숙청한다, 고행한다, 자기를 부정한다, 희생한다'는 의미(elements)도 포함하고 있는 것이다.

웨슬리의 성례전 신학에 있어서는 이런 면에도 주님의 성만찬이 중요한 역할을 한다. 그러나 주님의 성만찬에 관련하여 이를 적절히 논의하는 것은 웨슬리의 희생제물(sacrifice)에 대한 개념에서 논의 되어야 한다. 그러므로 이 문제는 다음 장에서 다루게 될 것이다.[157]

---

156) HLS, no. 165.
157) pp. 236 ff을 보라.

3장 하나님의 구원사역과 성령의 역사
4장 효과적인 증표 · 예수의 속죄
5장 은총의 효과적인 수단 : 적용된 예수의 속죄
    1) 은총의 수단들
6장 은총의 효과적인 수단 : 세례
7장 은총의 효과적인 수단 : 성찬
8장 천국의 효과적인 표적 : 예수의 대속
    천국에 대한 확인(possession of its purchase Assured)
    세례와 성찬
9장 효과적인 희생 : 수용된 예수의 대속
    1) 세례
    2) 성만찬

3부

성례전의 역할

The Function of the Sacraments

제 8 장

하늘나라의 효과적인
보증(pledge)인 세례와 성만찬

성례전의 세 번째 역할은 앞으로 올 영광의 보증(pledge)에 관한 일이다. 이 역할이 앞에서 논의한 바,[1] 기념으로서, 은혜의 수단으로서의 역할과 함께 작용하여, 성례전은 세 가지 역할을 한다.

> "첫 째는, 우리에게 영원한 행복으로 가는 자격을 얻게 한, 주님의 거룩한 수난(Holy Suffering)을 새롭게 그리고 신선하게 설명하는 일이고, 두 번째는, 우리를 그에 적합하게하기 위하여 필요한 모든 은혜를 나타내며 또한 수여하는 일이고, 그리고 세 번째는 우리가 자격을 갖추었을 때는, 하나님께서 주님이 획득하신 그것을 우리에게 성실하게 공급하실 것이라는 것을 확인시켜 주는 일이다."[2]

이 세 가지 역할은 서로 뒤섞여져 있고, 또한 서로 의존하고 있다. 십자가에서의 그리스도의 죽음과 희생은 "영원한 행복으로 가는 자격"과 권리, 상속권을 획득하였다.[3] 이것이 기념하게 하는 역할의 초점이다. 은혜의 수단으로서, 성례전은 하늘나라 가기에 적합하도록 그리스도와 그의 모든 은택을 전달한다. 즉 성결하지 않고는 하나님을 볼 수 없을 것이다. 그런데, 이 성결케 하는 은혜가 이 수단을 통하여 주어지는 것이다. 이는 보증으로서, 두 단계로 역할 한다. 첫 째로, 이 성례전을 통하여, 수찬자들에게 상속의 권리 또는 자격이 실제로 주어지는 것이다.

---

1) 기념으로의 역할에 대해서는 pp. 86ff를, 은혜의 수단으로서의 역할에 관해서는 pp.121ff를 보라.
2) Brevint (W), sec V.4, p.18.
3) HLS, nos, 38:3, 103:2.

"그와 같이 예수의 몸과 피는 대단히 중요하다.
그리고 영광스러운 하늘나라에 대한 확실한 권리(title)가
성찬식에서 저들이 받는 떡과 포도주에 의해,
참 그리스도인에게 주어진다. 이를 집례 함에 있어
그리스도의 성직자는, 옛날 예언자가 그가 하는 일에
대해 그랬듯이, 주님으로부터 그런 권능을 받아 가지고
있는 것이다."[4]

두 번째로, 거룩한 성례전은 주님께서 우리에게 주시는 증표(pledge)이다. 즉 주님께서 우리에게 영광을 주실 것이며, 주님이 우리를 위하여 획득하신 것을 우리에게 분명히 공급하실 것이라는 것에 대한 증표다. "성별된 떡은 그리스도의 몸을 제시할 뿐 아니라, 그의 효력이 땅에 있는 영혼들에서 생기게 한다. 그러나 대가를 치름으로 얻어진 하늘에서의 우리들의 행복에 대해, 성별된 그 떡은 그에 대한 권리를 확인시키는데 가장 신선한 도구의 역할을 한다."[5]

그러므로 이 확신에 대한 근거가 되는 것은 성례전이 아니다. 성례전은 단지 도구의 역할만을 한다. 이 확신은 하나님께서 성례전을 그렇게 사용하실 때만 생기는 것이다. 그리고 영광에 대한 권리나, 확신은 오로지 신자들에게만 전달되는 것이다.

주님의 성만찬은 하나님의 약속을 나타내 준다. 이는 하늘에서 예수님과 함께 살 우리의 희망에 대한 증표다.[6] 이 희망은 우리가 단지 동경하는 생각이 아니다. 이 희망은 견고한 근거에서 나온 희망이다.

사랑이 믿음에서 우러나오며, 믿음의 분량에 따라 커지듯이 희망

---

4) Brevint (W), sec. V. 6, p.19; cf. Brevint, sec. V. 8, p.64; Works, VI, p.430.
5) Brevint (W), sec. V. 4, p.18; cf. Brevint, sec. V. 6, p.61. 또한 Brevint (W), secs. II.1, p.4; V.1, p.17; O.T. Notes, 시 65:4; HLS, nos. 38:3, 45:2, 101:2, 102:1, 103:2, 107:1, 114:6-7; Works, VII, pp.148, 150; VIII, p.75를 보라.
6) Brevint (W), sec. V, 7, p.19; HLS, no. 95:3.

도 그렇게 생기고 커지는 것이다.⁷ "여기서 믿음은 우리가 과거에 믿은 것들의 증거요, 우리가 앞으로 바라는 것들의 실상이다."⁸

보증으로서의 역할의 한 쪽인 기념으로서의 역할에 있어서 전제되는 것은 성령을 통하여 믿음으로 그리스도의 몸과 하나가 되는 것이다. 하나님의 복적에 있어 그의 교회와 천국은 둘이 서로 붙이 다닌다.

즉 성소에서 지성소로 나아가듯이 천국으로 인도하는 길이다. 교회와 천국은 그리스도께서 하나님의 나라라고 부르는데 내포되어 있다.⁹

이와 같이 신자들은 과거와의 관계에서 뿐 아니라 미래에 대해서도 시간과 공간을 믿음에 의하여 초월한다.¹⁰ 우리가 이 땅에 살고 있는 동안에는 영광의 생을 가질 만큼 아직 성숙하지 못하다. 또한 그를 감당할 능력도 없다.

그러므로 우리들의 영광의 생은 하나님의 품에 감추어져 있는 것이다. "우리는 믿음으로 이 놀라운 보화를 하나님의 손에 맡겨 놓고 있는 것이다. 그리고 하나님은 이 보화를 잘 보관하고 있다가 우리가 만날 때 우리에게 주시겠다는 것을 성례전을 통하여 우리에게 확인시키고 있는 것이다."¹¹ 그러므로 여기에서 올바르게 주님의 성만찬에 참여하고 있는 사람들은 그들이 믿음과 성결함이 없이 타락하고 있지 않는 한, 하늘에서의 그리스도의 "혼인 잔치"에 참여하게 될 것이라는 것을 의심할 이유가 없다.

---

7) Works, VI, pp.355 (faith), 357 (hope), 358 (love).
8) Brevint (W), sec. II.8, p.7.
9) Brevint (W),sec. V.2, p.17; cf. Brevint, sec. V.3, p.58; HLS, no.96:2-3.
  "당신의 사랑 안에서 승리를 거둔 교회,
   저들의 큰 기쁨을 우리는 안다.
   저들은 위에서 찬미로 어린양을 노래하고,
   우리는 아래서 찬미로 노래한다.
   저들은 당신의 영광스러운 왕국을 찬양하고,
   우리는 당신의 보좌 앞에 고개를 숙인다.
   우리는 당신의 은혜의 왕국 안에 거하나,
   그러나 왕국들은 하나이다."
10) pp. 89 f를 보라. 여기에 다시 웨슬리의 "eternal here and now"의 교리가 나타나 있다.
11) Brevint (W), sec. V.3, p.18; cf. Brevint, sec. V.5, p.60; HLS,no. 38:4.

"우리를 당신의 것 만들기 위하여 죽으신 그리스도께서 그가 이룩하신 것을 취하여 자신과 한 영이 되게 하시고 그의 살에서 살을 그의 뼈에서 뼈를 만드시려 하시지 않겠는가?' 우리가 알거니와 그는 그리 하실 것이다. 그는 여기에 하나의 상징물을 두시고 우리에게 명령하신다. 언덕 위에서 그를 만나라 그리고 하늘에서의 혼인 잔치를 유지하라."[12]

이와 같이 주님의 성만찬은 이를테면, 하나님께서 합의한 사항의 하나님 편의 일을 지키겠다는 증표이며 확인시키는 것이다. 그러나 이렇게 말하는 것이 웨슬리가 칼빈주의의 성도의 견인 설(doctrine of perseverance of the saints)을 간접적으로 나마 받아 드린다는 것은 아니다. 그러나 여기에는 조건이 있다. 곧 그들이 스스로 타락하지 않아야 한다는 것이다.

이를테면, 은혜에서 타락할 가능성이 항상 있다는 것이다. 이런 견지에서, 성례전이 "틀림없는 보증"이라고 생각하는 것이다.[13] 따라서 모든 문제는 다시 우리가 앞에서 다룬 바 있는 은혜의 언약의 문제에 봉착한다.[14] 웨슬리는 법정에서 사용하는 언어로 그리스도께서 피로 사신 것들이 믿는 자에게 실제로 주어질 것이라는 약속을 주신 것이라고 지적한다. 여기서 세례와 주님의 성만찬의 성례전을 보증(pledge)으로, 다시 말해서 체결한 언약의 실행에 대한 담보로 주어진 것으로 생각하는 것이다.[15]

---

12) HLS. no. 114:6-7; Brevint (W), sec. V.2, pp. 17-18; cf. Brevint, sec. V.3, p.58; HLS, no. 100:4-5.
13) Brevint (W), sec. II.1, p.4.
14) pp.136ff을 보라.
15) 세례를 보증이라고 불렀다(Works, X, p.188. 이하 생략(역자).

그러나 성례전은 또 다른 보증도 하고 있다고 생각한다. 곧 성례전은 언약의 "인장 (seals)"인 것이다. 웨슬리의 정의에 의하면 "인장"은 글의 확실함의 기호(mark)인 것이다.[16]

이와 같이, 성례전은 인장으로서 하나님과 신자 사이에 맺어진 합의 사항이 진정한 것임을 확증하는 것이다. 세례는 할례가 그렇듯이 언약에 들어가는 것에 대한 인장이다.[17] 그런가 하면 주님의 성만찬은 확인시키는 인장이다. 이는 그 자체가 서약이 아니고 서약에 대한 인장이다. 그것으로서 인장이 그 약속을 확증하는 것이다. "이것이 하나님께서 사람에게 은혜를 약속하거나 주실 때, 그의 말씀과 선물을 어떤 증표를 가지고 확증하는 하나님의 일반적인 방법이다."[18] 세례가 진심으로 회개하는 어른들에게는 용서의 인장(인치심)이 듯이 주님의 성만찬은 언약의 내용을 충족시키고 있는 모든 사람 곧 믿는 자들에게 그들의 죄가 용서를 받으며 그들의 영혼을 위한 양식을 공급받을 것이라는 것을 확인시키면서 하나님이 그들에게 영원한 구원을 주실 것을 확증하며 보증(seal)하는 것이다. 이와 같이 성례전은 세 가지의 인장(인치심, seal)과 보증(pledge)의 일을 하는 것이다.

곧 이는 모든 사람을 위한 구원을 마련하신 그리스도의 죽음, 속죄의 유효성(validity)를 확인하는 일, 해당된 언약의 의무를 이행하려는 모든 사람에게는 지금 구원이 약속되어 있다는 것을 확인(seal)하는 일, 이는 믿는 자를 위하여, 주님이 마련하신 것(purchase)을 그들에게 영광중에 주실 것이라는 것에 대한 보증(pledge)이라는 세(3) 가지이다.[19]

---

16) N.T. Notes, 요 6:27.
17) pp. 138 f을 보라. Works, X, pp.188,192, 193, 194,195, 196, 197, 199, 201, 240; O.T. Notes, 창 7:10,21:4; 출 13:22; 여 5:5, 7; Poet. Works, V. p.388.
18) Brevint (W), sec. III.1, p.9: 웨슬리는 이어서 말하기를, "그리스도께서도 이런 모양으로 내적, 영적 은혜의 외적, 가견적 증표를 지정하여, 그가 죄에서 씻을 받을 것이라는 것을 믿는 자에게 확인시키셨다. 이하 생략(역자).
19) O.T. Notes, 시 50:5; N.T. Notes, 막 14:24; 눅 22:20; HLS. nos. 1:4, 13:2, 71:2, 90:21; St.S., I, p.251; Brevint(W), sec., Vi.4, p.23.

여기에 있어서, 웨슬리가 "확인하는 인치심" 또는 확신 같을 것을 말할 때, 그는 언약의 법적인 구조와 연관시켜, 이를 법정에서 사용하는 용어로 표현 하고 있다는 점을 유의하여야 한다. 따라서 웨슬리는 언약 내용의 하나님 편의 것을 하나님이 성실히 지키고 있다는 것을 확인하고 있는 것이다. 또한 이 약속은 그 언약의 의무를 지키고 있는 사람들 곧 믿는 자들에게만 주어지는 것이다. "이 영원한 생명은 말씀으로 표현 되었고, 성례전에 의해 확인되어, 언약을 지키고 있는 사람들에게 주기로 되어 있는 것이다. 그리고 그에 대한 증거물(earnest)이 모든 믿는 자들에게 주어졌다."[20]

그러나 웨슬리는 보증의 수단을 통하여 확신을 인식한다는 주장은 분명히 거절한다. 웨슬리는 진정한 그리스도인의 표적(marks)에 대하여 말할 때, 그는 단언하기를, 어떤 외적 형태나 행동이 내가 은혜의 상태에 있다. 곧 나는 거듭 났다는 것에 대한 담보물(guarantee)이 될 수 없다고 말한다. 사람이 설사 세례를 받았고 규칙적으로 기도 가운데 예배하며 성만찬에 참여한다 하여도, 그가 아직도 그리스도인이 아닐 수 있다는 것이다.[21]

더욱이, 그는 영국교회의 교리 문답서에서 말하고 있는 성례전에 대한 정의를 말함에 있어, "이로써 확인케 하는 보증"이라는 말을 생략하곤 하였다.[22]

그리고 영국 교회의 기도문 집(Book of Common Prayer)을 미국 교회에서 사용하기 위하여 수정함에 있어서도, 웨슬리는 성례전에 관한

---

20) O.T. Notes, 창 17:8; cf. N.T. Notes, 롬4:11.
21) St.S., I, p.267,295-296, 300; II, pp.237-238; Works, VIII, pp.48-49; Letters, I, p.337; II, p.266; 또한 pp. 155 ff를 보라.
22) St.S., I. p.242; II, p.237; Works, VIII, p.48; Letters, III, p.357. cf. Duty of Receiving (1732), p.19. Works, VII, p.150. 이 말(phrase)이 전에는 있었는데, 후에는 생략했다. 이는, 이점에 있어 웨슬리의 견해가 변하였다는 것을 의미한다.

조문에도 중요한 문장(phrase)을 생략하였다. 곧 신조의 XXV(웨슬리의 신조, XVI)에서 ".. 이는 분명한 증거요 은혜의 유효한 증표다"라는 말을 생략하였다.[23]

이와 같이 웨슬리는 (세례에 관한) 신조 XXVII에서도 아래의 문장을 생략하였다 (cf. Wesley's article XVII).

"그러나 이는 중생 곧 신행의 증표다. 이를 통하여
곧 이 도구에 의하여, 세례 받은 자는 교회에 접붙여지며,
죄에서의 용서의 약속과, 성령에 의하여 하나님의 아들로
받아 드려짐의 약속이 알려지며 인치 심을 받는다.
믿음은 확인 되고, 은혜는 하나님께 기도함으로 더하여졌다."[24]

(주님의 성만찬에 관한) 조문 XXVII I이 웨슬리의 조문 XVIII 로 옮겨졌는데, 여기에는 생략한 문장이 없다.[25]

이런 변경과 생략이 많은 웨슬리 학자들이, 이는 세례를 통한 중생의 교리(baptismal regeneration)에 대한 웨슬리의 견해가 변경되었기 때문이라고 결론 내리게 하였다.[26]

이런 이해는 웨슬리가 조문 XVI (Wesley's article XII)에 있는 문장, "세례 후에 있는 죄에 관하여(Of sin after Baptism)"을 "칭의 후에 있는 죄에 관하여(Of sin after Justification)"로 변경한 것을 가지고 그리 이해한 듯하다. 그러나 그들이 내린 결론은 몹시 의심스럽다. 세례

---

23) Wheeler, pp. 36-37. 이하는 생략(역자).
24) Wheeler, pp.38-39. 조문의 일부가 인용하였다. 그리고 이탈릭체(italic)로 쓴 문장이 웨슬리가 생략한 것이다.
25) Wheeler, pp.39-40.
26) Wheeler, pp.28-29, 37, 39; St.S., I, p.282; Parris, pp.58-59; Rigg, The Churchmanship of John Wesley, London, 1856, pp.45-46; cf. Williams, W's TT., pp. 120-121, Lawson, Notes, p.118. Lawson은 웨슬리가 이 문장을 생략한 것을 인정하면서, 말하기를 그런 변경을 교리 때문이라기보다 문장에 대한 반대 때문에 그랬을 것이라고 말하였다. Sanders, W's Sacr., pp.101-102.

에 대한 조문에는, 아직도 이는 중생의 증표라고 표현 되어있고, 세례를 통한 중생이 생략되고 있거나 부인되고 있지 않다. 그리고 이런 표현은 그의 설교와 다른 문장에도 나타나있다. 더욱이 이 조문이 담겨있는 "주일 예배 의식서(Sunday Service)"에서 세례에 관하여 언급하면서 "……. 물과 성령으로 거듭나고 새로 난다."고 기록하고 있다.

또 집례 하는 성직자는 "당신의 성령을 이 어린이에게 주사 이 어린이가 거듭나게 하소서…… 그리고 이 물을 성별하사 죄의 신비로운 씻음이 되게 하소서"라고 기도한다.[27] 따라서 만약 웨슬리가 세례를 통한 중생의 교리(baptismal regeneration)에 대한 견해를 변경하였기 때문에 그 문장들을 변경했다고 결론을 내린다면, 웨슬리의 말은 혼돈스러우며 일치하지 않는 것처럼 보인다.

사실, 이런 교정과 생략은 다른 이유 때문에 이루어진 것이다. 즉 웨슬리가 "이는 이로서 우리를 확인시키는 보증" 이라는 문장을 생략하게 한 이유와 같은 이유 때문이다. 그리고 이것이 그가 설교에서 우리가 이미 언급한대로 신생과 세례는 같은 것이 아니다. 그리고 '그가 세례를 한번 받은 사람이든지 지금 거듭난 사람이든지 문제가 아니다' 라고 주장하는 그 배경에서 나온 관심이다.

다른 말로 표현해서, 세례나 주님의 성만찬 의식이 지금 그 사람이 실제로 구원받은 상태라는 것을 확신하는 보증으로 만들어서는 안 된다는 말이다. 웨슬리는 너무나 많은 사람이 세례를 받았지만 아직 이방인으로 있고, 주님의 성만찬에 정기적으로 참여하지만 아직도 거룩하지 않은 사람, 심지어는 사제들도 보았기 때문이다. 그러므로 여기서 웨슬리는 세례가 신생과 중생의 수단이라는 것을 반대하는 것이 아니라 그에 그릇된 확신과 담보를 근거하는 것을 반대하는 것이다.

---

27) Sund. Service, pp. 139, 141, 142.

그 그릇된 확신과 담보로 인하여 많은 사람이 스스로 속아 구원을 빼앗기고 만다.[28]

그러므로 웨슬리는 성례전의 정의에 있어서, 성례전은 은혜의 수단이지 그것이 은혜의 상태에 있다는 확신을 자겨다 주는 것이 아니라고 주장하고 있는 것이다. 따라서 웨슬리가 조문 XXV애서 "……. 분명한 증거요 유효한 증표"라는 문장을 생략하였고, 조문 XXVII에서 "…… 보이게 서명되고 인침을 받았다"는 문장을 생략한 것이다.

물론 이런 태도는 웨슬리의 유효성에 대한 개념과 밀접하게 연결되어 있다. 또한 이는 그리스도인의 삶과 그 본질에 대한 그의 이해에서 유래된 것이다. 웨슬리는 "전가된 성결(imputed holiness)"과 같은 것은 인정하지 않는다. 성결은 실제로 있는 것인지, 그렇지 않으면 없는 것이다. 웨슬리는 순수하게 형식적이며 객관적인 유효성(efficacy)은 인정하지 않는다. 요는 "나는 수단들에 더 이상 의존하지 않는다"는 말이다.[29]

어떤 외적인 것이나 형식이 믿음의 확신을 줄 수 없다는 것이다. 동시에 외적인 것이 하나님의 은혜의 역사를 방해할 수 없다. 그러므로 유효성이 집례 하는 성직자의 자격(worth)에 달린 것도 아니다. 유효성은 성례전을 제정하시는 분에서 나오는 것이다.[30]

그러나 성만찬에 참여한 사람은 자신에게 올 성례전의 효과를 방해할 수 있다. 회개하지 않는 사람은 아무 것도 얻지 못한다. 대신 정죄함을 받는다.

---

28) 이에 대한 논의가 pp.155 ff에 있었다. 그리고 St.S., I, p.241을 보라.
29) pp. 101-102를 보라. cf. Journal. curn. II, p.276; "...저들이 마음이 거룩하지 않는다면, 그들이 구원을 위하여 헛되게 세례를 의지하고 있다는 것을 그들에게 알려 주었다."
30) O.T. Notes, 민수기 19:21; 삼상, 2:17; Works, VII, pp. 184, 185; X. p.149; ST.S., II, p.19; Letters, VII, p.179; N.T. Notes, 마 7:18.

"아니요, 우리가 방해를 하지 않는 다고 충분한 것이 아니다. 우리가 은혜를 받기 위해서는, 그에 앞서 해야 할 것이 있다. 곧 회개하고 어느 정도의 믿음이 있어야 한다. 그렇다고 해서, 은혜가 단순히 자동적으로 생겨나는 것이 아니다. 또한 들은 말씀이나, 떡과 포도주에서 나오는 것도 아니다. 이는 그런 하나님의 약속에 대하여 적합해졌기 때문에, 하나님의 축복에서 주어지는 것이다."[31]

설사 사람이 충분한 자격이 있다 해도, 그가 은혜를 받는다는 보장은 없다. 은혜를 주시는 분은 하나님이며, 이는 하나님의 장유에 속한 것이다. "그러나 의심할 것 없이 우리는 조만간에 은연중에 은택을 받게 될 것이다. 그리고 우리는 은연중에 강해질 것이다."[32]

이와 같이 하나님의 은혜는 주어지는데 받는 사람이 의식 못할 때도 있다. 일반적으로 은혜를 받으면 그를 알게 되는 것이지만 그를 의식한다는 것이 은혜의 효과에 대하여는 별 관계가 없다. 이런 확신과 효과에 대한 문제에 있어서 웨슬리는 거듭 지적하기를 성례전이 확신을 준다는 것을 부정한다. 그는 확신은 수단들에서가 아니라 하나님이 주시는 것이라고 주장한다. 결과적으로 확신은 은혜의 수단에서 발견될 것이 아니라 하나님이 주시는 은혜에서 발견되는 것이다.

다시 말해서 확신은 우리 심령 속에 성령께서 증거를 주실 때 있게 되는 것이다. 이것이 아마도 웨슬리가 신앙신조 XVI에서 "세례 후의 죄에 대하여"라는 문장을 "칭의 후의 죄에 대하여"로 변경한 이유일 것이다. 세례에서 은혜를 실제로 받는다는 보장은 없다.

---

31) Works, X, p.149; cf. p.113; Letters, II, pp.187, 215; III, p.138. . . . Journal, Curn.,II, pp.360-361, 492n; HLS, no. 71:3, Works, VII, p.154, Duty of Receiving, p.31. "만약 당신이 그리스도를 따르기로 결심하고 계획했다면, 당신은 주님의 식탁에 나아올 자격이 있다."
32) Works, VII, p.155; HLS, no. 86; Journal. Curn., II, p.315; "하나님은 얼마 동안은 은혜를 보류하기도 하신다." Works, VI, p.348.

예를 들어, 회개하지 않는 사람은 은혜를 받지 못할 것이다. 그러므로 그것이 은혜의 수단(세례)에 기초를 두지 않고 주어진 은혜에 기초를 두고 있다는 말은 결국 은혜에 대한 실제 경험과 그 열매가 확신을 줄 것이라는 말이다. 우리의 죄가 용서받았다는 것을 확인하는 것은 성례전을 통하여 주어진 하나님의 은혜인 것이다.[33]

"이 항목(section)에 대한 브레빈트의 서론은 주로 "보증금", "보증", "근거(title)"의 말들 간의 분명한 구분을 이루면서 이를 지루한 법적 술어로 표현하였는데 이는 거창하게 말했지만 아주 빈약하다."[34]

라켄버리의 글은 원 자료를 참고하지 않고 말한 것 같다. 그는 그 서문이 실은 웨슬리의 것인데 브레빈트의 것으로 생각하고 말을 했다. 그는 브레빈트의 글의 삼분의 이를 생략하고 그것을 자기의 글이라고 하였다. 더욱이 라텐버리가 "잘한 구분 (fine distinction)"이라고 부르는 것은 바로 웨슬리가 ordo salutis(구원의 순서)에서 "전가된 의 (accounted righteousness)"와 "실제 성결(actual holiness)"을 분명히 구분한 것들의 하나이다.

그러므로 그는 웨슬리가 보증과 보증금을 구분하면서 말하기를 "하늘의 잔치인 성례전이 바로 보증이요, 보증금이다[35]"라고 말한 것을 파악 못하고 있는 것이다. 바우머(Bowmer)도 그가 "성례전은 영원한 행복의 보증물이다(LXXXVIII,4)"라고 말함으로 똑같은 실수를 범하고 있는 것이다.[36] 여기(no.88, verse 4)에 관한 찬미는 달리 표현하고 있다.

---

33) Works, VII, p.148; cf. Duty of Receiving(1732), p.5. 여기에서 웨슬리가 유사한 말로 은혜의 수단을 강조하였는데, 그가 Duty of Constant Communion을 발행 할 때는 그이 말이 변했다. p.199.n.80을 보라.
34) Rattenbury, EH, p.61.
35) Ibid.
36) Bowmer, SLS, p.184.

" 나의 구주가 나의 영원한 행복의 보증금이 되시어,
　　언제든지 주님이 임재 하시어, 지금 나에게 말씀하게 하소서."

　　다른 말로 표현하면 구주이신 그리스도가 성례전으로 이야기되고 있는 것이 아니라 하나의 보증물로 이야기되고 있는 것이다. 웨슬리에게 있어서는 성례전은 앞으로 올 영광의 보증이고 보증물은 여기서 지금 실현 된 "하늘나라(heaven)"인 것이다. 그러므로 웨슬리가 말하는 구분을 자세히 살펴보아야 한다.

> "이에서 보증(Pledge)와 보증금(Earnest)은 다르다. 보증금이란 지불하기로 약속된 것에 대한 계약금이다. 그러나 보증은 앞으로 없어지는 것이다. 그러므로 열심, 사랑, 그리고 성례전을 상용함에 있어 주어진 성결 같은 것들은 우리가 천국에 갔을 때에도, 그냥 머물러 있어 우리를 행복하게 할 것이다.
> 그러나 성례전은 취소될 것이다. 그리하여 성례전은 대포에서 나온 구름기둥이 사라지는 것과 같이 천국에서는 보이지 않을 것이다. 그 때는 이런 거룩한 그리스도의 상징들이 필요치 않게 될 것이다.[37]
> 그러나 그때까지 성례전은,[38] 주님이 우리에게 그 영광을 주실 그리스도의 보증으로서 세 가지 역할을 한다."[39]

---

37) Brevint. sec. V. p.57에 "거룩한 형상들" 이 있다.
38) Ibid. "성만찬(Holy Communion)"이 있다.
39) Brevint (W), sec. V.1, p.17; c. Brevint, sec. V.2, p.57. 웨슬리는 브레빈트가 성례전을 구원의 확신으로 설명하려는 문장들을 제거하고 있다.

그때는 성례전은 없고 보증은 더 이상 필요하지 않게 된다. 그러므로 보증금은 영원히 있을 것이기에 성례전을 보증금으로 생각하는 것은 불가능하다. 더욱이 웨슬리는 이 보증금의 실제적인 내용은 은혜의 수단인 성례전을 통하여 주어진 은혜의 열매들 가운데 열심, 사랑, 성결 같은 것이라고 지적하고 있다. 챨스 웨슬리는 라텐버리의 주장을 무시하고 찬미들에서 이런 구분을 말하고 있다.[40]

브레빈트(W)에서나 성례전에서의 찬미에서 성례전을 보증금이라고 칭한 적은 없다. 정반대로 어떤 찬미는 우리 마음에 있는 영광의 보증을 말하면서 곧 사랑, 열심, 성결이 보증이라고 말하고 있다.[41]

이와 같이 보증물의 내용은 사랑, 열심, 그리고 성결이다. 성결이 모든 예식과 우리들의 상속의 보증물인 사랑의 목표이다. 구원은 현재에서의 구원이다. "기독교의 모든 은혜는 초자연적인 것이고 하나님이 직접 주시는 선물이다. 그리고 이 은혜는 일반적으로 하나님이 제정하신 은혜의 수단을 통하여 주어진다."[42]

그러므로 "그리스도를 따르는 자, 곧 하나님이 받아 드린 상태에 있는 자의 분명한 표적은 할례나 세례나 어떤 외적인 형태가 아니라 하나님의 형상을 따라 새로워진 영혼과 마음과 영의 상태이다."[43] 이는 그가 경험한 영혼의 내적 상태를 말하는 것이다.

"세례 받은 자의 연령이 중요한 것이 아니다. 하나님의
강한 역사를 통하여 우리가 그리스도와 더불어 부활한
상태에 있는가가 중요하다. 그렇다면 우리가 그를 확실히

---

40) HLS, nos. 100:2-5; 111:3; Rattenbury, EH. p.62.
41) HLS, nos. 53:2-3, 102:1, 108:2.
42) Letters, II, pp.44, 46; Works, VII, p.376; St.S., I, p.528; Journal. Curn., III., p.32; IV, p.358; HLS, nos. 79:1, 88:2, 91:1, 92:7, 101:2, 123:3.
43) St.S., I, 267 (1733).

알지 않을 수가 없다. 그리고 우리가 이를 경험 못한다면
세례는 그 예식이 목적한 바를 이루지 못한 것이다."[43a]

사실 신자는 사랑, 평안, 믿음, 성결을 경험할 뿐 아니라 또한 하나님의 임재를 경험한다. 그리스도는 우리 위에 계시는 하나님이실 뿐 아니라 또한 우리와 함께 그리고 우리 안에 계시는 하나님이시다.

그리스도는 모든 신자의 마음 안에 계신다. 보증금(earnest)은 구주(Redeemer) 자신인 것이다. 성례전은 "예수가 우리들 마음에 오시어서 하나님의 생명의 빛을 전해 주는 것이다."[44] 그리스도는 성령의 역사를 통하여 능력으로 임재하시며 또한 역사하신다. "지금 그리스도께서 당신 안에 계시다는 것은 – 곧 그리스도의 영이 있는 곳에는 그리스도가 계시다는 말이다."[45] 성령은 동시에 보증금이며 또한 행위자(agent)이다. 성령은 자신을 들어내며 또한 우리 영과 더불어 우리 마음에서 증거 하신다. 성령은 세례와 주님의 성만찬을 통하여 주어진다. "하나님은 그의 예식(세례)을 가지시고 그리스도에게 성령을 기름 부어 그 위에 임하게 하셨다. 그러면 우리는 어디에서 그런 성령의 임하심을 기대할 수 있을 것인가, 하나님이 제정하신 예식에 겸손히 참여함으로 기대하여야 할 것이 아닌가?"[46]

성령께서는 신자의 마음에 그리스도께서 그를 위하여 죽으시고 그가 하나님의 자녀인 것을 증거 하신다. 성령은 내적 증거를 주시고 인증하는 인장을 붙이신다. 성경에 기록된 것이 진실이라는 것이 이

43a) N.T. Notes, 골 2:12, 여기서, 확신을 세례 받은 사람의 연령과 상관없이 경험해야 한다고 말한 것은 흥미롭다.
44) HLS, no. 62:7; St.S., I, p.41; II, pp.368-369; Works, VII, p.514; VIII, p.69.
45) N.T. Notes, 롬8:10; 엡 4:6; Works, VII, pp.269-270; X, p.193; cf. Pious Communicant, p.212; HLS, nos, 31:3,39:1; Duty of Receiving, p.19; Works, VIII, p.75, cf. N.T. Notes, 롬 8:9: 그리스도의 영을 가지고 있지 않다면, 그는 그에게 속한 자가 아니다. 그는 그리스도인이 아니다.
46) N.T. Notes, ak3:16; gl 6:1; O.T. Notes, 아가 2:16; Letters, IV, p.379; St.S., I, pp.245-246, 295; II, p.366; Works, VIII, p.103; Brevint (W), sec. VII.12. p.28; HLS, nos. 71:3; 77:3, 150, 166:4.

렇게 입증된 것이다. 우리는 그리스도에게 속한 것이라고 인치심을 받았다. 하나님의 형상이 우리 마음에 각인 되었다.

> " 주님의 인장 치심이 끝나고,
> 　기도는 늘린바 되고 은혜는 주어지니,
> 　우리는 말할 수 없는 기쁨을 느낀다.
> 　성령은 하늘로부터 내려오시고,
> 　제단에서는 거룩한 피가 흘러나오고,
> 　모든 성전은 하나님의 빛을 받아 반짝인다."[47]

　웨슬리는 성령을 마신다는 말을 한다. "우리는 모두 한 영으로 취하였다 – 우리는 믿음으로 받은 그 잔을 통해 한 영을 미시었다. 그 영은 먼저 우리를 감동시켰고 지금도 우리 영혼에 있는 하나님의 생명을 보전하신다." 그 효과는 내적 증거에 의하여 입증되었다.[48] 성령은 또한 우리들의 영원한 행복의 인치심이다. 신자는 하늘나라의 상속자로 인치심을 받았다.[49] 성령의 내적 증거에 대한 교리는 웨슬리가 초기 설교로 시작하여 그가 죽을 때까지 두드러지게 강조한 교리이다.[50] 이 교리는 일반적으로 확신의 교리라고 알려져 있다.

　또한 이 교리는 하나님이 우리가 그리스도를 믿음으로 말미암아 의롭다함을 받은 것을 알게 하여주는 "믿음의 확신"이라고 더 많이 알려져 있다. 초기에 웨슬리는 이런 확신만을 허용할 것이다. 최종적인

---

47) HLS, no. 89:4; cf. os. 7:1, 10:4,30:3, 33:4, 75:3-4, 78:10, 92:1, 159:2; O.T. Notes, 출 24:6, 레 9:24, 여 14:8, 단 9:24; St.S., I, pp.253,257-258; Journal. Curn., VI, p.49.
48) N.T. Notes, 고전 12:13; HLS, no. 89:1, cf. no.85:3; Journal. Curn.,V. p.195.
49) HLS, no. 94:4; Letters, IV, p.182.
50) 웨슬리는 1732년에 "성령을 근심하게 하는 일에 대하여"라는 설교를 하였다 (Works, VII, pp.490-491). 여기서 웨슬리는 말하기를, 우리는 세 가지 면에서 성령으로부터 인치심을 받는다고 하였다. 곧 1. 하나님의 성품에 참여하게 되었다는 인 치심을 받는다. 2. 우리가 그리스도에게 속하였다는 증거로 인 치심을 받는다. 3. 우리가 영원한 행복(천국)의 증거를 받았다는 우리 영의 확신과 보증금으로 인 치심을 받는다. cf. St.S., I, pp.276(1733), 327. 이하 생략(역자).

구원에 대한 확신을 말하는 것은 은혜에서 떨어질 수 없다는 뜻을 함축하는 것으로, 다른 말로 표현하면 칼빈주의 "성도의 견인설"을 인정하는 것으로 웨슬리는 여겼다. [51]

후에는(1768) 세 가지 확신의 가능성을 말한다. 그러나 이는 모두 구원에 이르는 믿음을 가지고 있는 경우에 해당된다.

> "나는 소수, 아주 소수의 그리스도인이 최종적인 구원에 대해 하나님이 주시는 확신을 가지고 있다고 믿는다. 이것이 사도가 헬라어, plerophory로 곧 소망의 풍성한 확신(full assurance of hope)이라고 표현한 것이다. 나는 많은 사람이 지금 하나님의 사랑(favour) 안에 있어 모든 의심과 두려움에서 벗어났다는 확신을 가지고 있다고 믿는다. 이것이 내가 알기로는 사도가 믿음의 풍성한 확신(full assurance of faith)이라고 말한 것이다. 나는 하나님의 사랑 안에 있다는 의식(consciousness)은 (이것은 가끔 약해지고 사실은 다시 의심이나 두려움이 생겨서 중단되기도 하기에 나는 이를 풍성한 확신(full assurance)라고 말하지 않지만) 하나님을 두려워하고 의를 행하는 그리스도인이 일반적으로 누리는 특권이라고 믿는다.
> 그렇지만 이런 일에 예외가 없다고 나는 주장하지는 않는다."[52]

따라서 이를테면 확신에는 3단계가 있는 것이다. 가장 낮은 단계는 죄를 용서 받고 하나님의 사랑 안에 있게 되었다고 이해하는 것, 곧 칭

---

51) Letters, I, pp.255-256, 264, 275-276, 290-291.
52) Letters, V, p.358. cf. Journal. Curn., II, pp.125ff. Letters, II, p.23. cf. A.S. Yates, The Doctrine of Assurance, . . .London, 1952. 그 외는 생략(역자).

의의 증거이다. 그 다음 단계는 물론 낮은 단계에 속하지만 이는 의심과 두려움에서 자유를 얻고 성령 안에서 사랑과 기쁨으로 채워졌다는 단계이다.

마지막 단계는 소망의 풍성한 확신의 단계인데 이는 하나님과 더불어 영광중에 살 것이라는 불변의 분명한 확신(confidence)이다. 이는 하나님의 전 형상과 그리스도 안에 있는 마음(기독자 완전)을 받음으로서 "성령의 인 치심(Seal of the Spirit)"을 받은 것을 말하는 것이다. 그러므로 온전한 성화 곧 기독자 완전에 대한 증거도(정도의 차이는 있겠지만) 있다.[53]

여기서 성례전의 유효성에 대한 기본적인 증거가 드러났다. 즉 하나님께서 실제로 보증금(earnest)를 수여하신다는 것이다. 사랑, 성결, 성령 안에서의 기쁨, 현재 구원받은 것에 대한 확신, 영원한 영광에 대한 소망을 주신다는 것이다. 성결은 하늘나라를 미리 맛보는 것이다.

"하나님은 하늘나라를 우리 마음에 퍼 부으시고 여기서 우리 영혼이 그 맛을 보게 하신다"

신자는 이런 모든 은택을 느끼며 또한 하나님께서 그의 약속을 지키셨다는 것을 안다. 현재구원의 은혜는 하늘나라에 참가하며 하나님과 함께 하는 것과 같은 것이다. 믿음의 확신, 성령의 영감, 신자에게 그리스도의 나타나심은 모두 거의 같은 의미의 표현이다.[54]

---

53) Letters, I, pp.255, 264, 274, 290, 308; II, pp.23,46, 108; III, pp.137, 161, 174, 222, 305m, 319; IV, pp.116-117, 126m 378l V, pp.358-359;VI, pp.47-48; VII, pp.57-58, 377; St.S., I, p.208; Works, VI, p,205; VII, pp,200,237, 342, 377, 492; VIII, pp.48, 342; XI, pp.402, 421-424. 웨슬리는 주장하기를, 교부(Church Fathers)들과 구랍파의 개혁 교회들은 믿음의 확신을 즐겼다고 하였다 (Letters, III, p.137). 웨슬리가 말하는 확신의 3단계는 요한일서 2:13-27에서 말하는 "아버지들", "젊은 사람들", "어린이들"이라고 표현한 것과 상당한다는 것이 흥미롭다.
54) Works, VIII, p.290; cf. HLS, nos. 24:2, 54:1, 5, 74:3, 97:1b, 101:1,103L2, 108:2, 111:2, 120:3, 123:3, 164:3, 4; St.S., I, p.101; Journal. Curn., II, p.135; IV, p.365; VII, p.132; Works, I, p.279; XI, p.207; O.T. Notes, 시 65:4; N.T. Notes, 벧전 3:21.

그러나 여기에서 웨슬리가 "느낌(feeling)"을 말하는데 그 뜻이 무엇인지를 분명히 알아야 한다. 이는 신비주의에서 말하는 희박하고 막연한 느낌을 말하는 것이 아니다. "내가 말하는 느낌이란 내적인 의식의 상태를 말하는 것인데 나는 하나님께서 역사하시는 그 방식을 말하는 것이 아니고, 성령의 역사를 통하여 하나님께서 그리스도인 안에서 역사하는 은혜를 의미하는 것이다."[55]

이는 합리적이며 사람의 마음에 계시된 하나님의 실제에 대한 완전한 의식(full consciousness)인 것이다. 이것이 성례전의 유효성을 평가하는 기본적인 규준이다. 이것이 최고의 인치심이다. 그러므로 유효성에 대한 순수한 외적 규준은 필요하지 않게 된다.

하늘나라의 보증으로서의 성례전을 다룸에 있어 라텐버리(Rattenbury)와 보우머(Bowmer)는 다드(C. H. Dodd)가 주장하는 "실현된 종말론(realized eschatology)"을 소개하고 있다.[56]

성례전을 통하여 "교회는 자신을 새로이 종말론적인 국면에서 생각한다는 것이다."[57]

과거에 있었던 그리스도의 구원의 사역을 상기하는 일과 주님의 영광중의 재림을 기다리는 일은 웨슬리의 성례전 신학에서 성례전이 "기념"과 "앞으로 올 영광의 보증"의 역할을 한다고 말함으로서 강조되고 있다.[58] 그러나 이 점에 대한 다드(Dodd)의 기본적인 주석은 충분히 반박 된 것으로 보인다.[59]

그리고 그 외에도 웨슬리신학을 그렇게 보려는 20세기의 일반적인 해석은 유감스럽다. 그들은 웨슬리의 교리의 대단히 중요한 부분, 곧 성례전을 은혜의 수단이요, 실제적인 보증금이요, 신자의 마음에

---

55) Works, VIII, p.78; cf. pp.106-107, 384.
56) Rattenbury, EH.,pp.63ff; Bowmer, SLS, pp.184-185.
57) C. H. Dodd, History and Gospel, New York, Scribner, 1938. Bowmer, SLS, p.184.
58) pp. 86ff. pp.217ff을 보라.
59) Interpreter's Bible, VII, p.153. n 15.

임하는 하나님의 임재로 보며 또한 희생 제물로 보는 면에 충실하지 못할 것이다. "복음시대의 시간 곧 그리스도의 죽음으로 시작한 시간을 종말의 날들이라고 명명되었지만[60] 웨슬리의 중요한 관심은 현재 구원 (present salvation)에 있다. 이는 속죄의 과거와 미래나 최종 구원의 어느 하나도 제외 하지 않는 것이다. 이 구원은 앞으로 올 것에 대한 미리 맛봄(foretaste)이 아니다. 이는 현재 맛보고 있는 것이다.

"사랑은 영원한 생명의 시작이요, 이는 본질에 있어 영광과 같은 것이기 때문이다."[61]

그리고 "지혜, 성결, 그리고 행복은 하나이다. 이것들은 분리 되지 않고 하나가 된다. 그리고 이것들은 진실로 하나님께서 그의 아들 안에서 우리에게 주신 영원한 생명의 시작이다."[62]

하나님과 사랑은 하나인 고로 종교의 본질은 영혼 안에 있는 하나님의 생명, 곧 영혼의 중심에 오신 하나님과 영혼의 연합이라고 말할 수 있다.[63] 그러므로 웨슬리는 다음과 같이 노래할 수 있다.

"오, 하나님의 그 깊은 사랑, 헤아릴 수 없는 그의 은혜!
누가 하나님이 떡과 포도주를 어떻게 사람에게
주시는지 말 할 수 있을까?
어떻게 떡이 주님의 살을 전하는지, 어떻게 포도주가
주님의 피를 전하며, 주님의 신실한 사람의 마음을
하나님의 생명으로 채우는지를 말할 수 있을까?"[64]

사람은 하나님께로부터 왔다 하나님께로 돌아가는 영원한 영이다.

---

60) N.T. Notes, 딤후 3:1.
61) N.T. Notes, 요일 3:15.
62) Works, VI, p.360.
63) HLS. no. 29:4; St.S., I, p.390; II, p.137; Works, VI. p.453. 이하는 생략(역자).
64) HLS, no. 57:1; cf. no. 112:3.

영원은 무한한 기간 또는 기간의 연속이다. 그리고 영원의 한 단편인 시간은 두 목적지에서 끊어진다. 지구가 생겼을 때 그 기간의 한 부분이 시작되어서 이 지구가 존속하고 있는 동안 계속할 것이다. 그리고 그 다음에는 영원히 만료될 것이다.[65]

모든 영들은 불멸의 존재다. 따라서 웨슬리는 신자는 영원히 살며 영원히 거니는 것으로 말하고 있다. 이것이 "종교(religion)"다. 진실로 믿는다는 것은 영원의 빛에서 거니는 것이다. 그리고 참 신자는 "지금 하늘나라의 시민이요, 영원에서 사는 자이다."[66]

그러나 모든 "영들"은 죽지 않는 것임으로 이렇게 영원에서 거닐고 산다는 것은 신자의 특별한 특권이며 이는 공간과 시간의 카테고리에서 생각할 수 없는 일이다. 이런 표현들이 신자와 불신자 사이에는 관계적 그리고 질적인 차이(difference)가 있다는 것을 암시하는 것이다. 신자는 아담의 타락으로 인하여 잃어버렸던 하나님과의 관계를 회복한 것이다. 그리고 악하고(sinful) 부패된 마음이 성결과 하나님의 사랑으로 채워져 있다. 그러나 불신자에게는 이런 모든 것이 없다.

이는 하나님과의 변함없는 영적 교감과 사귐에 있는 것이다. 하나님은 영원한 생명을 주셨다. 그리고 이 생명은 바로 하나님의 아들 예수다.

"이 영원한 생명은 하나님께서 그의 아들을 우리 마음에 임하게 하실 때 생기는 것이다. 우리가 처음으로 그리스도를 알아 성령에 의하여 그를 주님이라고 부를 수 있을 때 천국(heaven)은 우리 마음에 임하고 우리는 천국생활을 시작하는 것이다."[67]

---

65) StS., I, p.31; II, p.29; Works, VIII, p.18; N.T., Notes,히 1:5; Works, VI, pp.189-190.
66) Works, VI, p.196; VII, pp.211,263, 267; Letters, II, p.382.
67) Works, VI, p.430; VII, p.21; cf. V. p.109; "당신은 천국을 마음에 가지고 있는가?" HLS, no. 151:2.

여기서 웨슬리는 모든 존재는 위로부터 아래로 그리고 낮은 지구에서 사람으로, 또 천사로 연결되어 있다는 플라톤이 말한 "golden chain"을 말하고 있는 듯하다.[68]

즉 사람의 원 상태에서는 하나님과 함께 할 수가 있었다. 그러나 그가 죄를 범함으로 그의 영혼은 하나님에 대해 죽었다. 결과적으로 그는 세상에서는 하나님 없이 사는 사람이 되었다. - 사실상, 그는 인간의 본성을 유지하지 못하고 낮아져 짐승이 된 것이다. 그래서 웨슬리는 권고하기를, "온전한 정신을 가지고 있는 사람들은 존재의 기준에 있어서의 자기의 등급을 알고 그를 지키도록 하라.

그리고 당신이 인류의 특권 곧 하나님에 대한 지식과 그의 사랑을 즐기게 될 때까지 힘쓰라"고 하였다. 심지어 웨슬리는 영혼의 치유를 말할 때도 "이것이 qerepeia puchs, 곧 나빠진 상태의 영혼을 치유하는 유일한 방법이다"라는 플라톤의 말을 인용하고 있다.[69]

연합시키는 것이 바로 사랑의 속성이다. 신자가 하나님의 사랑으로 채워지고 하나님과 친밀한 교재를 하고 있으면 또한 다른 모든 신자들, 곧 그리스도 안에서 한 몸인 그들과도 교제하고 있는 것이다.

이런 것도 은혜의 수단을 통하여 주어지는 것이다. "우리가 세례에서 받는 그 한 영에 의하여 우리 모두는 한 몸으로 연합되기 때문이다." 그리고 "우리 모두를 하나로 만드는 것이 성만찬이다. 우리는 많은 사람이지만 동시에 이를테면 우리는 하나의 여러 지체인 것이다.

그리고 우리가 받은 같은 떡이 한 몸으로 연합시키는 것이다."[70]

---

68) Works, VI, p.213. 252. 370.
69) Works, VI, pp.252, 272, VIII, p.184; IX, p.194; St.S., II, p.223.
70) N.T. Notes, 롬 12:5; 고전 10:17, 12:12; 엡 2:14,4:4; HLS, nos. 165:2, 166:1; Works, X, p.121; Letters, I, p.20; St.S., II, p.308

따라서 이 땅에서나 천국에서나 하나의 교회, 참 신자들의 몸이 있는 것이다. 그와 같이,

> "하늘의 왕국과 하나님의 왕국이라는 말은 하나의
> 두 면을 의미하는 것이다. 그들은 장차 있을 하늘
> 에서의 행복을 간신히 의미하는 것이 아니라,
> 지상에서 즐기는 상태를 의미하는 것이다. 곧
> 행복을 가졌다는 것보다는 하늘의 영광의 성질의
> 상태를 말하는 것이다."[71]

그러므로 "실현된 종말론(realized eschatology)"과 같이 결합된 개념은 아주 적절하지 않다. 웨슬리에 있어서는 시간의 문제가 아니었다. 초역사적인 역사를 말할 때에서도 시간이 문제가 아니었다.[72]

웨슬리에 있어서는 변화된 현재(transformed present), 곧 사람과 사람 사이의 관계, 능동적인 관계, 질적으로 이해됨, 다시 말해 하나님, 사랑, 성결의 문제였다. 다른 말로 표현하면 우리는 다시 한 번 웨슬리가 주장하는 "영원한 지금(Eternal Now)"의 교리를 직면하게 되는 것이다. 과거도 있고 미래도 있지만 구원은 항상 그리고 본질적으로 현재 구원(present salvation) 인 것이다.[73]

---

71) N.T. Notes, 마3:2; 히 12:23; HLS.no. 96:3. . . . . .cf. nos. 98:1, 7; 100:5, 102:1, 105:1, Deschner, pp. 126ff; Rattenbury, EH. pp.75 ff; Williams W's TT., pp.192 ff.
72) Rattenbury, EH, p.64 (C.H. Dodd을 인용하고 있음
73) Works, VI, pp.44, 227, 230. pp.89 ff. 이하 생력(역자).

3장 하나님의 구원사역과 성령의 역사
4장 효과적인 증표 · 예수의 속죄
5장 은총의 효과적인 수단 : 적용된 예수의 속죄
    1) 은총의 수단들
6장 은총의 효과적인 수단 : 세례
7장 은총의 효과적인 수단 : 성찬
8장 천국의 효과적인 표적 : 예수의 대속
    천국에 대한 확인(possession of its purchase Assured)
    세례와 성찬
9장 효과적인 희생 : 수용된 예수의 대속
    1) 세례
    2) 성만찬

3부

성례전의 역할
The Function of the Sacraments

제 9 장

효과적인 희생제물인 세례와 성만찬

1. 세례

앞에서 성례전의 은혜를 논의함에 있어서 적극적인 면이라고 할 수 있는 면만을 강조하였다. 즉 성례전을 통하여 하나님이 은혜를 주시는 일을 강조하였다. 그리고 그 내용은 하나님의 형상의 새로워짐, 의와 사랑, 성령의 내주하심이었다.

> "지금은 신생의 본질이 무엇이라는 것이 확실히 드러났다.
> 신생이란, 하나님이 영혼 안에서 역사하심으로 일어나는 큰 변화이다. 그 변화는 하나님이 그를 우리에게 주실 때 하나님이 죄의 죽음에서 의의 생명으로 옮기실 때 일어나는 변화이다.
> 이는 그리스도 예수 안에서 새롭게 창조될 때 하나님의 강한 영에 의하며 영혼 안에서 일어나는 변화이다.
> 이는 하나님의 형상이 의와 성결을 따라 새로워졌을 때 일어나는 변화이다. 한 마디로 말해서 그것으로 인하여 땅에 속한 육의 생각과 악한 생각이 그리스도 예수 안에 있던 그 마음으로 변하게 하는 변화이다."[1]

그리고 성령으로 인하여 생기는 이 변화는 또한 소극적으로 표현될 수도 있다. 세례의 은혜를 말할 때에 웨슬리는 영국교회의 교리 문

---

1) St.S., II, pp.237-238; Letters, III, p.357.

답서를 인용하여 "이 은혜는 죄에 대하여 죽고 의(righteousness)에로 새로 낳는 것이다"라고 하였다.²

이는 또한 죄에 대하여 죽는 것이다. "아담이 죄를 범했을 때 그의 영혼은 하나님에 대하여 죽었다. 그리고 신생에 있어 모든 것이 바뀌어 진다. 여기에 평생 죄에 대하여 죽는 여정이 시작된 것이다." "당신은 세례 받을 때 마귀와 그의 모든 일과의 관계를 끊은 것이다."³

세례 받은 사람은 그리스도와 함께 장사 지낸바 되고 하나님의 능력에 의하여 성결한 새 생명으로 다시 살아난 것이다.⁴ 일반적으로 세례에 따르는 신생은 성결의 시작이요 입문이다. 즉 이것이 성화의 적극적인 면이듯이 또한 신생은 그의 소극적인 면이 있다. 곧 죄에 대하여 죽고 "옛 사람"을 십자가에 못 박는 일의 시작이다. "우리는 그리스도와 연합함으로 신자가 그리스도와 함께 십자가에 못 박히고 점진적으로 자기를 죽여 가는 것이다. 그는 죄에 대하여 죽었고 - 죄책과 죄의 권세에서 해방된 것이다."⁵

> "무릇 그리스도 예수와 합하여 세례를 받은 우리는 그의 죽으심과 합하여 세례를 받은 것이다. - 세례에서 우리는 믿음을 통하여 그리스도와 접붙임을 받는다.
> 우리를 그리스도에게 그리고 특히 그리스도의 죽음과 부활에 적응시키는 성령을 통하여 우리는 이 새 뿌리로부터 영적 생명을 퍼 올린다."⁶

---

2) St.S., II, pp.237-238; Letters, III, p.357.
3) St.S., II, p.242.
4) N.T., Notes, 골 2:11-12, 20; 벧전 3:21; O.T. Notes, 신 10:16.
5) N.T. Notes, 롬 2:6, 6.
6) N.T. Notes, 롬 6:3; cf. Works, VI, p.414.

그리스도에게 접붙임을 받았다는 것의 결과는 계속하여 그리스도를 닮는다는 것이다. 첫째로 죄에 대하여 죽는다는 것이다. 곧 죄에 대하여 죽음으로 그리스도의 죽음을 닮는다는 것이다. 두 번째로 사람이 죄에 대하여 죽은 만큼 그는 그리스도와 함께 성결의 새 생명으로 살아나는 것이다. 이것이 하나님께서 온전한 성화(그리스도인의 완전)의 선물을 주실 때까지 은혜에서 은혜로 계속 나아가는 과정이다.

> " 나는 그리스도와 함께 십자가에 못 박혔다.
> – 그리스도의 죽음을 닮은 것이다.
> 죄의 몸은 죽었다(롬6:6).
> 그리고 나는 – 나의 부패한 성질이 이제는 살고
> 있지 않다.– 죄에 대하여 죽은 것이 아닌가?"[7]

웨슬리는 세례를 희생제물이라고 부르지 않았다. 이에 관련해서 그런 말을 직접 사용하지도 않았다. 그런데도 그의 성례전 신학의 이쪽 면을 여기서 말하게 된다. 왜냐하면 세례는 성령을 통하여 마음과 영혼을 하나님 앞에 바치는 바로 시작이기 때문이다. 이것은 웨슬리가 주님의 성만찬에 관계된 "희생제물"을 말할 때에 중심을 이루고 있다. 하나님의 은혜에 의하여 이 일은 시작되고 은혜의 수단들을 통하여 또한 그리스도인은 양육되고 신자가 은혜 안에서 성장할 수 있게 하고 죄에 대하여 죽게 할 것이다.[8] 그러나 웨슬리의 "완전에 관하여"라는 설교에 모든 문제를 해결해 주는 중요한 글이 있다.

---

7) N.T. Notes, 갈 2:20; cf. St.S., II, pp.447-448; Outler, J.W., p.294. N.T. Notes, 롬6:2. 여기서 웨슬리가 죄의 몸이 죽었다는 말을 하고 있다. 이는 온전한 성화를 받은 자에게 해당되고 칭의만 받은 자에 있어서는 죄책과 죄의 권세에서 해방되었다고 하는 것을 주목하라.
8) 웨슬리에 있어서는 우리가 다음 장에서 보겠지만 우리들을 또는 나 자신을 바치는 자는 "우리" 또는 "나"다. 이는 하나님의 은혜에 호응하여 신자 자신이 의식하면서 자진해서 드리는 "희생제물"이다…. 그 외는 생략(역자).

> "형제들아 내가 하나님의 모든 자비하심으로 너희를 권하노니 너희 몸을(너 자신, 영혼과 몸을 다)하나님이 기뻐하시는 거룩한 산 희생 제물로 드리라. 너희들은 여러 해 전에 세례를 받음으로 하나님께 성별되었느니라. 그 때 바쳐진 것이 실제로 하나님께 바쳐진 것이다. 그때 그는 완전한 하나님의 사람인 것이다."[9]

이처럼 웨슬리는 단번에 구속(redemption)의 전 경륜을 다루고 있다. 곧 구속의 시작으로서 신생 그리고 그의 마무리로서의 그리스도인의 완전을 다루고 있다. 그리고 그의 시작의 수단으로서 이를 세례에 연계시키고 있다. 그리고 이미 말한 대로 각별한 방법으로 주님의 성만찬과 연결되어 있는 "희생제물"은 이 상황에서 이해되고 있다.

또한 웨슬리는 "하나님께 실제로 바쳤다"는 내용을 어떤 학자들이 주장하는 것처럼 칭의나 신생(또는 회심)으로 설명하지 않고 "완전"으로 설명한 것을 알아야 한다.[10]

세례 받은 사람은 세례의 수단을 통하여 성령에 의하여 중생의 은혜를 받는 것이다. 그리고 이 새 생명은 온전한 성화에서 그 충만함에 이를 때까지 성장할 것이다.

---

9) Works, VI, p.414.
10) pp.157 ff을 보라.

2. 주님의 성만찬

브레빈트의 논문을 축소한 웨슬리의 글에서 웨슬리는 주님의 성만찬은 성례전과 희생제물의 두 가지 역할(function)을 한다고 서술하고 이다.

> " 사람들이 거룩한 식탁 앞에 하나님을 예배하기 위하여 모인다. 그리고 하나님은 거기에 임재 하시어 사람들은 만나고 축복하신다. 여기에 우리는 특별한 방법으로 초대되어 우리의 영혼과 몸과 우리가 바칠 수 있는 것은 모두 하나님께 바친다. 그리고 하나님은 우리에게 그의 아들의 몸과 피, 그리고 우리가 받아야 할 다른 모든 축복을 주신다. 그러므로 거룩한 성례전은 성례전과 희생제물로 구성된 큰 의식(great mystery)이다.
> 다시 말하면 사람들이 하나님께 드려야 할 종교의식과 하나님께서 그의 백성에게 약속하신 온전한 구원으로 구성된 큰 의식이다."[11]

따라서 웨슬리는 주님의 성만찬의 중요한 두 개의 부분으로 성례전과 희생제물을 지적하고 있는 것이다. 전자의 내용은 이미 앞에서 논의한대로 "기념물(memorial)", "은혜의 수단(means of grace)" 그리고 " 하나님 나라의 보증(pledge of heaven)"으로서의 역할이다.

---

11) Brevint (W), sec. 1.1, p.3-4.

후자의 내용은 여기에서 말하고 있는바 신자들에 의하여 그의 몸과 영혼 그리고 그가 바칠 수 있는 것을 모두 바치는 것이다. 브레빈트의 논문의 웨슬리의 축소판은 너무 짧아서 이 점을 분명하게 설명 못하고 있는 듯 하다.[12] 즉 성례전에서는 주시는 분이 하나님이시고 희생제물에서는 주는 자(giver)가 사람이다. 그리고 후자(사람)는 전적으로 전자(하나님)에 의존하고 있다. 웨슬리가 그의 축소한 브레빈트의 논문의 두 번째 항목을 소개할 때 "주님의 성만찬은 성례전으로 지정되었다..."[13]라는 말로 시작한 것은 중요하다. 그럼에도 불구하고 주님의 성만찬은 또한 희생제물인 것이다. 주님의 성만찬에 대한 찬미들과 그 서문도 이 점에 있어서는 명확하다. 그래서 웨슬리의 후예들은 곤혹스러웠을 것이다.[14]

주님의 성만찬에서 말하는 "희생제물"의 문제는 모두 "그리스도의 제사장직"과 관계되는 것이다. 웨슬리는 그리스도의 제사장직은 두 부분으로 구성되어 있다고 이해한다. 첫째 부분은 예수의 생애, 죽음, 그리고 그가 십자가 위에서 고난당하신 것 곧 그의 속죄, 모든 사람의 구원을 획득하기 위해 우리를 대신하여 죽으심이다. 이 부분은 이미 앞에서 대략 논의하였다.[15] 두 번째 부분은 그리스도께서 하나님 아버지의 보좌 앞에서 계속하여 중보기도 하시는 대제사장직의 계속되는 사역이다. 그리스도의 속죄의 사역은 항상 계속되고 있으며 진행 중이라는 것은 이미 우리가 지적하였다.[16]

---

12) 브레빈트의 논문의 웨슬리의 축소판은 너무 짧아서 이 점을 분명하게 설명 못하고 있는 듯 하다. 브레빈트의 원문을 대조하여 보면 뜻이 분명해 질 것이다. 이하 생략(역자).
13) Brevint (W), sec. II.1, p.4.
14) Rattenbury, EH. pp.86 ff 을 보라.
15) 제1장 서론 (pp.44 ff)와 Deschner, pp.150 ff을 보라.
16) pp.89 ff와 Deschner, pp.169 ff을 보라. Deschner가 "Standards of Doctrine" 만 참고하고 속죄에 대한 웨슬리의 교리의 풍부한 자료인 The Hymns on the Lord's Supper와 Brevint의 글에서 간추린 서문을 참고하지 않은 것은 참으로 불행한 일이다. 여기에 그리스도께서 하나님 우편에서 중보기도 하시는 일에 대해 많이 기록되어 있는데 말이다.

물론 이런 점에 대한 웨슬리의 교리를 구체적으로 다루는 것은 이 연구의 범위 밖이다. 그러나 그리스도의 중보 사역도 "희생제물"에 대한 웨슬리의 견해를 이해하는데 필요한 만큼 논의하고자 한다.

웨슬리가 그리스도께서 중보사역으로 계속 자기를 봉헌하고 있고 또한 "희생제물"이 주님의 성만찬과 연관되어 있다고 인정하는 것을 마치 그리스도의 희생이 어떤 모양으로든지 반복되고 있다는 것을 의미하는 것처럼 해석해서는 안 된다.

> "죄의 속죄에 관한 한 그리스도의 희생만으로 충분하다는 것은 확실하다. 이 위대한 희생은 무한한 가치이기 때문에 엄한 정의를 충족시키고 또한 무한한 은택이기 때문에 그 모든 그 결과를 단번에 나타내게 함으로 더 이상 반복될 필요가 없다… 그러므로 희생의 봉헌은 한 번만 필요한 것이다. 그것의 반복은 불필요하다."[17]

웨슬리가 로마 가톨릭 미사의 희생제물을 무조건 거절한 것은 의심할 여지가 없다. 희생제물이 "피가 있는 것(bloody)"인가 "피가 없는 것(unbloody)"인가는 문제가 아니다. 그것들이 화해하는 것이라면 그것들은 같은 가치가 있고 같은 목적에 도움이 된다. 죄를 속량하는 것은 그리스도의 권능에 속한다. 교회가 무엇을 하든 그것으로는 아주 작은 죄라도 없앨 수가 없다.[18]

---

17) Brevint (W), sec. VI, !, p.21; cf. Brevint, sec. VI.2, pp.72-73. "그리스도가 한 번에 드린 봉헌은 다른 모든 속죄의 희생을 나타낸다. 그래서 주님의 봉헌을 반복한다는 것은 절대로 필요치 않다." N.T. Notes, 히 10:15; Baker, p.333.
18) Works, X. pp.120-121.

"모두 소리친다. 힘 있는 당신이 속죄하였다고!
당신만이 죄를 속죄하신다.
당신만이 포도주의 큰 탱크를 밟았다.
당신만이 죄인들을 위하여 죽으셨다.
하나의 봉헌으로 의로우신 하나님을
완전히 충족시켰다.

온 교회는 불꽃같이 일어나
번제를 드려
죄인의 아주 작은 죄까지도 사함을 받아야 한다.
주여, 저들은 당신의 영광을 함께 할 수 없으나
아버지의 정의가 당신과 함께 하여
하나의 죄까지도 모두 없애 버려 주소서."[19]

결과적으로 웨슬리는 그리스도의 계속적인 제물을 말할 때 그는 마음에 아주 다른 것을 생각하고 있는 것이다. 속죄를 위한 그리스도의 죽음의 효과에 대해서는 문제 되는 것이 없다. 그리스도는 그의 중보의 사역에 있어서 대제사장이요 동시에 희생자인 것이다.

" 그리스도의 희생은 모든 세대에 계속될 속죄(propitiation)를 위하여 하나님에 의해 제정된 것이다. 동시에 변치 않는 대제사장으로서의 그의 특권에 의해 영원히 계속 될 것이다.

---

19) HLS. no. 128:1; cf. nos. 26:1m 116:1, 121:2, 122:1, 124;1-2.
　"당신의 충분한 제물은 영원합니다.
　그 제물을 완성된 것이기에 그의 죽음은 반복될 수 없다.
　한 번에 봉헌된 죽음은 더 반복될 수 없다."
　또한 HLS, no, 140:1; Works, X, p.277; St.S.,I, p.118; N.T. Notes, 골 1:24; 벧전 3:18을 보라.

또한 이를 봉헌한 그 자신 곧 하나님의 아들에
의하여 또한 영원한 성령의 능력에 의하여
영원히 계속될 것이다. 이는 모든 면에 있어
어제나 오늘이나 언제나 영원하다."[20]

그리스도의 제사장직은 아론의 제사장직을 대체한 것이다. 그리스도는 새로운 멜기세덱이다. 사실 그에게 있어서는 두 제사장이 하나가 된 것이다.

" 영양분을 주고 화해시키기 위해
멜기세덱은 떡을 주고
아론은 피를 흘렸다. 그리고
두 제사장은 그리스도 안에서 하나가 된 것이다."[21]

그리스도는 아버지에게 대제사장으로 자신의 순종, 고난당함 그리고 기도를 봉헌하였다. 그리스도는 영원한 희생자로서 그의 죽음은 언제나 새로우며 여전히 죽임을 당한 자로 나타난다.

" 당신의 봉헌은 새롭게 계속되고 있다.
당신의 의복은 피 묻은 채로 그대로 있으며
당신은 언제나 변함없는 희생양이다.
당신의 제사장직은 여전히 변함없다.
오, 하나님 당신은 영원하시다. 그리고
당신의 선하심은 변할 수가 없다."[22]

---

20) Brevint (W), sec. II.7, p.6. 히 7:24; 9:14. 물론 변치 않는 제사장은 그리스도의 제사직이다.
21) HLS, no. 46:1-2; cf. St.S., II, pp.76-77; O.T. Notes, 창 14:20; 레 8:36; N. T. Notes, 히 7:1, 9:24.
22) HLS, no. 5:2; cf. nos. 3:2-3.

다시 말하면 한 번 드려진 이 희생제물은 아직도 죄를 용서하신 일의 기억을 표시하고 있는 것이다. 그리스도는 영원히 죽임을 당한 어린 양으로 존재하고 있는 것이다. 웨슬리는 순수한 실존론(realism)으로 주님의 자비하심의 영원함을 말하고 있다.

> " 그리스도의 옆구리에 심한 타격이 가해졌을 때
> 그 상처는 크게 드러났고
> 피는 아낌없이 흘렀다.
> 오, 하나님 그 피는 아직도 따뜻합니다.
> 우리는 그 피로 가려져 있습니다…"[23]

그러므로 그리스도는 그의 보상(satisfaction)으로 탄원하는 것이다. 그의 속죄(atonement)는 지금 나타나고 있는 것이다(present). 구원도 그렇다. 그리스도가 드린 그 희생제물은 효과적이어서 여전히 사람을 구원하는 능력이 있다. 구원의 전 경륜에 있어 다시 한 번 웨슬리가 주장하는 "영원한 지금(Eternal Now)"의 교리가 명백히 나타난다.

> " 우리를 위해 지금 죽는 것처럼 그리스도는 죽으셨다.
> 그의 아주 충족한 희생제물은 어린양으로 영원히
> 존재한다. 어느 때나 어느 장소에서나 그렇다.
> 마찬가지로 그 제물은 어느 때나 어디에서나 제공된다.
> 그 구원하시는 은택은 영원하시다."[24]

---

23) HLS, nos. 122:3, 140:1-2; N.T. Notes, 롬 8:34.
24) HLS. no. 140:1.

이와 같이 웨슬리는 그리스도가 단번에 드린 희생제물이 충분히 충족하다는 교리에서 벗어난 일은 없다. 아주 반대로 모든 사람을 위하여 그리스도 자신에 의한 희생은 그 때에 그랬던 것처럼 오늘도 효험이 있는 것이다. 그래서 웨슬리는 이 점에 대해서 (브래빈트와 함께) 더 할 말이 있다.

"그럼에도 불구하고 한 번의 봉납으로 한 번 이상 더 바쳐지지 않아야 할 이 희생제물은 하나의 신실한 감사의 기념물에 의하여 매일 바쳐지게 되어 있다. 이것이 사도가 주님의 죽음을 드러낸다, '하나님 아버지의 눈앞과 사람의 눈앞에 주님의 죽음을 드러낸다'라고 말한 것이다."[25]

이에 관련하여 웨슬리는 희생제물을 언급할 때 그는 모든 사람의 죄를 위한 속죄를 획득한 그리스도의 희생제물을 반복하는 것으로는 생각하지 않고 있는 것이다.

"모두는 이런 뜻이다. 곧 1. 희생제물 자체는 결코 반복될 수 없다는 것이다.[26] 이는 참으로 중요하고 흥미롭게도 '신실한 감사의 기념물에 의하여'라는 말이 고린도전서 11:26에서 그리스도의 죽음을 드러낸다."라는 말과 연결되어 있다. 이는 사람의 죄를 위한 그리스도의 희생을 선포하며 전하는 것이다.[27]

---

25) Brevint(W), sec. VI, 2, p.21. Brevint, Sec. VI, 3, p.74, 에 "....성만찬과 신실한 기념물에 한하여 매일 바쳐져야 한다"라고 기록되어 있다. 웨슬리의 '기념한다'는 말은 곧 '엄숙히 기억한다'는 뜻이라고 이해한다.
26) Brevint (W), sec. Vi.2, p.21 cf. Brevint, Vi.3, p.74. "모두는 첫째로, 희생제물을 그 자체는 결코 되풀이 될 수 없다. 그럼에도 불구하고 신실한 예식과 기념물을 통하는 방법으로 매일 되풀이 될 수 있다는 말이다."
27) N.T. Notes, 마 26:2; HLS, no. 84:1 cf. N.T. Notes, 고전 11:26; 이하 생략(역자).

그리스도의 죽음을 드러내는 것은 어떤 사제나 어떤 사람이 떡과 포도주를 "바침(offering up)"으로 드러내는 것이 아니라 그것들을 실제로 받아먹고 마음으로 참여할 때 드러나는 것이다. 그래서 웨슬리는 그의 "은혜의 수단"이라는 설교에서 다음과 같이 말한다.

> " 너희들은 이 떡을 먹고 이 잔을 마시는 만큼 그리스도의 죽음을 그가 오실 때까지 드러내는 것이다(고전 11:23 f). 너희들은 이 보이는 증표에 의해 하나님과 사람과 천사 앞에 같은 것(주님의 죽음)을 공개적으로 내보이는 것이다. 너희들은 그리스도의 죽음에 대한 엄숙한 기억을 그가 영광의 구름 가운데 오실 때까지 나타내는 것이다."[28]

이런 견해는 성례전을 희생제물로 더 설명하게 될 때 마음에 간직해야 한다. 이는 또한 사람에 의해 바쳐진 희생제물이다.

2. 그럼에도 불구하고 성례전은 우리들의 기억에 의하여 일종의 희생제물이 되는 것이다. 이를 통하여 우리는 하나님 아버지 앞에 하나님의 아들이 이전에 바친 귀중한 봉헌(oblation)을 나타내는 것이다. 우리는 이와 같이 매일 우리 주님의 고난당하신 공로를 하나님 앞에 바치는 것이다. 이에 근거하여 우리가 간구하는 축복을 하나님이 주시며 우리는 축복을 받는 것이다.[29]

---

28) St.S., I, pp.252-252; cf. p.361: 또한 Works, VII, pp.493-494; HLS. nos. 1:2, 12"2, 86:4, 5, 8, 88:3, 90:5; Brevint (W), sec. II.2,3, p.5; Duty of Receiving, p.5.
29) Brevint (W), sec. VI.(2), pp.21-22; cf. Brevint, sec. VI,3, pp.74-75; "두 번째로 성만찬은 그 자체가 성례전이요 하나님은 그를 통하여 모든 사람에게 그의 아들 예수의 봉헌의 공로로 인한 축복을 주시므로 성만찬은 우리들의 기억에 의하여 일종의 희생제물이 되는 것이다. 그리고 그에 의하여 우리는 축복을 받으며 하나님 앞에 주님이 이전에 바친 거룩하고 귀한 봉헌을 드러내는 것이다... 따라서 그리스도인은 기도를 통하여 매일 하나님 아버지 앞에 우리가 간구하는 축복을 하나님이 주시는 근거요 또한 우리가 축복을 받는 유일한 근거인 구세주의 수난의 공로를 강조하며 드러내는 것이다."

성례전은 일종의 희생제물이 된다. 이는 우리의 기억을 통하여 그렇게 되는 것이다. 이를 통하여 신자는 아들이 아니라 아들이 바친 귀한 봉헌을 나타내는 것이다. 신자는 매일 하나님이 주시고 우리가 받을 축복의 근거요 유일한 기초인 그리스도의 수난의 공로를 말하는 것이다. 따라서 희생제물의 역할은 "기념"[30]의 역할 뿐 아니라 또한 은혜의 수단의 역할과 연결되는 것이 된다. 사실상 웨슬리가 희생제물에 대하여 말할 때 그의 생각에는 후자(은혜의 수단)를 더 중요시 한 것이다.

" 이 위대하고 거룩한 성찬식(Mystery)은 우리들에게 자신을 하나님께 바치고 또한 자신을 사람에게 내어 주신 은혜의 주님을 전하는 것이다. 그리스도께서 자신을 하나님께 바치셨기에 내가 그리스도께서 이를 위하여 죽으시고 또 지금 함께 하시는 그 신비한 몸에 참여하게 되는 것이다. 그뿐만 아니라 이는 그리스도께서 영적인 이스라엘을 위하여 자신을 봉헌하고 중보기도를 하는 동안 나를 영원한 제사장의 어깨 위에 있게 한다. 이런 수단을 통하여 나를 그리스도의 고난에 참여하게 한다. 그리고 이 참여(교제)는 그의 모든 은혜와 영광안에서의 교제로 이어진다. 그리스도께서 자신을 사람에게 내어줌으로 이 거룩한 성례전은 죄를 위한 희생제물이요 또한 화목제와 식탁이 되어 그리스도의 제단으로부터 내려오는 자비를 받게 한다. '받아먹으라.
이는 너희를 위하여 상한 내 몸이니라. 그리고 이는 너희를 위하여 흘린 내 피니라.[31]

---

30) pp.86 ff을 보라.
31) Brevint(W), sec. IV.7, pp.15-16; cf. Brevint, sec. IV. 13. pp.51-52.

이와 같이 그리스도의 죽음의 두 면이 성만찬을 받은 사람들에게 전달된 것이다. 그리스도께서 자신을 하나님께 바침으로 내가 그의 몸의 일원이 되게 하였고 또한 그와 더불어 하나님의 보좌 앞에 나갈 수 있게 하였다. 이 문제는 앞으로 더 논의할 것이다. 그리스도의 희생의 또 다른 면, 곧 그가 사람에게 자신을 바친 것으로 인하여 죄를 용서 받는 것이 가능하게 되었다. 그리고 성례전이 찬양과 감사의 수단이 되게 하였다. 이런 배경에서 볼 때 웨슬리가 말하는 "희생제물"에 대한 앞으로의 논의가 보다 잘 이해 될 것이다.

> "사람에게는 성만찬은 하나의 거룩한 식탁이다. 이를 통하여 하나님의 사역자들은 주 하나님으로부터 지시를 받아 하나님의 사랑하는 아들의 고통당함이 저들의 영원한 구원을 위하여 여전히 새롭고 힘 있는 것으로 제시하는 것이다. 그리고 하나님에게는 이는 하나의 제단이다. 사람은 이 제단 위에 여전히 피를 흘리며 자비를 청원하며 같은 희생제물을 바치는 것이다. 이 식탁과 제단을 세우고 그리스도의 몸과 피를 사람에게 전하며 이 둘을 하나님께 바치게 하는 이는 대제사장 곧 하나님으로부터 기름부음을 받은 자이기 때문에 이는 한편으로는 회개하는 죄인에게 아주 유익하며 또 다른 한편으로는 자비로운 아버지가 받아들일 수 있게 되는 것이다."[32]

이 점에 있어서 웨슬리는 중요한 한 가지를 제하고는 브레빈트를 따랐다. 브레빈트가 사람이 그리스도의 희생을 아직도 피가 흐르며

---

32) Brevint (W), sec. VI. [2], p.22; cf. Brevint, sec. VI.3, pp.75-76.

속죄와 자비를 청원하는 것으로 바친다고 했는데 웨슬리는 여기서 속죄라는 말을 뺐다. 웨슬리에 있어서는 속죄하는 희생은 십자가 위에서 이루어진 속죄가 있을 뿐이다. 성례전에서의 희생제물은 화해나 속죄의 희생제물이 아니다.

하나님께서 사람을 향하여 역사함에 있어 성직자가 하는 일은 그리스도의 죽음의 효과가 지금도 영원한 구원을 위하여 능력이 있다고 이해시키는 일이다. 따라서 성만찬은 그리스도의 몸과 피를 사람들에게 전하는 것이다. 그리고 동시에 하나님을 향한 일에 있어서는 사람이 같은 희생을 바치는 것이 아니라 그 희생의 결과로 이러한 효과를 "피를 흘리며 자비를 청원하는 것으로써 바치는 것이다. 신자는 그리스도의 희생의 은택을 받는 것이다.

그리고 신자는 그리스도를 받아들였기 때문에 그는 주님의 죽음을 아버지 앞에 제시할 수가 있게 된 것이다. 또한 그와 함께 그리스도를 제시할 수 있게 된 것이다. 은혜의 수단 특히 성만찬은 그리스도의 희생을 두 가지 면으로 전하는 수단이다.

첫째로 그리스도의 희생이 받아들여지고 대접받게 되었다는 것. 일찍이(1732) 그의 "성찬을 받는 의무(Duty of Receiving)"에서 이런 점이 강조되었다. "이것은 그리스도께서 그를 따르는 모든 사람이 받으라고 명령하신 참된 크리스천 희생제물이다."[33] 그리고 두 번째로 이는 이미 받아 아버지 앞에 자아의 희생과 함께 자비를 간청하는 것으로 놓여 진 희생제물이다. "당신의 것을 바친다. – 우리는 우리가 이미 받은 것을 돌려드리는 것뿐이다. 그러므로 우리는 당신께 빚을 갚는 것이다."[34]

---

33) Duty of Receiving, p.11. cf. p.9; HLS. no. 35:1, 67:1, 115:1; Brevint (W), secs. 1.1., pp.3-4; IV,8, p.16.
34) O.T. Notes, 대상 29:14; cf. HLS. nos. 67:1, 121:1, 125:2, 136:4.

힐데브란드트(Hidebrandt)도 희생제물을 청원(plea)으로 보는 것은 거부한다. 왜냐하면 성찬에서의 희생제물은 끝까지 무엇을 주는 성격을 지니고 있기 때문이다. 즉, 그 희생제물은 어떤 면에서는 기대하고 받은 하나님이 주시는 은혜에 선행하는 것이기 때문이다.[35] 그럴지도 모른다. 그러나 웨슬리는 그렇게 보지 않는다. 그는 이것은 청원하는 제물로서 받아들여진 후에 바쳐진 것이라고 주장한다.

그의 (Brevint (W)) 서문의 순서와 찬미 책의 순서가 그렇게 말해 주고 있다. 그 순서를 보면 처음에 기념으로서의 역할, 은혜의 수단으로서의 역할이 있고 앞으로 올 영광의 보증으로서의 역할이 있으며 그 다음에 성례전의 물체(떡과 포도주)를 소개하고 있다. 이는 하나님이 허락하신 청원이지 사람이 자기 것을 가지고 바치는 것이 아니다.

은혜가 받아들여진 것은 그리스도의 희생이 하나님께 제시되었기 때문이 아니라 은혜(곧 그리스도의 죽음)가 이미 받아들여졌기 때문에 청원하는 것이 가능하게 된 것이다.

여기에 어려운 질문이 따른다. 이 희생제물을 바치는 자는 누구인가? 사제인가, 신자 개인인가? 그렇지 않으면 라텐버리가 제안하는 대로 그리스도의 몸인 교회가 바치는 것인가?[36]

1745년 12월에 쓴 편지, 즉 그 해에 발행된 "주님의 성만찬에서 부르는 찬미(Hymns on the Lord's Supper)에 웨슬리가 홀(Westley Hall)씨에게 보낸 편지에 다음과 같은 말이 있다. "우리 모든 교회에는(로마의 법왕 하에 있든 아니든 간에) 예수 그리스도께서 임명한 제사직을 가진 사람(outward priesthood)이 있었고 지금도 있고 또한 외적 희생제물(outward sacrifice)이 하나님의 청지기요 그리스도의 사신으로서

---

35) I Offered Christ, p.79.
36) Rattenbury, EH, pp.125 ff.

권한을 부여 받은 사람들에 의하여 바쳐졌다는 것을 믿는다."³⁷

이 편지의 내용을 가지고 라텐버리는 주장하기를 "이 글들은 성찬식에서의 희생제물을 언급하고 있는 찬미들은 외적 희생제물을 바친 제사장들이 있었다는 것을 믿는 신자들의 작품인 것을 드러내고 있다고 판단해야 한다"라고 하였다.³⁸ 그러나 이 글들을 자세히 들여다보면 다른 방향으로 나가고 있는 것을 알 수 있다.

첫째로 웨슬리가 모든 교회에는 항상 제사직을 가진 사람(outward priesthood)이 있었고 지금도 있다고 주장할 때 그 중에는 영국 가톨릭이 말하는 희생제물의 교리를 주장하는 사람들이 있었다고 비난할 수는 없는 것이다.

두 번째로 웨슬리는 여기서 홀(Hall)씨가 설교하거나 사역하는 일은 없다고 말하면서 "정숙주의(stillness)"를 주장하는 것을 반박하고 있었던 것이다.³⁹ 웨슬리는 이에 반대하면서 "제사직을 가진 사람(outward priesthood)에 대한 자신의 견해를 주장한 것이다. 여기에서 그가 강조하는 것은 제사직 자체에 관한 것보다는 사람이 제사직을 가질 수 있다는 점이었다.

세 번째로 여기에서 사제들이 바친 희생제물을 말한다고 해서 이것이 필연적으로 사제 존중주의(sacerdotal)를 의미한다는 것이 아니다. 또 여기서 웨슬리는 그 희생제물이 사람에게 바쳐졌다거나 하나님께 바쳐졌다고도 말하고 있지도 않다. 또한 그것이 어떤 의미에서 제물이라고도 말하고 있지 않다. 다른 글에서 말하듯이 그저 그것은 단순히 성례전이라고 말할 수 있었던 것이다.⁴⁰

---

37) Letters, II, p.55.
38) Rattenbury, EH. p.85; cf. p.95, 여기서 라텐버리는 주장하기를 웨슬리는 어떤 의미에서 그 자신이 제사를 드리는 제사장이라고 믿었다고 하였다.
39) Journal Curn., II. pp.418 ff을 보라.
40) St.S., I, p.417; Works, VII, p.148; Duty of Receiving, p.6; HLS, no. 166:11, 16.

라텐버리는 고라설교(Korah sermon)라고 흔히 불리는 글에서 그렇게 언급했으나 웨슬리는 구약에 있는 제사장과 설교자의 구분을 생각하고 논의한 것이다. 그러나 신약에서는 제사장이라는 말은 없어지고 그 자리를 목회자(또는 감독)라는 말이 차지하였다. 거기에는 목회자는 성례전을 집례하게 되었다고 하였을 뿐 어떤 종류의 희생제물도 언급된 바가 없다.[41]

마지막으로 이 편지에는 이 희생제물을 바치는 사람들은 "하나님의 청지기로 그리스도의 사신으로서 이를 행하도록 위임 받은 사람들이다"라고 말하고 있다. 그런데 그리스도의 사신이라는 표현은 희생제물과 연관되어 있지 않고 말씀을 전하는 것과 연결되어 있다. 사실상 여기 두 군데에서 말씀 전하는 것(preaching)과 주님의 성만찬이 언급되어 있는데 그리스도의 사신은 구원의 기쁜 소식을 전파하는데 연결되어 있지 주님의 성만찬에는 연결되어 있지 않다.[42]

그러므로 웨슬리의 편지에 있는 문장이 "제사직 우선주의(sacerdotal conception of priesthood)"를 인정하고 있다고 증명할 수는 없다. 그리고 성찬을 위한 찬미들도 그런 주장을 지지하고 있다고 볼 수 없다.

이런 웨슬리의 입장을 지지하는 증거는 더 있다. 웨슬리가 브레빈트의 책을 축소한 글(Brevint(W))을 보면 성찬식에서 떡과 잔을 나눠주는 일은 제사장이 하는 것이 아니라 목사(minister)가 하는 것으로 되어 있다. 기념제물(commemorative sacrifice)이라는 항목에서 말하기를 성직자(minister)에게 주어진 역할은 단 한 가지로서 그는 "하나

---

41) Rattenbury, EH, p.85; Works, VII, pp.273 ff, 275, 276; 또한 Hildebrandt, I Offered Christ, p.149를 보라.
42) St.S., I, pp.361, 421; N.T. Notes, 고전 4:1. 웨슬리는 여기서 to represent 라는 말을 shew, resemble, supply the place of it 등의 의미로 사용하고 있음을 유의하라.

님으로부터 그의 사랑하는 아들의 고난당함을 영원한 구원을 위하여 생생하게 그리고 아직도 능력 있는 것으로 나타나게 하는 것이다." 성직자가 어떤 제물을 봉헌하는 것이 아니다. 봉헌하는 자는 항상 우리들인 것이다.[43] 그리고 라텐버리가 지적하는 대로 "한 개인이 제사장직을 행한다는 것은 (성찬만에서의) 찬미에서는 발견할 수가 없고 또한 그에 대한 언급도 없다."[44]

또한 거기에는 웨슬리가 성직존중(sacerdotal)과 영국 가톨릭의 견해를 피하고 있는 많은 증거가 있다. 웨슬리는 그가 브레빈트의 글을 축소한 책에서 "제물을 바치는 제사장", "성직을 존중하는 제사장직" 또는 "거룩한 식탁 위에 희생되어 누워 있는 하나님의 어린양", "저들을 위해 매일 성례전에서 죽으시는 그리스도"와 같은 문장들을 삭제하였다.[45] 라텐버리는 19세기의 감리교회가 성례전에 대한 웨슬리의 견해를 잘못 해석하고 있는 것을 날카롭게 지적하고 있다.[46]

그러나 그가 웨슬리가 제사장직과 희생제물을 주장한 것처럼 말한 것은 잘못이다. 그의 주장을 뒷받침 하는 증거는 없다. 웨슬리가 주님의 성만찬과 연계해서 희생제물을 말함으로서 야기된 문제에 대한 해결은 다른 데서 찾아야 한다.[47]

이 점에 대한 웨슬리의 견해를 보다 자세히 알기 위해서는 성례전의 두 번째 면 곧 성례전이 희생제물 즉 "우리들의 제물에 관한 것"을 살펴볼 필요가 있다. 웨슬리는 이 항목을 소개함에 있어 우선 그리스도의 속죄의 종국성(finality)과 효험을 재차 강조한다. 그리스도의 속죄의 효험에는 아무도 교회도 아무것도 추가할 수 없다. 그러나 웨슬

---

43) Brevint (W), secs. II.5, p.6; V.6, p.19; VI [2], p.22.
44) Ratttenbury, EH, p.145; cf. Hildebrandt, I Offered Christ, p.150. 이하는 생략(역자)
45) Brevint, sec. VII.11. p.90; 14, p.94.
46) Rattenbury, EH. pp.86 ff.
47) pp.265 ff를 보라.

리는 계속하여 말하기를 인류를 홀로 구원하신 이 희생제물에 더 추가할 것이 없지만 구속(redemption)에는 우리들이 참여하는 것이 절대적으로 필요하다고 말한다. 그러므로 우리들의 희생이 구원을 가져올 수는 없지만, 우리들이 구원을 받아들이는 것은 전적으로 필요한 것이다.[48] 이 희생제물은 주로 구원을 받아들이는데 관계되는 것이지 무엇을 주는 일에 관계된 것이 아니다. 이 단계를 웨슬리는 아래와 같이 말한다.

" 그러므로 우리는 우리의 눈과 마음을 영원한 대제사장이신 예수에게 향하자. 예수는 진정한 성소에 올라가셔서 거기서 하나님 앞에서 계속하여 자기의 몸과 보혈을 바치며 또한 (아론이 그랬듯이) 모든 하나님의 참 이스라엘을 하나의 기념물로 하나님 앞에 드리고 계신다. 그러는 동안 땅에서 우리는 교회 안에서 하나님께 그리스도의 몸과 피를 하나의 기념물로 바친다. 그리하여 우리가 그의 십자가와 희생제물 밑에서 그에게 우리 자신들을 행위로 바칠 수 있게 된다."[49]

구약성서에서 사용되고 있는 그 호화로운 표상이 사용되고 있는 것이다. 웨슬리와 브레빈트는 희생제물에 대한 중세기 가톨릭의 견해에 대하여 거론하는 것이 아니다. 성례전에 대한 가톨릭의 견해는 확실하게 거부하고 있다.[50] 희생제물에 대한 모든 생각은 구약성서의 개념에서 나온 것이다. 즉 구약성서의 개념은 성서에는 일관성이 있으

---

48) Brevint (W), sec. VII.1. p. 23; Brevint, sec.VII.1. pp.80-81.
49) Brevint (W), sec. VI.3, p.22; cf. Brevint, sec. VI.4, pp.77-78; HLS, no. 129:1. 이하는 생략(역자).
50) Brevint는 'Missale Romanum', 'the Depth and Mystery of the Roman Mass'도 출판하였다. (Theater in Oxford, 1672).

며 두 섭리 세대에서도 언약은 하나라는 전제에서 모형적으로 해석한 것이다. 따라서 구약성서의 희생제물을 언급하는 것은 하나의 실례일 뿐 아니라 그것들은 실제로 이점에 대한 웨슬리의 교리를 이해하는데 개념형성의 방식을 제공하고 있는 것이다.

아론은 그리스도의 "모형(type)"이다. 그리고 웨슬리가 여기에서 기념물(memorial)을 말할 때에는 특별한 의미가 있다.

> " 아론은 주님 앞에서 기념물을 위하여 계속하여 저들의
> 이름을 마음에 품고 있게 되어 있다.
> 그리고 하나님 앞에서 저들을 대표한다.
> 거기에서 우리를 위해서 항상 하나님의 면전에 계시는
> 위대한 대제사장을 대표한다...
> 그러나 우리의 위대한 대제사장이 그의 모든 이스라엘의
> 이름을 그의 가슴에 품고 주님 앞에 하나의 기념물로
> 하나님께 저들을 바치고 있는 것이 하나님의 사랑을
> 구하는 우리들 모두에게 얼마나 큰 위로인가?"[51]

기념물(memorial)은 "상기 시킨다"는 의미도 있지만 여기에서는 그런 의미를 주로 뜻하는 것이 아니다. 성전에서 드리는 제사의 환경에서 나오는 표식은 무엇보다도 대제사장과 거기 있는 사람을 동일시하고 하나 됨을 강조하고 있는 것이다. 즉 대제사장이 지성소에 들어가면 사람도 그와 함께 들어간다. 그와 같이 이를테면 그리스도께서 그의 백성을 가슴에 품고 들어가 그들을 하나님께 바치는 것이다. 이 일이 은혜의 수단인 성례전을 통하여 이루어지는 것이다.

---

51) O.T.Notes,출 28:15; cf. 39:1. 또한 O.T. Notes,출 28:6; pp. 187 ff 을 보라. 그 외는 생략(역자)

"이 위대하고 거룩한 성찬식(Mystery)은 우리들에게 자신을 하나님께 바치고 자신을 사람에게 내어주신 은혜의 주님을 전하는 것이다. 그리스도께서 자신을 하나님께 바치셨음으로 그리스도께서 이를 위하여 죽으시고 또 지금 함께 하시는 신비한 몸에 내가 참여할 수 있게 된 것이다. 참으로 이 신비한 몸이 영적인 이스라엘을 위하여 자신을 봉헌하고 탄원하시는 영원한 제사장의 어깨 위에 나를 내려 앉힌다."[52]

그러므로 "희생제물"의 아이디어는 성령의 능력을 통하여 믿음으로 이루어진 그리스도와의 교류에 전적으로 의지하고 있는 것이다.

물론 여기에 기초를 이루고 있는 아이디어는 그리스도의 중재자로서의 역사이다. 그리스도를 통하여 신자는 죄를 용서 받고 하나님 앞에 나가게 된다. "하나님과 사람 사이에 서서 우리의 구원을 이루게 하시는 중재자가 없었더라면 우리는 하나님이 계시다는 것도 알 수 없다."[53] 그리스도의 교회는 그리스도의 몸이요 그리스도는 교회의 머리이시다. 그리스도께서 그의 몸(교회)을 위하여 고난을 받으시고 교회는 약한 멤버로서 머리이신 분이 하신 일과 고난을 힘껏 따라가는 것이다."[54]

그러나 "기념물"은 "마음에 상기시킨다"는 뜻도 있다. 그리스도께서 그의 교회와 더불어 자신의 몸과 피를 하나님 앞에 제시하면서 하나님의 약속을 상기시키는 것이다. 그와 같이 "우리는 땅에 있는 교회에

---

52) Brevint (W), sec, IV. 7, pp.15-16; cf. O.T. Notes, 출 28:6.
53) N. T. Notes, 딤전 2:5; cf. O.T. Notes, 출 25:18, 37:1-9;레 16:4, 34.
54) Brevint (W), sec. VII.2, p.24.

서 하나님께 그리스도의 몸과 피를 하나의 기념물로 바침으로 우리는 그리스도의 십자가와 희생 밑에서 그 앞에 참으로 우리 자신을 드리게 되는 것이다."[55]

이와 같이 2중의 "기념물"이 있는 것이다. 즉 그리스도께서 교회를 하나의 기념물로 하나님께 드리는 것과 교회가 이 땅에서 그리스도의 희생을 경건과 감사의 기념으로 매일 봉헌하는 것이 있다.

> " 그의 뜯어지고 찢어진 몸을
> 그는 하나님께 바친다.
> 그 귀중한 기념물에서
> 선택받은 이스라엘의 부족이 보인다.
> 아버지는 그들의 모든 이름을 아신다.
> 아론의 가슴위에 있는 그 이름을 읽으신다."

> " 우리가 땅에서 우리 구주의 죽음을 말할 때
> 그분은 그 이름들을 읽으신다.
> 예수께서 우리에게 분부 한대로 행하여
> 그분의 육체와 보혈을 표명하고
> 기념물에 있는 그분을 드러내
> 어린 양을 하나님께 바친다."[56]

주님의 성만찬의 성례전을 하나의 "기념물(memorial)"이라고 할 때 그 견해는 희생제물의 역할에만 국한되는 것이 아니다. 거기에는

---

55) Brevint (W), sec. VI.3, p.22; cf. HLS, no. 121:2. 이하는 생략(역자).
56) Brevint (W), sec. VI [2], p.21; HLS, nos. 118:3-4, 121:1.

기념물의 역할 뿐 아니라 "은혜의 수단"의 역할도 포함되어 있는 것이다.[57] 사실에 있어 "기념 제물(commemorative sacrifice)"의 아이디어는 단지 받는다는 입장에서가 아니라 그리스도의 희생과 더불어 자신을 바치는 가운데 응답한다(response)는 견지에서 볼 때 실제로 같아 보인다. 사람은 오로지 그리스도의 희생에 의하여서만 하나님께로 나갈 수 있는 것이다.

웨슬리의 성례전의 체계에서는 그리스도의 제물 그 자체를 바친다는 것이 없다.

"그리스도는 구약의 대제사장이 그랬듯이 그의 백성과 함께 하지 않고 백성을 위하여 자기 자신을 바칠 뜻이 없었다. 그는 이 큰 성전인 이 세상에서 인류의 머리이신 하나님께 자신을 바치셨다. 그는 자진해서 희생양으로 그의 이스라엘과 더불어 이를테면 그들의 죄를 모두 그의 머리에 얹고 그들의 손을 잡고 제단에 내려오신 것이다."[58]

여기에 하나님의 성육신(incarnation)의 뜻이 나타나 있다. 따라서 그리스도의 중보사역에 있어 그리스도는 항상 하나님 앞에 그의 백성들과 더불어 자신을 바치고 있는 것으로 나타나 있다. 그리스도가 이 일을 함께 하기 위해서는 죄인들이 하나님에게 자신들과 자신이 가

---

57) HLS, no. 89:1 을 보라. cf. no. 123:4.
　　당신의 희생의 기념물인,
　　이 성만찬의 예식이,
　　충만한 속죄의 은혜를 공급하며,
　　당신께 바친 우리의 헌물을 성별한다.
　　당신 안에 계신 하나님이 하늘에서 내려다보면서,
　　우리들을 즐겁게 하시고,
　　우리들의 무던한 봉사를 보시고,
　　우리들의 죄가 사함을 받았다고 작은 소리로 말하신다.
58) Brevint (W), sec. VII.6, p.25: cf. Brevint, sec. VII.6, p.83.

지고 있는 모든 것을 기쁨으로 바쳐야 한다. "그래서 우리들의 희생이 구원을 얻게 할 수는 없는 것이지만 우리가 구원을 받기 위해서는 이것이 전적으로 필요한 것이다."[59] 일반적으로 웨슬리는 구약에서 이 제물을 표현하는 말을 다른 의미로 적용하고 있는 것이다. 매일 드리는 제사는 "어린양과 밀가루와 기름, 술로 만들어진 제물인데 어린양 위에 던져진 것들 모두도 하나의 같은 제물로 여겨졌다."[60] 같은 방법으로 우리들 자신을 바친 것도 그리스도의 제물에 추가된다.

"포도주를 제물로 드리는 것(wine-offering)"도 매일 드리는 제사에 추가되었다. 매일 반복되는 제사는 계속해서 그들에게 평안과 사죄를 주었다.[61]

웨슬리는 또한 대 번제(Great Burnt offering), 일반 번제(burnt offering)에 대하여서도 말한다. 번제는 그리스도의 희생에 기초하여 죄를 위한 제물인가 하면 신자들이 추가로 드리는 번제는 자신을 하나님께 봉헌함에 있어 마음과 생명을 바치는 것이다.[62]

화목제(peace offering)도 언급되고 있다. "화목제는 평안과 번영을 위하여 드리는 제사이다. 또한 하나님의 축복을 위한 제사로서 축복을 받음으로 감사의 제사가 되기도 하고 또는 축복을 바라는 의미에서 하나님께 간구하는 제사가 되기도 한다."[63] 이런 추가되는 모든 제물은 "감사를 표시하는 제물(sacrifices of acknowledgement)로 분류될 수 있는 것으로 이것도 하나님이 허락하신 것이다. '진실로 예수의 속죄의 제물은 단번에 모두를 위하여 바쳐진 것이다. 그러나 상한 심령과 감사하는 마음에서 나오는 감사를 표시하는 제물은 매일 드려져

---

59) Brevint (W), sec. VII.1. p. 23.
60) Brevint (W), sec. VII.9. p.26; Brevint, sec. VII.10, p. 88; HL, no. 137:2; Baker, p.333.
61) O.T. Notes, 호9:4.
62) O.T. Notes, 창 22:8; 출 29:15; 레 1:4, 왕상, 3:15; 스(라) 8:35; HLS, nos. 128:1, 135:2, 152:3; Brevint(W), sec. VII, pp.27,29.
63) O.T. Notes, 레 3:1; 민 6:14; 15:8; 삿 20:26; 삼상 1:10; 왕상, 3:15; HLS, no. 65:4.

야 한다. 그리고 이 영적인 제물들은 예수 그리스도를 통하여 항상 하나님께 드려지는 것이다."[64] 이와 같이 "기념물(memorial)"의 두(2) 부분의 아이디어가 추가적인 제물들과 연관하여 나타나고 있는 것이다.

> " 기념물 – 그와 같이 선택되어 바쳐진 것을 기념물이라고 부른다. 그런데 이 기념물이 1) 바친 자에게는 그가 바친 모든 것을 기억나게 하고 그것들 모두는 감사의 표시로 하나님께 바쳐진 것을 기억나게 한다. 2) 그리고 하나님에게는 하나님의 은혜의 언약과 사랑의 약속 그리고 바친 자와 그가 바친 것을 받아 들인 것을 생각나게 한다."[65]

웨슬리는 1740년 6월에 페타 레인 협회(Fetter Lane Society)에 있는 사람들에게 그들이 주장하는 정숙주의 교리(stillness doctrine)의 그릇됨을 깨우치고자 은혜의 수단에 관한 설교를 여러 번 하였다. 그 설교문의 한 군데에서 그는 말하기를 "우리가 성만찬에 참여하는 것은 무엇을 하나님께 드리고자 하는 것이 아니라 하나님이 우리들을 위해 가장 좋은 것을 마련하신 것을 받고자 하는 것이므로 미리 반드시 준비할 것이 없고 단지 하나님이 주시고자 하는 것을 받고자 하는 소원만 있으면 된다"라고 하였다.[66]

그리고 웨슬리는 그가 브레빈트의 성찬의 찬미에 관한 글을 발췌한 책의 서문에서 "우리는 여기에서 우리의 영혼과 몸 그리고 우리가 바칠 수 있는 것은 무엇이든지 하나님께 봉헌하도록 특별한 방법으로

---

64) O.T. Notes, 창 22:8; 출 29:38, 38:1; 레 1:1, 2:2; 롱 345:25; 시 50:4, 14.
65) O.T. Notes, 레 2:2; cf. 출 28:38; 민 10:10, 31:50.
66) Journal, Curn., II, p.362.

초대되어 있다"[67]라고 분명히 말하고 있다. 그러면 웨슬리가 지난 5년 동안에 그의 생각을 바꿨다는 말인가? 아니면 그에게는 단순히 일관성이 없었다는 것인가? 실제로 그런 임의 옵션은 어느 하나도 이 문제에 대한 바른 해답을 주지 못한다. 웨슬리에게는 전적으로 일관성이 있다. 이점에 있어서의 웨슬리의 교리를 바로 이해하는 것이 "희생제물"에 대한 웨슬리의 아이디어를 이해하는데 매우 중요하다.

우리는 앞에서 웨슬리가 이해하는 은혜는 기본적으로 "능력을 주는 은혜(enabling grace)"라고 지적한 바가 있다.[68] 마찬가지로 은혜의 수단으로서의 역할의 중요성이 강조되고 있었던 것이다.

"오로지 받은 것으로(as received) 그리스도의 제물은 바쳐질 수 있는 것이다. 받은 것으로서의 그것이 신자들의 제물이 호응하고 승인하는 것이 되게 하고 유지한다." 우리는 받은 것을 돌려 드리는 것이다. 신자는 "믿음으로 하나님께서 자신의 영으로 계속 역사하심을 인지한다. 그리고 일종의 영적인 반응으로 부단한 사랑과 찬양, 기도 가운데 받은 은혜를 되돌린다." 그리고 "하나님은 영혼이 하나님에 대하여 반응하지 않으면 영혼을 위하여 계속 역사하지 않으신다."[69]

> " 우리는 오로지 당신을 신뢰하고
> 당신의 제물을 가지고 올라가
> 당신의 은혜로 주신 것을 바치고
> 우리의 영혼들을 당신과 함께 하늘에 들어 올린다."[70]

---

68) pp.122ff을 보라.
69) O.T. Notes, 대상 29:14; St.S., I, pp.304, 312, II, p.234; Works, XI, p.266.
70) HLS, no. 136:4; cf. nos. 146:4, 153:2, 156:5, 147:3. 이하는 생략(역자).

이는 자연적으로 우리 자신을 바친다는 것의 내용이 무엇인가를 논의하게 만든다. "그리스도인의 완전에 관한 평의 한 해설(책)에서 웨슬리는 그가 1725년에 거룩한 삶을 살겠다고 결심한 것을 말하고 있다. "나는 삶에는 중간(medium)이란 없고 결국 나의 삶 전체를 하나님께 바치느냐, 아니면 나 자신을 위해 살아 결국 마귀에게 속하느냐가 있을 뿐이라는 것을 깨닫고 나는 즉각 나의 전 생애 곧 나의 생각, 말과 행동 전체를 하나님께 바치기로 결심했다."[71]

이것이 웨슬리가 주님의 성만찬과 관련하여 희생제물을 생각할 때 가졌던 관심과 같은 것이다. 사실 웨슬리는 우리 자신과 우리가 가지고 있는 모든 것을 그리스도를 통하여 하나님께 바쳐야 한다는 것을 어느 곳에서 보다 그가 성화와 그리스도인의 완전을 논의할 때 더 자주 많이 강조하고 있다."

> "저들은 철저하게 거룩하게 되었다.... 저들은 마음과 뜻과 영혼과 힘을 다하여 그들의 하나님을 사랑했다... 저들은 계속해서 영혼과 몸을 하나님이 기뻐하시는 거룩한 산 제물로 바쳤다.
> 그 결과 그들은 더욱 기뻐했으며 쉬지 않고 기도하며 모든 일에 있어 하나님께 감사했다. 이것이 다름 아닌 우리가 믿는 진정한 성서적 성결이다."[72]

앞에서 말한 것처럼[73] 성화의 적극적인 면은 하나님과 사람을 사랑하는 것이고 성화의 소극적인 면은 그리스도와 더불어 자신을 십자가에 못 박고 죄에 대하여 죽고 자신을 희생하는 것이다. 이것들은 상

---

71) Works, XI, p.366.
72) Works, VI, p.526.
73) pp. 205f를 보라.

호간에 반비례하여 사람이 은혜 안에서 성장하면 그 만큼 죄에 대하여 죽는 것이다. 사랑은 은혜의 수단으로 역할 하는 성례전에 의하여 주어져서 신자가 자신을 하나님께 바칠 수 있게 한다. "거룩한 사랑은 불이다. 그에 의하여 우리의 봉헌은 이루어져야 한다. 그렇지 않으면 그것들은 하나님께 드리는 좋은 향기가 못된다. 따라서 그것들은 거룩한 사랑의 불길로 바쳐져야 한다."[74]

웨슬리의 설교에서 항상 되풀이 되는 테마는 은혜 안에서 성장하는데 절대로 필요한 것이 "그리스도의 죽음과 희생을 기쁨으로 기념하며 우리의 영혼과 몸이 그리스도께 드리는 제물 되게 하며 우리들 자신 곧 우리들의 영혼과 몸을 산제사로 바치는 일"이라는 것이다. 그리고 "하나님은 우리가 드리는 그 외의 제물을 좋아 하지 않고 오직 마음의 산 제물을 원하신다. 그러므로 계속해서 거룩한 사랑으로 그리스도를 통하여 하나님께 바치도록 하라."[75]

영혼과 몸만 하나님께 바칠 것이 아니라 모든 생각과 말과 행동도 하나님께 바쳐야 한다. 진실로 모든 것, 내가 가지고 있는 것, 행하는 모든 것을 자원제물(free-will offering)로 하나님께 바쳐야 한다.

그리스도께서 온 인류를 위하여 희생하신 후에 말씀하였다. "그럼, 이 떡을 내가 죽으면서 보여준 사랑을 기억하면서 감사함으로 받아먹으라. 이 떡을 내가 너를 위하여 심하게 당한 고통과 그를 통하여 내가 너를 위하여 획득한 축복과 그리고 내가 네게 부탁한 사랑과 본분을 이행하여야 할 책임을 기억하면서 받아먹으라."

이는 자신을 하나님의 사역에 바치는 것과 그리고 언제나 "상한 심령"으로 바쳐야 한다는 것을 의미한다. 모든 것이 희생의 정신으로 행

---

74) O.T. notes, 레 2:16; 출 19:15; St.S., I. p.279; Letters, II, p.281; Works, VI, pp.71-72.
75) Works, XI, pp.245,368; St.S., I, p.279; cf. Works, VI, pp.414,422, 435, 526; VII, p.519; XI, p.266; St.S., I, pp.311,391; II, pp.235, 387; Journal, Curn., III, p.328; HLS, nos. 67:1, 128:3, 136:4, 137:, 4,5. 139:1, 149:1, 153:2, 156:3-5, 157:4; Brevint(W), secs. IV, 8, p.16; VI 3, p.22; VII.11. pp.27-28; OT, Notes, 출 29:15; 시 110:3; 사1:11, 겔 36:38; 말 3:3; Letters, II, p.281; N.T. Notes, 롬 12:1; 빌 4:18; 벧전 2:5.

하여져야 한다는 것이다.[76] 성례전 찬미 하나가 하나님께 대한 이런 헌신의 깊이와 범위를 잘 드러내고 있다.

" 벌레와 같은 내가
 당신의 영광에 이르러 살 수 있다면
 나의 모든 행동을 깨끗하게 하소서.
 나의 모든 말과 생각을 받으소서.
 그리고 당신의 일을 위해 나를 주장하시고
 나와 나의 가진 모든 것도 주장하소서."

" 나의 영혼과 몸의 재능을 취하소서!
 나의 마음과 의지, 기억도,
 나의 가진 모든 것, 나의 가진 시간의 모든 것도,
 내가 아는 것과 느끼는 모든 것도,
 내가 생각하고, 말하고, 행하는 모든 것도,
 모두 취하소서.
 나의 마음도 취하시고 이를 새롭게 하소서."

" 오호, 하나님, 지금 나는 당신의 것입니다.
 지금 나는 당신의 것들을 돌려 드립니다.
 자유, 친구, 건강, 그리고 명성도 모두,
 당신께 바칩니다.
 내가 당신의 것으로 사는 것, 매우 행복합니다.
 내가 당신의 일을 위해 죽는 것, 더욱 행복합니다."[77]

---

76) Works, VI, pp.71-72, 414, 423, VII, pp.31, 130; XI, pp.216,249, 468/ XIV, p.263; ST.S., I. p. 311; II, pp.235, 499, 502; Letters, II, p.281; O.T. Notes, 창 22:8; 레 1:3; 사 1:12; 말 3:4; N.T, Notes, 고전 11:24; HLS, nos. 139:3, 149:2, 153:2, 157:4; Journal, Curn. I, p.96.
77) HLS, no. 155:3-5.

웨슬리는 그의 "완전에 관하여"라는 설교에서 말하기를 "유대 시대가 끝난 것을 아는데 우리는 지금 무슨 제물을 드릴 것인가? 만약 당신이 진정으로 자신을 하나님께 이미 바쳤다면 당신은 하나님께 계속해서 당신의 모든 생각과 말과 그리고 행동을 하나님의 사랑하는 아들을 통하여 찬미와 감사의 제물로 바치시오."라고 하였다.[78]

또한 웨슬리는 이 이유로 인하여 주님의 성만찬과 관련되어 그리스도를 봉헌하는 것을 강조한다. 아무도 자기 자신의 힘으로는 무엇을 하나님께 바칠 수 없다. 그는 전적으로 그리스도의 제물에 의지하고 있다. 하나님과 사람 간의 교제는 어떤 형식을 취하든 예수의 속죄를 전제하여야 한다. 그래서 이 봉헌은 절대로 필요하다. "하나님을 위로하며 기쁘게 하며 하늘에 올라갈 수 있는 모든 것은 그리스도가 제공하는 것이다."[79]

" 지금 우리들 자신을 위하여 봉헌할 수 있는 것은 모두
소제와 전제와 같은 봉납물 밖에 없다.
그러나 이런 것도 홀로 드려질 수는 없으며 오로지 예수
그리스도의 공로와 함께 해서만 드려질 수 있는 것이다.
또한 이는 대 번제의 향기와 함께 해서만 하늘에 올라갈
수 있다... 이런 추가적인 봉헌들이 없었더라면 우리들
자신이나 행위가 하나님께 바쳐질 수 없다. 그리고 그것
들도 큰 제물이 떠받치지 않는다면 땅에 떨어질 것이다..."[80]

---

78) Works, VI, p.414.
79) Brevint(W), sec. VII 8. p.26.
80) Brevint (W), sec. VII.0.[[/26-27; Brevint, sec. VII.10, p.89.

그러므로 우리들의 제물은 지금 그리스도에 의하여 바쳐지는 것과 합하여 하나의 제물이 되는 것이다. 웨슬리는 우리들 자신을 그리스도의 제물 위에 던진다는 말을 한다. 곧 우리는 어린양과 더불어 바쳐지는 것이다.

> 이것은 "피 흘리는 희생과 뒤섞인
> 속죄하는 어린양 위에 던져진 것(Cast)이요
> 또한 예수의 이름을 통하여 바쳐진 것이다.
> 당신의 것 위에 놓인 우리들의 비천하고
> 불완전한 제물은 던져진 하나의 짐과 같다.
> 이 둘은 공동의 화염에서 올라가며
> 이 둘은 하나님 앞에서는 하나이다."[81]

찬송가의 두 곳에서 웨슬리는 놀란 듯 반문한다.

> " 거룩한 어린 양이신 주여,
>   어떻게 당신이 죄인들과 하나가 될 수 있습니까?"

그리스도의 제물은 하늘의 권능으로 반복된다. 그리고 이는 전적으로 거룩하고 신적이다. 그러나 우리들의 제물은 약하고 사악한 인간의 것이다. 그런데 어떻게 이 두 개의 봉납물이 하나가 될 수 있단 말인가? 그리고 그는 대답한다.

---

81) HLS, nos. 153:2, 147:4; cf. nos, 123:3, 134:3-4, 137, 138:1, 139:2, 141:5, u, 152:4, no.117:1. 이하 생략 (역자).

"당신의 제물이 나의 것에
그 의와 구원하는 은혜를 전하여 주시는 것이지…"[82]

이런 근거에서 그리고 주재자이신 그리스도를 통하여서만 사람이 하나님께 나아갈 수 있는 것이다. 따라서 웨슬리는 우리들의 제물을 말할 때마다 항상 "예수 그리스도를 통하여" 또는 "그리스도를 통하여 받아들여지는"과 같은 말을 첨가하곤 한다. 이것이 주님의 성만찬과 연관되든 아니든 이는 사실이다.[83]

성찬을 받는 사람은 하나님께 부르짖는다. "나를 위하여 저 유일한 참 제물, 여기 있는 그의 성례전을 바라보소서. 당신으로부터 나아와 나를 위해 죽으신 독생자의 제물을 바라보소서. 은혜와 진리가 충만한 아버지의 독생자이신 그분을 지금 나에게 오게 하소서."[84]

구약성서에서 희생양의 피를 속죄 제물에 뿌리는 관습에서 가져온 순수한 실존론으로 웨슬리는 노래한다.

"오호 하나님, 그 피는 아직도 따뜻합니다.
우리는 그 피로 덮여 있습니다…"[85]

이와 같이 땅에서 신자들에 의하여 드려진 제물과 하늘에서 그리스도에 의하여 드려진 제물 두 가지가 있다. 성찬을 받는 사람은 여기에서 하나님께 대하여 그리스도의 죽음과 희생제물을 주장한다.

---

82) HLS. nos, 136 147:2-3. 이하 생략(역자).
83) 예로서, St.S., I, pp.279, 311; II, p.235, 499, 502; Works, VI, pp.71-72, 414, 423, XI, pp.266,368,468; XIV, p.263; Letters, II, p.281; HLS, nos. 139:2, 152 등을 보라.
84) Brevint (W), sec. VIII, 6, p.32; cf. VI,4, pp.22-23; HLS, nos. 116:4, 119,120, 121, 122, 124:2, 125:4, 126:6.
85) HLS, nos. 122:3, 119:3, 121:1. cf. O.T. Notes, 레 4:17, 신 16:6.

그리고 그리스도께서는 하늘에서 같은 일을 하시며 지상에서는 탄원을 하면서 은혜를 받는다.[86]

또한 제물은 우리가 가진 모든 것을 바친 것이며 이는 여기 그리스도를 통하여 하늘에서 기뻐하시는 제물로 하나님께 바쳐진 것이다.[87]

말하자면 우리들이 하나님께로부터 용서를 받는 길이 주님의 죽음을 통하여 하나님의 아들이 고난당함으로 인하여 '우리의 모든 죄를 도말하여 주옵소서'하고 탄원하는 방법 외에 더 분명한 길이 있는가? 말이다.[88] 이것이 웨슬리가 보는 바 희생제물에 관한 모든 것이다.

즉 이것은 하나님께 그리스도로 인하여 죄인을 받아 달라고 간청하는 것이다. 그와 같이 충분한 구원의 근거이며 원천인 그리스도의 제물을 제시하고 지적하는 것이다. 그리고 이와 결합해서 자신을 하나님께 바치는 것이다. 이는 하나님께 간청함에 있어 필요한 조건이다. 웨슬리가 이를 테면 하나님 아버지와 그의 아들이 서로 다른 것처럼 말한 듯한 인상을 가질까봐 그는 우리들을 상기시키면서 말했다.

"너 자신, 곧 네 영혼과 몸을 하나님이 기뻐하시는 산제사로 드린다는 것이 바로 너의 창조주이신 하나님, 너의 구세주, 너를 거룩하게 하시는 주님께 드린다는 것이 아닌가?"[89] 사람을 구원하는 일에는 삼위일체 하나님 모두가 역사하시는 것이다. 그러나 성령은 활동하는 대리인으로 알려지고 있다. 성령은 하나님의 "손가락"이다.

그리고 또한 성령은 성결케 하는 영이시기 때문에 제물이 하나님께 받아들여질 수 있게 된다.[90]

---

86) HLS, nos, 46:3, 117:2, 120:4, 140:3,
87) HLS, nos. 153:2, 155:5,
88) Works, VII, p.148.(Duty of Constant Communion"); cf. Duty of Receiving, pp.4-5.
89) Works, VI, p.422.
90) O.T. Notes, 출 29:35; 레 2:1; HLS, nos. 129:3, 137:7, 138:2, 150; Brevint (W), seds. II.7, p.6; VII.12, p.28.

사람 편에서는 믿음이 수단이다. 이 수단에 의하여 제물이 받아들여지게 되는 것이다.[91] 성례전이 은혜의 수단이라는 것을 논의할 때에 지적한 바와 같이 성례전이 죄의 용서(칭의)와 성결, 하나님의 사랑(성화)을 전달한다라는 것이다.

예수의 속죄와 그의 은택이 이와 같이 예수 그리스도를 통하여 자신의 제단에 수용되고 호응될 때 "예배하는 자들이 자신과 자신의 모든 관심을 하나님께 바친 그 봉헌은 우리의 영혼과 몸이 이루 말할 수 없는 축복을 받아 하나님의 성품과 성결, 영원한 생명의 지경에 이르게 하는 것이다."[92]

여기에 한 가지 더 첨가되어야 할 것이 있다. 즉 살아 있는 사람은 모두 예수의 속죄가 필요하다. 모든 사람은 그리스도의 중보기도에 의존하고 있다. 온전한 성화(그리스도의 완전)를 받은 사람이라도 그리스도의 중보기도에 의존하고 있는 것이다. 계속되는 축복도 그리스도의 죽음과 중보기도에 의존하여서 있게 되는 것이다. 또한 사랑의 법을 온전히 지키지 못하기 때문에 계속 그리스도의 죽음과 그의 중보기도가 필요한 것이다.[93]

신자의 그리스도와의 친밀한 연합과 교제는 광범위한 것으로 은혜와 구원을 받는 일에서 뿐 아니라 신자의 삶에도 관계되고 있다.

> " 때로는 그리스도와 교회는 한 몸이라고 표현될 만큼
> 예수 그리스도는 그의 교회와 함께 하지 않고는 아무
> 일도 하지 않는다. 그리스도께서 그의 몸(교회)을
> 위하여 행하시고 고통당하심이며 교회의 머리가 되신

---

91) HLS, nos, 125:2, 128:3, 147:1. etc.
92) Brevint (W). sec. VIII. 3, p.30.
93) Works, VI, p.413; XI, p.196; 417; O.T. Notes, 삼상 7:8.

것을 보며 교회는 교회의 머리이신 주님이 하신 일과
희생이 따른다.
그와 같이 약한 교인들도 그렇게 따르게 된다."[94]

그리스도는 믿는 자들의 머리이시다. 그리고 그리스도와 교회는 하나이다.

" 교인 모두는 우리의 머리이신 주님의
하신 일을 추구한다.
그의 선하신 영의 인도를 따라
그가 이 땅에서 행하신 모든 일을
행하며 또한 경험하려 한다.
주님과 함께 모든 영화를 차지할 때까지."[95]

즉 믿음으로 그리스도와 연합된 사람들은 그를 통하여 또한 그리스도의 몸에 들어간 것이다. 그리고 그 연합이 그의 몸에 계속 있기를 원한다면 그 몸은 그의 머리에 의하여 인도되어야만 한다. "우리가 세례에서 받은 그 영에 의하여 우리는 연합하여 한 몸이 된 것이다..."[96]

그러므로 교회는 그리스도의 하신 일과 그의 고통을 따라 간다. 사도 바울은 그리스도의 하신 일과 수난을 순종하는 것으로 말하고 있지만 사도 요한은 그리스도와의 교제를 강조하고 있다. 따라서 우리가 하나님께 봉헌한다는 것에는 두 가지 면이 있다. 즉 영광중에 그리스도와의 교제에 이르게 하는 순종과 전적으로 전자(순종)에 의존하는 그 것이다.

---

94) Brevint (W), sec. VII.2, p.24; Brevint, sec. VII.2, p.81.
95) HLS, no, 129:2-3.
96) N.T. Notes, 고전 12:13.

> "그리스도에게 복종한다는 것은 전체 기독교의 대 원리이다. 이 복종은 첫째로 그리스도의 고통당하심에 대한 우리의 의무를 가리키는 것이고 또한 그리스도가 고통을 당하신 후에 높임을 받으신 데 대한 우리의 행복을 가리키는 것이다. 이 둘이 주님께서 종종 제자들에게 '나를 따르라'고 명령하신 그 명령의 내용을 설명하고 있는 것이다."[97]

이 세 가지 표현, 곧 '따른다'(follow), '복종한다'(have conformity), '교제한다'(have communion)라는 표현이 신자가 온 힘을 다하여 그리스도를 따라야만 한다는 것을 함축하고 있는 것이다. 신자는 그리스도와 더불어 낳아야 하고, 그리스도와 함께 죽어야 하고, 또한 그리스도의 무덤에 파묻혀야 한다. "그리고 이 모든 의무에서 가장 요구되는 것은 그리스도의 십자가를 지고 희생하며 그리스도와 함께 죽는 것이다."[98] 신자는 그리스도의 희생에 동참한다. 그리스도의 희생의 은택을 받는 일에나 또한 그리스도와 함께 고난을 당하며 자신을 희생하는 일에서도 실제로 그리스도의 희생에 동참한다.

> "하나님이 규정하신 것은 무엇이든지 기꺼이 받아 들인다.
> 이 허약한 몸이 가난과 고통으로 괴로울지라도.
> (그러나 나의 주님, 감당할 수 있는 힘을 내게 주소서)."[99]

그러나 가장 필요한 의무는 그리스도의 십자가를 지는 것이다. 그리고 고통가운데 그리스도와 함께 죽는 것이다. 그리스도인은 그리스

---

97) Brevint (W),sec. VII.4, p.24; Brevint, sec. VII, 4, p.82. N.T. Notes, 빌3:10. 이하 생략(역자).
98) Brevint(W), sec. VII.5, p.24; cf. HLS, nos. 142, 130, 130·1 이하 생략(역자).
99) HLS, nos. 143, 4:2, 25:3, 26:3; Brevint (W), sec. VII.11, pp.27-28; cf. 148. 이하 생략(역자).

도와 함께 십자가에 못박힌 자이다. 그리스도는 우리의 제단이다. 또한 그리스도의 십자가도 우리의 제단이다.[100] 웨슬리는 "매일 드리는 제사(daily sacrifice)"를 말하기도 한다. 어떤 때는 이는 매일 주님과 교제하는 것을 의미하기도 한다.

"그러나 매일 기쁨으로 받습니다.
발산하는 사랑의 증거를."[101]

이 아이디아는 초대 교인들이 매일 성찬에 참여하였다고 믿는데서 나온 것 같다.[102] 다른 곳에서는 여기에 말하는 "매일 드리는 제사"는 자신을 바치는 것과 연결하여 말하기도 한다.

"우리는 기쁨으로, 기쁨으로,
당신이 지상에서 하신 일에 참여하고자 합니다.
그리고 당신을 위하여 모든 것을 참겠습니다.
그리고 당신의 영광에 이르겠습니다.

그리고 천하고 쓸데없는 모든 욕망을
매일 십자가에 못 박겠습니다.

피 흘리신 어린 양의 진정한 추종자로서
지금 우리는 매일 십자가 위에서 죽습니다."[103]

---

100) O.T. Notes, 출 27:4, 29:36; Breving (W), sec. VII.6, p.25; 출 27:4; , cf. 29:36: "그리스도는 우리의 제단이다. 우리를 위하여 그는 자신을 거룩하게 하셔서 우리도 거룩함을 받아 하나님께 바쳐지게 하셨다. 요 17:19."
101) HLS, no. 166:2, 16,
102) HLS, no. 166:1, 16; St.S. I, p.440; Journal, Curn. II. pp.360-361. 웨슬리는 매일 성찬을 갖지는 않았다. 그의 생애 동안 그는 평균 4일에 한 번씩 성찬을 행하였다.
103) HLS, no. 141:6, 8: cf. Works, VII, p.519 (1736); HLS, no. 166:11.

여기에서 "그리스도와 함께 십자가에 못 박혔나니, 그리스도의 고난에 동참한다. 또는 희생으로 그리스도와 함께 죽는다" 등의 표현에 대해 웨슬리는 몇 가지 의미와 내용을 말하였다. 웨슬리는 여전히 구약성서에서의 성전 제사에서 사용하는 표상들을 따라서 예수가 십자가 위에서 모든 사람의 죄를 위하여 속죄하실 때 사람의 죄가 그리스도의 머리위에 올려놓아진 것으로 본다. 그리고 "속죄제"의 결과로서,

" 고통당하시는 주님(Deity)에게
 우리는 떨리는 손을 올려놓는다.
 그리고 우리의 죄를 그의 머리에 올려놓는다. . . ."

웨슬리가 언급한 구약성서의 구절들은 이런 표현의 의미를 충분히 드러내고 있다. "저들은 그들의 제물의 머리에 안수할지니; 그리고 고백하기를 저들은 저들의 죄 때문에 죽임을 당함이 마땅하나 이 짐승의 죽음이 대신 속죄하는 것으로 받아지기를 원하나이다. 라고 할 것이다."[104] 그리스도와 함께 십자가에 못 박혔다는 것은 갈보리에서와 지금 여기에서 속죄와 죄를 용서받음과 관계되는 것이다. 또한 이는 신자가 이를 자진해서 자기 자신의 삶에 연관 시키면서 호응한 것으로 이 제물의 결과라고 볼 수도 있다. 그리스도인이 그리스도와 함께 십자가에 못 박혔다고 하지만 신자는 그리스도와 같은 방법으로 못 박히는 것은 아니다.

그러나 (1) 신자가 속죄와 용서의 유일한 근거로서의 그리스도에게 그의 죄를 던지는 것이기 때문에 (2) 그리스도인이 그리스도께서 자기의 죄를 위하여 죽으셨다는 것을 깨달을 때 느끼는 슬픔 때문에

---

104) HLS. nos. 131:2, 141:6, 152:1; O.T. Notes, 출 29:10; cf. 레 1:4, 8:14, 18, 16 | 21.

그리고 (3) 신자의 죄는 십자가에 못 박혀 죽었고 모두 그리스도와 그의 사역에 바쳐졌기 때문에 이런 모든 근거에서 구주는 앞서 말한 바와 같이 자신을 바치는 것이며 또한 구원받은 자는 믿음에 의하여 그리스도와 연합되어 그리스도의 고통을 함께하며 그의 뜻에 전념함으로 하나님 앞에서 하나의 같은 희생으로 인정받는 것이다.[105]

그러나 신자의 희생(sacrifice)이 그리스도의 희생과 더불어 완전한 희생이 되기 위해서는 두 가지 조건이 충족되어야 한다. 첫째로 "저들은 그리스도께서 죄 없는 몸을 십자가에 못 박았듯이 저들의 죄 있는 지체를 십자가에 못 박아야 한다. 그래서 각자는 '세상이 나를 대하여 십자가에 못 박히고 내가 또한 세상을 대하여 그러하니라(갈 6:14)'고 말할 수 있어야 한다."[106] 여기에 죄를 극복하는 여러 가지 일들이 설명되고 있는 것이다. "우리는 옛 아담을 나무에 못 박는다."[107]

이는 육과 마음과 육에 속한 마음을 십자가에 못 박는 것을 말하는 것이다. "나는 세상에 대하여 그리고 나에 대하여 십자가에 못 박았노라." 이는 죄에 대하여 죽는 것을 말하는 것이다.

> "평화의 왕께서 우리의 죄를 절멸시키셨다.
>   그의 육체를 아프게 했던 우리의 죄를
>   우리는 그와 더불어 십자가에 못 박기로 맹세한다.
>   하나님을 죽인 우리의 죄는 사라질 것이다."
>
> "우리는 믿음으로 그것들을 나무에 못 박아 붙인다.
>   그리하여 그들은 완전히 죽을 것이다."

---

105) Brevint (W), sec. VII.7, p.25; Brevint, sec. VII.7, p.84-85.
106) Brevint (W), sec. VII.8, p.26; Brevint, sec. VII.9, p.86.
107) HLS, no. 133:4 (Rasttenbury, EH, p238)

그러나 (피로 우리의 죄를 씻으신) 당신께
드릴 수 있는 것은 아버지가 기뻐하시는
당신의 위대한 희생제물 뿐입니다."[108]

이것은 점진적인 고행으로 이루어지는 것이다. 이는 성령의 능력을 통하여서만 가능하다.[109] 이는 자기를 부인하고 십자가를 지는 것을 의미한다. 여기에서 은혜의 수단, 희생제물, 받은 은혜 그리고 신자의 호응을 강조하고 있는 것이다. 곧 "전적인 순종, 모든 계명을 지키며 자신을 부인하고 매일 십자가를 지는 것을 강조하고 있는 것이다.

하나님께서는 우리가 성결의 은혜를 받기 위한 몇 가지 은혜의 수단을 마련하셨다. 특별히 그를 위하여 기도, 성경 탐구, 금식을 제정하셨다."[110] 이 모든 것은 우리가 받아야 할 목표 곧 "온전한 성화", 하나님의 사랑으로 채워지는 그 은혜, 이것이 없이는 아무도 하나님을 볼 수 없는 그 은혜에 도달하는 수단이요 방법들이다.

" 그래서 우리는 영원히 하나님 앞에서 살 것이다.
지금은 땅에 살고 있으나 그때는 하늘에서."[111]

우리의 제물이 그리스도의 제물과 하나가 되기 위한 두 번째 조건은 우리 자신 뿐 아니라 우리의 모든 행동도 하나님께 바쳐져야 한다는 것이다.[112]

---

108) HLS, no. 133-3-4; cf. nos. 112:3, 128:3, 142:1, 135, 154:4: St.S, I, p.62; II, p.371,375, 454-455; N.T. Notes,골 2:20; Bemmet's Minutes, p, 23; Works, X, 295; p.426; HLS, no.151:2. 이하 생략(역자).
109) Letters, III, pp. 109-110; V, p.246; Works, VI, p.46; Outler, J.W., p.293-294. 이하 생략(역자).
110) Minutes, I, pp.10-11; cf. Works, VI, pp.110,511,513, VII, pp.221, 494; XI, pp.265, 402; N,T, Notes, 마 16:24; Letters, VIII, p.223.
111) HLS, no, 151:2; cf. no. 142:5-6.
112) Brevint (W), sec. VII.8, p.26; Brevint, sec. VII, 9, p.87.

그러나 그리스도인은 또한 그리스도의 십자가를 지면서 그의 고난에 참여하여야 한다. 그리스도인은 십자가를 질 준비가 되어 있어야 한다. 그리고 십자가를 환영하며 승리롭게 져야 한다. 그것이 "조소, 업신여김, 경멸, 감옥에 가는 일을 동반할지라도 십자가를 지고 살아야 한다. 그것이 당신의 십자가가 아니라 그리스도의 십자가라야 한다."[113] 그리스도를 따른다는 것은 전적으로 하나님의 뜻을 감수하고 순종하며 헌신하는 것을 포함한다.

> " 그리스도의 고난 겪으심에 따라야 할 일 – 거기에는 그리스도의 추종자(member)들이 받아야 할 고난이 남아 있다.
> 이것들을 그리스도의 수난(suffering)이라고 부른다. 왜냐하면 (1) 회원 한 사람의 고난 겪음은 전체의 고난 겪음이 되기 때문이다.
> 특히 모두에게 힘과 영력과 감각과 운동의 능력을 주시는 머리되신 분이 고난을 겪게 되기 때문이다. (2) 그 고난들은 그리스도 때문에 또한 그의 진리의 증거이기 때문이다. 또한 그것들은 교회를 위하여 필요한 것이다. 그러나 이는 하나님과의 화해나 죄에 대한 충족을 위해 필요한 것이 아니라(그리스도께서는 이들을 완전히 하셨기에) 이는 다른 이들에게 본이 되어 성도를 온전케 하며 더 많은 상을 받도록 하기 위해 필요한 것이다."[114]

---

113) [Thomas Willcocks] A Word of Advice to Saints and Sinners, Eleventh Edition, London, 1790, p.11; cf. HLS, nos, 128:3,131:3,133:5, 141:6, 8, 149:1, 4; Letters, II, p.281; N.T, Notes, 갈 2:20.
114) N.T. Notes, 골 1:24; cf. 히 5:9; 벧전 3:18; Duty of Receiving, p.5; HLS, no. 108:1; Works, VI, pp.350,500; VII, p.518.

웨슬리는 브레빈트(Brevint(W))의 글을 따라서 4편의 찬미를 썼다. 거기에서 그는 하나님의 뜻에 항복하는 온전한 모범들을 드러내고 있다. 하나님의 뜻을 받아들이고 복종하는 것을 기록하였을 뿐 아니라 또한 하나님의 사랑과 자비에 대한 흔들림 없는 믿음과 확신을 표현하고 있다.

> " 당신의 상하신 손아래, 내가 엎드렸나이다.
> 당신이 주시는 것은 무엇이든지 내가 다 취하겠나이다.
> 그것이 책망이나 아픔과 손해이든 취하겠나이다.
> 거기에서 석방되기를 위해 기도하지 않고
> 당신의 죽음, 예수의 십자가에서의 죽음을
> 겸손히 나는 따르겠나이다."

> " 온순하게 내 뜻을 접습니다.
> 당신의 뜻, 당신의 것만이 있게 하소서."[115]

여기에서 그리스도의 죽음에 순종한다는 것은 그리스도의 수난에 대한 우리들의 의무를 말하고 있는 것이다. 주님의 성만찬에 참여하고자 하는 자는 자신이 성례전의 의미를 잘 이해하고 있는가 살필 뿐 아니라 또한 자기가 그리스도의 죽음에 순종하기를 진실로 바라고 있는가를 살펴야 한다.[116]

하지만 그리스도에 순종한다는 것은 또한 그리스도가 고난 겪은 후에 높임을 받음에 대하여 우리가 기뻐하는 것과도 연결되어 있다.

---

115) Brevint(W), sec, VII.11, pp.27-28, Brevint sec.VII.15, pp.96-98; HLS, no. 143,144, 145, 146. 여기에 인용한 찬미는 nos, 143:5, 146:2에서 인용한 것이다.
116) St.S.,I, p. 252; Works, XI, p.437; Instr. for Children, pp. 30,35; HLS, nos. 130:1, 142:7, 154:3.

앞에서 언급한 바와 같이 성화는 하나님의 사랑으로 채워져 있음을 말하며 이는 또한 우리들이 제물로 봉헌한다는 것과도 밀접하게 연결되어 있다. 이것들은 또한 다른 제물이다. 곧 찬양, 기도, 감사의 제물이다. 이를테면 그리스도께서 십자가 위에서 죽으심을 통하여 모든 축복을 받으신 것이다. 그러므로 신자가 기도와 찬양을 올려 드리는 기회를 갖게 되고 드림도 전적으로 그리스도의 속죄 때문에 가능케 된 것이다. 그의 기도는 그리스도를 통하여 거룩해지는 것이고 또한 그리스도의 희생과 더불어 올려 질 수 있는 것이다. 이와 같이 그리스도의 중보사역은 사람들의 간구에 불필요한 것이 아니라 도움을 주고 있는 것이다.[117]

우리의 기도는 하나님께 "향기"로 올라가는 것처럼 보인다. 그리고 그리스도의 제물과 더불어 번제의 연기처럼 올라간다. "죄로 인한 슬픔도 하나님을 찬양하는데 방해가 되어서는 안 된다. 우리는 믿음으로 우리의 의이신 주님 안에서 기뻐하여야 한다. 그리고 우리의 기도와 찬양은 그의 봉헌과 함께 올라가 그로 인하여 받아들여지게 하여야 한다."[118]

이와 같이 찬양과 기도의 제물은 사람의 마음에서 나오는 것이 아니라 이미 받은바 은혜에 대한 호응에서 나오는 것이다. "은혜는 계속하여 믿음을 통하여 받음으로 또한 그와 같이 사랑과 믿음 그리고 찬양과 감사도 계속하여 흘러나오는 것이다."[119] 그리스도인은 이 제사를 매일 쉬지 않고 계속하여 하나님께 드리는 것이다.[120]

---

117) Works, VI, p. 526; St.S., I, p.303; O.T. Notes, 출 33:13; 삼상, 7:9; 역대 하, 6:21; 사 53:12; 단 9:21; N.T. Notes, 롬 8:34; HLS. nos. 46:3, 112:1, 137:4, 149:3.
118) O.T. Notes,역대 하, 29:27; cf. Matthew Henry, Commentary, II, p.1096; Journal. Curn.,II, p.360; O.T. Notes, 창 5:17; 레 2:2, 말 1:11; 시 69:31; 119:108; HLS, nos. 85:1-2; 93:1; St.S.,I,pp.97,303, 391; II, p.387; N.T. Notes, 딤전 2:1.
119) St.S., I, pp. 303,304,311, 312, II, p.234; Journal. Courn., IV, p.358.
120) O.T. Notes, 출 29:38; 겔 45:25; Works, VIII, p.43; XI, pp.203, 232-233, 235, 243, 244, 246, 249, 253, 261, 262, 265, 266, 269, 271; N.T. Notes, 살전 5:16-17.

웨슬리는 그의 글, 특별히 그의 일지에서 감사의 제사를 바쳤다는 예를 많이 기록하고 있다.[121] 여기서 말하는 감사는 단지 말로만 하는 감사가 아니다. 이는 하나님의 자비로 감화 받은 가슴에서 나오는 감사이며 하나님을 기쁘시게 하는 행동이 따르는 감사이다.[122]

그러므로 감사의 제사는 참다운 surum corda(예배 시에 주를 향해 외침)이 된다. 그리하여 그리스도를 통하여 마음과 영혼, 생각과 영을 하나님이 기뻐하시는 산제사로 하나님께 올려 바치는 것이다.

> "높은 곳에 있는 당신의 왕궁에
> 우리가 기쁨으로 올라 갈 때,
> 당신의 은혜의 십자가가
> 나약한 하나님의 선민들을 돌보신다.
> 우리는 늙어서 죽어가는 야곱처럼
> 우리 지팡이에 의지하여 당신을 예배합니다."[123]

그리스도의 고난당하심에 대한 우리의 의무, 또한 그리스도가 높으심을 받은 일에 대한 우리의 의무에 기초를 둔 그리스도에 대한 순종과 일치는 또한 감사의 제사로 표현되었다. 그리고 이는 우리가 그리스도의 영광에 참여함에 있어 절대로 필요하다. 이는 성화에 이르는데 필요한 수단이다. 거룩함이 없이는 아무도 하나님을 볼 수 없다.

영광의 생에 이르기 위해서는 그리스도의 죽음을 따라야 한다. "우리가 이 땅에서 그리스도를 따른다면 우리는 의심 없이 하늘에서

---

121) Journal. Curn., II, pp. 369,520,III, p.160; V, p.464, HLS nos. 28:1, 95:2; Works, XI, p.205; O.T. Notes, 창 13:20.
122) O.T. Notes, 시50:14; cf. 50:4; 민 18:26; 겔 45:25; St.S., I, p.428; Works, VI, pp.414,422-423.
123) HLS, no, 110:2; cf. nos. 98:1, 99:3, 137:7, 149:1, 152:3; O.T. Notes, 창 22:8; Works, X, p.121.

도 그리스도를 따르게 될 것이다. 그리고 우리가 여기에서 그의 고난 당하심을 따랐다면 우리는 영광중에 그와 교제하게 될 것이다."[124]

사제들의 제사장직을 논함에 있어 누가 제물을 바치느냐에 대한 해답은 어딘가 다른 곳에서 찾아야 한다.[125]

브레빈트(Brevint(W))는 주님의 성만찬은 사람에게는 식탁(table)이요 하나님에게는 제단(altar)이라고 분명히 말한다. 그러나 그에 대하여 라텐버리는 토를 달아 말하기를 "그것은 물론 저들이 하늘의 제물을 바치는 것을 의미한다. 그리고 떡과 잔을 바침으로 세상 죄를 지고 가신 하나님의 어린 양을 상징한다"고 말한다.[126]

그러나 웨슬리는 제물을 바치는 것에 대해 말할 때 "떡과 잔을 바친다"는 말을 하지 않았다. 그는 물질들을 바친다는 표현은 하지 않고 항상 "어린 양을 바친다"라고 표현함으로 그리스도의 고난당하심과 그의 피를 나타냈다. "그의 죽음의 상징을 내보인 것이고 거룩한 서약이... 제단 위에 놓여진 것이다. 그리스도의 피와 살의 상징적 표시를 이 식탁 위에서 보게 된다." 이 표시들은 또한 받아들이게 되어 있다.[127] 그러므로 라텐버리는 웨슬리의 글에는 없는 것을 말하고 있는 듯하다.

그는 또한 "나는 웨슬리나 브레빈트의 글에서 하나님께 드리는 선물에는 그리스도께서 자신의 몸을 바친 것에 추가되는 제물이 있다는 표현을 발견할 수 없다"고 말함으로서 웨슬리 이상의 말을 하였다.

그럼에도 불구하고 그는 계속 말하기를 "추론 된 바는 성만찬에서 교회가 일괄하여 자신을 하나님께 드리는 것은 바로 실질로 그리

---

124) Brevint (W), sec. VII.4, p.24; cf. VII.10, p.27; Works, VI, p.350; N.T. Notes, 롬 6:5,6,7,8; Brevint (W), sec. VII.10, p.27. 이하 생략(역자).
125) p.246을 보라.
126) Rattenbury, EH, p.118. cf. Brevint(W), sec. VI. [2], p.22.
127) HLS, nos, 118:4, 119:3, 121:1-2, 122:1, 123:4, 123:4,124:2,125:2, 126:4, 137:1, 166:2.

스도의 몸을 드리는 것과 다를 바가 없다. 교회는 그리스도의 몸인 까닭이다."라고 했다.[128] 웨슬리는 쥬윙그리의 아이디아(Zwnlian idea)를 표현한 바가 없다. 그래서 라탠버리의 해석은 힌델부란디트에 의하여 거부되었다.[129]

라텐버리가 "그리스도를 그는 바쳐진 자요 동시에 바친 자라고 해석한 그의 견해는 받아들일 수 없다. 우리 주님은 영원한 제물로 우리들을 위하여 성찬식에서 각별한 방법으로 자신을 바치시는 것이다."[130]

더 나아가 웨슬리는 교회가 자신을 하나님께 봉헌한다고만 말하지 않는다. 그는 기록하기를 이 봉헌에 의하여 예배드리는 자들이 자신들과 모든 관심을 하나님께 봉헌하는 것이라고 했다.[131]

결국 그리스도도 자신을 봉헌하며 또한 예배드리는 자도 제물로 자신을 봉헌하는 것이다. 두 개의 제물이 있는데 그 둘이 그리스도를 통하여 하나가 되는 것이다.

앞에서 말한 바와 같이 봉헌하는 자는 "우리(we)"이다. 그럼 "우리"가 누구인가? 여기에 모든 성도가 제사장이라는 사상이 깔려 있는 것이다. 너희들이 영적인 제사를 드리는 거룩한 제사장이라.

"제사장들 – 지금 모두가 제사장으로서 하나님 곁에 있어 왕과 같은 제사장이 될 것이다. 이는 분명히 성경이 증언하고 있는 것이다.[132] 성례전의 찬미 하나가 이에 대한 웨슬리의 견해를 잘 드러내고 있다.

---

128) Rattenbury, EH, p.132.
129) Hildebrandt, I Offered Christ, pp.85-86; cf. Courvoisier, p.76.
130) Brevint (W), sec. VIII, p.31.
131) Brevint (W), secs, VII,9, p.26; VIII.3, p.30.
132) O.T. Notes, 사 61:6; cf. 62:3, 출 19:6, 29:35, 39:1; 말 3:3-4, N.T. Notes, 벧전 2:5,9; St.S., II, p.387; Works, VI, p.414. HLS, no.39:3.

"예수의 왕과 같은 제사장들이여 일어나서
매일 드리는 제사에 참여하며
모든 신자는 그리스도의 이름으로
흠 없는 어린 양을 봉헌하라."[133]

그러나 찬미들에서 또는 제물에 대한 찬미에서도 "우리(we)" 그리고 "우리에게(us)"라는 표현 외에도 "나(I)" 그리고 "나에게(me)"라는 표현도 사용되고 있다.[134]

이는 신자가 개인으로서 예수 그리스도를 통하여 자신을 하나님께 봉헌하는 경우도 있다는 것을 의미한다. 만약에 웨슬리가 다음과 같이 기록하고 있지만 봉헌은 그리스도의 몸 전체를 일괄적으로 봉헌하는 것이라고 우긴다면 이는 웨슬리의 견해를 정당하게 다룬 것이 아니다.

" 우리는 하나님 앞에 함께 나타나
당신과 함께 우리 자신을 봉헌합니다."

그리고 또 기록하기를
" 나의 영혼을 높이 들고
당신의 자비를 애원합니다."[135]

---

133) HLS, no.137:1; 또한 no. 141:7을 보라.
134) HLS,nos, 119,143,144, 146,149,152, 155를 보라.
135) HLS, nos, 141:7, 149:1.

하나님으로부터 은혜를 받으려면 그에 앞서 하나님과의 교제가 있어야 한다. 따라서 신자가 봉헌하는 제물을 위해서도 하나님과의 교제가 필요하다. 또한 하나님과의 교제는 다른 신자와의 교제를 하게 만든다. 그러므로 성례전은 두 개의 인격적인 교제 안에서 작용한다.

그러므로 교제는 일괄적인 것이 아니라 모든 영혼을 하나로 이르게 하는 성령의 역사를 통하여 그리스도와 연합된 개인들의 교제인 것이다.[136]

단순히 모인 그룹과 그리스도의 몸으로서의 일치한 그룹 간에는 질적 차가 있다. 그리고 이 두 면을 혼동해서는 안 된다.

그러므로 이 점에 있어서 라텐버리의 입장은 수정되어야 한다. 힐데부란트도 다른 전제에서 그랬지만 같은 결론을 내렸다. 그는 합쳐진 공물(joint oblation)의 개념을 전적으로 거부했다. "합쳐진 공물"에 대한 성서적 근거가 없다는 것이다. "있다면… 우리가 바치는 것과 그리스도가 바치는 것 간에 연결이 있을 수 있을 것이다.

그리고 여기서 우리가 우리의 영혼과 몸을 바치는 것은 교제의 기도를 드린 후에 있어야 한다. 우리가 드리는 것은 '고작 물려받은 순종(derived obedience)'이다."[137]

힐데부란트는 여러 면에서 웨슬리를 잘못 이해한 것 같다. 아마도 그는 웨슬리와 브레빈트의 견해에는 영국 가톨릭 (또는 로마 가톨릭)과 연류된 점이 있다고 보며 또한 그 자신이 기본적으로 루터란 체제를 가지고 있기 때문에 그리했을 것이다.

---

136) HLS, no.125:2; cf. nos. 104:2, 165. 이런 아이디아는 요한복음 17:23에서 나온 것이다.
137) Hidebrandt, I Offered Christ, p.169.

첫째로 그는 웨슬리가 말하는 구분, 곧 구원을 얻게 하는 그리스도의 희생과 그의 계속되는 중보사역(intercessory sacrifice) 곧 속죄의 근거이며 원천으로 작용하며 여기에서 지금 사람들에 의하여 받아들여지는 그 중보사역을 구분한 것을 고려하지 못하였다.

두 번째로 그는 "그리스도를 봉헌하는 일(offering up of Christ)"과 연관된 제사(sacrifice)에 대한 웨슬리의 견해는 속죄, 화해, 또는 공로의 아이디아를 배제하고 있다는 것을 고려하지 못하였다. 사람은 이 제사를 개시하지 못한다. 이는 하나님에 의하여 주어지는 것이다… 사람은 그리스도를 통하지 않고서는 아무것도 하나님께 봉헌할 수 없다. 그러나 힐데부란드트는 부레빈트(Brevint(W)와 성례전 찬미는 가톨릭 아이디아라고 간주한 것이다…"[138]

세 번째로 힐데부란드트는 "웨슬리가 주장한 "그리스도 안에서(in Him)"를 가지고 싸웠던 것이다. 그리스도의 수난의 공로(meritorious suffering)가 하나님께 봉헌된 것이다. 오로지 이 근거에서 하나님은 축복을 주실 수 있으며 우리는 우리가 간구하는 축복을 받는 것이다."[139]

네 번째로 웨슬리가 구약에서 사용된 제사들의 제도와 형식을 비유적으로 해석하며 구약의 표상들(imagery)을 활용한 것을 고려하지 못한 것이다. 요컨대 실제로는 힐데부란드트와 웨슬리는 많은 면에서 동의하고 있다. 그러나 힐데부란드트의 출발점이 루터란 인 것과 그가 웨슬리의 견해는 영국 가톨릭이라고 보고 있는데서 웨슬리의 찬미는 그 표현의 많은 부분이 정화되어야 한다고 결론을 내리게 된 것이다. 예를 들어서 "높임을 받은 그리스도의 인간성의 일부분으로서 그리스도의 보혈이 하늘에 사후에도 있다.", "피를 뿌린다", "지금 여기

---

138) Hildebrandt, I Offered Christ, p. 203.
139) Brevint (W), sec. VI, [2], p.22; Hildebrandt, I Offered Christ, pp.171-172.

에 갈보리가 있다", "믿음이 그때(then)와 지금의 중강물이다", "우리들의 제물" 등으로 표현된 것들은 정화되어야 한다고 주장했다.[140]

힐데부란드트는 웨슬리가 구원을 현재 여기에서의 실재라고 가르치는 것에 대한 충분한 이해가 없었다. 또한 웨슬리가 성화가 하나님의 사랑으로 충만히 채워지는 것으로서 절대 필요하다고 가르치는 것을 충분히 이해 못한 것이다. 웨슬리는 은혜로 인하여 믿음으로 실제로 의롭게 된 의(actual righteousness)를 말하는데 힐데부란드트는 칭의에서 전가된 의(imputed righteousness)를 강조한다. 웨슬리에 있어서는 믿음은 그때와 현재 간의 중간물(medium)이 아니라 이로써 사람이 하나님의 생명에 참여하며 함께 하게 하는 수단이요 도구인 것이다. 웨슬리의 "영원한 현재(Eternal Now)"의 교리가 여기에서 강하게 표현되고 있는 것이다. 웨슬리는, 루터는 "성화에 대하여는 아주 무지(無知)하다"고 한 말을 기억하여야 한다.[141]

힐데부란드트의 책의 주제는 로마 가톨릭을 반박하는 루터란 개혁이다. 따라서 그 책은 결국 영국 가톨릭의 교리도 반박하고 있다. 웨슬리는 교리적으로 볼 때 루터란이 아니다. 그러므로 힐데부란드트가 사용하고 있는 잣대(measure-stick)가 웨슬리의 견해를 왜곡하게 만들지 않을 수가 없었을 것이다. 웨슬리가 개념형성에 사용하고 있는 도구는 웨슬리가 사용한 그것으로 이해해야 하지 루터나 그 외에 다른 사람이 사용한 도구를 사용하면 안 된다.

성례전에서의 찬미의 서문의 마지막 부분에서 우리들의 재산의 희생에 관한 말을 하고 있다. 브레빈트는 그 부분에서 이는 사람의 소유

---

140) Hildebrandt, I Offer Christ, pp.172-174.
141) Works, VII, p.204. 또한 pp.131, n. 35를 보라.

물에 대한 직무를 주장하며 장황하게 이야기하고 있으나 웨슬리는 그런 주장은 부록에 넣을 정도로 간략하게 줄여서 언급하고 있다. 왜냐하면 웨슬리는 그런 직무는 이미 자신의 희생에서 말했기 때문에 그런 직무를 여기에서 장황하게 주장하지 않은 것이다.

> "그러므로 우리의 몸과 영혼이 그리스도의 희생에 따른 희생인 것과 같이 우리 모든 재물도 우리 자신의 희생에 따라야 한다. 한 마디로 말해서 우리가 우리 자신을 바칠 때에는 우리는 우리가 가지고 있는 모든 것과 우리가 할 수 있는 모든 것을 바치는 것이다… 그리하여 그것이 하나님의 영광에, 그리고 그것이 하나님의 손에 맡겨져 하나님이 원하시는 일에 사용되도록 해야 할 것이다."[142]

하나님은 사람을 위하여 자신을 내 줄뿐 아니라 그의 모든 혜택, 곧 은혜, 영원한 생명과 영광까지 주셨다. "이는 모든 죄인이 하나님께 전환하게 만든다. 그리하여 사람이 그리스도의 식탁에 접근할 때마다 자기가 가지고 있는 모든 것을 예수 그리스도에게 헌납한다…"[143]

모든 것은 주님이신 그리스도에게 속한 것이다. 그러나 그것들은 추가된 권리로서 사람의 것이 된다. 신자가 그것들 (가진 모든 것)을 자원제물(free-will offering)로 바쳤기 때문이다. 이런 의미에서 신자가 가지고 있는 또는 행하는 것이 모두 그의 봉사를 위해 하나님께 바쳐진 것이 된다. 이는 우리들의 돈에도 관계되는 것이다.

---

142) Brevint(W), sec. VIII.1, p.30; Brevint, sec. VIII.3, pp.107-108.
143) Brevint(W), sec. VIII, pp.29-30; Brevint, sec. VIII.5, pp.109-110. 여기에 "그리스도의 식탁에 접근할 때마다" 라는 구절을 브레빈트의 책에는 없다. 그런데 웨슬리가 간추린 그의 글에 그가 추가한 것이다.

"너희 자신과 더불어 너희 가진 모든 것을 영적 제물로 그의 독생자 아들을 아끼지 아니하신 하나님께 바치라." 이것은 우리들의 소유물 뿐 아니라 우리의 일상 업무와 봉사도 바치는 것이다. 간단히 말해서 십일조를 바치는 것뿐 아니라 모든 것을 그리스도께 바쳐 그의 뜻대로 사용되도록 하는 것이다.[144]

여기에서 웨슬리는 다음과 같이 권고하고 있다. "그러나 신자가 어떤 선한 일을 할 때는 진실한 마음, 곧 열심과 솔직함에서 하여야 한다. 즉 그런 열심과 사랑이 하나님께 바쳐질 때 하는 그 도덕적 행위가 종교적 희생인 것이다."[145] 의도의 순수성을 가지고 하지 않은 외적 일은 거룩하지가 않다. 여기서 하는 웨슬리의 권고는 펠라기우스주의(Pelagianism)에 빠진 근대 감리교를 시정하도록 할 것이다.

> " 당신이 거룩한 일을 행할 기회가 있는 곳에는 하나님께서 당신을 위해 거룩한 터전을 마련하신다.
> 영적 예배드리는 자가 되기 위해서는 하는 일이 영과 진리로 행하여져야만 한다. 즉 그런 마음과 생각으로 그런 믿음과 사랑으로 마치 제단 위에 봉납물을 올려놓은 것처럼 행하여야만 한다.
> 그럴 때, 당신이 아시다시피, 그리스도께서 아시고 은혜로 받아 주실 것이다."[146]

---

144) St.S., I, pp.391,393; II, pp.235,325, 502; Works,VI, p.487; VII, p.9; HLS, nos. 145; 153:2; O.T. Notes, 창 14:20; cf. 고전 16:2, 빌 4:18.
145) Brevint(W), sec. VIII.5, p.31.Brevint, sec. VIII.16. p.126.
146) Brevint (W), sec. VIII.5, p.32. Brevint, sec. VIII.16, pp.126-127. N.T. Notes, 마6:1.

성례전에 대한 웨슬리의 신학을 개관한 이 글을 웨슬리가 성례전에서의 찬미(책)의 서문의 마지막에서 한 말과 기도로 마감하고자 한다.

"내가 간구하오니 내 죄를 용서하시옵소서.
나를 슬픔에서 건지시고 나의 이 제물을 받으시옵소서.
아니면 나를 위하여 여기 성례전에 놓인 그 유일하고
진정한 제물을 바라보아 주소서.
이 제물은 당신이 나를 위해 죽도록 보내신 사랑하는
아들의 제물입니다.
오! 그가 은혜와 진리가 충만한 아버지의 독생자로서
지금 나에게 오게 하소서."[147]

---

147) Brevint(W), sec. VIII.6, p.32. Brevint, sec. VIII.17, p.129.

10장 : 결론

간결한 결론

4부

결론

제 10 장

간략한 결론
Summary Conclusion

이 연구의 독자들은 웨슬리의 성례전에 대한 교리가 아주 풍요하고 완전하다는 것을 분명히 알게 되었을 것이다. 많은 사람이 1738년 5월 24일에 있었던 웨슬리의 올더스 게이트에서의 경험이 그의 교리와 설교, 그리고 강조를 변경시켰고 그의 신학적 견해는 올더스 게이트의 경험으로 되돌아가는 신학적 순례의 길이라고 주장하여 왔다.[1]

 다른 말로 표현해서 이 사람들은 웨슬리에게는 "교리적 변질(doctrinal conversion)"이 있었다고 주장하는 것이다. 웨슬리의 견해에 큰 변화가 있은 것은 사실이다.

 그러나 이 변화의 과정은 이미 1725년에 시작된 것이다.[2] 웨슬리는 그 메소디스트의 부흥은 이미 1729년에서 시작되었다고 주장한다.[3]

 그렇기는 하지만 거기에는 교리의 변화가 있었다. 웨슬리는 1746년에 있었던 그 변화를 다음과 같이 열거한다.

 (1)그는 칭의(Justification)에 대하여 아무것도 몰랐다. (2)그는 죄의 용서에 대하여 잘 모르고(혼돈하고) 있었다. (3)그는 사죄(pardon)를 확신하는 믿음의 성격에 대하여 아무것도 모르고 있었다.[4]

 1737년에 와서 그는 성결이 믿음에 의하여 온다는 것을 알게 되었다. 그리고 모라비안 교도인 피터 볼러(Peter Bohler)가 그에게 한 말을 살핀 다음 그는 영국교회의 표준 설교집과 성경에 돌아가서, 그는

---

1) Starkey, p.91; Deschner, p.197.
2) Works, VI, p.473. 1725년에 이미 웨슬리는 명목적인 신자가 아니라 진짜 신자(not a nominal, but a real Christian)가 되고자 결심하였다.
3) Works, VII, p 77: VIII. p.300,348; XIII, p.307.
4) Works, VIII, pp.111, 290.

1738년 3월 6일에 믿음으로 말미암는 칭의(Justification by Faith)를 설교하기 시작했다.[5]

이는 분명히 웨슬리의 생애에 있어서의 교리적 변화 곧 구원론에 있어서의 변화였다. 그러나 이런 변화는 올더스게이트 이전에 있었던 사건이다. 그러므로 그의 올더스게이트의 경험은 그가 이렇게 새로 받아들인 교리가 정당하다는 것을 경험적으로 증명해 준 것이다.

그러므로 기본적인 변화는 웨슬리가 기독교의 시작과 뿌리인 칭의의 교리를 발견한 때에 있었던 것이다. 웨슬리는 일찍이 그가 영광 중에 최종적으로 의롭다함을 받기 위하여 열심히 노력함으로 말미암아 거룩해지려고 애써 보았다. 그는 성화가 이에 도달하는데 필요한 과정이라고 이해하였다.

구원론에 대한 그의 견해가 바뀐 후에는 그는 칭의와 성화는 성령을 통하여 믿음으로 받는 것이라고 주장하였다. 지금은 믿음이 성결을 얻게 하는 것으로 보고 있다.... 올더스게이트 이전에는 웨슬리는 하나님과 사람에 대한 사랑을 설교하였다.

그 후에는 믿음으로 말미암는 구원을 설교하였다.[6] 그러나 그의 성화의 교리에 있어 성결은 하나님의 사랑이 채워진 것이라고 하면서 성결이 그리스도인의 삶의 종국적 목적이며 목표요, 존재 이유라고 주장함에 있어서는 전혀 변화가 없다.

웨슬리가 친히 지적하기를 지금(1765년)에 자기가 기독자 완전에 대하여 가르치고 있는 모든 것은 1733년 1월 1일에 행한 "마음의 할례(Circumcision of the Heart)"라는 설교에 담겨 있는 것이요, 그 내용에는 여전히 변함이 없다고 하였다.[7]

---

5) Journal. Curn., I, pp.442, 447; Works, VII, p.204; VIII, p.300.
6) Ketters, II, pp.59, 61, 64-65; 1725-1738년 어간에 웨슬리가 한 설교의 요약을 보라 (Letters II, p.264); Works, VIII, pp.111 f. VI, p.359.

또한 웨슬리가 올더스게이트 이전에는 "고 교회 성례주장자(a high church sacramentalist)"였는데 그 후에 그는 "복음주의자(evangelical)"가 되었다고 주장하는 사람들이 많았다.[8]

그러나 교리에 관한 한 그런 주장은 확증될 수 없다. 웨슬리는 올더스게이트 전과 그 후에도 외적 은혜의 수단의 필요성을 가르쳤다.

그러나 그의 구원의 방법에 대한 견해가 변경됨에 따라서 구원의 체계에서의 은혜의 수단의 역할에 대한 이해는 달라졌다.

웨슬리가 오로지 믿음으로 말미암아 의롭다 함을 받는다는(依信得義, Justification by faith alone) 교리를 받아드리기 전에는 그는 주로 선행의 공로에 의해 성결해지고 하나님께 용납된다고 생각했었다. 이 시대를 뒤돌아보면서 웨슬리는 말하기를 "나는 (근본적으로) 가톨릭 신자였다. 나는 이 진리를 몰랐었다. – 에프워스(Epworth)에서 나는 너무 오랫동안 바리새인으로 살았다"라고 하였다.[9]

그 때라도 웨슬리는 다음과 같이 말 할 수 있었을 것이다. "나는 은혜의 수단들을 지나치게 강조하는 엄격한 면이 있었지만(1731년대) 또한 "마음의 할례"라는 설교(1733년)에서는 세례에는 아니 어떤 다른 외적 형식에서도 중생은 없다라고 주장하였다.[10] 주님의 성만찬은 기독교가 가지고 있는 "최선의 도움의 하나이다. – 은혜 가운데 성장함에 있어서 또는 저들이 원하는 것을 얻는 방법에서도 성만찬은 최

---

7) Journal. Curn., V. pp.212-213; cf. Works, VI, p.281.
  1. 성결 없이는 사람이 하나님을 볼 수 없다.
  2. 이 성결은 하나님의 역사이다.
  3. 하나님은 그리스도의 공로에 힘입어 성결케 하신다.
  4. 이 성결은 예수의 마음에 있었던 마음이다.
  5. 아무도 의롭다함을 받기 전에 성결할 수는 없다.
  6. 우리는 오로지 믿음으로 말미암아 의롭다함을 받는다.
    cf. Lindstrom, p.16.
8) Starkey, p.91; cf. p. 154 n. 142, 143.
9) Journal. Curn., II, p.262; III, p.61. 후에 웨슬리는 말하기를 그 때 나는 아들의 믿음이 아니라 종의 믿음으로 살았다고 하였다. Outler, J.W., p.54, n.2.
10) Letters, I, p.86; St.S.,I, p.267; cf. p.154, n. 143, Journal. Curn., I, p.61.

선의 방법이다."¹¹ 라고 주장했지만 그때도 "사람 안에 하나님의 생명이 내재하게 되는 것"을 강조하였다.- 웨슬리가 그의 구원론에서의 변화가 있은 후와 그 전에 있은 그의 견해의 차이는 이런 것이다.

즉 전에는 하나님의 구원을 얻고자 수단을 사용한 것은 사람이었다. 그러나 구원론이 바뀐 후에는 하나님의 은혜의 통로인 수단을 사용하는 분이 하나님이라고 강조하게 되었다. 사람은 단지 그 의식에 참여함으로 그 은혜를 적절히 받는 것이다. 사람이 자기 공로로 하나님께 다가가는 것이 아니다. 사람은 그저 하나님의 은혜를 받는 것이다. 관심의 초점이 노여움을 가라앉혀야 할 하나님으로부터 항상 주시고자 하는 하나님께로 바뀌는 것이다.

웨슬리는 "당시의 영국교회의 견해에 빠져 들어갔었던 것이다. 곧 베드풔드(Arthur Bedford)나 다른 이들이 표현한 것처럼 그는 은혜의 수단에 집착하는 믿음과 확신의 믿음(내적 확신)을 구분하고 후자는 은혜의 수단에 집착하는 믿음을 강화하는 것이라고 생각했던 것이다."¹²

그러나 웨슬리의 성례전 신학에는 별 변화가 없었다. 헤리슨(Harrison)은 말하기를 "성례전에 대한 웨슬리의 견해는 그의 오랜 세월 동안에서도 변하였다는 흔적을 찾아 볼 수 없을 것이다"라고 하였다.¹³ 웨슬리 자신도 1738년 후에 성례전 교리에는 변화가 없었다고 주장하였다.¹⁴

그러나 웨슬리의 성례전의 시행(sacramental practice)에 있어서는 변화가 있었다. 웨슬리가 미국 죠지아 주(Georgia)에 있을 때를 전후

---

11) Duty of Receiving, p.1.
12) Outler, J.W., p.52. 이하 생략(역자).
13) Harrison, Church and Sacrament, London, 1935, p.65; Naglee, p.178; Cushman, Doctr. of the Sacr., p.87.
14) Journal, Curn., VI, p.209; St.S., I. p.33; Letters,III, p.167; IV, p.298,363; V, pp.21, 357-358, 363, VIII, pp.179, 196; Works, X, p.405; XI, pp.381, n. 382. 그러나 Works, X, p.426에는 약간 수정한 것을 볼 수 있다.

하여 그는 서약 거부자들(Non-Jurors)의 영향을 받고 있었다.

윌리암 로우(William Law) 같은 몇 몇 사람은 웨슬리의 신앙여정에 중요한 영향을 끼쳤다. 웨슬리는 크레이톤(John Clayton)을 통하여 토마스 디콘(Thomas Deacon) 감독을 알게 되었다. 그는 서약 거부자로서 1754년에 웨슬리가 쓴 글 "단식에 관한 에세이(Essay upon Stationary Fasts)"을 발췌하여 출판한 사람이다. 이 책에서 그는 단식은 초대교회가 실행한 것이라고 믿기에 그에 근거하여 이를 주장한다고 논리를 펴고 있다.[15]

웨슬리는 죤슨(John Johnson)이 쓴 책, "피 없는 제물과 제단(Unbloody Sacrifice and Altar)"[16] 과 힉크스(George Hicks)가 쓴 책, "개혁주의의 예배와 제사직(Reformed Devotions and Christian Priesthood)"[17] 을 읽었고 그 내용에 정통하고 있었다.

웨슬리가 1732년에 쓴 논문, "성찬에 참여하는 의무(Duty of Receiving)"를 위하여 자료들을 찾을 때 당시에 아주 논란이 되고 있던 죤슨, 디콘, 힉크스 같은 사제옹호론자들을 무시하고 열성적인 서약 거부자인 넬손(Robert Nelson)과 그의 책, "기독교의 제물과 함께 할 의무(The Great Duty of Frequenting the Christian Sacrifice)"을 택했다는 것은 이상하고 또 중요하다.

더욱이 웨슬리는 넬손의 책을 발췌까지 하면서 그의 견해를 사용하였다. 그러나 넬손이 성만찬에서의 제물에 대하여 보다 성직 존중의 견해를 개진하게 될 때 웨슬리는 넬손을 떠나 다른 견해를 취하였다.[18] 웨슬리는 또한 온건한 영국교인인 베버리쥐(William Beveridge)

---

15) Leger, La Jeuness de Wesley, Paris, 1910, pp.53-54.
16) London, 1724, cf. Journal. Curn., I, pp. 124, 126, 128,132,133.
17) Devotions in the Ancient Way of Offices ....London, 1846 (Reprint): cf. Journal. Curn., I, pp.122, 187,201,218, 267-269; 285,295,299,307, 313,347; Two Treatises; One of the Christian Priesthood, the Other of the Dignity of the Episcopal Order .... London, 1707(2nd ed.P, cf. Journal, Curn., I, p.295.

의 책도 사용하였다. 미국 죠지아에 있을 때 웨슬리는 모든 면에서 영국교회의 기도서(the Book of Common Prayer(first payer book of Edward VI))의 규정을 지켰다. 그리하여 침례로 세례를 베풀고 국교반대자들에게는 다시 세례를 베풀고 그리고 감독에 의하여 임명된 사람에 의하여 세례를 받지 않은 모든 사람에게는 성만찬에 참여하는 것을 금하였다.[19]

웨슬리는 초대교회가 교회법에 표현되었듯이 실행하였다고 생각하는 그것을 따른 것이다. 그러나 1736년에 이르러 웨슬리는 이 교회법에 있는 사도직 전승(apostolicity)에 대하여는 의심하기 시작하였다. 그리고 1738년 1월에 이르러서는 자신이 "고대 교부들의 글(antiquity)"에 대하여 가졌던 견해를 재평가 하였다.[20]

그럼에도 불구하고 그에게는 서약 거부자들의 가톨릭 견해의 영향이 있었다는 상당한 증거가 있다. 웨슬리가 1732년에는 대부분의 세련되지 않은 사제제도를 피하였지만 여전히 그의 초기의 견해들이 나타나 있다. 라텐버리는 웨슬리가 1732년에 그의 어머니에게 쓴 편지[21]를 언급하면서 약간 생색내듯이 다음과 같이 말한다.

> " 이상하게도 타이어맨(Tyerman)은 이 편지는 웨슬리가 고교회주의자라는 사실을 드러내고 있다고 보았다... 타이어맨은 신학자가 아니라고 하면서 이에 연관하여 웨슬리의 의식주의(ritualism)를 논평한다는 것은 정당하지가 않다. 왜냐하면 이 편지에 나타난 성만찬에서의

---

18) Nelson, Chr., Sacrifice, pp.37ff.
19) Journal. Curn., I, pp.111,166-167, 181, 210-211.
20) Journal. Curn., I, pp.274-278; cf. pp.419 f. 전에는 고대교부의 글을 너무 지나치게 귀중히 여겨 왔다. 즉 교부들의 글은 성경 아래에 따르는 규정이라야 하는데 그를 동등한 것으로 취하여 왔다. 이하 생략(역자)
21) pp.63 ff으로 보라.

하나님의 임재(real Presence)에 관한 견해는 루터 또는 가톨릭의 견해보다는 칼빈의 견해에 더 가깝기 때문이다. 이 때에 웨슬리는 자기의 견해를 고안하고 있었다는 것을 기억해야 한다. 그가 견해를 변경했다고 생각할 이유는 없지만 그런 표현은 의심할 바 없이 미숙한 표현이었다."[22]

그러나 타이어맨은 라켄버리가 생각하는 것보다는 더 훌륭한 신학자 같았다. 만약 이 편지를 같은 시기에 쓰인 "성만찬을 받을 의무(Duty of Receiving)"와 연결시켜 본다면 고교회적인 서약 반대자의 견해와 유사한 것들이 나타난다. 그들의 "제물(sacrifice)"에 대한 아이디아는 하나님의 임재를 전제한 것이다. 즉 떡과 포도주는 성별됨으로 그리스도의 살과 피가 되는 것이 아니라 살과 피의 상징물(symbol)이 되는 것이다.

여기서 봉헌되는 것은 살과 피가 아니라 감사의 제사로서 그 상징물과 기념(token)이 봉헌되는 것이다. 여기에는 화체설이 적용되는 것이 아니다. 물질 곧 포도주와 떡의 변화는 없다. 단지 그리스도의 몸이 변하여 "성찬용 몸 (Sacramental Body)"이 되는 것이다. – "성령의 신비한 역사에 의하여 성별되어 그리스도의 성찬용 몸과 피가 되는 것이다." 성찬용 몸이 그 물질을 대신하게 될 것이다.[23]

그리스도가 그의 인간의 몸으로(in his human nature) 자신을 봉헌한다고 믿지 않는다. 성만찬에서의 떡은 하나의 상징 이상이다. 이는 그 물체(substance)로서는 아니지만 그의 능력과 효과에 있어 그리스

---

22) Rattenbury, EH, pp.10-11.
23) Johnson, The Unbloody Sacrifice, pp. 5, 60, 64; cf. p.201. 우리는 그리스도가 성만찬에서 문자 그대로 자신을 봉헌한다고 믿지 않는다. 그리스도가 그의 인간의 몸으로(in his human nature) 자신을 봉헌한다고 믿지 않는다.

도의 몸인 것이다.²⁴

웨슬리는 그의 책, "성만찬에 참여하는 의무"에서 또한 떡과 포도주를 하나님께 바친다는 말을 하고 있다. 떡과 포도주가 축복을 받아 그리스도의 몸과 피의 거룩한 상징이 되는 것이다. 이 땅에서 하나님의 종들은 "예수가 자신을 봉헌한 것의 상징물"을 하나님 아버지께 봉헌하는 것이다.²⁵

그러나 이런 유사점이 있는 것은 사실이지만 그렇다고 웨슬리의 견해가 서약 거부자의 견해라고 여길 수는 없다. 그리고 그 후에는 그런 견해들이 전적으로 사라진다. 즉 그 후에는 웨슬리는 그리스도의 신성의 임재는 성령을 통한 것이라고 말한다.

결국 삼위일체 하나님이 임재하여 역사하는 것이다. 웨슬리는 여전히 그리스도의 몸과 피를 봉헌한다는 견해를 말한다. 그러나 단지 사람의 구원을 위한 근거(meritorious ground)로서만 말한다.

웨슬리는 서약 거부자들의 신학에 동정적이었던 것을 모두 포기한 것이 여러 곳에 나타난다. 예로서 그는 흰옷이나 성유(聖油, chrism)에 관한 가톨릭의 교리를 공격했다.

혼합된 술잔과 십자가의 표시를 미신적으로 사용함에 대해 무관심했고 그리고 그가 교회의 법과 규정들을 불규칙적으로 사용하며 즉흥적 기도를 드렸다. 이런 모든 것이 웨슬리가 서약 거부자들의 견해와 관행을 극적으로 끊어 버렸다는 것을 드러내고 있는 것이다.

성례전에 관한 웨슬리의 신학적인 변경이 있었다면 앞에서 지적했듯이 그것은 그의 구원론에 대한 신학의 변경에서 온 것이다.²⁶

일반적으로 루터란 개혁의 강조점(principles)은 성경과 개인의 의

---

24) Johnson, The Unbloody Sacrifice, p.169.
25) Duty of Receiving, p.9, cf. Nelson, Chr. Sacrifice, p.33; Nelson, Festivals and Fasts, London, 1841 (new edition), p.480.

견 존중이었고 영국의 개혁은 성경과 초대교회를 중요시하는 것이라고들 말하여 왔다.[27]

웨슬리의 강조점(principles)은 이 세 가지를 다 포함하고 있다. 웨슬리가 성경을 중요시했다는 것은 너무나 잘 알려진 사실이다. 그는 1729년부터 성경을 진지하게 읽었고 1730년에 와서는 성경 한 책의 사람(a homo unius libri)이 되었다.[28] 웨슬리는 또한 개인 의견의 가치(right of private judgment)를 여러 번 주장하였다.[29] 그리고 초대교회의 결정들(authorities)을 더 이상 강조하지는 않지만 그것들은 여전히 그에게는 중요한 것이었다.

"나는 전 니케아 교부들(Ante-Nicene Fathers)의 결정들 이외의 것은 인정하지 않는다. 그리고 성경에 반대되는 결정은 아무것도 인정하지 않는다."[30] 웨슬리는 교회의 전설(tradition)을 성경과 같은 권위로 인정하는 것을 강하게 반대하였다. 그러므로 웨슬리에게 있어서 권위는 네 가지이다. 곧 성경, 이성, 경험 그리고 초대교회의 관행(universal practice) 이 네 가지이다.[31]
영국교회가 지구상에 있는 어느 나라 교회보다 성경적이며 초대교회와 근사하다.[32]

웨슬리는 교부들의 글을 많이 읽었다. 그리고 성직자들은 그것들을 읽으라고 추천하였다. 특별히 니케아 회의 이전의 글들 또한 크리

---

26) Works, VI, p.359; X, pp.116 dl Journal. Curn., I. pp. 448-449; Letters, I, pp. 290-291; II, p.320; 또한 pp. 190 ff, Bowmer, "The Manual Acts in the Communion Office," London Quarterly Review, vol. 70. 1945, pp. 392-398; Baker, pp.53,151을 보라.
27) J.C. S., ed., Anglo-Catholic Principles Vindicated, London, 1877, pp.XII and 55.
28) Works, XI, pp.367, 373; cf. SR.S., I, p. 52, and n; Journal, Curn., I, p.447; II, 217, 310-311; V, p.117, 169, 488; VI, p.209; Letters, II, pp.44, 205; III, p.172; IV, p.157, 169, 488; VI, p.209; Letters, II, pp, 44, 205, III, p.172; IV, p.157; VI, p.49; VII, p.82; Works, VII, pp.284; cf. p.423; "메소디스트는 역사적인 종교, 성경의 종교, 초대교회의 종교, 영국교회의 종교이다."
29) St.S., I, p. 440; Journal. Curn., III, p. 243.
30) Letters, VII, p.106; cf. II, p.319.
31) Works, VI, p.260; X, pp.134,150,193; Journal Curm., VI, p.54; Letters, III, p.172.
32) St.S., II, p.361; Works, VII, p.429.

소스톰(Chrysostom), 어거스턴(Augustin), 바질(Basil), 제롬(Jerome), 에프라임 시라스(Ephraim Syrus)의 글을 추천하였다. 사실 웨슬리가 공포한 "메소디스트의 특성(Character of Methodist)"은 알렉산드리아의 클레먼트(Clement of Alexandria)가 완전한 그리스도인의 특성을 묘사한 것을 본떠서 만들어 진 것이다.

그러나 웨슬리는 그 후에 그리스도인의 특성과 스토익의 특성의 다른 점을 분명히 보았다.[33] 웨슬리가 항상 초대교회의 결정도 성경의 권위 아래 두기는 했지만 초대교회의 가르침과 관행은 여전히 그에게는 중요한 권위였다. 웨슬리를 루터나 칼빈의 신학적 후계자로 만들면서 그가 구라파의 종교개혁의 은혜를 입고 있다고 설명하려는 학자들도 있었다.[34]

그러므로 우리는 웨슬리가 오늘 살아 있다면 그들에게 대하여 무엇이라고 말하였을까를 잠깐 생각해 보아야 하겠다. 웨슬리는 루터의 생애를 잘 알고 있었다. 그리고 그를 많은 사람의 최고 우두머리라고 불렀다.[35] 그럼에도 불구하고 웨슬리는 루터나 칼빈의 고집, 반대자들에 대한 반감, 사랑이 없고 교만한 것에 대하여 비판하였다.[36]

루터의 신학적 입장에 대하여는 웨슬리는 부정적이었다. 웨슬리는 루터의 유신론(solifidianism, 唯信論)을 비난하였다. 웨슬리는 루터가 이성의 사용을 금지하는 것(decrying reason)에 대하여 그를 비판하고 다음과 같이 말했다.

---

33) Letters, V, p.43; VI, pp.129, 133; cf. St.S.,I, p.336. Letters, II, pp.312-388.
34) 예로서 다음 책들이 그런 시도를 하였다. G. C. Cell, The Rediscovery of John Wesley, New York, 1935. Colin Williams, John Wesley's Theology Today, New York, 1960; F. Hildebrandt, From Luther to Wesley, London, 1951; J. Deschner, Wesley's Christology, Dallas, 1960. Hildebrandt, I Offer Christ, London, 1967.
35) St.S., I. p.51.
36) Works, VIII, 0.242. Journal. Curn., III, p.409. St.S., II, pp.125, 384, Journal. Curn, II, p.474, Works, VI, p.201; X, pp.266, 350-351. 그 외 글은 생략(역자).

"루터는 선행(good works)과 하나님의 율법에 대하여 아주 불손하게 말한다. - 항상 그는 율법을 죄, 죽음, 지옥 또는 마귀와 연결하여 생각한다. 그리스도께서 우리를 하나님의 율법에서 해방시켰다고 가르친다. 이는 성경에 의하여 증명될 수 없듯이 그리스도께서는 우리를 성결에서 또는 천국에서 해방시키시지 않으셨다. 여기에서(내가 알기로는) 이런 과오는 모라비안에서 나온 것이다. 모라비안들은 좋든 나쁘든 루터를 따라 나온 그룹이다. 여기에서 그들은 선행도 필요 없다. 율법도 없다. 계명도 없다는 식으로 말한다. 그러나 감히 율법을 나쁘다고 말하고 율법을 심판하는 당신은 누구인가?"[37]

웨슬리는 루터의 갈라디아서에 대한 논평을 읽은 후에 말하기를 루터는 성화에 대하여 아무것도 모른다고 말하였다. 루터는 전가된 의(imputed righteousness)의 교리를 주장한다. 반면에 웨슬리는 실제로 존재하는 의(actual righteousness)를 믿는다.

이것이 두 사람 간에 기본적으로 의견을 달리하는 점이다. 웨슬리가 신학에 있어 루터를 따른다고 주장한 일은 없다. 마찬가지로 은혜의 수단과 성례전에 관해서도 그렇다.[38]

웨슬리는 칼빈의 신학적 견해들에 대하여는 어느 정도 긍정적이었다. 웨슬리는 주장하기를 칭의의 교리에 있어서는 그와 머리카락 하

---

37) Journal. Curn., II, pp.174, 467.
38) Works, VII, p.204. 웨슬리가 루터의 입장을 인정한 점이 있다면 그가 믿음의 중요성을 강조한 점이다. 그리고 루터와 메란톤이 신자는 자신이 하나님께 용납된 것을 알 수 있다고 주장한 점이다. Letters, III, p.159, cf. Works, VI, p.504. 그 외, 루터를 언급한 곳은 다음과 같다. Journal, Curn., II, p.154, Letters II. p.25, IV, p.203; VI, p.339; Works, VI, pp.282, 329, VII, p.77, 163, X, p.432; St.S., II, p.425.

나의 차이도 없다고 말하였다. "우리는 칭의에 있어 그리스도의 공로가 그 근거(cause)요, 믿음이 그 조건이다"라고 주장함에 있어 그와 여전히 동의하고 있다.[39]

웨슬리는 또 지적하기를 원죄의 교리에 있어서는 알미니우스와 칼빈 사이에는 차이(difference)가 없으며 따라서 웨슬리와 당시의 죠지 휫필드나 칼빈주의와의 사이에는 차이가 없다고 하였다.[40]

그러나 웨슬리는 칼빈주의가 주장하는 예정, 불가항력적 은혜, 성도의 견인설은 공격하였다.[41] 성례전 신학에 관하여서는 칼빈을 언급한 바가 없다. 그러나 웨슬리가 자기가 칼빈과 루터에서 나온 다른 전통의 후계자라고 생각한 것처럼 말한 곳이 한 군데 있다.

> "그는 우리 교회에서 실행하고 있는 예배 방식을 인정하지 않을 것이다. 그리고 칼빈과 마틴 루터에서 나온 방식이 자기에게는 보다 유익하다고 판단할 것이다. 그는 아마도 우리가 다른 모든 것보다 훌륭하다고 생각하는 예배방식에 대하여 많은 반대의견을 가지고 있을 것이다. 그리고 또한 우리가 사도의 전승을 따랐고(apostolical) 성경적이라고 생각하는 교회정치 형태에 대하여서도 많은 의심을 가지고 있을 것이다."[42]

---

39) Letters, III, p.246; IV, p.298; Works, X, p.391. 이점에 있어 웨슬리가 칼빈과 동의하고 루터와 동의한다고 말하지 않은 것은 이상하다. 실은 칭의의 교리가 루터신학의 중심이었는데 말이다. 그리고 1738년 이후는 웨슬리도 칭의의 교리를 그리 여겼다.
40) Works, X, p.359. 또한 p. 124를 보라.
41) Works, X, pp.206, 359-360. 웨슬리는 칼빈주의가 주장하는 절대 예정, 불가항력적인 은혜, 신자는 타락할 수 없다는 교리를 공격하였다. 다음의 글들을 참고하라. cf. Journal. curn., III, pp.84-86. R. Monk, John Wesley:His Puritan Heritage, New York, 1966. Paul Sanders, "The Puritan and John Wesley," Work/Worship, vol.17, no.2(Apr –June,1967), pp. 13 ff. Frank Baker, Duke, Div. Sch. Review, vol. 32, no. 3(Fall, 1967), pp. 242-243. Works, XIV, pp.228-230. Journal, Curn., II,pp.275, 277; Letters, II, p.25; Works, VIII, p.222; X, pp.227, 261-264,316,339,443.
42) St.S., II, p.114.

그러므로 이 책의 저자인 나는 아우트러(Outler)가 "웨슬리는 어느 곳에서도 루터가 자기에게 대단한 신학적 영향을 준 사람이라고 인정한 바가 없다"라고 말한 것에 동의할 수 밖에 없다. - 그러므로 웨슬리가 루터와 칼빈에게 빚진 자(debtor)라고 의식하고 있었다고 해석하는 것은 듣는 사람들을 오해하게 만드는 것이다.[43]

웨슬리는 믿음의 교리도 자신의 전통에서 받은 것이지 그가 유럽의 종교개혁자들에게서 받은 것이 아니다. 그러므로 웨슬리의 뿌리는 영국 종교개혁에 있는 것이다.[44]

그렇지만 성례전에 관한 견해에 있어서는 웨슬리의 견해와 종교개혁자들의 견해 간에 상당한 유사성(certain affinity)이 있음을 인정해야 한다. 표면상의 은혜의 수단이 필요하다는 것은 웨슬리나 종교개혁자들이 다 말하고 있다.

은혜의 수단으로서의 성례전을 강조하는 일에서도 상당히 비슷한 점들이 있다. 그러나 성례전의 교리에 관한 한, 웨슬리가 루터로부터 받은 것은 거의 없다는 것을 알아 주어야 한다.

성만찬에 그리스도가 그의 신격으로의 임재를 말함에 있어서는 웨슬리가 쯔빙글리(Zwingli)와 연결되는 것처럼 보인다. 그러나 그 연결은 그가 은혜의 수단으로서의 성례전을 강조함으로 인하여서 깨지고 말았다.

기본적으로 성찬에서의 그리스도의 임재에 대한 웨슬리의 견해에 기초가 되는 기독론은 종교개혁자들의 입장과 밀접하게 연결되어 있다. 그러나 전적으로 같은 것은 아니다.

---

43) Outler, J.W., 107, n, 119-120.
44) Outler, J.W., pp.122, 197; cf. Works, VII, p.204.

그의 communicatio idiomatum(그리스도의 양성의 특징)에 대한 견해는 독특하다. 더욱이 성례전에서 성령과 믿음에 의하여 이루어지는 역할에 대한 견해는 칼빈에 가깝다. 그러나 그들과 비슷한 점보다는 다른 점이 더 많은 것 같다. 웨슬리가 은혜의 수단의 종류와 역할 그리고 그 중요성을 말함에 있어 그들과는 다르다. 웨슬리의 선행적 은혜의 교리가 종교개혁자들과는 다르게 세례를 이해하게 만든다.

루터와 칼빈은 말씀의 중요성을 강조하고 성만찬을 덜 중요한 말씀(second word)으로 생각하는데 웨슬리는 성례전을 말씀보다 하급의 것으로 취급하는 것을 거절한다. 그것들은 모두 중요한 은혜의 수단인 것이다. 또한 하나님께서는 은혜를 사람에게 주시는데 적절한 은혜의 수단을 사용하시든지 또는 아무 수단도 사용하지 않을 수도 있다는 점에서도 서로 갈라져 나오게 되었다.

웨슬리가 성만찬의 역할(function)을 사람을 거듭나게 하는 수단으로 보고 성만찬을 통하여 하나님이 선행적 은혜, 의롭게 하는 은혜, 성결케 하는 은혜를 전하신다고 이해한 것은 종교개혁자들의 견해와는 근본적으로 다르다.

일반적으로 말해 웨슬리는 그의 성례전에 관한 신학을 영국교회로부터 받은 것이다. 특별히 영국의 종교개혁으로부터 나온 표준 설교집(Homilies), 기도문(The book of common Prayer), 그리고 39개 교리신조(Thirty-nine Articles)로부터 받아드린 것이다. 성례전을 희생제물(sacrifice)로 가르치는 웨슬리의 견해는 루터와 칼빈에게는 생소한 것이다. 이는 안드르스 감독(bishop Andrews)과 죠셉 메데(Joseph Mede)에 뿌리를 둔 전통으로부터 나온 것이다.[45]

---

45) Joseph Mede, The Works of the Pious and Profopundly-Learned. . .2 vols. London, 1664, 특히 I, pp.451-485.

그렇기는 하지만 그가 온건한 영국교회의 전통에 의존하였다는 것은 분명하지만 그렇다고 해서 웨슬리가 그들의 견해를 비굴하게 따르지는 않았다. 그는 성경과 이성의 규준을 가지고 그들의 견해를 살폈으며 그들의 견해에 마땅한 효과가 있는가를 판단하여 보았다.

또한 사람을 무시하는 일은 없지만 그에게는 하나님의 역사를 기초로 하고 중요시하는 결합이 있음을 보게 된다. 실재하는 은혜의 수단이 필요하다.

그러나 그것들은 결코 정적인 것이 아니며 또 그 자체가 목적이 아니다. 웨슬리는 동적인 견해(dynamic view)를 가지고 있었다. 즉 은혜의 수단은 하나님께서 그것을 사용하시고 그 결과로 은혜를 받게 되는 것이다. 웨슬리는 또한 성례전을 하나의 격리된 기능으로 취급하는 것을 반대하였다. 웨슬리에 있어서는 성례전은 구원(ordo salutis)의 구조 안에서 역할 하는 것이다. 그렇지 않고서는 성례전은 무용지물인 것이다.

근대 감리교회는 그들의 행동하는 것을 보면 페라기안(pelagian)이라고 생각된다. 개인의 생활에서는 영적 힘을 거의 볼 수 없고 하나님과의 교제도 극히 제한적이다. 성례전은 무력한 하나의 상징이 되고 말았다. 하나님의 말씀이 신자의 생활에서 중요한 자리를 차지해야 하는데 그렇지도 못하고. 물론 예외도 있기는 하지만, 기도는 하나의 형식에 그치고 또한 기도를 하지도 않는다. 이러한 상황에서 웨슬리가 중요하게 강조한 것들의 재발견이 절실히 필요하다.

하나님의 영적 힘이 없는 이 상태는 주어진 은혜의 수단이 존중되며 역동적으로 공중 생활에서와 개인 생활에서 역할 할 것을 요구한다. 가슴으로부터 교인과 교회가 새로운 영적 활력으로 일어나기를 갈망하는 가운데 은혜의 수단을 바로 사용함을 통하여서만 갱신의 큰 과업이 일어날 수 있을 것이다. 웨슬리가 강조한 하나님의 선행적 역사가 사람의 책임과 경합될 때 자만하고 행위에 의한 의를 주장하는 우리들의 병폐를 치유할 수 있게 될 것이다.

웨슬리가 강조하는 현재 구원, 곧 하늘나라를 단지 소망으로 만이 아니라 믿음으로 현재에서 체험하는 진리가 오늘의 청년들을 사로 잡고 있는 허무감에서 우리를 구출해 낼 것이다. 우리들이 웨슬리가 사용한 "제물"라는 언어를 사용하기를 원하지 않을 수도 있다.

그러나 하나님의 사랑에서 나오는 그리스도의 속죄와 중보사역에 대한 강조가 절대 필요하다. 뒤이어 일어나는 견해들, 곧 우리를 위하여 당하신 그리스도의 희생에 근거하여 우리들 자신을 그리고 우리가 가지고 있는 모든 것을 하나님께 바친다는 일은, 우리가 많은 사람의 삶과 오늘 날의 그리스도인들의 생활에 위선이 있다는 것을 깨닫게 될 때, 대단히 중요하고 심각해 진다.

간단히 말해서 성례전과 은혜의 수단에 대한 웨슬리 신학적 구조나 관행이 아닐지라도 그의 신학 실체(substance)만이라도 회복하여야지 그렇지 않고서는 그리스도의 몸으로서의 감리교회의 장래가 상당히 의심스럽다. 웨슬리는 양극단(extremes)을 거부하였고 항상 본질적인 것만을 주장하였다.

그의 목표는 하나였다. 곧 성서적 성결을 모든 방법을 동원하여 온 세상에 펼치는 것이었다. 그러므로 예로서 말씀과 설교는 성례전과는 다른 목적을 가지고 있다고 생각할 필요가 없었다. 웨슬리는 둘 다를 주장하였다.[46]

---

46) Works, VIII, p.62: 우리는 계속해서 우리의 설교집회에 참석하는 사람들은 교회의 예식에도 참석하라고 권면한다.

웨슬리에게는 "복음주의 신앙(evangelicalism)"과 "성례전 주의(sacramentalsim)" 사이에 구별이 없었다. 웨슬리에게는 이 둘이 하나였다. 그런데 후대 감리교회가 하나님이 하나로 연합시키신 것을 둘로 쪼개 놓는 일을 하였다. 결국 웨슬리의 성례전의 교리와 관행이 하나의 신학으로서 갈라진 하나님의 교회들이 함께 예배드리고 또한 주님의 식탁에서 예배드릴 수 있도록 할 수 있을 것이다.

웨슬리의 "관용 정신(chatholic spirit)"을 오늘의 교회가 잘 받아드린다면 그 정신은 균형 잡힌 그의 신학과 더불어 모든 신자가 그리스도 안에서 하나가 되게 하는 수단이 될 것이다. 이것이 웨슬리가 전심으로 원하는 것이었을 것이다.

웨슬리와 성례전

2019년 6월 15일 초판 1쇄 발행

지은이   오레 보르겐
옮긴이   조종남
발행처   선교횃불
등록일   1999년 9월 21일 제54호
등록주소   서울시 송파구 백제고분로 27길 12(삼전동)
전 화   (02) 2203-2739
팩 스   (02) 2203-2738
이메일   ccm2you@gmail.com
홈페이지   www.ccm2u.com

■ 파본은 교환해 드립니다.
■ 이 출판물은 저작권법에 의해 보호를 받는 저작물이므로 무단전재와 무단복제를 금합니다.